The internet financial model's innovation and supervision from the macro- and micro-perspectives

宏微觀視角下的
互聯網金融模式

創新與監管

帥青紅、段靜濤、李成林、胡一鳴●著

財經錢線

序言——見證花開

「滾滾長江東逝水，浪花淘盡英雄」，明代文學家楊慎一首彈詞寫盡時代演進的百轉千回。2016 年，即被稱之為埋葬互聯網金融的一年；也被認為是互聯網金融的新紀元；更是別開生面，認為 2016 年是從互聯網金融邁向科技金融的新起點。看看吧，這個折騰的時代讓一個行業五年內就從初生走到了迭代，列數躺在墓誌銘上的互聯網金融公司，在過去的兩三年他們可都是時代弄潮的英雄。面對「快進」的互聯網金融時代，人們不禁會問：這是怎麼啦，並不時有質疑互聯網金融真偽的論調。

互聯網的時代，互聯網對於萬事萬物的改造猶如達爾文的進化論，都是集體智慧的選擇，並且一旦來臨就將再也回不去。當互聯網在神州大地一畫開天——支付寶的誕生，讓金融開始有了新舊之分。新的總會是生機勃勃，引人浮想聯翩；而舊的總會讓人覺得腐朽不堪，必須被打碎。然而真的如此嗎？當局者與後來者都想搞明白。因此世上就有了很多向互聯網金融現象、互聯網金融公司致敬的書；為滿足人類的逆反性，自然也就有了很多對互聯網金融說「不」的書。而讀者們要麼在冰火間昇華或是淪陷，要麼在別人的世界裡尋求自我救贖的良方。被濫用的「互聯網金融」「科技金融」在中國都亟須正本清源。不論那個動輒百倍市盈的階段代表的是摧枯拉朽的創造，亦或是驕奢淫逸的泡沫，都需要真實的見證作為後事之師的客觀參照。

基於多年來對國內外互聯網金融現象的長期跟蹤調查與深入分析，西南財經大學的研究團隊率先提出以史為鏡，以還原當時原貌為目標，以專著的形式去架構互聯網金融的創新與監管。本書建立起了立體的互聯網金融生態系統，是持續推動中國互聯網金融創新進步的一系例研究成果的結晶。

本書首先從傳統金融體系（銀、證、信、保）的互聯網化開始，分析了銀行互聯網化后的產品與服務，系統地為銀行業互聯網發展提煉了原形。其次帶領讀者俯瞰互聯網企業大膽而智慧的創新，雖然創造的成功多不具普適性，在一種環境下的成功往往在另一個環境中則不能行之有效，

必須依據新的環境對其進行調校升級。而本著「他山之石，可以攻玉」的理念，本書也收錄了近年來其他一些明星互聯網金融項目作為案例，它們對互聯網金融內涵的理解及產品打造也很具研究價值。

　　優秀的互聯網金融著作很多，但能像《三國志》一樣去闡釋中國互聯網金融的書，也許只是這本書。

　　　　中國民生銀行成都分行電子銀行部總經理朱鵬博士

前　言

1999年，中國大陸第一個第三方支付平臺——首信易支付在北京誕生；2007年，第一個網路借貸平臺——拍拍貸成立；2013年，互聯網基金理財產品——余額寶上線，這標誌著民生金融、普惠金融、互聯網金融時代來臨。所以，2013年又稱為互聯網金融元年。

互聯網金融的發展是從金融的底層支付結算開始滲透，逐步到網路借貸、理財，再到金融價值鏈的高端資本市場，最后進入金融的內核——貨幣。互聯網在逐步而堅定的自下而上、自外而內地改變金融，甚至重新定義金融。

互聯網金融，是傳統金融機構與互聯網企業，利用互聯網技術和信息通信技術，實現資金融通、支付、投資和信息仲介服務的新型金融業務模式。金融與互聯網深度融合，降低金融機構的服務成本、提升金融機構的創新效率；也帶來了互聯網金融行業快速發展。互聯網與金融深度融合是大勢所趨，將對金融產品、業務、組織、服務、管理等方面產生深刻的影響。

互聯網技術與金融模式的發展，將會使金融更有效地服務用戶、貢獻社會。目前互聯網金融的主要形態有：互聯網支付（第三方支付）、P2P網路借貸、股權眾籌融資、互聯網基金銷售、互聯網保險、互聯網信託和互聯網消費金融，等等。互聯網金融的創新服務，不僅在城市、城鎮，即使在農村等更多地方，正在慢慢改變著人們的工作、生活、學習、娛樂的習慣和生活質量。

互聯網公司與金融機構的關係：從互利到深度融合、從合作到開放共享，並且聚焦創新紅利，為新經濟、新業態服務。同時，新金融的發展帶來了監管方式的升級。互聯網不僅不會顛覆金融，與傳統金融機構並不是對立的關係，而是互為補充、相互競爭與融合，服務大局，助力經濟轉型，普惠民生，這也是互聯網金融發展的正道。

互聯網金融作為傳統金融領域的補充，其特點在於金融模式的創新，以及新技術的應用。第三方移動支付、網上銀行、小微貸款、保險、股權

眾籌等，都屬於互聯網金融的範疇，在這些領域內運用互聯網技術創新的空間非常大，而監管將為我們走向新金融時代建立最好的風險底線。

互聯網金融的本質是金融，安全是底線；互聯網金融的特色和生命力在於互聯網。傳統金融機構的優勢在於政策保護和資產管理，重風險而輕體驗；而互聯網金融企業缺乏金融政策支持，重體驗而相對風險容忍度高。互聯網金融企業聚焦的是傳統金融機構目前不能有效服務好的長尾用戶。兩者面對的用戶群有明顯差異，直接競爭尚不激烈。讓金融和互聯網完美結合起來，是互聯網金融機構和傳統金融機構未來的良性發展之路。正如非銀行支付機構（第三方支付）和銀行在競合中一起大大提升了中國零售支付的創新能力和服務水平，實現了對國際先進水平的彎道超車；在現有框架下，傳統金融機構和互聯網機構之間開放融合，發揮各自的比較優勢，相互競合，一定能引領中國的金融行業不斷創新發展，走向更加開放、高效和普惠的發展之路。

本書從傳統金融機構的互聯網化、互聯網機構業務金融化兩個視角出發，對現有的互聯網金融業務與模式進行了詳細的分析與研究，最後針對風險進行了分析並提出了監管對策。全書共分為11章。第一章　互聯網金融概述；第二章　傳統金融業務互聯網化；第三章　互聯網業務金融化；第四章　基於互聯網的銀行業務；第五章　基於互聯網的支付；第六章　基於互聯網的支付卡；第七章　基於互聯網的P2P網路借貸；第八章　基於互聯網的眾籌；第九章　基於互聯網的基金與保險；第十章　互聯網信託與互聯網理財；第十一章　互聯網金融監管。上述內容涵蓋了互聯網金融的各個方面，形成了一個完整的體系。

本書由帥青紅、段靜濤、李成林、胡一鳴著，作者的研究生侯霽芝、郭笑雨、王靖鑫、門長鈺、黎雨霞、唐瑞、杜前岩、徐盼龍、謝露、陳蕾、陳欣誼、孫團結、丁昭等參與了本書討論、修改、完善以及資料收集、整理並參與部分章節的撰寫。

在本書的撰寫過程中，得到了教育部電子商務類專業教學指導委員會、互聯網金融千人會IFC1000等相關機構專家的指導，也得到中國互聯網金融協會與清算協會領導、專家的支持，並受到全國高校電子商務與電子政務聯合實驗室的熱情關懷；西南財經大學出版社對本書的出版也給予了大力幫助。在此表示衷心的感謝！

特別感謝成都摩寶網路科技公司（Mo寶支付）長期以來提供的大力支持與幫助！

前　言

　　在本書撰寫過程中，參考了許多中外有關研究者的文獻和著作，在此一併致謝。本書編寫時，作者閱覽、借鑑了大量國內外的出版物與網上資料，或許由於篇幅所限而未給予一一註明，或在參考文獻中沒有完全列出，在此謹向諸多學者、同仁表示由衷的敬意與感謝。作者非常感謝所有關心、支持和幫助過作者的朋友們和同事們。特別感謝多年來給予作者無私關愛的妻子、兒子與兒媳以及至親好友們，孫女兒淼淼的誕生，給作者帶來了新的動力。

　　互聯網金融是一個不斷創新的領域，許多模式尚在發展和探討之中，觀點的不同、體系的差異在所難免。由於作者水平和新興創新業務的特殊性，內容新、範圍廣，書中難免有不盡如人意和錯誤的地方，真誠地希望能得到專家和讀者的指正，以利於今后修改和訂正，便於進一步完善。

作者

致　謝

　　在本書撰寫過程中，得到了教育部電子商務類專業教學指導委員會、全國高校電子商務電子政務聯合實驗室、中國人民銀行成都分行、互聯網金融千人會 IFC1000、中國銀聯四川分公司、中國民生銀行成都分行、中國農業銀行四川省分行、中國工商銀行四川省分行、西南財經大學互聯網金融與支付研究所等單位的大力支持！

　　特別感謝成都摩寶網路科技公司（Mo 寶支付）長期以來提供的大力支持與幫助！

帥青紅

目　錄

1　互聯網金融概述

1.1　互聯網金融的基本概念 // 2
1.2　金融業務互聯網化 // 8
1.3　互聯網業務金融化 // 13

2　傳統金融機構互聯網化

2.1　網上銀行 // 22
2.2　網上商城 // 28
2.3　直銷銀行 // 30
2.4　非銀行金融機構互聯網化 // 36
2.5　未來發展 // 45

3　互聯網業務金融化

3.1　門戶網站 // 50
3.2　電子商務 // 55
3.3　互聯網金融 // 63
3.4　未來發展 // 68

4　基於互聯網的銀行業務

4.1　互聯網銀行 // 76
4.2　個人徵信 // 84
4.3　消費金融 // 96

4.4 基於互聯網的銀行業務對商業銀行的影響 // 104

5 基於互聯網的支付

5.1 網路支付 // 110
5.2 銀行卡收單 // 125
5.3 支付清算 // 138

6 基於互聯網的支付卡

6.1 概論 // 148
6.2 分類 // 151
6.3 網路貨幣 // 159

7 基於互聯網的P2P網路借貸

7.1 國外典型網路借貸 // 164
7.2 國內網路借貸模式 // 167
7.3 P2P網路借貸的發展趨勢 // 180
7.4 P2P融資與銀行微貸對比 // 182

8 基於互聯網的眾籌

8.1 國外的眾籌模式 // 186
8.2 國內的眾籌模式 // 188
8.3 股權眾籌 // 199

9 基於互聯網的基金與保險

9.1 互聯網基金 // 220
9.2 互聯網保險 // 232

目　錄

10　互聯網信託與互聯網理財

  10.1　互聯網信託 // 248
  10.2　互聯網理財 // 261

11　互聯網金融監管

  11.1　互聯網金融監管的必要性 // 274
  11.2　第三方支付的監管 // 275
  11.3　眾籌的監管 // 280
  11.4　P2P 的監管 // 287
  11.5　監管模型和監管策略 // 294
  11.6　中國互聯網金融監管的未來趨勢 // 304

參考文獻

1　互聯網金融概述

1.1 互聯網金融的基本概念

1.1.1 互聯網金融產生的原因

1.1.1.1 中國的金融抑制與監管套利為互聯網金融提供了發展空間

中國金融業市場化程度不高,在政府管制下,中國經濟具有明顯的金融抑制特徵,民間資本規模龐大與企業融資困境現象並存,這為互聯網金融的發展創造了空間。在現行的監管體制下,傳統金融業普遍受到嚴格的監管,而在互聯網金融業領域,監管則相對薄弱,這為互聯網金融帶來了監管套利的機會。此外,由於近年來中國互聯網產業競爭日趨激烈,為尋找新的利潤發展空間,互聯網巨頭將目光投向了具有較高利潤率與較大發展空間的金融業,創造性地利用互聯網技術方面的優勢來對金融產品進行包裝與升級,滿足了消費者的金融需求,互聯網金融應運而生。

1.1.1.2 互聯網業與金融業本質上相匹配是互聯網金融發展的根源

互聯網行業與金融行業本身具有千絲萬縷的聯繫,彼此的匹配性是互聯網金融得以出現並蓬勃生長的內在動因。現代經濟學理論認為,金融仲介產生的原因是由於不確定性與交易成本的存在。在網路經濟時代,互聯網具有開放性、交互性的特徵,可以實現信息流的共享整合,有助於減少信息不對稱,從而減少不確定性和降低交易成本。互聯網金融豐富了金融的功能,實現了資金流與物流、信息流的高效整合與匹配。比如 P2P 信貸與眾籌突破了傳統金融仲介的固有模式,使資金供需雙方得以直接交易,提高了金融資源配置效率。同時移動支付工具促成了資金跨時空交易,提高了金融服務的便利性。而大數據技術則通過對海量數據信息的挖掘與分析,降低了信息不對稱程度,使得風險識別與控制更及時、更有效。

1.1.1.3 平臺的經濟性造就了互聯網金融發展的優勢

互聯網金融具有雙邊市場特徵,互聯網金融企業充分發揮平臺的集群效應,利用網路技術撮合金融產品供需雙方進行交易,促使資源實現更有效的配置。相對於傳統金融,互聯網金融的盈利模式更具有優勢。因為傳統金融企業的盈利主要來源於存貸利差,隨著利率市場化進程的加快,利差逐步縮小,傳統金融企業將面臨轉型,而互聯網金融的盈利模式來源於佣金而非差價。互聯網金融模式下,平臺經濟服務金融市場的能力更強,通過大數據技術可以深入分析用戶個體與群體的消費偏好,實現精準化營

銷，為客戶提供個性化服務。

1.1.2 互聯網金融的定義

2012年8月，謝平在《互聯網金融模式研究》中指出，互聯網金融在經濟學上還沒有一個嚴格的定義，它更接近於一個譜系概念。謝平將其定義為：一種受互聯網技術、互聯網精神的影響，從傳統銀行、證券、保險、交易所等金融仲介到無仲介瓦爾拉斯一般均衡之間的所有金融交易和組織形式。互聯網金融的形式既不同於商業銀行間接融資，也不同於資本市場直接融資。這一定義體現了互聯網金融去仲介化的特點。

2013年6月，阿里巴巴集團董事長馬雲在相關媒體發表文章，稱未來的金融有兩大機會：一個是金融互聯網，金融行業走向互聯網；另一個是互聯網金融，是純粹的外行領導，其實很多行業的創新都是外行進來才引發的。金融行業需要攪局者，更需要那些外行的人進來進行變革。

2014年4月，《中國金融穩定報告（2014）》提出：互聯網金融是互聯網與金融的結合，是借助互聯網和移動通信技術實現資金融通、支付和信息仲介功能的新興金融模式。廣義的互聯網金融既包括作為非金融機構的互聯網企業從事的金融業務，也包括金融機構通過互聯網開展的業務；狹義的互聯網金融僅指互聯網企業開展的、基於互聯網技術的金融業務。

2015年7月18日，《關於促進互聯網金融健康發展的指導意見》指出：互聯網金融是傳統金融機構與互聯網企業利用互聯網技術和信息通信技術實現資金融通、支付、投資和信息仲介服務的新型金融業務模式。互聯網金融的主要業態包括互聯網支付、網路借貸、股權眾籌融資、互聯網基金銷售、互聯網保險、互聯網信託和互聯網消費金融等。

從以上定義看，有些強調互聯網金融呈現出去仲介化和新型金融業態的特徵；有些認為互聯網只是一種工具，更多的是為金融的發展提供支持；有些則關注互聯網精神在金融中的應用。實際上，準確定義「互聯網金融」是一件比較困難的事情。①不同的機構以及個人會從不同的角度來理解和解讀互聯網金融。與此同時，不同領域以及不同模式的互聯網金融存在一些共同點，同時也存在不少差異，因此難以完全概括。②「互聯網金融」及「金融互聯網」其實是動態的、階段性的概念，需要歷史地去看待和評價。比如，今天再來評價十多年前互聯網證券交易在中國的發展，似乎就屬於「金融互聯網」的範疇，可就當時的大環境而言，這已經是非常超前的了，或許應該歸於「互聯網金融」。③嚴格意義上的互聯網金融

與金融互聯網其實是一個鏈條的兩端，現實世界的業態主要分佈在中間狀態，有些可能距離理想化的互聯網金融更近一些，有些可能更靠近金融互聯網這一端，因此在區分時只能做一個大致的判斷。

綜上所述，我們認為互聯網金融是一種基於互聯網、大數據、雲計算、移動通信、社交平臺及搜索引擎等信息技術，實現資金融通、支付、結算等金融相關服務的金融業態。互聯網金融是現有金融體系的進一步完善和普惠金融的重要內容，其表現形式既包括以互聯網為主要業務載體的第三方支付、P2P網貸、眾籌等新興新型金融業態，也包括持牌互聯網金融機構，以及各類持牌金融機構設立的主要從事互聯網金融相關業務的法人機構。互聯網金融的內涵不是互聯網和金融業的簡單結合，是以互聯網時代的技術為基礎，為適應新的需求而產生的新模式及新業務，是傳統金融行業與互聯網精神相結合的新興領域。互聯網金融與傳統金融的區別除了金融業務所採用的媒介不同，更重要的是金融參與者深諳互聯網開放、平等、協作、分享的精髓，通過互聯網、移動互聯網等渠道，使得傳統金融業務呈現出透明度更強、參與度更高、協作性更好、中間成本更低、操作上更便捷等特徵。

1.1.3 互聯網金融的特點

1.1.3.1 信息的多維採集與深度運用

互聯網金融採集並使用了更多的信息——大數據。市場主體不是獨立存在的，會與其他市場主體發生聯繫，如供貨商、客戶、銀行等，可通過互聯網從多個側面搜集這一市場主體的信息，並通過信息的拼接對市場主體有一個整體性的認識，進而獲得該主體其他方面的信息。如阿里金融通過分析客戶在淘寶上的消費等情況，能夠判斷出客戶可能的生活情況以及潛在的消費需求，甚至能夠通過客戶交納水、電、煤氣費的地址來判斷客戶是否有穩定的住所，並對客戶的信用情況做出合理的判斷。

互聯網金融採用了新的信息處理方式——雲計算。在傳統金融模式下，信息資源分散龐雜，數據難以有效處理和應用。在互聯網金融模式下，社交網路生成和傳播信息，有些信息是個人和機構沒有義務披露的；搜索引擎對信息進行組織、排序和檢索，有針對性地滿足信息需求；雲計算可以提高對海量信息的處理能力，將不對稱、金字塔形的信息扁平化，實現數據的標準化和結構化，最終形成時間連續、動態變化的金融市場信息序列，而這些信息恰恰是傳統金融機構參與主體迫切需要但難以獲

得的。

1.1.3.2 去仲介化

在互聯網金融模式下，資金的供求信息在互聯網上發布，不僅供求雙方能夠憑藉信息技術全面深入地掌握交易對象的交易信息，並據此找到合適的風險管理和分散工具，而且雙方或多方交易也可以同時進行，定價完全競爭，最大化地提升資金配置效率，實現社會福利最大化。互聯網金融本質上是直接融資，資金供求信息在網路上形成「充分交易可能性集合」，雙方資金供求匹配成功後即可直接交易，在沒有金融仲介參與的情況下，高效解決資金融通問題。

1.1.3.3 傳統金融機構的后臺化

以第三方支付為代表的互聯網金融對銀行等傳統金融機構最大的衝擊在於切斷了銀行和客戶之間原來的直接聯繫。客戶直接面對的將只是第三方支付機構，傳統的銀行帳戶、基金帳戶全部后臺化，客戶甚至感覺不到（其存在）。隨著帳戶同一化趨勢的發展，「帳戶為王」時代即將到來（三類），第三方支付帳戶可能會成為人們支付和消費的首要甚至是唯一入口，其他帳戶全部隱藏在第三方支付帳戶的背後，成為其附庸。央行於2015年12月25日發布《關於改進個人銀行帳戶服務加強帳戶管理的通知》（下稱《通知》），宣布將對落實個人銀行帳戶實名制、建立銀行帳戶分類管理機制、規範代理開立個人銀行帳戶、強化銀行內部管理和改進銀行帳戶服務五方面進行規範。

《通知》指出未來存款人可通過Ⅰ類銀行帳戶辦理存款、購買投資理財產品、轉帳、消費和繳費支付、支取現金等業務；通過Ⅱ類銀行帳戶辦理存款、購買投資理財產品、限定金額的消費和繳費支付等業務；通過Ⅲ類銀行帳戶辦理限定金額的消費和繳費支付服務。Ⅱ類銀行帳戶和Ⅲ類銀行帳戶不得存取現金，不得配發實體介質。

1.1.4 互聯網金融的功能

從目前發展情況來看，互聯網金融的功能主要體現在提供金融活動平臺、優化資源配置、支付效率提升、提供價格信息功能等方面。

1.1.4.1 提供金融平臺

通過互聯網金融平臺，客戶可隨意選擇金融產品，足不出戶就能完成支付、理財、貸款等金融服務，互聯網金融通過網路為客戶提供便捷快速的平臺。互聯網金融平臺充分發揮平臺的集群效應，利用網路技術撮合金

融產品供需雙方進行交易，在克服了時間和空間限制的基礎上，加快資金週轉速度，最大限度地保證雙方資金尤其是資金接收方的利益。

1.1.4.2　優化資源配置

互聯網金融本質上是一種直接融資方式，其核心是資金的供給方通過金融市場將資金的使用權讓渡給資金需求方的過程。互聯網可以有效識別信用風險，並且還有效降低了市場中信息不對稱的問題，因此，基於網路平臺的金融明顯更有利於金融資源配置功能的實現。

1.1.4.3　方便支付和清算

傳統支付渠道主要通過商業銀行。在互聯網金融模式下，可以進一步改善現行的以商業銀行為主體的支付體系，更可以方便快捷地提供支付清算服務，大幅提升了金融的支付清算功能效率。互聯網金融平臺降低了交易者的清算成本，便於資金管理、匯總支付清算交易筆數而後進行軋差清算，降低了銀行的清算成本，而其平臺沉澱資金的變相墊資加快了某些支付清算行為的速度，是對當前支付清算體系的完善和補充。但是在肯定互聯網金融支付清算服務的同時，也應當重視其對支付清算體系的衝擊以及帶來的風險。

1.1.4.4　提供價格信息

互聯網金融使價格信息更加準確、及時、豐富。隨著互聯網平臺的引入，最大限度地提高了資金動員的能力和資金的使用效率，加快資金週轉率，促進金融體系，尤其是與傳統商業銀行的競爭，使得利率資金的價格更加及時、準確地反應資金的供給和需求，進而引導資金的合理流動。在互聯網所創造出來的無邊界交易平臺下，廠商與消費者、廠商與廠商、消費者之間的競價機制得到了極大的完善。在這裡，價格不是由外部力量約束，所有價格都是彼此之間競價的結果。

1.1.4.5　分散風險

金融市場應該形成風險共擔機制，金融機構的風險防控就是對在交易定價中的風險進行分散和轉移。因為市場中存在信息不對稱，如果不能對社會風險進行有效的防控，則經濟模式將無法正常運行。互聯網金融在這方面強於傳統金融，相比之下，互聯網金融的開放平臺更方便實現資源共享，極大地解決了市場上信息不對稱的問題，從而降低了交易成本，分散了風險。網路金融利用其特殊的平臺，收集並分析各企業用戶的日常交易行為，判斷他們的業務經營狀況、經營信用情況、資金需求狀況以及行業發展導向，解決了因無法掌握制度不健全的小企業的真實經驗情況造成的

信息不對稱問題，一定程度上降低和分散了道德風險和信用風險。

1.1.5 互聯網金融的發展歷程

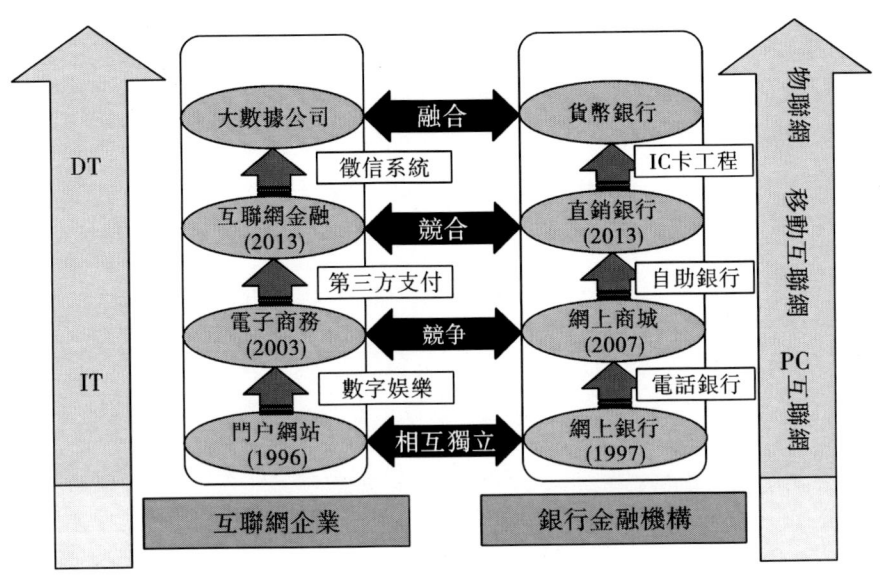

圖1-1 互聯網金融發展架構圖

我們認為，互聯網金融的發展可以從兩個方面來分析，一是金融業務互聯網化，二是互聯網業務金融化。

關於金融業務互聯網化，在圖1-1中我們可以看到，最初的金融業務互聯網化就是將傳統的金融櫃臺服務擴展到線上來，其中典型的就是網上銀行，這擴大了銀行的服務範圍。另外，電子銀行、手機銀行等都屬於傳統金融服務的互聯網延伸的範圍。后來隨著技術進步及國內電子商務的迅速發展，傳統金融機構開始涉足電子商務領域，建立網上商城，開展電子商務業務。近年來伴隨著互聯網技術特別是大數據、雲計算等技術的快速發展，銀行憑藉已有的各種資源優勢開展各種互聯網金融業務，直銷銀行正是在這樣的背景下發展起來。而金融機構從事網路貨幣交易及混業經營將會是傳統金融機構未來的發展方向。

關於互聯網業務金融化，在圖1-1中我們可以看到，發展初期體現為門戶網站，而后伴隨著國內電子商務的興起，在激烈的競爭中生存下來的門戶網站開始轉型並朝著電子商務方向發展。近年來，隨著互聯網技術包

括在大數據、雲計算等技術的帶動下，各大電子商務公司積極把握發展趨勢，利用既有的資源數據開展了互聯網金融業務，比如第三方支付、P2P網貸、眾籌等。隨著電子商務公司業務多元化的發展，大數據公司則成為其主要的發展方向。

兩種金融模式的異同：事實上，是否具備互聯網精神、能否以客戶需求為導向並注重客戶體驗等要素是互聯網業務金融化與金融業務互聯網化的本質區別。在互聯網業務金融化方面，阿里金融是目前最接近理想化互聯網業務金融化模式的一個樣本，因此下面將主要結合阿里金融的實踐來比較和分析互聯網業務金融化與金融業務互聯網化的差異（見表1-1）。

表1-1　　互聯網業務金融化與金融業務互聯網化的比較

	比較項	互聯網業務金融化	金融業務互聯網化
企業的角度	經營理念	開放、共享的互聯網理念	傳統理念
	組織架構	獨立、多變	附屬、分支，相對穩定
	交易金額與頻率	金額小、頻率高	金額大、頻率低
	價格策略	免費、低價	相對高價
客戶的角度	客戶定位	開放、年輕的客戶	穩健保守的客戶
	客戶體驗	便捷、快速、互動	繁瑣、緩慢、單向
技術與信息的角度	信息	對稱、透明	不對稱、不透明
	去仲介化	去仲介化	仲介化
	新技術應用	快	慢
安全角度	安全性	相對弱	相對強
	監管機制	相對薄弱、亟待完善	比較成熟

1.2　金融業務互聯網化

1.2.1　金融業務互聯網化的發展

所謂的互聯網化就是將金融業務通過互聯網來完成，在其發展歷程中

主要經歷了四個階段：網上銀行、網上商城、直銷銀行和貨幣銀行。這四個階段也恰恰映射著互聯網發展的三個時代即：PC 互聯網時代、移動互聯網時代和物聯網時代，表明金融機構與互聯網企業的結合越來越緊密，最後在物聯網時代可能會融合在一起（見圖 1-2）。

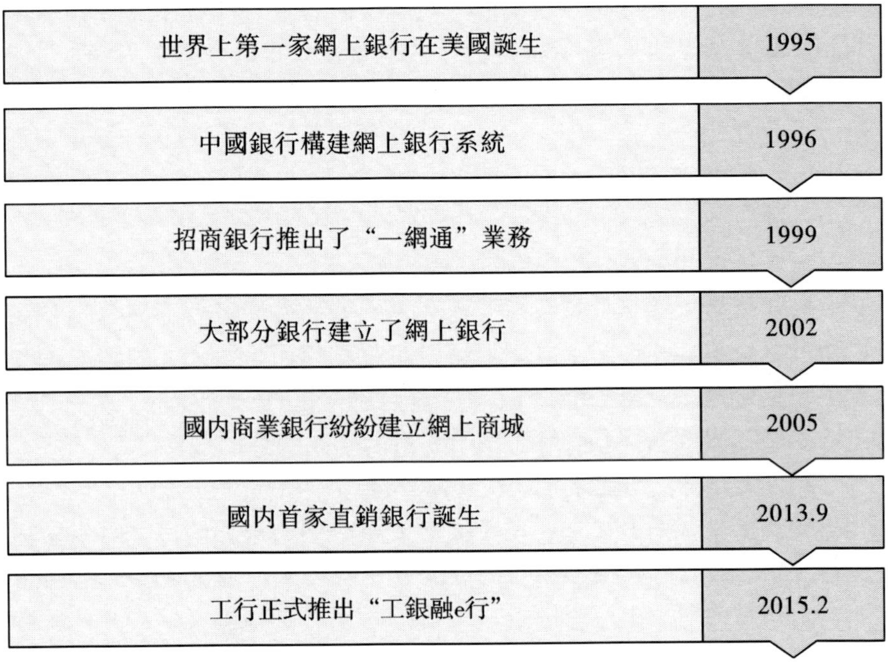

世界上第一家網上銀行在美國誕生	1995
中國銀行構建網上銀行系統	1996
招商銀行推出了"一網通"業務	1999
大部分銀行建立了網上銀行	2002
國內商業銀行紛紛建立網上商城	2005
國內首家直銷銀行誕生	2013.9
工行正式推出"工銀融e行"	2015.2

圖 1-2　互聯網金融發展史

20 世紀 90 年代，互聯網金融發展主要體現在金融機構把互聯網作為技術支持，將銀行業務從營業網點搬到了網上，但此時還沒有出現真正的互聯網金融形態。1995 年世界上第一家網上銀行在美國誕生，隨後，世界各大銀行也紛紛開展網上銀行業務。1996 年，中國銀行開通中行網站並構建網上銀行系統，這開啟了中國網上銀行發展的先河。1997 年，招商銀行推出了「一網通」業務，全面開展網上銀行服務。隨後，各家銀行爭先推出網銀服務，至 2002 年年底，國有銀行和股份制銀行全部建立了網上銀行。隨著金融業的互聯網程度不斷加深，中國金融業的互聯網時代宣布到來。

2005 年之後，電子商務迅速發展，第三方支付機構逐漸成長以及網路借貸也開始萌芽，金融與互聯網的結合開始從技術領域深入到金融領域，國內各大商業銀行紛紛試水電商業務，建立網上商城，例如工行的融 e 購、

招行的聚便宜、建行的善融商城等。

隨著 2013 年 9 月 18 日北京銀行與其境外戰略合作夥伴荷蘭 ING 集團深度合作產生了國內首家直銷銀行后,直銷銀行在這兩年迅速崛起,2014 年 2 月 28 日,民生銀行直銷銀行也正式上線,隨后,興業銀行、平安銀行、浦發銀行、華夏銀行、上海銀行、浙商銀行、江蘇銀行等相繼推出了直銷銀行業務,工商銀行也於 2015 年 2 月 9 日正式上線了名為「工銀融 e 行」的直銷銀行,目前城市商業銀行、股份制商業銀行乃至國有商業銀行均已涉足此領域。

1.2.2 金融業務互聯網化的類型

1.2.2.1 網上銀行

在銀行業、通訊信息技術、互聯網的飛速發展以及通訊信息技術廣泛應用於金融範疇的形勢下,網上銀行也就相伴而生。網上銀行通過互聯網提供包括傳統銀行業務和因信息技術應用帶來的新興業務,它不受時間、空間限制,使得人們感受到了前所未有的金融消費的多樣性。

20 世紀末期,隨著計算機的發展及應用,銀行的經營方式出現了網路化趨勢。第一家網上銀行——美國安全第一網上銀行問世,吸引了世人的眼球。與此同時國內商業銀行的發展也在悄然進行,中國銀行於 1996 年開始籌建自己的網上銀行,用了一年的時間完成了整個架構,創立了獨具自己特色的網站。由於商業銀行具有極強的同質性,所以中國各大商業銀行紛紛效仿推出自己的網上銀行業務及服務。

《2015—2016 年中國網上銀行年度監測報告》指出,2015 年中國網上銀行交易額已經達到了 1,600.85 萬億元,同比增長 28.18%。從以上數據可以清楚地看出,隨著電子商務、互聯網金融及網路經濟的走強,網上銀行交易量及規模出現平穩增長的局面。

而同時,隨著用戶規模的擴大,用戶量級的快速增長以及移動支付的迅猛發展使得手機銀行有更多的使用機會,據中國電子商務研究中心(100EC. CN)監測數據顯示,2015 年手機銀行交易額為 70.7 萬億元,同比大幅增長 122.75%。相比於網上銀行,手機銀行具有一定的優勢,這包括:便於攜帶、可以方便獲得用戶所處的地理位置、便於分析用戶的行為等(見圖 1-3、圖 1-4)。

1 互聯網金融概述

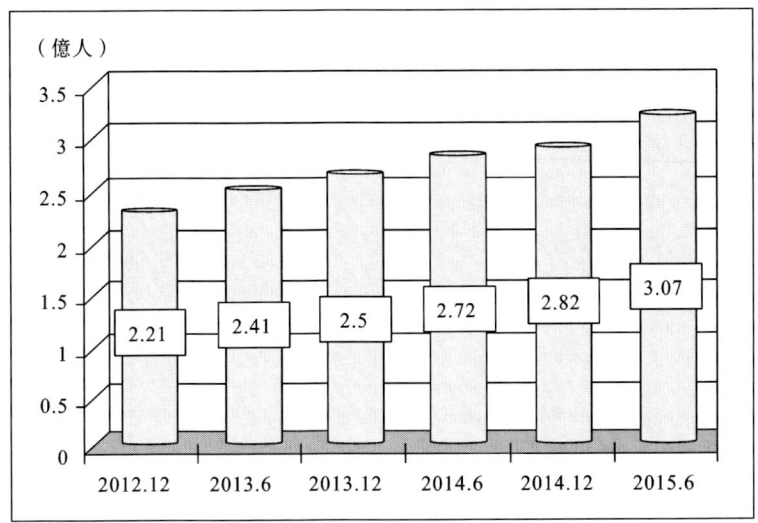

圖1-3　2012.12—2015.6 中國網上銀行用戶規模①

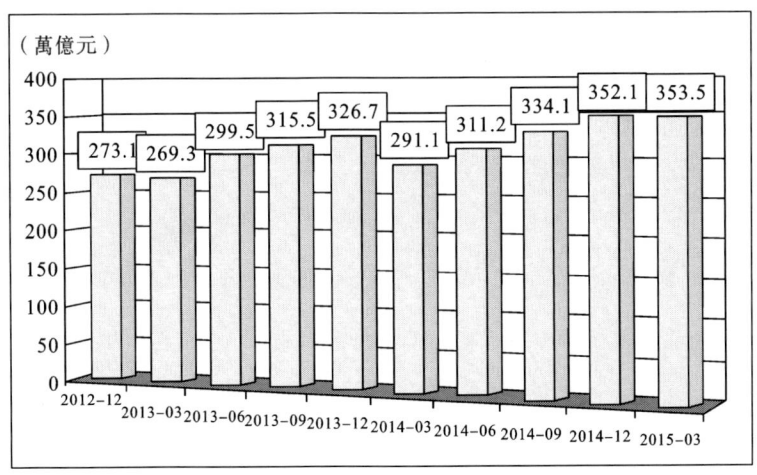

圖1-4　2012.12—2015.3 月網上銀行季度交易規模②

1.2.2.2　網上商城

2006—2007 年，各大商業銀行的官方網站上相繼出現了「網上商城」板塊。然而，那時的「網上商城」於銀行而言，僅僅是面子工程，既不能在線下單，也不能瀏覽詳情，只是提供了跳轉至各大合作商戶的外部連結

---

①　資料來源：wind。
②　資料來源：wind。

11

而已。在相當長的一段時間內，銀行商城算不上真正意義上的網上商城，而是被用來維護企業與客戶的關係，提供企業商戶的一個免費展示的宣傳窗口。流量導出、客戶轉化率、利潤分成等指標，在當時都是不被關心的話題。電商在銀行領域並沒有像今天這般舉足輕重。

但隨著第三方機構對銀行業務的不斷滲透，「金融脫媒」現象日益加深，銀行中間業務因此而受到一定的影響和衝擊。在傳統經營模式越來越難以為繼的預期背景下，各大商業銀行才不得不投身於建設網上商城。2012年，交通銀行推出「交博匯」平臺、建設銀行推出「善融商務」平臺、中國銀行中山分行推出「雲購物」、寧波銀行推出首個中小企業專屬金融社區平臺「寧波銀行E家人」。

1.2.2.3 直銷銀行

直銷銀行是互聯網時代應運而生的一種新型銀行運作模式，在這一經營模式下，銀行沒有營業網點，不發放實體銀行卡，客戶主要通過電腦、電子郵件、手機、電話等遠程渠道獲取銀行產品和服務，因沒有網點經營費用和管理費用，直銷銀行可以為客戶提供更有競爭力的存貸款價格及更低的手續費率。降低營運成本、回饋客戶是直銷銀行的核心價值。

2013年7月，民生銀行成立了直銷銀行部。2014年2月28日，國內首家直銷銀行民生銀行直銷銀行正式上線。民生銀行直銷銀行突破了傳統實體網點經營模式，主要通過互聯網渠道拓展客戶，具有客群清晰、產品簡單、渠道便捷等特點。2014年3月，興業銀行推出直銷銀行，其特點在於用戶可以持工行、建行、農行、招行、中信等多家銀行卡，通過電腦、手機等移動設備直接在其上選購熱銷理財產品、基金以及定期存款、通知存款等，免掉了繁複的註冊、登錄、跨行資金劃轉步驟，一鍵購買，省時省力。可以隨時隨地隨身「一站式」查看、管理、調撥上述各家銀行卡上的資金，享受在線理財規劃服務。

中信銀行與百度於2015年11月18日舉行戰略合作發布會，宣布共同發起成立百信銀行，首家獨立法人模式的直銷銀行即將問世。目前，有20多家銀行開展了直銷銀行業務，但是此前，直銷銀行業務都是在傳統銀行內部展開，而中信銀行此次的嘗試是以子公司獨立法人的模式發起。

1.3 互聯網業務金融化

1.3.1 互聯網業務金融化的發展（2014—2016 年）

互聯網企業正是在不斷與金融機構進行競爭、合作的過程中發展壯大的，從初期的相互獨立到中期的競爭合作再到現在的融合，可以說沒有金融機構，互聯網企業是不會發展到如此規模的。從時間軸來看，互聯網企業的金融化經歷了四個階段：門戶網站、電子商務、互聯網金融、大數據時代，完成了互聯網企業從 IT 到 DT 的轉換（見圖 1-5）。

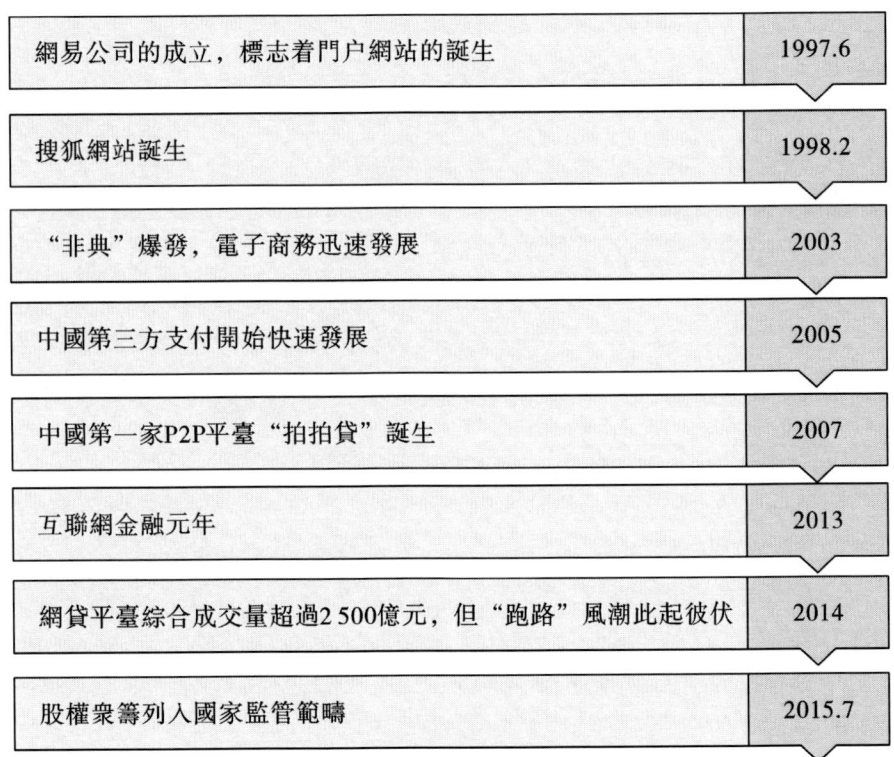

圖 1-5　互聯網業務金融化進程圖

1997 年 6 月，隨著網易公司的成立，標誌著門戶網站在中國的誕生。1998 年 2 月 25 日，中國首家大型分類查詢搜索引擎——搜狐品牌正式誕生。隨後，四通利方宣布併購海外最大的華人網站公司「華淵資訊」，成

立全球最大的華人網站「新浪網」。至此，中國門戶網站三足鼎立的局面開始形成。門戶網站在發展初期以網路廣告為盈利點，通過最大化地吸引用戶注意力、提高瀏覽量來獲得風險投資者和網路廣告主的青睞。這些互聯網企業幾乎還沒有任何產品，與傳統金融機構業務發展沒有交集，相互獨立。但由於收入模式過於單一，很多門戶網站的發展受到限制，因此他們開始對自身的發展模式進行思考和調整，走向業務多元化，而不再像傳統門戶網站那樣只以網路廣告為主營業務。

中國電子商務的發展雖然最早可以追溯到1993年，但在2003年之前，電子商務發展十分緩慢，處於初步的發展階段。網民的網路生活方式還僅僅停留於電子郵件和新聞瀏覽的階段。而2003年以後的幾年，一方面，當當、卓越、阿里巴巴、慧聰、全球採購、淘寶——這幾個電商開始出現在人們的視野中；另一方面，「非典」的爆發讓人們體驗到這些電商帶給我們的便利。這個階段，大批的網民逐步接受了網路購物的生活方式，而且這個規模還在高速地擴張；眾多的中小型企業從B2B電子商務中獲得了訂單，獲得了銷售機會，「網商」的概念深入商家之心；電子商務基礎環境不斷成熟，物流、支付、誠信瓶頸得到基本解決，在B2B、B2C、C2C領域裡，不少網路商家在迅速地成長，累積了大量的電子商務營運管理經驗和資金。

2005年，計算機和寬帶的普及以及電子商務基礎設施的完善促進了第三方支付行業快速發展，使中國第三方支付迎來了春天，支付規模達到196億元。

2007年6月，中國第一家P2P網路借貸的網站——「拍拍貸」成立，開啟了中國網路借貸的先河。這也對傳統金融機構的統治地位構成了挑戰，互聯網企業開始涉足金融領域，並與銀行展開了競爭。

前面兩個階段的發展為互聯網企業進入互聯網金融時代打下了基礎。我們所說的互聯網金融主要包括互聯網企業的金融化與金融企業的互聯網化，此處我們主要討論前面一部分，這一部分又可以分為三個發展階段：①20世紀90年代，互聯網企業發展模式單一，產品稀少；②隨著計算機和通信技術的廣泛應用以及電子商務的發展，第三方支付機構逐漸成長，網路借貸也開始萌芽，互聯網與金融的結合開始從技術領域慢慢深入到金融業務領域；③隨著P2P借貸的成熟以及眾籌的出現，互聯網企業開始提供更多的投融資服務，金融化進一步加深。2013年是互聯網金融發展革命性的一年，故這一年也被稱為「互聯網金融元年」。

2014年，P2P網貸發展繼續欣欣向榮。根據對325家重點網貸平臺的

監測結果，2014 年網貸平臺綜合成交量超過 2,500 億元，是 2013 年的 3.29 倍；並且基本保持逐月遞增趨勢，3 月份漲幅達到峰值 106.9%。但由於網貸發展還處於初級階段，缺乏相關部門的監管，法律政策等也相對匱乏，平臺跑路事件頻頻發生。

隨著「大眾創業、萬眾創新」政策的推進，國務院先後數次推動股權眾籌事業的發展。2015 年，全國眾籌行業共成功籌資 114.24 億元，歷史上全年首次突破百億元大關，比 2014 年全國眾籌行業籌資金額增長了 429.38%。

大數據的發展從以 Google、Amazon、Yahoo 為代表的互聯網大公司拓展到越來越多的創業公司以及金融、電力、電信等各種傳統行業，這些公司和行業在不同的維度進行數據挖掘和分析，創造出更多的商業模式和經濟增長點。同時，包括美國在內的諸多國家，都將大數據管理上升到國家戰略層面，從國家層面通盤考慮其發展戰略。「大數據」中的數據主要包括「在線」大數據和「離線」大數據，雖然從事大數據研究和開發的公司及研究單位對於這些數據有不同的業務邏輯，但是大的處理技術基本類似，包括數據採集、導入和預處理、統計和分析、挖掘。目前，在中國，大數據在各大企業中（如淘寶、百度、騰訊）已經得到了成熟和廣泛的應用，大數據商業模式也開始逐漸形成。

1.3.2 互聯網業務金融化的類型

如果說被稱為「互聯網金融元年」的 2013 年伴隨著各種「寶寶類」網銷貨幣基金的橫空出世的話，在隨後的 2014 年，互聯網支付、網路借貸、眾籌、互聯網理財、保險等各類互聯網金融消費產品進入大眾視線，則代表了「互聯網金融創新發展年」。通過「互聯網+」的技術創新和金融服務融合互動式突破，互聯網金融已成為日趨成熟的消費行業。

從 21 世紀初互聯網支付的出現，到互聯網借貸（網路小貸及 P2P）、互聯網股權投融資（眾籌）的落地；從近年來互聯網保險的高歌猛進，到近期一站式互聯網理財的興起；從單品類的互聯網理財到綜合性的互聯網金融消費，高端化、精英化的傳統金融服務行業逐漸延伸出門檻更低、頻次更高、服務更加綜合快捷的互聯網金融，其消費市場的崛起勢不可擋。

包括 P2P、眾籌、互聯網信託、網銷貨幣基金等形態都是互聯網理財產品的表現形式，雖然每一種互聯網理財產品的形態、運作和原理都不盡相同，但都是消費者對財產和債務進行管理，以實現財產的保值、增值為

目的的投資理財途徑。

1.3.2.1 第三方支付

1999年出抬的美國《金融服務現代化法案》將第三方支付機構定性為非銀行金融機構,將第三方支付業務定性為貨幣轉移業務。中國人民銀行2010年出抬的《非金融機構支付服務管理辦法》將第三方支付業務定義為,在收款人和付款人之間作為仲介機構提供貨幣資金轉移服務,包括網路支付、預付卡、銀行卡收單等業務。在資金流轉過程中,第三方支付平臺只起到中轉作用,但不擁有資金所有權,它主要解決不同開戶行銀行卡的網上對接以及異常交易帶來的信用缺失等問題,通過提供資金流通渠道完成消費者、商戶以及金融機構間的貨幣支付、資金清算、查詢統計等過程。儘管第三方支付業務脫胎於銀行業務,但是第三方支付業務模式並非一成不變,在眾多第三方支付機構中,每個公司的營運模式不盡相同。典型的第三方支付業務模式有兩類:一類是以「快錢」為代表的獨立第三方支付模式;另一類是依託於自有B2C、C2C電子商務網站提供擔保功能的第三方支付模式,如「支付寶」「財付通」(見圖1-6)。

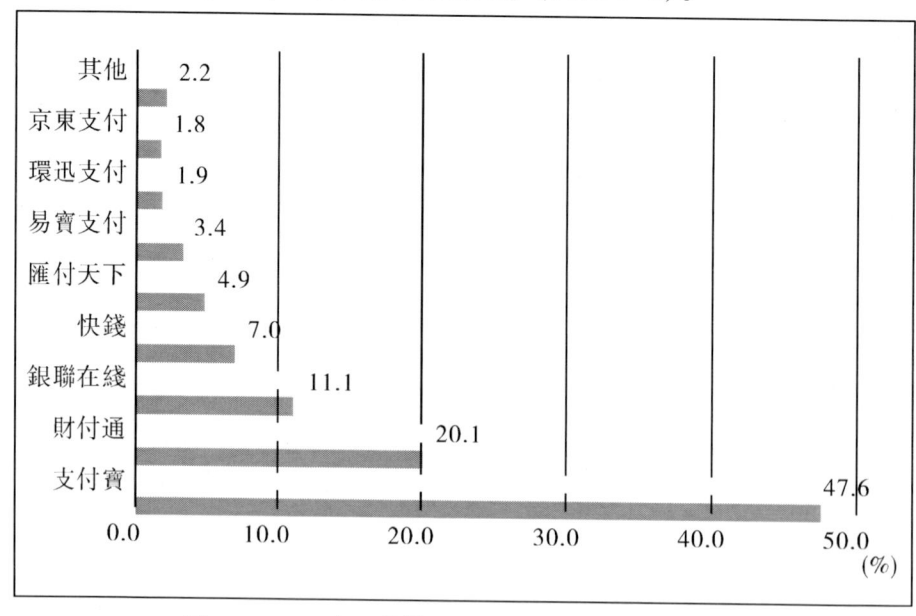

圖1-6 2015年9月第三方支付核心企業市場份額①

---

① 資料來源:中國人民銀行網站。

第三方支付自 2004 年出現以來一直呈快速增長態勢。中國人民銀行數據顯示，截至 2015 年 9 月，已獲得第三方支付業務許可證的機構為 270 家，其中「支付寶」市場份額為 47.6%，「財付通」市場份額為 20.1%，「銀聯在線」市場份額為 11.1%。以上三家支付企業的市場份額已接近 80%，市場集中度較高，核心企業市場份額保持穩定。這表明，經過 10 年的快速發展，第三方支付市場已經趨於成熟。

1.3.2.2　P2P 網路借貸

ICT 技術的發展使基於互聯網的 P2P 網路借貸模式應運而生。P2P 網路借貸模式是指借款人向 P2P 平臺提交借款金額、期限和利率等信息，並根據平臺要求提供相應的證明文件，網路平臺根據既定的信用評級模型等手段對投資人進行相應的認證，出借人通過比較借貸平臺的標的，根據自己的風險偏好出借資金的過程。在這一模式下，借款人與出借人的對接在網路平臺上完成，比如「人人貸」「宜信」「陸金所」等。

截至 2015 年 12 月底，網貸行業營運平臺達到了 2,595 家，相比 2014 年底增了 1,020 家。P2P 網路借貸平臺的成交額規模為 11,805.65 億元，同比增長 258.62%。預計在未來兩年之內仍然會以 200% 左右的增速發展（見圖 1-7）。

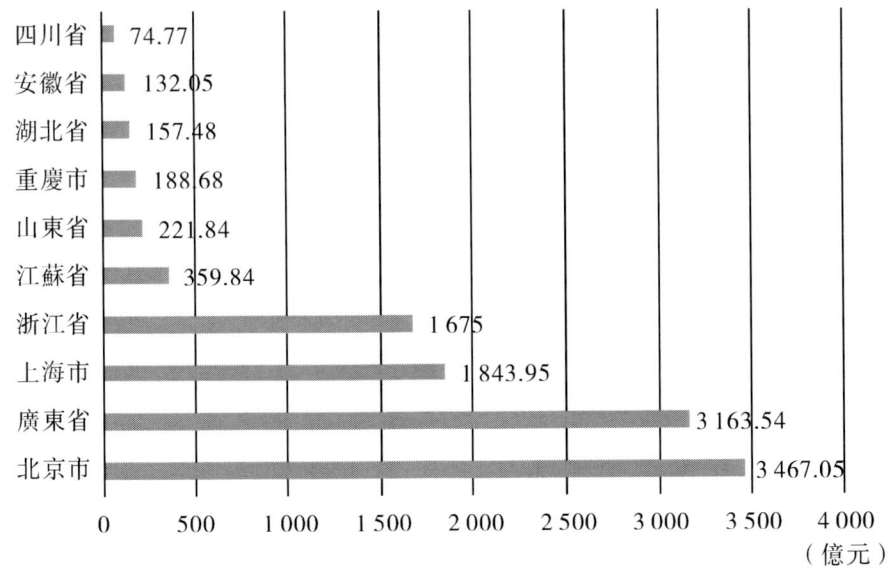

圖 1-7　2015 年 P2P 主要地區交易總額①

---

① 資料來源：中國人民銀行網站

由於中國特定的金融市場環境，P2P 網路借貸模式存在明顯的地區差異。2015 年，P2P 網路借貸的平均年利率和平均網貸期限均與傳統線下民間借貸同期水平相近，其中平均年利率為 12.05%，同比下降 5.47 個百分點，網貸期限平均為 6.22 個月，比 2014 年上升 5.07%。北京、廣東、上海、浙江、山東、江蘇 6 個地區的平臺數量最多，占據全國目前 P2P 網路借貸行業 80% 以上的份額，其中上海的網貸利率只有 9.83%，在全國是最低的，上海的網貸期限達到 10 個月以上，遠高於平均網貸期限。

從中可以看出互聯網企業高度集中且實力強大，如北京百度、長三角阿里巴巴、珠三角騰訊；網貸平臺方面，北京有網信理財、長三角有陸金所、珠三角有紅嶺創投。三大地區一直是中國經濟發展的排頭兵與對外開放的前沿地區，市場經濟高度發達，對外開放程度高，域內老百姓對新事物、新概念、新產品的認知與接受程度高。

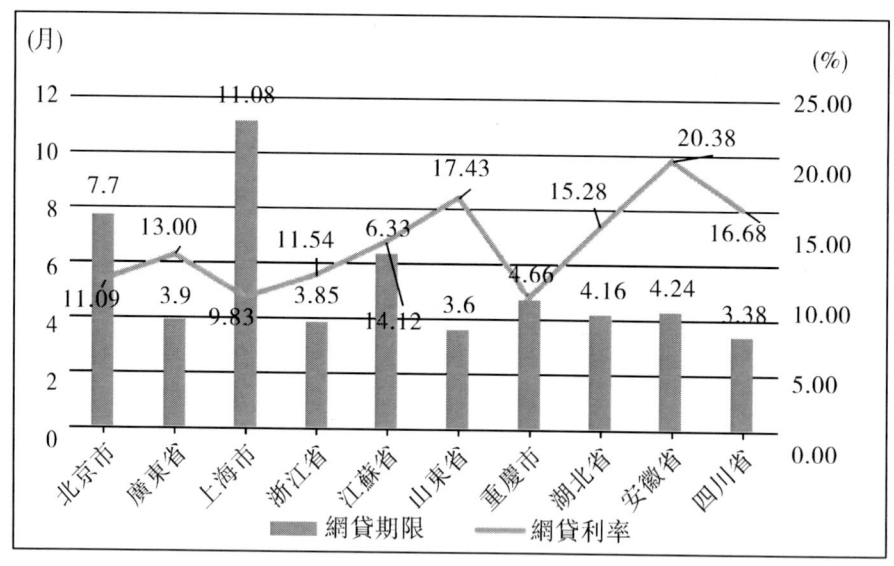

圖 1-8　2015 年主要地區 P2P 借款期限和利率①

1.3.2.3　眾籌融資模式

眾籌融資模式是指項目的發起者通過互聯網融資平臺宣傳介紹自己的項目，合格的投資者對感興趣的項目進行少量投資，使發起者籌集項目運行資金，並由發起者給投資者一定報酬的融資模式。中國目前的眾籌融資

---

① 資料來源：2015 年中國網路借貸行業年報。

模式以獎勵類眾籌為主。股權類眾籌是指項目籌資人通過互聯網平臺進行融資，並回報給投資者一定的公司股份，而投資者最終能否獲得實際的收益取決於公司實際經營狀況的一種眾籌模式，因此，可以把股權眾籌理解為「在互聯網上完成的私募股權投資」。

同上面兩種互聯網金融模式第三方支付和P2P網路借貸模式相比，國內眾籌融資模式發展相對緩慢，但這並不意味著眾籌融資模式的市場需求很小。根據國外經驗，獎勵類眾籌和股權類眾籌在中國都有著廣闊的市場前景和巨大的融資需求。從過去三年國內眾籌融資平臺運行情況看，股權類眾籌因為股東人數限制及公開募資的規定，目前有「天使匯」「大家投」等少數股權類眾籌平臺，作為創新產品的預售及市場宣傳平臺的「點名時間」「眾籌網」等，人文、影視、音樂和出版等創造性項目的夢想實現平臺「淘夢網」「追夢網」等，以及一些微公益募資平臺數量較多。值得關注的是，眾籌融資平臺募集成功率為25%～42%。

2014年上半年，眾籌融資平臺發起目標資金總額約為人民幣21.89億元。從統計數據看，中國的眾籌融資模式還不成熟，和國外相比差距較大。以國內發展較好的「點名時間」為例，自2011年7月創立至今，該眾籌平臺共收到創業提案6,200多個，只有大約700個通過審查，通過審查的項目中約50%成功募集到資金。迄今為止，該網站仍未達到能夠盈利的經營規模。相比之下，全球最大的眾籌網站Kickstarter 2012年的籌資總額已經達到3.2億美元，網站營運已經進入盈利階段。

2　傳統金融機構互聯網化

2.1 網上銀行

2.1.1 概述

2.1.1.1 含義

網上銀行包括兩種含義：一種是機構概念，指通過信息網路開辦業務的銀行，這種銀行沒有實際的物理櫃臺作為支持，基本沒有分支機構，絕大部分只能通過網路進行，因此也叫「虛擬銀行」；另一種是業務概念，指銀行通過信息網路提供的金融服務，包括傳統銀行業務和因信息技術應用帶來的新興業務，又被稱為「在線銀行」或「網路銀行」，實際上是作為傳統銀行服務在互聯網上的延伸。

同時，網上銀行還被稱為「3A 銀行」，可以在任何時間、任何地點、以任何方式為客戶提供快捷的金融服務。在日常生活和工作中，我們提及網上銀行，更多的是第二種概念，即網上銀行服務的概念。網上銀行業務不僅僅是傳統銀行產品從線下轉移到線上，其服務方式和內涵發生了一定變化，同時信息技術的應用還產生了全新的業務品種。

2.1.1.2 演變（三次演變）

20 世紀 80 年代初，國外銀行業發動了一場促使銀行發展產生巨大變化的信息革命，在這場革命中所有的銀行業務活動都被嵌入計算機信息網路中。從 20 世紀 50 年代開始，商業銀行的信息化大致經歷了業務處理電子化、經營管理電子化、銀行再造這三個階段。

第一階段中，銀行主要通過計算機模擬原有銀行手工業務和部門分工的傳統管理模式。在這個階段，銀行利用計算機進行票據集中錄入，實現帳務管理的批量處理，進一步實行了辦公自動化，計算機批量處理的應用在客觀上使銀行的帳務管理模式由分散走向了集中，但由於當時信息通信技術還不夠發達，銀行信息系統仍然分散而封閉。

第二階段中，由於信息技術快速發展以及成本大幅降低，為銀行業廣泛應用網路信息技術提供了有利條件。在這一階段中銀行實現了聯網即時交易，實現了異地通存通兌，同時，內部網路電子銀行開始興起，出現了 ATM 機、POS 機等新型自助服務渠道，超出了傳統的存、貸款服務範疇。

第三階段中，以 1995 年 10 月美國第一家網上銀行——安全第一網路銀行的誕生為標誌，出現了電話銀行、電視銀行、網上銀行和手機銀行等

新型服務渠道，提供了虛擬化、個性化的服務，客戶可以在任何時間、任何地點、以任何方式得到各種金融服務。在這一階段，網上金融機構突破了傳統金融業的各種限制，銀行、證券、保險等以及其他類型的金融服務得到高度的融合，大大拓寬了金融企業的獲利空間。銀行業務發展，又增加了對信息通信技術的需求，出現了大量 IT 外包活動。

2.1.2 主要特點與風險

2.1.2.1 特點和優勢

與傳統的銀行業務相比，網上銀行業務有以下特點：

（1）以計算機技術為基礎，以網路為媒介；
（2）靈活便捷的 24 小時服務；
（3）客戶自助服務；
（4）邊際經營成本低；
（5）業務綜合性強。

網上銀行的出現，改變了商業銀行的競爭方向和發展模式，也改變了商業銀行風險管理的範疇。與傳統銀行相比，網上銀行的優勢有：

（1）打破地域和時間限制，在降低服務成本的同時，提升了服務的便捷性和可訪問性；
（2）採用網路化、無紙化運作，提高了服務的速度和效率；
（3）擴展了服務範圍，有利於服務創新，向客戶提供個性化、多樣化服務；
（4）服務更加標準、規範，避免了人工服務質量參差不齊的不足；
（5）減少了銀行的網點、人員、設備等投入，節省了銀行成本；
（6）有利於銀行大範圍開拓業務以及全球化的實現。

2.1.2.2 風險

網上銀行包含兩類風險，一類是銀行普遍存在的風險，一類是網上銀行特有的風險（詳見表 2-1）：

表 2-1　　　　　　　　　　網上銀行風險分類表

風險類別	風險名稱	風險特點及后果
第一類風險	操作風險	主要是指未經過明確授權使用客戶帳戶，可能導致客戶直接經濟損失的風險
	信譽風險	主要是指負面的輿論導致網上銀行聲譽受損，顧客減少，盈利下降而產生的風險
	信用風險	又稱對手風險，主要是指由於交易對手不能履行責任而造成的風險
	流動性風險	由於其無法保證任何時間都有足夠的資金滿足客戶兌現或結算要求，而面臨的風險，也稱為擠兌風險。
	法律風險	主要來自於違反或不遵守法律、法規或約定的慣例，或者沒有很完善地建立有關交易各方在法律上的權利和義務。網上銀行給銀行零售業務帶來了相對較新的特點，而交易各方的權利和義務在某些情況下還未確定
	管理風險	主要是指網上銀行的管理現狀及管理水平與網上銀行業務快速發展的現狀不協調而造成的風險
第二類風險	系統安全風險	網上銀行是以互聯網為載體，使得網上銀行天生便具有系統安全風險，黑客的攻擊、電信詐騙、使用假網站騙取客戶信息等顯示出網路自身的弱點。網上銀行的系統安全風險主要存在於數據傳輸的安全性，網上銀行網站建設的可靠性，以及客戶操作的安全環境
	業務運行連續性風險	主要是指網上銀行業務中斷或系統失敗給銀行帶來的損失或風險，它會給銀行帶來巨大的經濟損失，同時還可能危及銀行信譽，最終引發信譽風險
	外包管理風險	銀行為了滿足網上銀行、電話銀行、自助設備等多種服務渠道的技術需要，會借助於外部研發團隊的力量來進行軟件系統的開發與功能的實現，這種同第三方服務提供商的合作雖然節約了一定的銀行資源，但是同時帶來了潛在的風險，有可能導致銀行重要信息洩露

2.1.3　國內網上銀行發展

如今，國外商業銀行已經進入了銀行再造階段，開始了以客戶為中心，充分利用網路通信、電子等信息技術來優化整合業務流程，創造出品

種繁多的新型金融產品，不斷進行全面的企業重組。而中國的商業銀行向現代商業銀行的轉軌尚未完全完成，在管理體制、戰略管理以及業務流程等方面仍在探索中，信息技術應用和金融電子化建設仍處於第二階段，初步實現了全國範圍內的網點電子化，形成了以銀行卡系統、會計系統、對公系統、儲蓄系統為主要內容的「新一代綜合業務系統」。從整體上講，中國目前金融科技的發展水平還是比較落後，還不具備以客戶為中心，進行銀行再造的環境和條件，今後應當加大基於信息技術的金融創新力度，以此來提高中國金融科技水平和金融科學技術的應用能力。

中國的網上銀行發展起步比美國稍晚，中國銀行於1996年建立了自己的網站，通過互聯網提供金融服務。1999年9月招商銀行推出網路銀行服務，招商銀行網銀是國內率先在全國範圍內提供網上服務的一批商業銀行。此後，工商銀行、建設銀行、交通銀行、光大銀行以及農業銀行等也陸續推出網上銀行業務，開通了網上支付、網上自助轉帳和網上繳費等金融業務。

經過近幾年的發展，國內網上銀行的發展呈現以下特點：

（1）交易量和客戶量快速增加

網上銀行數量的增加，使網上銀行客戶規模和交易量迅速擴大，呈跳躍式發展。中國銀行業協會發布的《2015年度中國銀行業服務改進情況報告》顯示，網上銀行交易額為1,600.85萬億元，同比增長28.18%。截至2014年年末，個人客戶數達到9.09億戶，新增1.5億戶，同比增加19.71%；交易筆數達608.46億筆，同比增加21.59%；交易總額達1,248.93萬億元，同比增加17.05%。企業客戶達到1,811.4萬戶，同比增加16.75%。而2015年網上銀行個人用戶超過9億，網上銀行的交易額和用戶量仍在迅速增加。

（2）業務和服務大大增多

雖然，中國網銀業務發展時間只有十幾年，但發展速度很快，在匹配客戶需求的基礎上不斷更新自己的產品。目前，大部分銀行不僅能提供帳戶查詢、投資理財諮詢、存貸款利率查詢、外匯牌價查詢等查詢類業務，還能為企業和客戶提供網上支付、帳戶管理、資金轉帳、代理支付、銀證轉帳、掛失、代客外匯買賣等交易類業務。一些銀行對企業集團客戶提供指令轉帳、資金劃撥、資金監控、財務管理等服務，對個人客戶提供國債買賣、外匯交易、電子匯款等服務，一些銀行已開始試辦住房按揭貸款、網上小額質押貸款等授信業務。同時，銀行已開始重視業務經營中的品牌

戰略，逐漸出現了名牌網站和名牌產品。例如農業銀行的「e順」、工商銀行的「金融@家」、建設銀行的「e路」等都獲得了不錯的口碑。

（3）外資銀行開始積極涉足網上銀行領域

自從中國加入WTO後，外資銀行也很看好中國金融業，並開始涉足中國的網上銀行，目前有花旗、匯豐等十多家外資銀行面向中國開通網上銀行業務。隨著中國經濟的快速發展和全球經濟一體化程度的加深，會有更多的外資銀行湧入中國網上銀行業務領域。

（4）網上銀行業務發展不平衡

網上銀行業務發展不平衡表現為銀行間的不平衡和地區間的不平衡。銀行間的不平衡表現在：工商銀行、農業銀行和招商銀行等佼佼者已經成為網路銀行業務發展的第一梯隊，在客戶群、業務發展上形成了一定的業務規模。通過圖2-1可以看出，中國網上銀行業務的發展很不平衡，業務發展水平與能力存在較大差距。

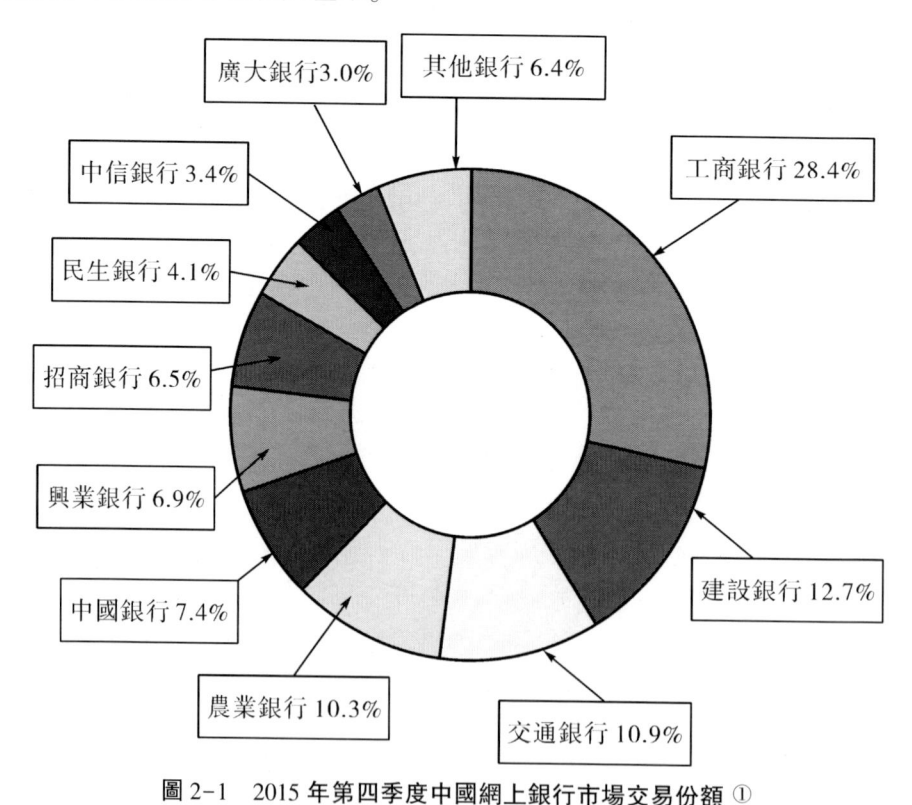

圖2-1 2015年第四季度中國網上銀行市場交易份額 ①

① 數據來源：綜合上市公司財報、企業訪談及易觀智庫核算模型。

2015年第四季度，工商銀行依靠其豐富的客戶資源，在企業網銀交易規模中位居第一，「工、建、交、農、中」五大行憑藉龐大的客戶群體分別位列市場前五位，合計擁有69.7%的市場份額。對於用戶服務需求的挖掘是實現銀行服務產品創新的根本，而網路銀行的業務發展情況還處於初級階段，網路銀行業務發展也很不均衡。例如網上支付，以及網上各類結算功能由於滿足了互聯網時代電子商務的發展需要，發展特別迅速，網上支付已經成為電子商務在線支付服務的主渠道。而網上理財服務，由於分業經營、CA認證、安全問題、社會徵信體系不完善等問題的存在，在服務和產品類別上與國外一流的外資銀行之間的差距還很大。

2.1.4 未來發展趨勢

2.1.4.1 網路基礎建設更加完備

網上銀行將會加強安全防範措施，防止非法侵入銀行主機系統和數據庫的情況出現。如利用防火牆技術和網關係統，對非法入侵進行嚴格的審查，確保銀行主機系統和數據庫的安全。為了保證網上銀行安全營運，銀行將會更加重視網路安全規範和網路系統安全保護條例，以確保網路金融業務的安全性，防範和化解風險。

2.1.4.2 服務更加多樣化

網上銀行業務的功能和服務快速增多。以工商銀行網上銀行為例，其功能包括基礎支付結算功能、網上基金、貴金屬、銀證、期貨及網上匯市等理財功能、網上貸款融資功能、繳費站等繳費支付功能，以及銀醫服務、私人銀行、銀商銀權轉帳等特色服務功能。工商銀行網上銀行業務功能不斷完善，滿足了不同客戶的多樣化需求。

2.1.4.3 構建客戶關係系統，進一步完善網上銀行功能

外資銀行進入中國市場後，依賴其先進的網上銀行系統，對高收入客戶甚至是更狹窄的客戶資源進行激烈的爭奪。因此，中國商業銀行必須充分利用已有的客戶資源，構建客戶關係系統，通過收集客戶的相關資料，形成源數據庫，並進行市場劃分，然後應用數據挖掘技術對客戶信息進行整理、分析和挖掘，建立數據模型及利潤分析模型，根據客戶不同的特點，提供針對性、高附加值的產品和服務，從而提高銀行的盈利能力。

2.1.4.4 完善網上銀行管理模式，加快業務流程再造和組織體系變革

傳統的商業銀行組織是金字塔形結構，信息系統部門的割據阻礙了銀行內不同部門之間的信息共享，而網上銀行具有經營層級少、管理鏈條

短、客戶交易自主性強、營運效率高等優勢，這必然對商業銀行舊的組織體系、管理體制、營運模式和業務流程等方面產生衝擊。商業銀行如果要通過網上銀行提高業務處理效率，必須對傳統的組織結構和業務流程進行再造，實現從垂直結構到交互式扁平結構的轉化，從而提高營運效率。

2.2 網上商城

2.2.1 概述

網上商城類似於現實世界當中的商店，其區別主要是網上商城利用電子商務等手段，在商品買賣的過程中減少中間環節，消除運輸成本和代理中間的差價，加快市場流通，推動商品交易的快速發展，促進國內生產總值的提高。

網上商城在為個人用戶和企業用戶提供人性化的全方位服務的同時，還為用戶創造親切、輕松和愉悅的購物環境，不斷豐富和拓展產品結構，最大化地滿足消費者多樣化的購物需求，並憑藉具有競爭力的價格和日益完善的物流配送體系贏得市場佔有率。

2.2.2 優缺點

2.2.2.1 優點

（1）沒有時空限制：每週 7 天，每天 24 小時允許顧客進行商品的瀏覽和購買，工作時間可以隨時與客服進行交流，解決購物中遇到的問題。任何人都可以通過 Internet 訪問網上商店，而不受時間和空間限制。

（2）服務優質：網上商店可以為用戶提供更加全面的商品信息，同時提供良好的客服服務，更好地促進了商品的交易。

（3）節約成本：成本包括實體物品和虛擬品兩方面。實體物品包括店面、房租、裝修、印刷、紙張等用品，虛擬品包括網上商城購物系統、網路信息、圖片、視頻等，可長期循環使用，節約了交易成本，所以在網上商城上的商品價格往往會比傳統店面便宜。

（4）提高管理效率：網上商城購物系統由專業的軟件公司開發，負責與系統相關的維護及營運工作，服務器會自動進行信息的統計、歸檔，這過程受到 24 小時×7 的全面監控與管理。同時，運用信息化的數據庫管理，出現人工操作錯誤的概率較低，可以隨時查閱、核算、統計，提高了企業

管理的效率和質量。

2.2.2.2 缺點

網上商店對貨物的描述具有一定的迷惑性，主要體現在顧客無法直接看到和觸摸到商品，全憑店主的描述來購物。顧客無法判斷貨物是否從正規渠道而來，或者是否為正品。若為仿製品，消費者的維權之路往往舉步維艱。網上商店對賣家的審核往往有很大的局限性，也會導致假冒偽劣產品泛濫。長期下來會引發大量對網上商店的負面評論，影響網上商店的長遠發展。若能很好地解決假冒偽劣產品的問題，網上商店的潛力將難以估量。

2.2.2.3 網上商城面臨的問題

（1）消費者消費能力偏低

雖然目前中國網上商城的發展勢頭較好，但網上商城所面臨的問題還有很多，其中很重要的一點就是中國消費者平均消費能力較低。與美國等發達國家相比，中國人均 GDP 較低，國民收入普遍較低。而在網上購物的用戶中，絕大部分的是中低產階層，這部分消費者的消費能力有限。據統計，大部分網購消費者每月僅能消費 1,000~3,000 元人民幣不等的商品，僅占其每月整體支出的 30%左右，在一定程度上制約了網上商城的發展。

（2）網購誠信監管制度不完善

對於網上購物來說，其誠信度是決定購買量的一個重要指標，為此，各大主流網上商城推出了各自的誠信評價制度，在一定程度上緩解了這一問題，但仍然無法從根本上防止誠信缺失現象的發生，網購監管體系仍需進一步完善。

（3）物流體系混雜

隨著網上商城的發展，也極大地促進了物流業。但目前中國物流業仍然存在著良莠不齊的情況，其物流的配貨效率、送貨效率和服務態度等都存在明顯的差距，各公司間的差距明顯，這也從另一側面影響了中國網上商城的發展。

2.2.3 網上商城的發展趨勢

2.2.3.1 多元化和專一化發展

現在中國的網上商城的主要類型有綜合型和專一型，兩者各有優缺點。綜合型網上商城包括淘寶、京東等，這些商城涉獵的商品品種比較多，用戶量大，每年的銷售額都很高，能夠滿足各類消費者的需求，但總

體來說其商品雜而不精，質量良莠不齊。雖然專一型網上商城用戶量較少，但專業性強，能為用戶提供相關行業廣泛且專業的產品和服務，客戶群體主要是那些有某種特定需求的用戶。

2.2.3.2 誠信化發展趨勢

商家的誠信度一直是網上商城經營關注的焦點，商品質量的好壞以及商家的服務態度成了網上商城的重要發展方向。因此，網上商城必然會加強商家的誠信度，不斷完善誠信問題處理機制，加強商場內各零售商的誠信度建設工作，促使網上商城向著誠信化的方向發展。

2.2.3.3 商城—物流一體化發展趨勢

目前，大部分網上商城仍依靠其他物流公司進行貨品發放。在未來的發展進程中，網上商城應當會與實力較強的物流公司合作，為商城內的各商戶指定物流公司，同時提供相應的優惠措施。

2.3 直銷銀行

2.3.1 概述

直銷銀行（Direct bank）是一種新型的銀行運作模式，主要通過電腦、手機、電話等遠程渠道為客戶提供產品和服務，不發放實體銀行卡、幾乎不設立實體業務網點，由於沒有網點經營費用和管理費用，直銷銀行可以為客戶提供更低的手續費率和更有競爭力的存貸款價格。直銷銀行的核心價值主要是降低營運成本、提高服務水平、回饋客戶。絕大部分直銷銀行都作為大型銀行集團的附屬機構或子公司存在。

直銷銀行可以根據營運模式的不同分為兩類，一類是純線上模式，另一類是線上與線下融合模式。純線上模式是通過線上系統和呼叫中心提供所有產品與服務，例如國內民生銀行聯合阿里巴巴，推出純「線上」的服務模式、匯豐集團旗下的 First Direct 銀行；線上與線下融合模式是指除線上服務外，還提供部分輔助性質的線下服務，即線上和線下相結合的模式，例如北京銀行採用的是「線上互聯網平臺」和「線下直銷門店」相結合的服務模式，服務對象主要是大眾零售客戶和小微企業客戶，24 小時不間斷地提供金融服務。線上服務由互聯網綜合營銷平臺、手機銀行、網上銀行等多種終端渠道構成，線下模式是建立便民直銷銀行，設置存取款機、自助繳費終端、遠程簽約機等。

直銷銀行模式充分利用了現代信息通信技術，借助互聯網開展金融業務，具有低成本和方便快捷的優勢，具有廣闊的市場發展前景。直銷銀行模式具有以下特點：

（1）幾乎沒有實體營業網點，營運成本低；
（2）以低價格、高收益的金融產品和優質服務吸引客戶；
（3）通過大數據技術進行準確的客戶定位，提高交易效率；
（4）簡單舒適的交易體驗。

總的來看，直銷銀行的基本模式是進行客戶定位，通過低成本的電子渠道提供簡單、低價格、高收益的金融產品，其中的關鍵點是互聯網和移動互聯網的飛速發展以及人們金融消費習慣的改變。值得注意的是，有不少直銷銀行轉型或被收購，成為傳統銀行的網路渠道。如美國安全第一網路銀行，成立的3年內一直未能盈利，1998年被加拿大皇家銀行收購，轉型後，為加拿大皇家銀行提供網路服務。

2.3.2 直銷銀行與網上銀行、手機銀行的區別

網上銀行、手機銀行依託的載體是實體銀行，而直銷銀行不依賴於實體網點，是脫離了傳統銀行具有獨立法人資格的組織。實體銀行由於有線下的一些營運成本，所以其手續費就會比直銷銀行貴一些，直銷銀行是純網路的，沒有任何的網點，所有的業務都是在互聯網上辦理的，營運成本低，收取的用戶費用也就低了。

直銷銀行與網上銀行、手機銀行的區別主要體現在業務模式和業務工具上。網上銀行、手機銀行是商業銀行等金融機構利用網路、電話等通訊通道為客戶提供服務，即網上銀行、手機銀行只是銀行業務的簡單網路化，把傳統銀行業務放到線上，能夠更好、更快地開展相關業務，僅是一種提供金融服務的工具。而直銷銀行則是構建了一種全新的業務模式，即銀行充分利用互聯網的獨特優勢（互聯網所擁有的數據和客戶）來進行銀行業務的延伸拓展，為客戶提供更多和更優惠的金融服務。所以，比較而言，網上銀行、手機銀行只是銀行的簡單網路化，而直銷銀行則是銀行與互聯網結合的更高級的產物。

2.3.2.1 優點

（1）直銷銀行在業務運轉、人工服務等方面不依賴物理網點，因此直銷銀行在經營成本方面更具優勢，能夠提供比傳統銀行費用更低的產品、服務和更有吸引力的利率水平。

（2）直銷銀行是虛擬機構，所以一般不收取帳戶管理費或網銀年費。

（3）直銷銀行不需要銀行卡號，能 24 小時不間斷地提供產品和服務，更方便快捷。

2.3.2.2 缺點

儘管直銷銀行有不少優點，但仍存在一些「硬傷」：

（1）客戶潛力受到限制。直銷銀行的客戶需要有較好的互聯網相關知識，而中老年人在這方面往往應用不熟練，這就限制了客戶群體的擴展。此外，沒有實體營業場所，使直銷銀行相應地失去了一些直接向顧客推銷產品的機會。

（2）現金服務嚴重缺失。過去為了滿足顧客現金支取的需要，一些較大的直銷銀行都設立了自己的自動取款機，但數量明顯不足。而大部分直銷銀行都是借助於其他金融機構網點的自動取款機，或是加入自動取款機聯盟，提供現金服務的過程較為繁瑣，無法體現直銷銀行方便快捷的優勢。2015 年 12 月，央行正式下發《關於改進個人銀行帳戶服務加強帳戶管理的通知》，規定銀行建立帳戶分類管理的機制，而直銷銀行屬於 II 類帳戶，不能存取現金，不能向非綁定帳戶轉帳，因此用戶調配各家銀行資產的願望還難以實現。

（3）帳戶數據和資金安全存在隱患。雖然直銷銀行都非常重視網路安全和信息保密，在客戶網上轉帳和支付的過程中設置了多重安全屏障，比如電子口令、個人密碼認證、交易碼認證等，但其公司規模和資金投入有限，與財大氣粗的傳統商業銀行相比仍有較大差距，其安全保障能力也受到一定程度的質疑。

2.3.3 直銷銀行現狀

直銷銀行模式最早出現在 20 世紀 80 年代末的北美及歐洲等發達國家。直銷銀行在發展的初始階段以電話、郵件等線上渠道代替傳統銀行的線下網點來服務客戶。隨著互聯網的普及，直銷銀行的服務渠道得到大幅拓寬，可視化的自助服務系統吸引了眾多客戶，同時，相比於傳統銀行，人員少使營運成本低，加大了直銷銀行的盈利空間。

2013 年，國內直銷銀行開啟了快速發展時期。2013 年 7 月，民生銀行創立國內第一家直銷銀行，同年 9 月，北京銀行與 ING 合作推出直銷銀行，這些開創性的舉措促進了后期直銷銀行呈爆發式增長。直銷銀行是對互聯網金融快速發展的積極應對。目前，中國銀行業電子銀行替代率普遍

已經超過 70%，預計到 2016 年將達到 82%。未來金融業與互聯網結合的空間還非常巨大，互聯網金融的快速發展，搶佔了一部分資金市場，對銀行業產生了巨大的衝擊和挑戰。如何充分及合理地利用互聯網已成為傳統銀行應對挑戰的重要任務。

截至 2015 年 10 月，國內已有 22 家直銷銀行正式營運，目前，國內直銷銀行均處於探索階段，影響力不大。大中型銀行和區域中小銀行發展直銷銀行的目的和定位有很大的差別。中小銀行尤其是城市商業銀行是直銷銀行的主力軍，以爭奪異地客戶、跨行客戶為主要目標，這種策略的制定與這些銀行的網點數量有限、跨地經營受限以及攬儲壓力巨大等問題有關。直銷銀行往往作為中小銀行進行前瞻性佈局，實現跨越式發展和「彎道超車」的有力武器。對大型銀行而言，發展直銷銀行是對競爭對手佈局的防禦，也是應對客戶、技術和行業發展趨勢的主動出擊，是順應市場變化和技術發展的必然選擇。

現階段，國內直銷銀行業務和模式同質化較嚴重，在定位、架構、渠道、產品等方面的差異化探索相當有限。在定位上，直銷銀行普遍以線上「80 後」「90 後」為主要目標，多數未形成差異化的客戶定位和價值主張；在架構上，多數作為母行的附屬部門，與母行共享后臺資源，未能獨立營運；在產品上，產品種類相似，同質化現象十分嚴重；在渠道上，大多數直銷銀行都採用網頁端+APP 的模式，在移動端和外部渠道的拓展上仍有待探索。此外，未來國內直銷銀行將會面臨政策、風控、競爭和協同等各方面的挑戰。在政策方面，例如直銷銀行牌照政策以及遠程開戶准入都是直銷銀行需要打破的政策壁壘；在風險控制方面，網路安全風險仍是直銷銀行關注的重點，大數據的累積和運用也是進行有效風控的有效手段；在內外部競爭方面，外部金融科技公司的衝擊以及與傳統銀行的競爭給直銷銀行帶來了巨大挑戰；在資源協同方面，中國直銷銀行架構多依賴於母行，這種非獨立性會面臨內部資源協同、交叉銷售、資源共享、內部分配利潤等方面如何調配都是直銷銀行不可迴避的問題。

未來，在互聯網與金融業務日趨融合的背景下，可能會出現更多的傳統銀行選擇開設直銷銀行。同時，隨著銀行業向民營資本的進一步放開，直銷銀行這種低成本高效率的商業模式將會受到民營銀行的青睞。

2.3.5 意義：順應互聯網金融大潮、順應利率市場化

目前，中國銀行業正處於一個深刻的變革和轉型時期，需要不斷加快

金融業的創新和變革速度。儘管直銷銀行在中國才剛剛起步，但是未來還有巨大的發展空間。直銷銀行作為一種新的經營模式，必然會成為銀行業進行業務拓展的重要選擇，也會成為未來中國金融市場的一股重要力量。

直銷銀行是利率市場化的積極產物。從美國直銷銀行的發展歷程來看，1986年美國完成利率市場化以後，銀行之間就一直存在存款利率方面的競爭。由於直銷銀行具有成本優勢，因此能夠提供遠遠高於銀行的利息率而獲得強大的競爭優勢，從而可實現快速發展。

當前，隨著中國利率市場化進程逐步加快，例如人民銀行2012年6月起允許存款利率上浮10%、2013年7月20日起全面放開金融機構貸款利率管制等跡象表明，國內利率市場化工作正在穩步推進，利率完全放開指日可待，這為銀行業創造了相對寬鬆的市場競爭環境。2013年餘額寶等互聯網金融產品以較高的收益率為優勢，對傳統銀行造成不小的衝擊，而直銷銀行的出現則正好能夠支付較高收益率來彌補這方面的不足。

不同於傳統銀行的商業模式，直銷銀行滿足了客戶對簡單化、透明化服務的需求，通過其優惠的價格和快捷的服務在歐美地區獲得了成功。直銷銀行的價值充分地體現在它的經營理念，作為銀行在互聯網浪潮中的轉型方向之一，通過實惠的價格、差異化的經營策略、簡捷的流程設計以及親切的客戶體驗，為特定目標客戶群體提供針對性的金融服務。從目前來看，相較於銀行和互聯網金融產品的雜而不精，直銷銀行「簡單」的產品則更容易被廣大客戶所接受。

2.3.6　展望：直銷銀行拓展和完善

2.3.6.1　直銷銀行存在的問題

（1）客戶諮詢服務方式較單一

目前，直銷銀行提供客戶諮詢服務的主要方式還是以傳統的客戶服務熱線為主，在智能客服、在線客服建設方面相對滯后。

（2）安全措施不完善

一是手機端安全設置有待完善。目前，部分直銷銀行手機端登錄密保比較簡單，大多數登錄密碼支持數字+字母組合，暫時沒有安全驗證碼；而少數直銷銀行登錄密碼更為簡單，只需6位數字的查詢密碼，無須驗證碼。二是存在PC端和手機端同時登錄的狀態。有的直銷銀行兩個端口帳戶可同時在線使用，並沒有衝突提示，有的甚至沒有登錄安全提示，帳戶安全保護措施明顯不完善。三是在轉帳過程中，有的直銷銀行無須交易密

碼，只需手機驗證碼即可完成，無相關的交易提示，資金安全保障措施欠缺。四是有些直銷銀行平臺網頁端登錄後關閉頁面，再次打開時仍然處於登錄狀態，存在信息洩露、資金被盜等風險。

（3）功能有待完善

一是功能相對單一。存款、理財、貨幣基金購買幾乎是每個直銷銀行都具有的業務功能，而信用卡還款、生活服務類、短信服務、網點查詢等實用性較強的服務功能，在直銷銀行平臺上還未普及。三是附屬功能較少。大部分直銷銀行未在 PC 端頁面推出信息公告或新聞資訊，另有約 60% 的直銷銀行 PC 端頁面沒有直銷銀行的基本介紹或新手幫助信息，致使客戶第一次登錄直銷銀行時無所適從。另外，有的銀行只有在客戶註冊之後才能查看到產品詳情，由此給客戶帶來較差的體驗。

（4）產品數量少、更新速度慢

一是產品匱乏。許多直銷銀行在其平臺上除了「寶寶類」基金產品、存款類產品，再無其他任何產品，無法滿足客戶多元化的產品需求。二是產品更新速度慢。由於直銷銀行經營成本低、費用低，能夠給客戶提供更高的產品收益，產品一經推出就會吸引大量客戶搶購，所以容易出現斷檔期；同時，平臺推出新產品速度較慢，更新頻率低，無法滿足客戶個性化需求。三是對已推出的一些產品還需完善。直銷銀行平臺提供的貸款產品並非真正意義上的純線上貸款產品，而只是提供了在線貸款申請服務，且未突破地域限制。如重慶銀行直銷銀行推出的個人貸款產品「DIY 貸」，目前只針對重慶、西安和成都地區的客戶，而無法滿足其他地區客戶的需求。

2.3.6.2 相關建議

（1）建立更加完備的產品服務體系

一是應積極與基金、證券、保險、電商等企業展開跨界合作，推動金融產品服務的創新，建立自主特色品牌。二是可組建產品研發團隊，負責市場需求和產品策略研究，實現市場需求與創新模式的有效匹配；制定產品組合策略，在平臺上推出更加符合客戶需求和更具競爭力的金融產品，逐步形成完備的產品服務體系。三是加強產品生命週期管理，互聯網金融產品具有變化快、週期短、產品新的特點，因此需要及時推出新產品，避免出現斷檔期長、產品更新速度慢等問題。

（2）加強管理，做好風險防範

一是監管部門要加強監管。由於直銷銀行不依託於實體網點，所以監

管方式要根據直銷銀行的特點，重點監管電子帳戶、信用風險、利率水平、金融消費者維權等，對監管方式進行創新，衝破創新發展的政策障礙，積極營造安全的政策環境。二是直銷銀行加強自身管理，進一步完善風險防控體系。安全性是直銷銀行生存和發展的基礎，直銷銀行依託的載體是互聯網，不免會存在交易詐欺、敏感信息洩露、資金被盜等風險。直銷銀行往往採用密碼控件、短信驗證碼等安全措施保障，除了對電子帳戶進行支付控制和白名單控制以外，還應進一步加大技術創新確保交易安全，將現代信息技術應用於創新性營運模式與產品，積極研究應用互聯網風險防範技術，建立起相對完善的風險防控體系，以提供更安全的交易環境。

（3）加強平臺建設，完善直銷銀行功能

為了完善平臺功能，直銷銀行應進一步加大手機端、PC端、微信端建設力度，加大資金、技術、人力資本投入，加快建設創新型功能，不斷提升客戶體驗。目前，中國直銷銀行還處於初步探索階段，銀行機構應積極借鑑國外直銷銀行建設的成功經驗，逐步完善中國直銷銀行功能。

（4）加大宣傳力度，提高直銷銀行認知度

當前，中國直銷銀行的普及率還很低，據銀率網360°銀行測評數據顯示，有六成受訪者不瞭解直銷銀行，僅有12.71%的受訪者使用過直銷銀行。商業銀行要充分利用網路、媒體、報刊等手段開展宣傳，向大眾普及有關直銷銀行的基本知識，也可以依託於本行網點，發放宣傳單、宣傳冊，或利用網點的LED屏幕進行宣傳。

此外，直銷銀行應在其平臺上盡快健全客戶諮詢服務體系，推出在線服務、智能客服等多種諮詢渠道，實現24小時在線諮詢服務，可隨時為客戶給予解答，從而提高客戶對直銷銀行的認知度和忠誠度。

2.4 非銀行金融機構互聯網化

2.4.1 網路證券公司

2.4.1.1 概述

網路證券從操作上主要指的是投資者通過互聯網手段，包括公用互聯網、局域網、專網、無線互聯網等各種電子方式傳送交易信息和數據資料並進行與證券交易相關的活動，包括獲取即時行情、相關市場資訊、投資

諮詢和網上委託等一系列服務。網路證券公司是證券公司運用互聯網后的一種表現形式。在互聯網金融如火如荼地出現之前，券商就已經開始備戰互聯網金融。網上開戶、網路商城、移動互聯網交易、基於大數據的 CRM 等業務的開展已經在按部就班地進行。證券公司早已實現網路交易，擁有標準化大數據，在行業特性上就具有融入互聯網金融的天然屬性。儘管第三方金融產品銷售平臺、網路經紀商、網路 IPO 等互聯網金融模式對券商有實在或潛在的影響，但總體而言，是機遇大於挑戰。

互聯網在降低了信息傳遞和客戶轉換的成本的同時，也加快了券商差異化的進程。在互聯網金融背景下，券商的發展將是一個定位差異化的過程，在這一過程中，券商將依據自身優勢進一步分化。券商的發展也將表現出業務範圍不斷深入和不斷擴大的趨勢，從最初的網路銷售到網上業務辦理到網上資管業務的擴張，最終擴展至業務覆蓋證券、基金、信託、私人銀行等領域，成為足以比肩銀行的金融機構。在關注互聯網金融的同時，更應注意到資本市場自身的變革給券商帶來更大的機遇。資本市場改革意在長遠，自主配售權和儲架發行等舉措將大幅提升券商的定價能力和客戶黏性；併購和新三板市場的崛起可對沖傳統 IPO 的下降頹勢；資產證券化與銀行對接，資金空間將破萬億元。互聯網金融對券商的衝擊僅限於底層低端交易通道，但未來券商與科技企業將強強聯合，其網路證券金融更具想像空間。

中國互聯網證券的發展歷程較短，但是從 2013 年開始，互聯網金融在證券方面得到了極大的發展，以「網上開戶」為標誌，互聯網金融概念開始從 P2P、眾籌向更為全面的金融業務和領域擴展；從 2013 年至今，證券公司又進一步開發和升級 APP 和移動端的業務，並取得了較為理想的效果。但信息通信技術的影響非常深遠，先後經歷了集中交易、網上交易、手機證券等階段。一是集中交易，其標誌是 1990 年上海證券交易所和 1991 年 7 月深圳證券交易所的成立。二是網上交易，其標誌是 1997 年 3 月華融信託投資公司湛江營業部推出的網上交易系統。三是手機證券，這一階段代表證券交易進入了可移動時代，人們可以在任何時間、地點獲得證券交易服務。

2.4.1.2 主要模式

（1）國外模式

以美國為例，美國券商在 20 世紀 70 年代經歷過取消固定佣金制和折扣商湧現的階段后，開始在 20 世紀 80 年代進入計算機信息時代。在隨后

的十多年間，電子商務的潮流開始席捲券商行業，其中以傳統折扣券商嘉信理財和新興網路券商 E-trade 為代表，開啓了網路互聯交易的新模式。在 20 世紀末，傳統老牌券商諸如美林證券的介入更是加劇了網路證券行業的競爭，但也因此加速了網路券商成為金融門戶的中樞，可提供更為全面、具體的服務趨勢。

所以，美國的互聯網券商主要是由傳統券商和新興網路券商組成，根據利用互聯網的深度和經紀業務的不同進行分類，我們把美國網路券商分為三種模式：一是以 E-trade、TD Ameritrade 為代表的純粹網路證券經紀公司（即 E-trade 模式）；二是以嘉信理財、Fidelity 為代表的綜合型證券經紀公司（即嘉信模式）；三是以美林證券、A. G. Edwards 為代表的傳統證券經紀公司（即美林模式）。

1）E-trade 模式

E-trade 模式屬於「通道型」服務模式，其交易完全是在網上開展，未開設實體營業網點，故而其營運成本較低，回饋轉移給客戶的紅利較多，再加上這類純網路券商本身的技術開發能力較強，與其他資產服務公司、信息諮詢公司的合作較為緊密，資產管理、網路交易和客戶個性化服務等能力突出，故在開拓新興客戶群體和吸引散戶群體方面有其獨到的優勢。但同時也可以看到，由於是純網路的證券公司，故而缺乏長期累積的投資顧問和客戶群體，在資金的週轉和防範風險衝擊方面的能力也較傳統券商要更為薄弱。

E-trade 公司於 1992 年成立，成立之初就通過 US-Online、CompuServe 向折扣經紀商提供后臺服務，1996 年正式建立網路平臺，直接面對網上客戶進行證券交易。雖然 E-trade 在之后的發展中陸續經歷過了佣金價格戰和金融危機的挑戰，但最后通過企業的兼併重組和機構的合作，還是頑強地生存了下來。目前，E-trade 已經成為全球最大的個人在線投資服務站點，也是全球最大的純網路經紀商，客戶已經遍及全球 100 多個國家。

2）嘉信模式

嘉信理財（Charles Schwab）成立於 1971 年，最初以提供傳統經紀服務為主。在美國證監會開始於證券交易中實行議價制佣金制時，嘉信抓住機會，在其他券商紛紛抬高佣金的情況下，反其道而行之，開始推出折扣經紀業務來搶占市場，再加上 20 世紀 80 年代積極涉足共同基金領域並大獲成功，進而一舉奠定了嘉信理財的領導地位。90 年代中期，嘉信理財率先投資互聯網在線交易系統，例如：E-Schwab、Cyber-trader 等。在經過了這一系列的

舉措后，嘉信理財憑藉其傳統經紀、基金和互聯網業務的優勢，迅速成為全美最大的網路證券交易商。目前嘉信理財為 780 萬客戶提供財富管理和交易經紀服務，管理資產多達 8,500 億美元。與 E-trade 模式不同的是，嘉信不是純粹的網路證券公司，還通過店面向投資者提供服務。如今嘉信理財的優勢已經由過去的佣金紅利轉變為特色資管和特色理財等方面的優勢，資產管理業務的收入幾乎占據了嘉信理財營業收入的近半份額。

3）美林模式

美林證券（Merrill Lynch）公司前身於 1885 年成立，1914 年正式更名，是世界領先的財務管理和金融諮詢公司之一。公司的主要業務囊括了個人理財、證券經紀、外匯交易、衍生投資和投資銀行等。美林證券作為老牌的傳統券商，在業務的互聯網化方面的反應較為遲緩，隨著客戶的流失和局勢的嚴峻，美林不得不重新審視自己在網路證券化上的戰略安排。20 世紀末，隨著美林推出「綜合性選擇戰略」，開始向客戶提供自助交易和網上交易的服務帳戶，並在隨後推出了自己的交易網站 ML-Direct 和線上經紀平臺 Unlimited-Advantage，這些舉措在一定程度上穩固了其作為老牌券商的地位。美林模式主要定位於高端客戶，為客戶提供面對面、全方位資產投資諮詢服務，擁有強大的投資研究能力和資產組合諮詢能力，但由於其高端定位，也使得客戶群體存在局限性。此外，由於高端客戶大多數需要個性化的服務，導致其利用互聯網的深度不及前兩種模式（見表 2-2）。

表 2-2　　　　　　　　美國網路證券公司主要模式比較

類型劃分	代表公司	客戶定位	優勢	劣勢
網路通道型機構	E-trade TD-Ameritrade	價格彈性較差，收入較低的客戶	1. 純網路交易，無實體營業網點，操作便捷 2. 低佣金價格 3. 金融信息供給全面	1. 無獨立研發能力 2. 客戶服務層次較低
綜合折扣型機構	嘉信理財	中高端客戶和部分機構客戶	1. 定位明確 2. 金融產品創新能力強	管理者知識結構水平、市場預測、決策和管理水平較弱
老牌傳統型機構	美林證券	高端客戶	提供高端專業、人性化、全方位理財服務	1. 成本較高 2. 客戶有局限

(2) 國內模式

隨著近年來佣金率的不斷下調，國內券商的經紀業務收入正在持續地萎縮和放緩。根據中國證券業協會（SAC）的統計數據，2008 年國內 107 家證券公司全年實現營業收入 1,251 億元，而其中券商代理買賣證券業務淨收入為 882 億元，經紀業務占比為 70%。而截至 2015 年第三季度，國內 124 家證券公司前三季度的營業收入為 4,380.43 億元，其中代理買賣證券業務淨收入為 2,192.95 億元，經紀業務占比 50%，整體下滑 20 個百分點。在當前同質同業競爭愈發激烈、「一人多戶」政策、互聯網金融來勢洶洶等因素的影響下，國內券商也不可避免地踏上了互聯網運作的道路。

國內證券公司在佈局互聯網金融方面雖然起步較晚，但自 2013 年以來，卻不斷取得了令人矚目的成就。從架構模式上來看，目前國內的互聯網券商並沒有類似於 E-trade 的純網路券商，所以網路券商包括了傳統券商的互聯網化和互聯網企業券商化兩種模式，本章主要討論傳統券商互聯網化的情況，包括兩類：一是以線下的營業網點為主體，將部分業務或業務的外放部分嫁接到互聯網上。依託互聯網的通道性和便捷性，提高業務訂單的處理效率，降低券商的營運成本和客戶的服務成本，以獲得更高的收益。二是研發和推出基於互聯網概念的產品和服務，構建基於投行和資產管理的綜合全能帳戶體系，構建「場景化」的社交顧問服務平臺，基於大數據的基礎上推出智慧理財模式，創新設計新的金融服務功能和業務種類，進一步拓展移動平臺的廣度和深度。

券商的互聯網化可以通過三種方式實現：其一是自己搭建電子商務網站；其二是通過與淘寶、騰訊等大型網路公司合作，借助第三方平臺銷售；其三是資本較充足的券商甚至可以直接收購第三方電子商務公司，整個業務囊括了網上開戶、證券交易通道、資訊及金融產品網上銷售和提供點對點服務等方面，主要包括以下四種模式：

1）券商+網上商城

2013 年 12 月 3 日，國泰君安打造的「君宏金融商城」正式對外營運，商城帳戶集證券帳戶、資管帳戶和基金帳戶為一體，提供投資理財和信用業務服務。其中，金融產品交易方式和團購方式的首創，更是成為了之後許多券商爭相效仿的案例。2013 年 3 月 13 日方正證券正式入駐天貓商城旗艦店，這是證券業內首家入駐 B2C 電商平臺的券商。

2）券商+移動終端+網上開戶

互聯網證券移動端的發展最早可以追溯到券商與電訊營運商的合作，如中國移動早期與部分券商推出「移動證券」和「彩信通」等業務。2006 年開始，以招商證券和國信證券為代表，開始自主研發智能手機證券業務，為之後的基於互聯網技術下的 APP 開發打下了堅實的基礎。中投證券、國信證券、國泰君安證券、華泰證券、中信證券、光大證券等一大批知名券商早已先後發布了新一代手機證券軟件。一般來說，手機炒股應用軟件系統除了具有普通的行情揭示、股票委託功能外，還加入了開放式基金委託、專有手機資信公告、優理寶特色資信等功能，豐富了手機終端內容。不過，當前券商在手機等終端上的開發和創新多限於資訊服務和交易服務。未來，移動終端將會承載更多的交互性服務。網上開戶助推了經紀業務轉型。證監會鬆綁非現場開戶之後，國泰君安、中信建投、華泰證券等券商紛紛啟動網上開戶模式。經紀業務收入排名前 30 的券商中超過 80% 已和淘寶、百度以及京東等大型電商接觸和溝通，探索通過電商平臺實現網上開戶等業務的可能。

3）券商+互聯網平臺

各家券商正在嘗試與不同的互聯網平臺進行深入合作。在國金證券、中山證券牽手騰訊進軍互聯網金融後，以傳統經紀業務見長的華泰證券也開始同網易進行合作，由雙方共同設計、包裝和銷售金融理財產品，建立互動社區模式。2016 年 1 月 22 日，中泰證券與新浪達成戰略合作關係，深度挖掘雙方的優勢資源，嘗試多渠道、多平臺、多形式的合作創新，實現資源的深度對接，以期實現共贏。中泰證券和新浪的戰略合作的重點在於佈局移動端，這是網路社交平臺和券商成功合作的一次典型案例。

4）成立電子商務公司

繼國泰君安、華泰證券等券商先後成立網路金融部以來，齊魯證券也著手調整公司組織架構，其電子商務分公司於 2013 年 7 月底正式獲批。此外，華安證券、財通證券等多家證券公司於 2013 年 5 月分別申報了電子券商經營模式、券商與電商合作路徑等課題。分公司是一個經營單位，具有經營職能，相對於部門而言，分公司的業務範圍可以更廣，有利於證券公司整合資源形成合力，以備戰互聯網金融。

2.4.2 網路保險公司

網上保險指保險公司或者其他仲介機構運用互聯網來開展保險業務的

41

行為，有狹義和廣義兩種口徑。狹義的網上保險指保險公司或其他仲介機構通過互聯網為客戶提供有關保險產品和服務的信息，並實現網上投保，直接完成保險產品和服務的銷售。廣義的網上保險還包括保險公司內部基於互聯網的經營管理活動，以及在此基礎上的保險公司之間、保險公司與公司股東、保險監管、稅務、工商管理等機構之間的交易和信息交流活動。網路保險公司則是保險公司運用互聯網后的一種表現形式。

2.4.2.1 發展概況

在保險業，信息通信技術最初主要用於保險產品電子化（即電子保單）。同時銷售也部分實現電子化，主要是網路營銷和電話銷售等。

中國網上保險處於初級階段。大多數保險公司只是建立了自己的門戶網站，而網上銷售和網上交易基本上還沒成氣候。雖然2000年平安公司推出了貨運險網上交易系統，但中國保險業的信息化水平還遠遠不夠。2012年6月19日「放心保」成功上線，兼具B2B和B2C交易模式，屬於網上保險的一類，同時也是保險產品的第三方銷售平臺。2013年，阿里巴巴、中國平安和騰訊聯合設立的眾安在線財產保險公司，將突破國內現有保險營銷模式，不設實體分支機構，取而代之的是互聯網銷售和理賠。

2.4.2.2 主要模式

網上開展保險業務的模式主要有三類：一是保險公司提供網上保險服務，二是由專門公司經營的網上保險服務業務，三是多家保險機構共建的網上保險業務。我們借鑑上述分類方法，並結合目前網路保險公司的服務內容，將網路保險公司分為如下幾種模式：

（1）保險公司網站模式

在這種模式下，各家保險公司通過自己的門戶網站，向客戶展示保險產品，提供聯繫方式，擴展銷售渠道等，可以起到以下作用：①宣傳公司及產品；②網上購買保險，擴展產品銷售渠道；③保險公司通過電子商務對客戶資料進行管理；④提供其他增值服務，如提供免費短信服務、個性化郵件訂閱等。這種模式的缺點是內容信息量不足（因為只展示了自己公司的產品，沒有融合其他保險公司的產品），對公司信息技術水平要求高。

（2）網路保險超市模式

在這種模式下，網路平臺把有關聯的所有保險公司的保險產品信息放在一個網站上介紹，讓用戶根據自身實際情況自主選擇所需要的保險產品，將用戶與保險公司聯繫起來，從中收取較低的佣金或手續費。在該模式下，客戶可以快速尋找到自己需要的各種保險產品信息，可以對比選購

多家保險公司的產品。中國的代表是慧擇網，系中國首家集產品對比、保險垂直交易與預約購買、保險專業諮詢互動為一體的綜合型第三方保險電子商務平臺，聯合了十幾家大型保險公司共同實現了網上保險即時投保。在國外，比較典型的是美國的 INSWEB，已經與世界上 50 多家著名保險公司有業務協議，同時還通過與其他 180 多個著名站點連接進行合作的方式，吸引源源不斷的客戶訪問該站點。客戶只需在網上輸入需求信息，網站就會根據相關信息自動對各家會員保險公司的產品進行比較分析，然後將結果反饋給客戶。這種模式盈利點主要有三個：一是供求匹配的仲介費，一般向消費者收取；二是為代理人提供消費者信息和需求，並向代理人收取費用；三是廣告費等其他費用。

（3）網路保險淘寶模式

在這種模式下，網路保險網站既不提供保險產品，也不提供專業的保險信息，只是提供平臺，由保險供求雙方自行匹配。這個網站的核心是為供求雙方提供平臺，由供求雙方自主選擇，同時供求雙方的相互交流可以為保險市場提供一些「軟」信息，有利於客戶進行決策。目前，很多保險公司已經入駐淘寶，包括中國平安、中國人保在內的幾家公司就在淘寶商城開出了自己的網上旗艦店，在線銷售意外險、車險、健康險等保險產品。

（4）網路保險支持平臺

這類平臺不直接提供網路保險產品的買賣，而是為網路保險提供信息和技術支持。信息平臺一般由一些非保險類機構創辦，這些機構一般有很深的保險業背景，有強大的信息優勢和社會公信力。典型代表如中國保險網，為保險從業者和消費者提供保險理論與政策、會員交流與溝通、保險業即時新聞、數據資料、培訓信息以及有關保險公司、保險代理人、保險經紀人在內的諸多信息。而網路保險技術支持，則專門為保險公司提供信息技術。典型代表比如易保網，不是買方和賣方之間的仲介機構，既不承保，也不做網路保險代理人，不向客戶推薦任何一個具體公司的產品，而是為保險公司提供技術保證與服務。

2.4.3　投資產品網路銷售

目前，網路銷售的金融投資產品主要分為三大類：網路理財、網路信託和網路基金。各金融機構紛紛著手嫁接線下理財產品和網路渠道銷售，或者直接基於互聯網目標客戶，重新設計投融資理財產品，通過搭建銷售

平臺和第三方銷售渠道服務廣大線上人群。其主要的模式有以下三種：

2.4.3.1 自建平臺，銷售金融產品

隨著互聯網金融熱的興起，各大商業銀行和券商逐步設立了自己的電子商務平臺，不僅僅提供支付業務，也提供一攬子金融服務。

2.4.3.2 利用第三方渠道，銷售金融產品

這種模式主要有三種方式：一是在電商平臺上開店來銷售產品，如淘寶旗艦店等。二是以余額寶為代表的第三方金融產品，主要是與基金公司合作，來推出符合互聯網特性的基金產品。三是基金超市，用戶可以比價選擇不同的基金產品，以數米基金網、好買基金網為代表。

2.4.3.3 利用社交網路，銷售金融產品

這種模式指金融機構通過社會化平臺，連接金融機構和用戶，並以此來銷售金融產品。這種模式充分利用了社交網路平臺的大數據分析、數據流、雲計算和社交關係，能夠獲得一些「軟」信息。同時通過建立虛擬的線上貴賓室，可以享受到在金融機構櫃臺上完成的業務。社交網路平臺銷售金融產品，可以從根本上改變金融機構與顧客的關係，實現與金融機構的即時對話，對話機會越多，信息共享也就越多，金融機構就越能準確判斷客戶的需求。典型代表如微博銀行、微信銀行、百度金融等。

最后值得一提的是，不是所有金融產品都適合網上營銷，特別是複雜程度高、條款個性化、風險大、需要投資者做大量判斷的金融產品，需要根據各種理財產品的特性來對其進行綜合的考量。

2.4.4 網路金融交易平臺

網路金融交易平臺是互聯網金融的主要形式之一，以 SecondMarket、SharesPost 為代表。網路金融交易平臺的出現，源於資本市場多層次化發展的內在需求。在股票、債券、衍生品、大宗商品等主流交易場所之外（有的是場內，但更多的則是場外），還有大量金融產品，因為條款標準化程度、風險收益特徵、信息披露等方面的原因，適應於不同個人、機構的差異化融資和風險管理需求，適應於不同的託管、交易和清算機制，也適應於具有不同風險識別和承受能力的投資者。很多投資者的風險收益偏好，也需要通過這些金融產品來滿足。這就是各種金融交易平臺大量出現的原因，不僅中國如此（而且屢禁不止），在發達國家也出現了機構投資者之間的大量「黑池交易」。互聯網的介入，主要是拓展了這些金融交易平臺的交易可能性邊界，並提高交易效率。由此，我們可以將金融機構佈

局互聯網金融的進程大致分為四個階段：一是搭建網路銷售平臺，通過互聯網銷售金融產品；二是搭建圍繞客戶的網路平臺；三是創設互聯網金融產品；四是自建或投資互聯網金融企業。這些階段都是大部分金融機構觸網所要經歷的步驟，如何抓住機遇，把握好每一步的走向，關係到機構自身能否在今后的同業及跨業競爭中搶占高地，統籌大局。

2.5 未來發展

2.5.1 貨幣公司

隨著互聯網的飛速發展，貨幣存在的形式更加虛擬化，出現了擺脫任何事物形態，只以電子信號形式存在的電子虛擬貨幣。虛擬貨幣銀行主要是經營虛擬貨幣的企業，它的存在方便了虛擬資金的籌措與融通，它是金融機構裡面重要的一員。和現實銀行的業務類似，一方面，它以吸收存款的方式，把網路上閒置的虛擬貨幣資金和小額貨幣節余集中起來，然後以貸款的形式借給需要補充虛擬貨幣的人去使用；在這裡，虛擬貨幣銀行充當貸款人和借款人的仲介。另一方面，虛擬貨幣銀行為買者和賣者辦理虛擬貨幣的收付、結算等業務，它又充當支付仲介。在整個的金融體系與線上商務的發展中，虛擬貨幣銀行將起到信用仲介的作用。

2.5.2 混業經營

2.5.2.1 案例：「平安銀行」的線上線下混業經營

從圖 2-2 中我們可以很清晰地看到平安銀行的整個觸網思路和佈局。平安銀行出資建設和營運電子商務雲服務平臺，並協同物流、第三方信息平臺等，構建平安銀行生意管家，形成以訂單、運單、收單為一體的網路電子平臺，從而打通商流、物流、資金流。平安銀行在整個過程中，全面、詳細、準確地瞭解了中小企業的相關數據。這背後體現出平安銀行對生產商、供應商、經銷商、第三方信息平臺等商品生產、流通、銷售各環節企業的整合能力，將價值信息轉化為供應鏈信用，兩者相互結合，形成平安銀行在供應鏈融資上的有效且核心貸款審核數據。而基於生意管家中產生的大數據，平安銀行結合其供應鏈融資方案，對不同類型的中小企業提供不同融資解決方案，定位更加清晰，風險管控更加明確。

橙子銀行是平安銀行針對零售客戶的互聯網金融平臺，客戶通過各類

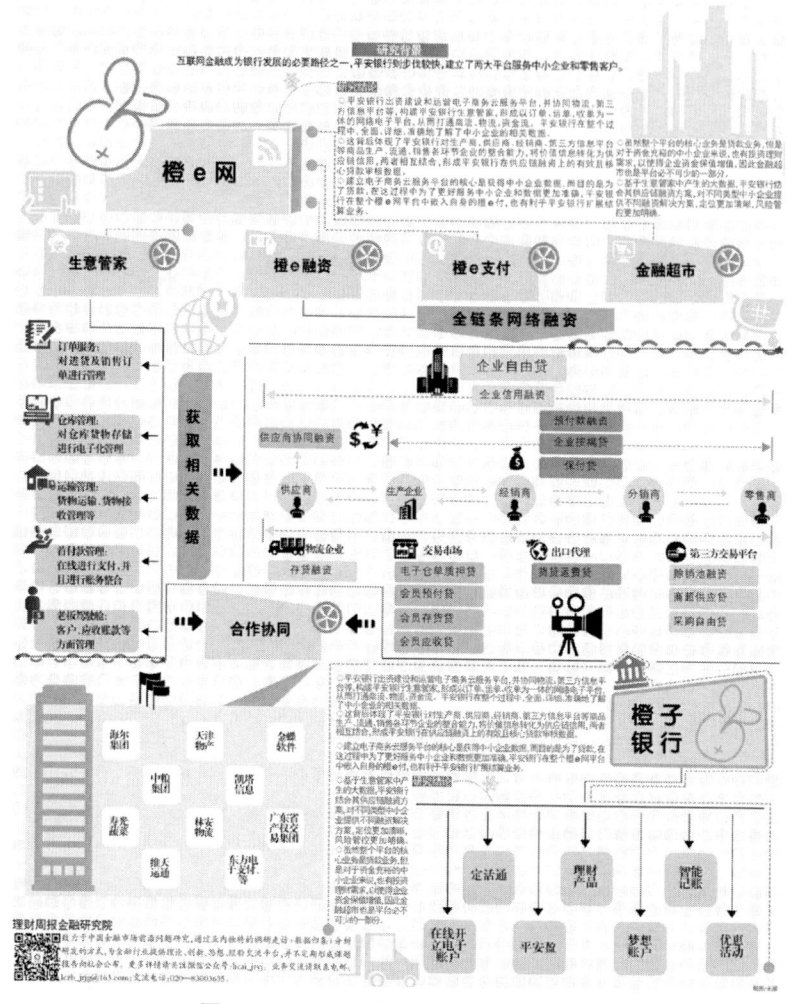

圖 2-2　平安銀行互聯網金融全景圖

電子設備開通電子帳戶，類似銀行卡帳戶，目前主要是存款、理財業務。理財業務主要為兩大類，一類是平安盈，是與基金公司合作的貨幣基金，另外一類則是平安銀行自己開發的理財產品。目前平臺剛上線，範圍仍然比較局限，在后期，平安銀行橙子銀行應該協調平安集團，進駐保險、基金、信託等各類產品，建成完整的產品線。

理財業務是零售客戶的主要業務之一，但是貸款業務才是銀行最想發展的業務之一。今后隨著客戶量等各方面的逐漸成熟，平安銀行會開發適合年輕人的網路貸款業務，比如車貸等。由於監管規定，部分業務應當進

行線下交易，平安銀行正在構建的社區銀行網路將會與橙子銀行形成合力，使得業務辦理更加順暢。

2.5.2.2　展望

未來銀行將會與互聯網企業等市場主體開展跨界合作，實現優勢互補，建立良好的互聯網金融生態環境和產業鏈。在線上線下混業經營的趨勢下，銀行將會與互聯網公司和電商企業建立戰略合作關係，積極創新與各類工業園區、垂直類電商以及大學校園等領域代表企業或單位深入接觸，一同構建共贏的商業合作模式，實現金融服務效率和效果的提升。

在實現合作共贏的前提下，互聯網企業開展的金融業務，首先，將以傳統銀行、證券公司的互聯網業務為基礎，以支持第三方支付機構的運作和網上基金銷售。其次，銀行等金融機構將為第三方支付機構、P2P 等互聯網企業繼續提供資金存管、支付清算、小額貸款等金融服務。最後，證券、基金、期貨類機構與互聯網企業合作，進一步拓寬金融產品銷售渠道，創新財富管理模式，再加上保險公司與互聯網企業合作，開展履約保險業務，不斷改善互聯網金融風險管理的水平。最終達到「互聯網公司前臺資源整合，金融機構後臺資金營運」的混業整合模式。

可以設想，在未來隨著互聯網金融的發展不斷深化，其市場份額和盈利額將不斷增加，互聯網金融勢必會從金融機構的一項業務向部門機構獨立出來發展。以商業銀行為例，現今商業銀行設計 P2P、眾籌時只是作為一項業務在進行運作，缺乏專業團隊對整個產品前期的調研和后期的營運維護，使得其相較於互聯網金融企業的同質產品要稍遜一籌。未來的發展趨勢將會是像平安集團部署陸金所一樣的專業互聯網金融部門和機構的設置，大膽設想依照業務的不同對互聯網金融各專業性銀行進行劃分，包括：P2P 銀行、眾籌銀行和網商銀行等具體形態，以提高銀行等金融機構對於互聯網金融市場的專業性和佔有度。

3　互聯網業務金融化

3.1 門戶網站

3.1.1 概述

門戶網站是一種建立在搜索引擎基礎上的綜合性網站，是一個能夠給用戶提供從平臺服務、ISP、ICP、網上搜索服務等網路服務的網路站點。門戶的含義就是用戶開始網路應用的起點之處。

按照其提供信息服務特點的不同，門戶網站主要分為綜合型門戶網站和行業型門戶網站（垂直門戶網站）。前者在中國主要有新浪、搜狐和網易等，主要提供新聞資訊、搜索引擎、在線游戲、網路郵箱、移動增值、電子商務等各類服務，擁有較高的人氣；后者則專注於某一領域（或地域），如娛樂、財經、體育、房產、汽車等，在內容與服務方面更加專業、靈活，用戶忠誠度和精準度較高，在細分人群的規模效應和網路效應方面凸顯其價值。

門戶網站是互聯網商業模式之一，在互聯網發展的歷程中，國內外的互聯網市場中網路門戶都曾是互聯網發展的主導模式，國外以 YAHOO、AOL 為代表，而國內則以新浪、搜狐、網易為典型代表。伴隨著互聯網經濟的發展，門戶網站已經進入到了高速發展階段。目前迫於資本市場的壓力，國內外的門戶網站都正處於業務的轉型階段，需要根據企業自身特點調整業務發展的戰略方向，開闢多種營收渠道，進行差異化經營。

3.1.2 發展歷程

1997 年 6 月，網易公司成立，並正式推出全中文搜索引擎服務。1998 年 2 月 25 日，愛特信推出中國首家大型分類查詢搜索引擎——「搜狐」產品，並將公司更名為「搜狐公司」。1998 年 12 月 28 日，四通利方併購海外最大的華人網站公司「華淵資訊」，成立全球最大的華人網站「新浪網」。作為第一批在國內成立的門戶網站，新浪等門戶網站在起步階段完全仿造了國外門戶網站雅虎的運作模式，模仿其「風險投資+網路廣告」的發展方式。伴隨著互聯網經濟的迅速發展，網易、搜狐和新浪網成為中國的三大門戶網站。

1999 年 7 月 12 日，中華網在美國納斯達克首發上市，募集股本總額 8,600 萬美元。2000 年 1 月再發新股二次上市募集資金 3 億美元，中華網

在納斯達克受到熱烈追捧。隨後，2000年4月，新浪在納斯達克上市融資，成為國內第一家海外上市的門戶網站。同年6月和7月，網易和搜狐也相繼在美國上市，再次證明了中國互聯網概念的炙手可熱。然而，就在國內門戶網站上市不久，全球出現了網路經濟泡沫，包括新浪、網易、搜狐、中華網在內的所有中國概念網路股都相繼下跌。2000年11月以後，繼續走低的股市、網站併購、網站裁員等事件，使整個網站產業進入低谷期。對盈利模式的探索和對盈利時間的預期成為各個門戶網站所面臨的最緊迫的問題，於是各大門戶網站開始調整發展方向。2002年7月，國內三大門戶網站先後公布自己第二季度財務報告宣告企業開始步入了盈利階段。經過三年的艱苦轉型期，中國三大門戶網站從單純模仿「雅虎」，進入到自我創新的成長期，並有了不同的定位：新浪側重於「在線媒體及增值資訊服務提供商」；搜狐主打多元化，目標是「一家新媒體、電子商務、通訊和移動增值服務公司」；網易則將收費增值服務、網路游戲作為其戰略轉型的突破口。三大門戶網站形成了以短信、網路廣告和網路游戲為主要方向的門戶盈利模式。自2004年開始，中國門戶網站進入了平穩發展時期。

在新浪、搜狐、網易遭到資本市場下跌打擊的同時，國內一些新興門戶網站逐漸興起。例如，擁有電信背景的263，走跨媒體戰略的TOM，聯想打造的FM365。這些新興門戶網站從一開始就更加注重投資回收，其服務明顯帶有功能性的特點。FM365對自己的定位是「產品門戶」，263是將技術作為支撐點，TOM則是以接入服務作為定位，形成跨媒體平臺的發展策略。另外，近年來迅速發展成為華南第一大門戶的21世紀網站，其網站項目以娛樂為主，面向年輕群體，被譽為中國最新銳的互聯網娛樂綜合門戶網站。這些新興網站憑藉其自身實力和特點在三大門戶網站發展處於低谷時，打破了新浪、搜狐、網易的壁壘，從一定程度上改寫了中國互聯網門戶網站的格局。

3.1.3 盈利模式

門戶網站作為商業性網站，盈利是其最主要的目標。盈利模式是指企業通過一系列業務來創造價值，從而形成產品或服務流、資金流、信息流，並從客戶獲取收益的商業系統。其基本構成要素有利潤點、利潤對象、利潤槓桿和利潤屏障等四個方面。在不斷變化的互聯網背景下，綜合門戶網站面臨著行業門戶網站的挑戰，而靠專業領域廣告投放為主要盈利

來源的行業門戶網站的業務模式也亟須轉型。

3.1.3.1　從利潤點進行分析

利潤點是指企業獲得利潤的產品或服務。中國綜合門戶網站發展至今已經從最初單一的依靠網路廣告收入發展到多元化收入，如新聞、搜索引擎、網路遊戲、影音資訊、電子商務等，而行業門戶網站的業務則相對單一。

表3-1是2015年三大綜合門戶網站和搜房網利潤點的相關數據，通過分析比較可知：新浪、搜狐和網易的收入來源主要集中在網路廣告、在線遊戲和移動增值三大領域。只是由於技術與品牌定位不同，其側重點有所不同。如新浪網側重新聞傳媒，由此帶來網路廣告的收入超過80%，而網易憑藉其技術優勢，一直走自主開發網路遊戲之路，遊戲業務在總營業務收入中占較大比重，高達70%以上。而1999年創立的搜房網，其主要業務是電子商務服務和網路營銷服務（即網路廣告），其基本利潤點是為房地產相關企業和個人提供信息與服務。

表3-1　2015年中國三大綜合門戶網站和行業門戶網站搜房網利潤點比較

單位：億美元①

		網易		新浪		搜狐		搜房網	
利潤點	主要產品及服務	網路遊戲	26.73 (75.9%)	廣告收入	7.432 (84.39%)	廣告收入	11.17 (57.64%)	網路營銷服務	2.498 (28.27%)
		廣告收入	2.76 (7.8%)	非廣告收入（含移動增值業務2,130美元）	1.375 (15.61%)	在線遊戲	6.37 (32.88%)	電子商務服務	4.748 (53.74%)
		無線增值及其他	5.71 (16.3%)			無線業務及其他	1.84 (9.48%)	增值服務及其他	1.589 (17.99%)
總營業務收入		35.20		8.807		19.37		8.835	
淨利潤		10.40		1.22		-0.496		-0.345	

3.1.3.2　從利潤對象進行分析

利潤對象指各類客戶。不同類型的門戶網站設置多種板塊、提供多種服務來吸引不同類型的用戶，以此獲取盡可能多的利潤。新浪、搜狐和網

---

① 數據來源：各企業的2015年的年報數據。

易等綜合門戶網站，在品牌知名度、用戶數、跨行業等方面具有行業門戶網站難以企及的優勢，而后者則在用戶精準度和行業服務深度方面有著自己的特色。例如搜房網，其業務覆蓋房地產新房、二手房、租房、別墅、寫字樓、商鋪、家居、裝修裝飾等各個行業，它依託門戶網站及數據庫處理中心，在為房地產交易各個環節提供服務的同時，收取信息服務費及廣告費，這是其主要的盈利方式。

3.1.3.3 從利潤槓桿進行分析

利潤槓桿是指企業生產的產品或服務，以及吸引客戶購買和使用產品或服務的一系列業務活動，反應的是企業為了盈利的一部分投入。目前，不管是綜合門戶網站還是行業門戶網站，都對新聞資訊、線下服務等其他業務較為重視，以形成未來具有重要發展潛力的利潤槓桿。如網易主打「電子郵箱」產品，包括電子郵箱的安全技術研發投入，保證用戶傳輸和接收文件的安全性，以及設計個性化舒適的界面，滿足用戶個性化的需求。此外，網易還推出了即時通信工具、搜索工具、電子賀卡等產品，為了對發展起到必要的輔助作用，行業門戶網站也在不斷調整自己的發展策略。如2014年8月搜房網公布了變身「房天下」背後的發展戰略，著力打造「移動互聯網平臺、交易平臺和金融平臺」三大平臺建設，建立更為系統全面的合作夥伴機制。

3.1.3.4 從利潤屏障進行分析

利潤屏障是指企業為了防止競爭者瓜分本企業的利潤而採取的防範措施。一方面，綜合門戶網站「大而全」，但分配到各個頻道的資源以及精確程度却遠不及行業門戶網站。所以，如何將已有業務捆綁進行資源共享，並尋求新的利潤點是綜合門戶網站考慮的重點。如2010年搜狐投入2億元人民幣用於正版高清長視頻，從而更好地吸引高端品牌廣告主的關注和投放。與前兩季度財務報告相比，其高清視頻頻道的日均播放次數較上一季度上漲約40%，搜狐視頻的業績明顯好轉。另一方面，行業門戶網站也以其定位與所擁有的資源為基礎，進行功能性業務開拓，從而提高利潤。如目前搜房網在北京、上海等一線城市繼續擴大市場份額，同時在二、三線城市繼續擴張市場和細化業務，不斷探索新的利潤模式。

3.1.4 遇到的問題

雖然綜合門戶網站和行業門戶網站的盈利模式各有優勢，但其存在的問題仍制約著未來發展。首先，綜合門戶網站佔有較高的人氣和平臺優

勢，適合於大眾市場的標準化產品。但在廣告價格相差不大的情況下，客戶產品較有針對性時，行業門戶網站則具有更大的廣告價值。其次，各大綜合門戶網站盈利模式總體來看仍然較為單一，雖然各網站各有側重，但服務方面仍存在較為激烈的同質化競爭。隨著互聯網內容與商務整合時期的到來，綜合門戶網站仍需實現多樣化，進一步細分用戶需求，提供個性化、差異化的服務，才能在細分市場領域占據優勢。行業門戶網站的客戶大部分集中在本地和周邊城市，在區域化業務拓展的情況下，如何贏得會員與客戶的信任，實現物流、資金流的有效運轉仍有待進一步完善。最後，行業門戶網站的搜索引擎本身應具有精確性、專業性的特點。但目前，部分行業的垂直網站搜索引擎不僅無法實現精確化搜索，而且功能較為單一，沒有把搜索引擎與網站本身的功能進行有效結合，這些都是亟待解決的問題。

3.1.5 現狀與未來趨勢

互聯網路的關鍵在於合作、共贏、跨界。對於新形勢下存在相互競爭，同時各自存在發展瓶頸的綜合門戶網站與行業門戶網站來說，關鍵是整合資源。通過行業間聯合或者上下游的擴張，形成完整的產業鏈，這不僅有利於提高利潤空間，還可以提升綜合競爭力。

3.1.5.1 加強合作，求得共贏

在這方面可以有多種類型：第一類：「自有垂直網站+合作門戶頻道」。例如，易車網與騰訊、新浪、網易三大門戶均開展了深度合作，建立起「自有垂直網站+合作門戶頻道」的核心優勢，擴大了客戶群體，實現了進一步的資源整合。第二類：「通用搜索+垂直門戶」。例如中國房產信息集團與百度展開戰略合作，合作後的樂居信息資訊全面享有百度最優勢資源，覆蓋範圍達到中國99%購房人群。對搜索引擎企業來說，不僅引入新的競爭動力，而且直接支持垂直網站業務的快速發展，有利於用戶體驗的完整性和需求的精確性。第三類：「垂直網站+電子商務」。目前，在專業領域中的廣告投放是大部分垂直網站的主要盈利來源，而這種業務模式已面臨嚴重挑戰。未來的競爭，需要把來自於目標客戶的需求與聯盟成員共享，同時要挖掘那些潛在的需求，垂直網站加上電子商務的模式將有利於整合產業鏈的上下游關係。

3.1.5.2 促進創新，煥發生機

企業需在自身優勢的基礎上，創新盈利模式與策略。例如合作後的百

度樂居利用新浪樂居房地產資料庫的樓盤信息系統，不但整合了房產新聞，還創新出一種按效果付費的新型互聯網營銷模式。該服務將房產信息搜索與400電話系統聯合起來，每個樓盤都與專屬的400電話分機號綁定，用戶通過網頁上的400電話即可直接與開發商進行溝通，不僅提高了用戶體驗，還大幅降低了單個客戶的營銷成本，使得旗下行業頻道再獲新機。再如，垂直行業網站淘寶推出的「按成交付費」的新模式，為用戶提供專業的導購信息和一鍵到位的便捷購物體驗，短短幾個月內吸引了上百萬參與者，成為其除廣告收入外的另一個盈利模式。

總之，互聯網行業是一個迅速發展的行業，在這個日新月異的行業裡，任何暫時的優勢及其領先地位都有隨時被超越的可能，所以無論是綜合門戶網站還是行業門戶網站，需要做的是在自身品牌和平臺優勢的基礎上，不斷地探索、創新，或強強聯合追求協同發展，去進一步探索和發現具有競爭力的利潤來源，在未來互聯網信息服務方面取得領先地位。

3.2 電子商務

3.2.1 概述

3.2.1.1 背景

計算機產業從20世紀70年代末80年代初開始迅速發展，世界經濟也隨之逐漸向信息經濟過渡。在這之前，全球貿易都以傳統貿易方式為主，即買賣雙方直接見面，就商品的價格、質量、細節等多方面進行討論，最終在雙方達成一致的前提條件下交易成交，一手交錢一手交貨。人類社會從90年代開始，在網路技術產生質的飛躍的同時，也正式帶領全球國際貿易走進了以電子商務為主的新時代。

自1997年7月美國政府正式發布「全球電子商務政策框架」以來，在全球範圍內掀起了電子商務的熱潮，電子商務日益成為21世紀經濟活動的核心。1998年12月，阿里巴巴正式在開曼群島註冊成立，次年3月其子公司阿里巴巴（中國）在杭州創建。2000—2001年在互聯網泡沫破滅的大前提下，電子商務的發展也受到嚴重的影響，互聯網企業經歷著冰與火的考驗。2003年5月，阿里巴巴投資1億元人民幣推出個人網上交易（C2C）平臺淘寶網。2005年12月7日，業內知名諮詢機構易觀國際發布報告稱，目前在中國C2C市場上，淘寶占據了57.10%的市場份額，而

eBay 中國的這一數字為 34.19%，這表明淘寶已處於絕對領先地位。

在 2007 年 9 月 15 日的網商大會上，馬雲說：「未來我們將投資 100 億元打造電子商務生態鏈。」「100 億元」和「電子商務生態鏈」這兩個關鍵詞，為傳統企業的 B2C 商業模式的出世埋下了伏筆。同年，線下女鞋領導品牌達芙妮率先與淘寶聯手，在淘寶網開設旗艦店，開創了國內線下品牌觸網 B2C 的先河。隨著網購主流化進程的加速，消費者的需求也逐漸表現出多樣化的趨勢，更加注重高品質消費。2008 年，淘寶網強勢推出淘寶商城，意圖整合傳統品牌廠商，以傳統品牌企業作為商城的主力軍，這為傳統企業進駐 B2C 吹響了號角。

2011 年是國內 B2C 市場全面爆發的一年，諸多 B2C 網站開疆闢土。京東商城涉足日用百貨、圖書音像、奢侈品等領域，亞馬遜中國、當當網持續推進百貨化，蘇寧易購也從主營家電數碼向圖書、百貨拓展。2011 年「雙十一」淘寶商城全場促銷，創造了十個商家單日單店銷售超過千萬元的奇跡。2012 年 1 月 11 日，阿里巴巴旗下 B2C 平臺淘寶商城在北京舉行戰略發布會，正式將中文品牌「淘寶商城」更名為「天貓商城」。淘寶效應告訴我們：電子商務背景下的新渠道將改變傳統品牌的產銷模式。

2008 年以來，受全球金融危機蔓延深化的影響，中國多數行業都遭受了不同程度的衝擊，但網路零售的電子商務行業發展却依然繁榮，成為危機背景下的一個亮點。為了推動經濟快速回升，商務部於 2009 年發布了《關於加快流通領域電子商務發展的意見》，開始有針對性地扶持和規範各地方企業發展電子商務，致力於將電子商務培植成為后金融危機時期的經濟增長點。電子商務引發的是一個超越與被超越的時代，憑藉傳統實體的供應鏈資源和獨特優勢，傳統企業發展電子商務是一股不可逆的潮流。電子商務不僅適合大企業，對眾多中小企業也非常有利。互聯網作為一種信息技術，讓小企業可以從信息管理的各個方面入手將自己的產品和服務銷售到全國各地，做大做強，給小企業提供了一個與大型企業縮短差距，站在同一起跑線上的機會。

中國電子商務研究中心在 2015 年 9 月 21 日發布的《2015 年（上）中國電子商務市場數據監測報告》顯示，2015 年上半年中國電子商務交易額達 7.63 萬億元，同比增長 30.4%。其中，2015 年上半年 B2B（企業對企業的營銷）交易額達 5.8 萬億元，同比增長 28.8%；網路零售市場交易規模達 1.61 萬億元，同比增長 48.7%。中國電子商務研究中心高級分析師張周平認為，從市場增速來看，中國電子商務已經進入成熟期；在市場結構

上，B2B仍然占主導地位，網路零售占比持續擴大。在2015年，B2B服務商不斷尋求盈利模式的多元化探索，從而推動整體交易規模的穩定增長；網路零售市場持續升溫，行業進入兼併整合期，巨頭企業通過收購、兼併等資本投資方式，迅速對新市場、新業務領域進行滲透，同時不斷拓展新的業務線。

由此可見，中國電子商務市場一直保持著高速增長，同時這也充分證明了中國國民的消費觀念也在逐漸向足不出戶的電子商務方式轉變。

3.2.1.2 概念

電子商務通常是指在全球各地廣泛的商業貿易活動中，在因特網開放的網路環境下，基於瀏覽器或者服務器應用方式，買賣雙方不謀面地進行各種商貿活動，實現消費者的網上購物、商戶之間的網上交易和在線電子支付以及各種商務活動、交易活動、金融活動和相關的綜合服務活動的一種新型的商業營運模式。聯合國國際貿易程序簡化工作組對電子商務的定義是：採用電子形式開展商務活動，它包括在供應商、客戶、政府及其他參與方之間通過任何電子工具，如EDI、Web技術、電子郵件等共享非結構化商務信息，並管理和完成在商務活動、管理活動和消費活動中的各種交易。即使在各國或不同的領域，對電子商務有不同的定義，但其關鍵仍然是依靠電子設備和網路技術進行的商業模式。

隨著電子商務的高速發展，它已不僅包括其購物的主要內涵，還包括了物流配送等附帶服務。電子商務包括電子貨幣交換、供應鏈管理、電子交易市場、網路營銷、在線事務處理、電子數據交換（EDI）、存貨管理和自動數據收集系統。在此過程中，利用到的信息技術包括：互聯網、外聯網、電子郵件、數據庫、電子目錄和移動電話。

電子商務一般被劃分為廣義和狹義的電子商務。廣義上講，電子商務一詞源自「Electronic Business」，就是通過電子手段進行的商業事務活動。通過使用互聯網等電子工具，使公司內部、供應商、客戶和合作夥伴之間，利用電子業務共享信息，實現企業間業務流程的電子化，配合企業內部的電子化生產管理系統，提高企業的生產、庫存、流通和資金等各個環節的效率。狹義上講，電子商務（Electronic Commerce，簡稱EC）主要利用互聯網從事商務或活動，是指通過使用互聯網等電子工具（這些工具包括電報、電話、廣播、電視、傳真、計算機、計算機網路、移動通信等）在全球範圍內進行的商務貿易活動。是以計算機網路為基礎所進行的各種商務活動，包括商品和服務的提供者、廣告商、消費者、仲介商等有關各

方行為的總和。人們一般理解的電子商務是指狹義的電子商務。

3.2.1.3 分類

按不同的分類標準，可以將電子商務分為不同的類型：

按照商業活動的運行方式，電子商務可以分為完全電子商務和非完全電子商務；按照商務活動的內容，電子商務主要包括間接電子商務（有形貨物的電子訂貨和付款，仍然需要利用傳統渠道如郵政服務和商業快遞車送貨）、直接電子商務（無形貨物和服務，如某些計算機軟件、娛樂產品的聯機訂購、付款和交付，或者是全球規模的信息服務）；按照開展電子交易的範圍，電子商務可以分為區域化電子商務、遠程國內電子商務、全球電子商務；按照使用網路的類型，電子商務可以分為基於專門增值網路（EDI）的電子商務、基於互聯網的電子商務、基於企業內部網（Intranet）的電子商務；按照交易對象，電子商務可以分為企業對企業的電子商務（B2B）、企業對消費者的電子商務（B2C）、企業對政府的電子商務（B2G）、消費者對政府的電子商務（C2G）、消費者對消費者的電子商務（C2C）、企業、消費者、代理商三者相互轉化的電子商務（ABC），以消費者為中心的全新商業模式（C2B2S），以供需方為目標的新型電子商務（P2D）。

而本書提出了一種全新的分類模式，即根據交易的對象性質，在電子商務的銷售端分為提袋類電子商務和非提袋類電子商務，在下一節將進行詳細的介紹。

3.2.2 電子商務模式

模式簡介：

根據現代電子商務平臺的業務範疇，以銷售端的視角將電子商務模式分為提袋大類和非提袋大類兩類。其中，根據其運作模式，提袋大類可以分為平臺模式、自營模式和垂直模式；非提袋大類可以分為信息類、服務類。具體分類模式如圖3-1所示。

3.2.2.1 提袋大類的電子商務模式

提袋大類電子商務模式的業務範疇的核心是進行有形商品的交易活動。根據企業運作方式的不同，主要分為三類：平臺模式、自營模式和垂直電商模式。

（1）平臺模式

平臺模式指獨立於產品或服務的提供者和需求者，通過網路服務平

3 互聯網業務金融化

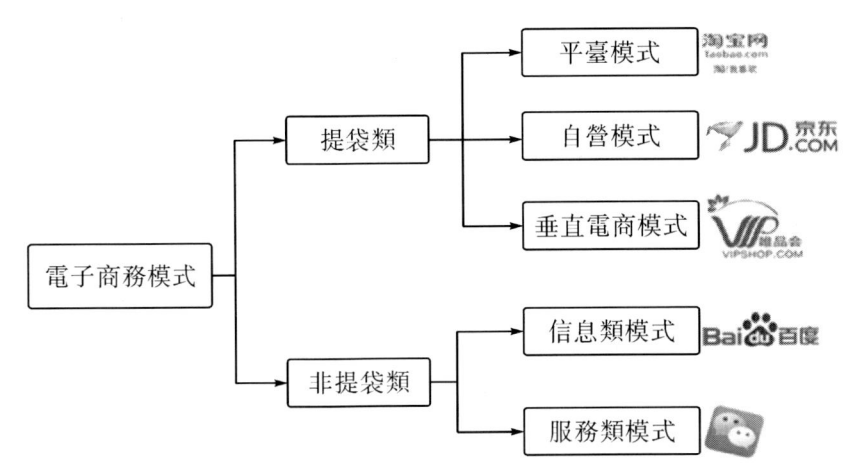

圖 3-1 電子商務分類圖

臺,按照特定的交易和服務規範,為買賣雙方提供服務。該模式具有代表性的電子商務平臺是淘寶網,它相當於一個大型線上商場,店家在商場開店,提供各種商品,如服飾、食品、書籍等,顧客通過商品搜索或者店鋪搜索找到自己需要的商品或店鋪,在第三方平臺上完成交易。與線下商城一樣,淘寶網入駐者也需要向淘寶網繳納一定的店鋪租賃費(見圖3-2)。

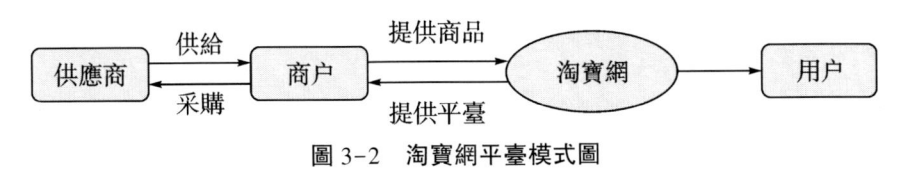

圖 3-2 淘寶網平臺模式圖

(2)自營模式

自營模式是指產品或服務的提供者又是平臺擁有者的電商模式。自營型電商經營者在線上搭建平臺,通過企業生產或以較低的進價買入商品,在電商平臺商場售出,從而達到盈利的目的。與平臺模式不同,自營型電商不存在商家,不存在為商家提供服務,所有的問題都是自己為自己解決。自營模式最具代表性的電子商務平臺是京東、蘇寧等(見圖 3-3)。

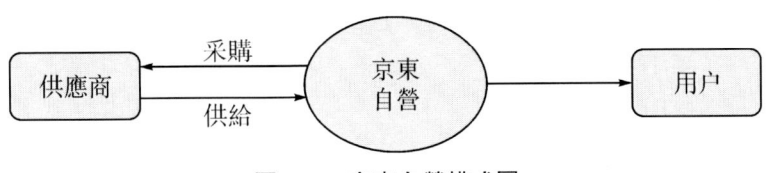

圖 3-3 京東自營模式圖

59

(3) 垂直電商模式

垂直電商模式是指在某一個行業或細分市場深化營運的電子商務模式。其產品主要來源於企業購買。企業通過低價買入，再以相對高價賣出，從差價中獲得盈利。這類電子商務平臺的典型代表是唯品會。唯品會採用線上銷售模式，通過唯品會平臺直接提供廠方的商品銷售，省去了中間多級的銷售渠道。通過與許多品牌廠方長期的合作，形成合作模式，如跨季度的商品採購、計劃外庫存採購、大批量採購等，實現貨源價格最大優惠化。其「限時限量」模式，減少了商品的積壓，並且可以根據訂單確定貨量，降低了經營成本，有更大的讓利空間（見圖3-4）。

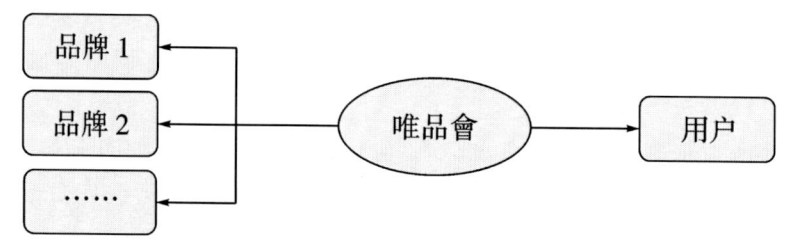

圖3-4　唯品會垂直電商模式圖

3.2.2.2　非提袋大類的電子商務模式

非提袋大類電子商務模式主要為消費者提供信息與服務等無形商品。

(1) 信息類模式

信息類電子商務模式作為仲介平臺出現，為用戶提供特定領域或多個領域的信息，如為用戶提供旅遊、餐飲等信息，各年齡段的各種需求幾乎都可以在這種類型的某個網站中得以滿足。具有代表性的電子商務平臺有58同城、趕集網等。信息提供者在網站上發布信息，信息需求者根據個人需要尋找信息，並與信息發布者直接聯繫。在該模式下，平臺並不參與到交易中（見圖3-5）。

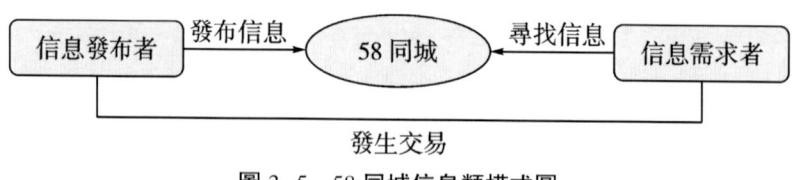

圖3-5　58同城信息類模式圖

(2) 服務類模式

服務類電子商務模式作為第三方外包商，為用戶提供網站建設、營運、策劃等一站式眾包服務。具有代表性的電子商務平臺有豬八戒網等。對於買家來說，把需要解決的問題放在豬八戒網上，通過懸賞模式可以獲得多種方案，可以選到百里挑一的產品；通過速配模式，可以尋找到能精準匹配的服務商來提供服務。總而言之，企業機構和個人可以在豬八戒網上獲得低成本、高效益的服務（見圖3-6）。

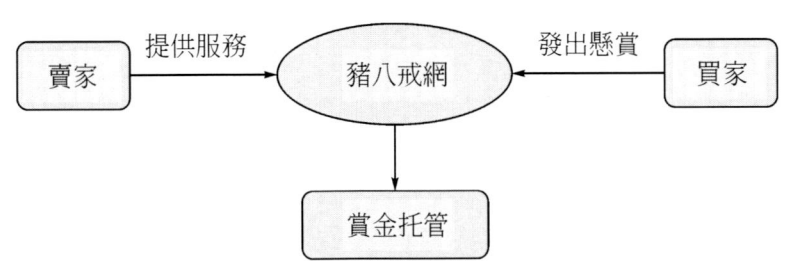

圖3-6　豬八戒網服務類模式圖

3.2.2.3　優劣勢對比

不同模式下的電商平臺由於自身規模、服務對象、經營種類的不同，各自的優劣勢也有不同，本書對五種模式的優劣勢進行對比分析，如表3-2所示。

表3-2　　　　不同模式下的電商平臺優劣勢對比表

模式類型	優勢	劣勢
平臺模式	品種全	質量參差不齊
自營模式	口碑好	種類較少
垂直電商模式	經營成本低	種類較少
信息類模式	信息齊全	信息真實性無法保證
服務類模式	體驗差異化	水平參差不齊

3.2.3　發展現狀

3.2.3.1　發展遇到的問題

（1）商業模式缺乏創新

目前，中國電子商務存在對傳統商業模式和國外經營模式抄襲、模仿等問題，缺乏與中國國情相結合的創新模式。雖然網站數量呈爆炸式增

長，但與網站的「燒錢式」虧損形成了巨大的反差。據有關人士分析，理論上電子商務可節省 76.59%的交易費用，但由於中國部分電子商務網站「大肆炒作、吸引公眾、爭取廣告、上市圈錢」，過少的網上交易量不足以維持其日常運轉，不得不依靠外來資金投入，因此實際上在中國只節省了 11.61%的交易費用。

（2）企業信息化水平較低

企業信息化水平與電子商務是密不可分的，企業信息化是開展電子商務的基礎。企業信息化落后嚴重制約著電子商務在中國的發展。企業作為電子商務的主體，業務流程和管理過程的信息化是企業開展電子商務的必要前提。目前在國家工商局註冊登記的約 1,000 萬家中小企業中，只有百分之幾的企業擁有一定的現代化信息手段。

（3）電子商務政策法規不健全

在宏觀層面上，政策法規不健全、標準不統一以及商務實踐的盲目性在一定程度上制約了中國電子商務的發展。電子商務是一項複雜的系統工程。它不僅涉及參加交易的雙方，而且涉及不同地區、不同國家的工商管理、海關、保險、稅收、銀行等部門。這就需要有統一的法律和政策框架以及強有力的跨地區、跨部門的綜合協調機構。現行管理體制基本上是計劃經濟時代的產物，集中表現為條塊分割、設置不合理、協調不夠、辦事效率低下、對新經濟適應性較差等問題。雖然，近年來中國已經出台了一些有關政策法規，但總體來看，針對電子商務的專門立法仍然空缺，尤其是在跨國家、跨地區、跨部門協調方面存在不少問題。

3.2.3.2　未來趨勢

經歷多年沉澱，電商行業在 2015 年表現得更加強勢——京東以 43.1 億元入股永輝超市、阿里與蘇寧聯姻、滴滴與快滴、美團與大眾點評分別宣布合併。電商企業在通過一系列投資收購、進行集團化佈局的同時，開始以巨頭合作的形式進行寡頭對決。同時政策利好則為行業點亮了指路明燈，在持續發力下，電商寡頭對決成為行業未來的格局走向，已經嶄露頭角的跨境電商、移動電商、農村電商將成為新的「三駕馬車」。

3.3 互聯網金融

3.3.1 概述

互聯網金融（ITFIN）是指傳統金融機構與互聯網企業利用互聯網技術和信息通信技術實現資金融通、支付、投資和信息仲介服務的新型金融業務模式。互聯網金融（ITFIN）不是互聯網和金融業的簡單結合，而是在實現安全、移動等網路技術水平上，被用戶熟悉並接受后（尤其是對電子商務的接受），自然而然地為適應新的需求而產生的新模式及新業務，是傳統金融行業與互聯網精神相結合的新興領域。

截至 2015 年底，互聯網金融發展的大事記如表 3-3 所示：

表 3-3　　截至 2015 年底互聯網金融發展大事記表

時間	事件
2011 年 5 月 18 日	中國人民銀行開始發放第三方支付牌照，標誌著互聯網與金融結合的開始
2011 年 8 月 23 日	銀監會下發《關於人人貸有關風險提示的通知》，P2P 首次獲得廣泛關注
2012 年 6 月	建設銀行推出「善融商務」，標誌著金融機構進入電商領域
2012 年 8 月	中投謝平在 CF40 人論壇上發表《互聯網金融模式研究》報告，首次提出互聯網金融的概念
2013 年 3 月 15 日	證監會發布《證券投資基金銷售機構通過第三方電子商務平臺開展業務管理暫行規定》
2013 年 6 月 13 日	支付寶聯手天弘基金上線「余額寶」，上線三個月，規模達 556.53 億元
2013 年 8 月 7 日	微信支付功能上線
2013 年 11 月 6 日	首家互聯網保險公司——眾安在線財產保險股份有限公司開業
2013 年 12 月 3 日	中國支付清算協會成立互聯網金融專業委員會啓動行業自律
2014 年 1 月 21 日	微信搶紅包功能上線，騰訊阿里移動支付爭奪戰正式打響
2014 年 3 月 5 日	李克強總理政府工作報告提及互聯網金融
2014 年 7 月 25 日	前海微眾銀行、天津金城銀行、溫州民商銀行三家民營銀行正式獲批籌建

表3-3(續)

時間	事件
2014年12月	中國證券業協會發布《私募股權眾籌融資管理辦法（徵求意見稿）》
2015年7月18日	央行聯合十部委正式發布了《關於促進互聯網金融健康發展的指導意見》，標誌著國內P2P網貸行業開始告別「野蠻生長」時代，首次定義了互聯網金融的概念
2015年7月31日	中國人民銀行發布了《非銀行支付機構網路支付業務管理辦法（徵求意見稿）》，該意見稿強調了第三方支付的仲介屬性，行業迎來快速洗牌期
2015年12月18日	宜信公司旗下宜人貸登錄美國紐交所，成了國內互聯網金融行業赴美上市第一股，提振了中國P2P行業的發展信心
2015年12月28日	銀監會起草了《網路借貸信息仲介機構業務活動管理暫行辦法（徵求意見稿）》，以促進網路借貸行業的健康發展

互聯網的特性，一方面決定了互聯網金融的傳播效率遠高於傳統金融，另一方面互聯網受眾群體逐年增加，使得中國的互聯網金融具有極大的發展空間。而受眾群體向年輕化發展，也使得互聯網金融具有高增長率和成長性。互聯網金融順應了時代的需求，必將迎來一個蓬勃發展的春天。

3.3.2 模式

目前大家普遍接受的對互聯網金融分類的模式主要有大數據金融、第三方支付、P2P網貸、眾籌、信息化金融機構、互聯網金融門戶六大類，但由於互聯網金融正處於快速發展期，目前的分類僅是一個階段性的粗淺分類，即使將電子貨幣、虛擬貨幣歸入第三方支付，六大模式也無法包容諸如比特幣等新興互聯網金融創新產物。在本書中，我們不探討互聯網金融的分類模式，只是通過移動端分別對支付寶和微信支付進行分析。

3.3.2.1 支付寶，全面發力移動端

從支付寶發布了版本9.0開始，支付寶就不再只是一個互聯網支付平臺，同時它也成了涵蓋各類消費的移動金融生態平臺。當用戶在使用支付寶進行轉帳等業務時，在PC端需要支付一定的手續費，而在移動端一直奉行免費策略，這對於很多PC端用戶而言，無疑會促使他們下載支付寶的手機APP。截至2015年4月22日，支付寶錢包活躍用戶已超2.7億戶，

在移動支付市場占據了80%以上的市場份額。2015年天貓「雙十一」全天成交總額為912.17億元。其中無線交易額為626.42億元，占比達68.67%。

從合作的角度看，支付寶作為接入電商、團購、O2O等各類線上消費平臺的支付工具，必然要不斷創新移動端，創造快捷、安全的支付條件，使支付與電商相輔相成。

從競爭的角度看，支付寶最大的競爭來自於微信支付。憑藉社交平臺的獨特優勢，微信支付在移動端所表現出來的爆發力讓支付寶難以企及，所以良好的競爭能夠促進支付寶創新升級。

從線下支付的角度看，支付寶正在全面進軍線下支付市場。而支付寶錢包通過依附智能手機，大大提升了線下支付的便利性。比如2015年的滴滴快的大戰，其實質就是支付寶和微信支付的線下搶奪戰。

3.3.2.2　微信支付，百分百移動端

微信支付是集成在微信客戶端的支付功能，用戶可以通過手機完成快速的支付流程。微信支付以綁定銀行卡的快捷支付為基礎，向用戶提供安全、快捷、高效的支付服務。作為國內第一移動客戶端，微信擁有超過6億的用戶數量。尤其是微信紅包掀起的發紅包大潮，讓微信支付的用戶在手機端出現了爆發式增長。目前微信的支付功能包括轉帳、充值、理財、生活繳費、城市服務、信用卡還款、紅包、AA收款等，同時也作為滴滴、車票、京東、美麗說、電影票、大眾點評等第三方平臺的支付服務提供商。

微信支付實際上是依託於財付通發展起來的，對比騰訊自家的兩大金融產品在線微信支付和財付通，微信支付也正在進行全面的移動金融生態佈局：

首先，通過對微信公眾號商家的開放，微信支付正在接入越來越多的移動商家。在幫助這些商家打通移動支付閉環的同時，構築了微信支付強大的生態壁壘。很多消費者通過各類微信公眾號進行支付時，可直接使用微信支付完成。

其次，微信支付通過與線下零售商和百貨商場形成合作，讓越來越多的線下商家能直接在線下通過手機微信進行付款，支付過程非常方便。對於這類線下的零售商和百貨商場來說，與微信支付達成合作，也同樣為他們拓展線上業務打通了支付關。

再次，微信在微信錢包裡接入了微信紅包、轉帳、手機充值、理財

通、生活繳費、滴滴打車、美麗說、大眾點評、京東購物、微信電影等系列入口，圍繞著微信支付構建了自有的生態體系，同時也大大增強了微信支付的用戶黏性。

最後，微信支付也正在與越來越多的電商平臺、O2O平臺、團購網站進行合作，對外進行全面開放微信支付。過去在PC時代，電子商務占據了線上支付的主流，在淘寶和天貓的支撐下，支付寶一家獨大，而在現今移動互聯網時代，隨著O2O的興起，微信支付反而更受到這類平臺商家的歡迎。

3.3.3 發展現狀

3.3.3.1 發展遇到的問題

首先，中國的互聯網金融是隨著互聯網等信息技術的快速發展和廣泛應用而自發形成和發展起來的，先後經歷了從網上銀行到第三方支付、從P2P網路借貸再到大數據金融和第三方支付理財的發展歷程，使得其在發展過程中暴露出了缺乏有效管理的問題。這些問題突出表現在以下三個方面：①依託電子商務發展產生的大數據而發展起來的大數據金融，最初是由電商平臺與商業銀行合作實現的，其后二者逐漸分立，演化出了電商大數據金融和商業銀行自建電子商務平臺開展大數據金融兩種形式。而由於商業銀行並不熟悉電子商務平臺的運作模式，故商業銀行自建電子商務平臺的發展困難重重。②互聯網理財在近年的井噴式發展，對傳統銀行存款業務和理財產品形成了衝擊，甚至通過影響貨幣乘數極大地影響了中國貨幣政策的實施效果和金融體系的穩定性。③由於P2P網路借貸具有的低門檻和監管工作量大等特點，P2P網路借貸平臺瘋狂發展及不斷地倒閉也給社會經濟發展帶來了巨大的風險和負面影響。

其次，互聯網信息技術和信用體系建設有待完善。互聯網金融發展的基礎是計算機網路通信系統和互聯網金融軟硬件系統等互聯網信息技術以及信用體系建設，故互聯網信息技術和信用體系建設的完善程度對中國互聯網金融的發展起著至關重要的作用。目前中國的計算機網路通信系統還存在著密鑰管理和加密技術不完善、TCP/IP協議安全性較差等缺陷，加之網路通信系統具有的開放式特點造成的其易遭受計算機病毒和電腦黑客攻擊的問題，為中國互聯網金融交易帶來了較大的技術風險。在互聯網金融軟硬件系統方面，由於中國的互聯網金融軟硬件系統大多來自國外，缺乏具有自主知識產權的相關系統，導致中國互聯網金融所需的技術解決方案

面臨著與客戶終端軟件的兼容性不佳,可能被技術變革淘汰,乃至威脅整個金融體系安全等風險。而在信用體系建設方面,中國互聯網金融賴以發展的信用體系建設還很不完善,信用風險較高。

最后,互聯網金融監管體系的不健全,在一定程度上制約了互聯網金融的穩定健康發展。現階段中國的互聯網金融監管體系是在20世紀90年代中期沿襲傳統金融監管體系的基礎上形成的。但其后,特別是2013年以來,隨著互聯網金融的快速發展,這一監管體系卻暴露出了諸多問題。例如,當前中國出現了因對銀行主導型的網路融資監管過多、對非銀行主導型的網路融資監管不足,以及由此導致的商業銀行貸款無法創新、大量的非銀行網路融資風險巨大的問題等。這些問題的出現必然會嚴重影響中國互聯網金融的健康穩定發展。

3.3.3.2 未來趨勢

互聯網金融的發展,機遇和挑戰並存,這更加需要其中的參與者們不斷創新探索。本書認為,互聯網金融在實現金融包容和服務創新方面,具有獨特的發展前景與戰略意義。雖然目前中國互聯網金融發展方興未艾,各界的評論褒貶不一。然而值得肯定的是,互聯網金融在中國正在成為一種新興業態,由此引發金融市場的「鯰魚效應」和「普惠金融」理念正在倒逼金融體制改革和金融服務創新,進而成為影響未來金融發展格局的重要變量。

在未來,互聯網金融將逐步轉入「分類監管、有序競爭」的發展階段,成為傳統金融的有益補充。國際經驗業已表明,互聯網金融與傳統金融之間並非一種「非此即彼」的替代關係,而是豐富金融生態環境的互補與共生力量,關鍵在於相關政策能否著力於培育信息化、國際化和法制化的營商環境。為此,深化金融體制必須從構建公平競爭的營商環境入手,革除各種形式的金融壟斷,加快利率市場化進程,鼓勵互聯網金融業態創新;同時,強化互聯網金融分類監管,加快信息基礎設施建設,完善第三方支付憑證管理等。進一步發揮互聯網金融在中國經濟升級過程中的驅動作用,通過深化改革、簡政放權,塑造公平的競爭環境,充分發揮互聯網金融在資源配置、價格發現、信息對稱、降低成本等方面的功能與優勢,合理解決互聯網金融發展過程中遇到的各類問題,培育和助推中國經濟創新轉型的互聯網金融企業。

3.4 未來發展

3.4.1 數據公司

3.4.1.1 概述

大數據主要是指無法在可承受的時間範圍內用常規軟件工具進行捕捉、管理和處理的數據集合，是需要新處理模式才能具有更強的決策力、洞察發現力和流程優化能力的海量、高增長率和多樣化的信息資產。麥肯錫全球研究所給出的定義是：一種規模大到在獲取、存儲、管理、分析方面大大超出了傳統數據庫軟件工具能力範圍的數據集合，具有海量的數據規模、快速的數據流轉、多樣的數據類型和價值密度低等特點。

而大數據技術的戰略意義不在於掌握龐大的數據信息，而在於對這些含有意義的數據進行專業化處理。數據公司通過對企業海量數據進行分析、處理，整合各類相關數據，利用不同的數據源聯動分析得出結果，為企業提供徵信評級信息，或者為企業提供相關決策信息，幫助企業瞭解用戶，鎖定資源，規劃生產，做好營運，提供服務。同時，也可以為投資者提供有價值的投資信息，幫助投資者進行價值分析。目前，數據公司主要涉及金融服務、零售、醫療衛生、執法、電信、能源與公共事業、數字媒體、交通運輸等行業（見表3-4）。

表 3-4　　　　　　　截至 2015 年底有關大數據的大事記

時間	大事記
2005 年	Hadoop 項目誕生，它是雅虎公司用來解決網頁搜索問題的一個項目，由多個軟件產品組成的一個生態系統，實現全面功能和靈活的大數據分析
2008 年 12 月	「大數據」得到部分美國知名計算機科學研究人員的認可，業界組織計算社區聯盟發表了一份有影響力的白皮書《大數據計算：在商務、科學和社會領域創建革命性突破》
2009 年	印度政府建立了用於身分識別管理的生物識別數據庫，聯合國全球脈衝項目已研究了如何利用手機和社交網站的數據源來分析預測從螺旋價格到疾病暴發之類的問題
2009 年	美國政府通過啓動 Data.gov 網站的方式進一步開放了數據的大門，這個網站向公眾提供各種各樣的政府數據

3 互聯網業務金融化

表3-4(續)

2010年2月	肯尼斯、庫克爾在《經濟學人》上發表了長達14頁的大數據專題報告《數據，無所不在的數據》
2011年2月	IBM的沃森超級計算機每秒可掃描並分析4TB的數據量，並在美國著名智力競賽電視節目《危險邊緣》「Jeopardy」上擊敗兩名人類選手而奪冠。后來紐約時報稱這一刻為一個「大數據計算的勝利」
2011年12月	工信部發布的物聯網十二五規劃上，把信息處理技術作為4項關鍵技術創新工程之一被提出來，其中包括了海量數據存儲、數據挖掘、圖像視頻智能分析，這都是大數據的重要組成部分
2012年4月	Google推出的一項企業級大數據分析的雲服務BigQuery，用來在雲端處理大數據
2012年7月	聯合國在紐約發布了一份關於大數據政務的白皮書《大數據促發展：挑戰與機遇》，總結了各國政府如何利用大數據更好地服務和保護人民
2013年6月	美國零售巨頭沃爾瑪成功收購數據分析初創公司Inkiru，以幫助建立起電子商務能力並與亞馬遜的在線業務相競爭
2013年9月	騰訊雲開放戰略發布會在北京舉行，正式宣布全面開放。據悉，騰訊雲定位於服務互聯網應用開發者的公有雲平臺，覆蓋了計算雲、數據雲、個人雲三個層面
2014年4月	世界經濟論壇以「大數據的回報與風險」為主題發布了《全球信息技術報告（第13版）》
2014年5月	美國白宮發布了2014年全球大數據白皮書的研究報告《大數據：抓住機遇、守護價值》

目前，可將國內做大數據的公司分成兩類：一類是現已有獲取大數據能力的公司，如百度、騰訊、阿里巴巴等互聯網巨頭以及華為、浪潮、中興等國內領軍企業，涵蓋了數據採集、數據存儲、數據分析、數據可視化以及數據安全等領域；另一類則是初創的大數據公司，這類公司依賴於大數據工具，針對市場需求，根據數據處理的結果為市場帶來創新方案並推動技術發展。到目前為止，大多數的大數據應用還是需要第三方公司提供服務。

大數據從數據採集、存儲、處理、分析挖掘、展現各個環節在不同行業都有的相關應用，具體來說，將大數據創業公司分為數據資源、數據技術、行業應用三個方向（如表3-5、圖3-7所示）。2015年，在國內融資的大數據創業公司約有51家，總融資金額超過50億元人民幣。

表 3-5　　　　　　　　　大數據創業公司應用方向[①]

方向		公司名
行業應用	廣告推薦（12）	秒針系統、百分點等
	徵信（8）	百融金服等
	金融（2）	數聯銘品等
	交通（2）	海視智能等
	旅遊（1）	妙計旅行
	影視（2）	藝恩、藝漫
	醫療（1）	其明信息
數據技術	分析（10）	永洪科技等
	存儲管理（7）	華雲數據、數夢工場等
	採集（1）	八爪魚
數據資源	交易（5）	九次方、數據堂等

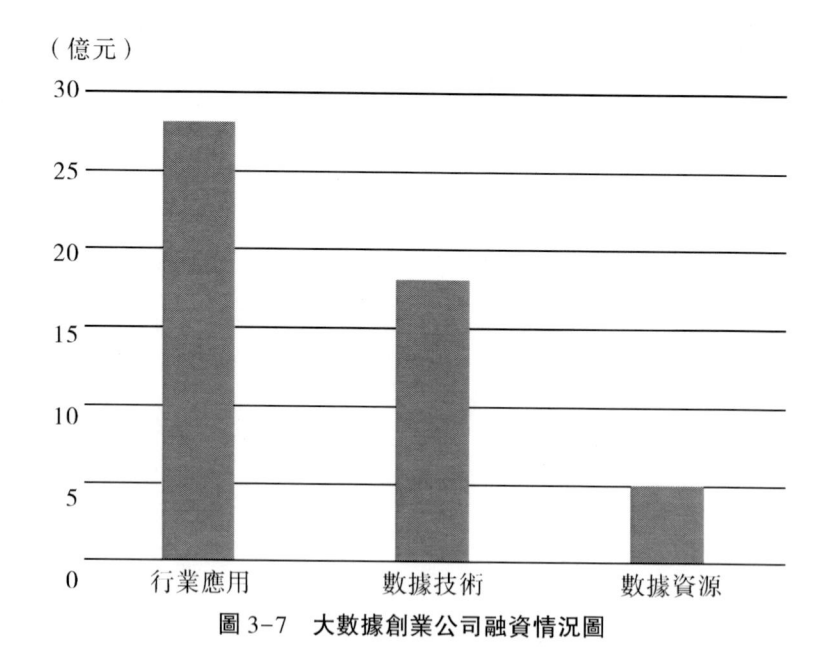

圖 3-7　大數據創業公司融資情況圖

[①] 數據來源：中商情報網。

從 2015 年的融資情況來看，中國的大數據創業企業發展程度很不平衡。雖然已經有成熟的大數據產業鏈，但在硬技術方面比較欠缺。由圖 3-7 可知，針對大數據行業應用的創業公司佔據較大市場，其中提供營銷和金融風控數據服務的創業公司最多。

隨著技術和理念的發展，「大數據」在中國逐漸普及開來，行業應用日益增多。企業通過引進大數據改善經營管理，提升與此相支撐的數據採集、可視化等硬件技術，增強企業競爭力，擴大市場規模。除了營銷、金融等原本就需要數據驅動的行業外，大數據還可應用在健康醫療、交通、氣象、公共服務治理等方面。

3.4.1.2 發展趨勢

大數據的出現，帶來了新一波的創新浪潮。一方面，相對於前些年很多公司號稱自己是大數據公司，但實則僅僅是查詢搜索或是還在利用人工搜集數據而已，目前很多創業公司已經有了很好的行業知識、技術架構、數據採集能力和算法分析能力，這就給未來行業的深入發展打下良好的基礎。同時，大數據的相關培訓，為大數據人才的培養創造了良好的條件。《2015 年中國大數據交易白皮書》預計，2015 年大數據市場規模將達到 421 億美元，大數據公司風頭正勁。但大數據在中國出現的時間才不過幾年，從技術到分析水平都還在起步階段，在技術基礎設施領域，中國創業公司的創新明顯欠缺，同時也存在部分企業並沒有相關的技術實力，卻「搭便車」借助政府政策的扶持謀求發展，給行業帶來了一定的泡沫概念。

3.4.1.3 大數據的發展

大數據的出現，開啓了一次重大的時代轉型。過去，在 IT 領域，技術是發展的核心力量，如今隨著大數據技術的發展，數據的價值凸顯，信息的重要性日益提高，今后將是數據推動技術的進步。大數據不僅改變了社會經濟生活，也影響了每個人的生活和思維方式。

大數據發展的主要方向如下：

（1）規模更大、種類更多、結構更複雜的數據

雖然目前以 Hadoop 為代表的技術取得了巨大的成功，但是隨著大數據的迅猛發展，各類相關技術也會隨之更新換代，就如同 Hadoop，它的理論基礎早在 2006 年就已誕生。為了能更好地應對未來規模更大、種類更多、結構更複雜的數據，很多研究者已經開始關注此問題，其中最為著名的當屬谷歌的全球級的分佈式數據庫 Spanner，以及可容錯可擴展的分佈式關係型數據庫 F1。未來，大數據的存儲技術將建立在分佈式數據庫的基礎

上，支持類似於關係型數據庫的事務機制，可以通過類 SQL 語法高效地操作數據。

（2）數據的資源化

大數據蘊含了無數資源，也就有了很大的商業價值。從大數據的價值鏈分析，其價值來自數據本身、技術和思維，而核心就是數據資源，離開了數據，技術和思維是無法創造價值的。不同數據集的重組和整合，可以創造出更多的價值，可以將數據使用權進行出租和轉讓，以獲得巨大的利潤。

（3）大數據可視化

在許多人機交互場景中，都遵循所見即所得的原則，例如文本和圖像編輯器等。在大數據應用中，混雜的數據本身是難以直接輔助決策的，只有將分析處理后的結果以友好具體的形式展現，才會被用戶接受並加以利用。報表、直方圖、餅狀圖、迴歸曲線等經常被用於表現數據分析的結果，以后肯定會出現更多的新穎的表現形式，例如微軟的「人立方」社交搜索引擎使用關係圖用來表現人際關係。

（4）面向數據

程序是數據結構和算法，而數據結構就是用於存儲數據的。在程序設計的發展歷程中，也可以看出數據的地位越來越重要。在邏輯比數據複雜的小規模數據時代，程序設計以面向過程為主；隨著業務數據的複雜化，催生了面向對象的設計方法。如今，業務數據的複雜度已經遠遠超過業務邏輯，程序也逐漸從算法密集型轉向數據密集型。可以預見，一定會出現面向數據的程序設計方法，如同面向對象一樣，在軟件工程、體系結構、模式設計等方面對 IT 技術的發展產生深遠的影響。

3.4.2 混業經營

3.4.2.1 概述

本書所提到的混業經營是指互聯網企業利用互聯網技術和信息通信技術涉足金融業務，實現資金融通、支付、投資和信息仲介服務的新型業務模式。其發展模式主要有眾籌、P2P 網貸、第三方支付等。國外的混業經營較為成熟，而國內還處於發展階段，相關法律法規相對缺乏，在未來一段時間內仍將處於探索階段。

表 3-6　　　　　　　　　截至 2015 年底混業經營的大事記

時間	大事記
2005 年 1 月 26 日	在瑞士達沃斯世界經濟論壇上馬雲首先提出第三方支付平臺，2005 年被稱為「支付元年」
2007 年 6 月	上海拍拍貸金融信息服務有限公司成立，揭開中國 P2P 網路借貸發展的新篇章
2009 年 9 月	阿里雲計算公司成立，4 個月後基於雲計算的貸款產品開始上線
2013 年 6 月 13 日	余額寶上線，截至 2013 年年底，余額寶的客戶數高達 4,303 萬人，規模為 1,853 億元，2013 年被稱為「互聯網金融元年」
2014 年 4 月 21 日	銀監會首次提出對 P2P「四條紅線」的底線監管思路，有利於規範 P2P 行業的發展
2014 年 10 月	四川鉑利亞、浙江傳奇投資等 20 餘家 P2P 平臺，紛紛陷入關停甚至「跑路」的危機，被稱為「黑色 10 月」；2014 年被稱為「P2P 的監管年」，P2P 行業規模增長超過 100%，從 2013 年的近 1,000 億元，快速增長到 2,000 多億元
2015 年	截至 2015 年 10 月份共有 186 家股權眾籌平臺上線，2015 年被稱為「股權眾籌元年」

互聯網公司在選擇開展金融業務時，可以選擇三種業務方向。一是靠金融業務本身獲得直接收益；二是通過提供金融服務增強原業務體系的收益能力；三是更看重金融業務在未來的生態體系中的價值。互聯網公司較少從事 P2P、股權眾籌等熱門業務，更多的是利用現有入口資源、數據資源與金融業務結合產生收益。體現在渠道類產品覆蓋廣泛，消費貸款、供應鏈貸款興起，大公司做徵信和支付的意願強烈。

3.4.2.2　阿里巴巴集團的混業經營

阿里巴巴集團成立於 1999 年，創建至今已經成長為一家在電子商務、物流、金融、文化傳媒、社交娛樂、O2O、旅遊、移動互聯網等領域領先同業的多元化的企業。近年來在互聯網金融領域積極開拓，其對電子商務發展趨勢的獨特洞察力，使得支付寶在第三方支付平臺領域遙遙領先；為了解決中小微企業貸款難的困境，聯合其他企業成立阿里巴巴小額貸款公司，為中小型企業提供便捷的線上貸款服務；為了推動普惠金融在中國的發展，通過渠道創新推出余額寶，這種余額增值的服務為大眾理財開拓了新的渠道。通過不斷的整合、創新，阿里巴巴走在互聯網金融發展的前

宏微觀視角下的互聯網金融模式創新與監管

沿，為中國互聯網金融的發展起到了重要推動作用。馬雲領導的阿里巴巴集團構架如圖 3-8 所示：

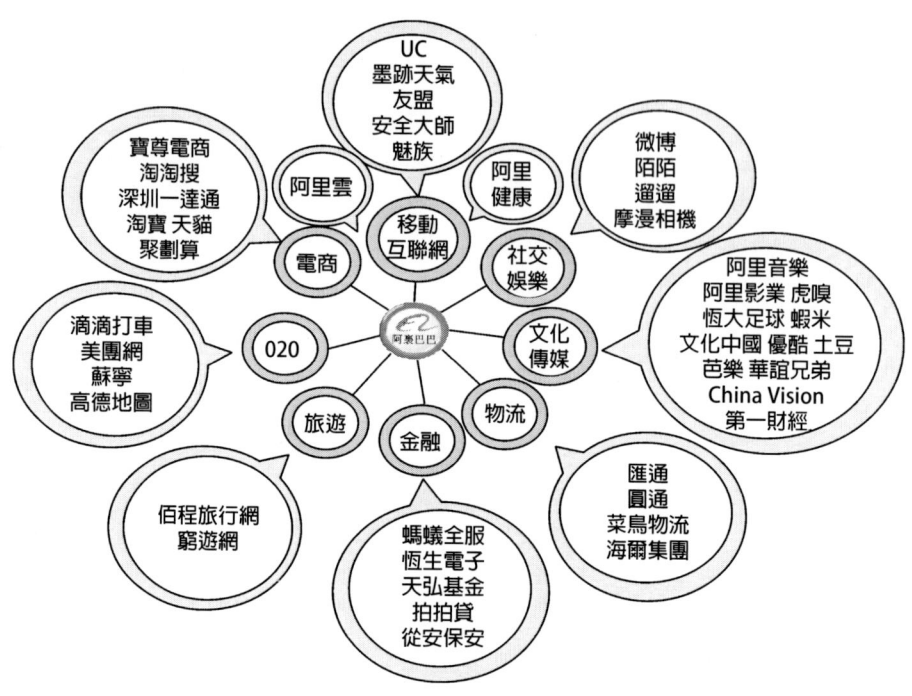

圖 3-8　阿里巴巴集團架構圖

4　基於互聯網的銀行業務

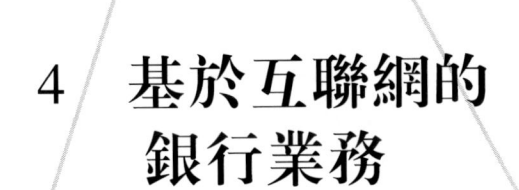

4.1 互聯網銀行

網路信息技術的提升,推動了互聯網金融的進一步發展,一方面迫使傳統銀行開始積極探索新的網路營運模式,同時互聯網企業也開始涉足銀行業。由此,在利率市場化的不斷推動下,基於傳統銀行建立的網上銀行業務,與擁有互聯網企業背景的「互聯網銀行(On line-only Bank)」相繼誕生。據波士頓諮詢預計,按照2017年中國總人口達到13.5億人計算,網民數量將達到7.9億人,滲透率為58%,網銀用戶將達到5.8億人,滲透率為43%。由此可見,傳統銀行的網上銀行業務和互聯網企業背景下的網路銀行未來將面對一個巨大的市場,擁有良好的發展前景。本章筆者將側重研究擁有互聯網企業背景下的互聯網銀行。

4.1.1 境外互聯網銀行的發展

4.1.1.1 美國互聯網銀行的發展模式

縱觀美國互聯網銀行的發展,存在兩種不同的理念,相應形成了兩種發展模式。一種是以印第安納州第一網路銀行(First Internet Bank of Indiana, FIBI)為代表的全方位發展模式;另一種是以康普銀行(CompuBank)、ING direct USA、美國互聯網銀行(Bank of Internet USA, BOFI)為代表的特色化發展模式。

(1) 全方位發展模式

該模式下的互聯網銀行提供傳統銀行所提供的一切金融服務,此外,還致力於開發新的電子金融服務,以滿足客戶的多樣化需要,從而吸引更多個人客戶和中小企業,以期完成對傳統銀行的完全替代。

(2) 特色化發展模式

相比於全面發展模式,該模式下的互聯網銀行僅提供傳統銀行所能提供的部分服務,具有相對局限性。例如,因為缺乏分支機構,他們無法為小企業提供現金管理服務,也不能為客戶提供安全保管箱等。

4.1.1.2 美國互聯網銀行的興衰

1995年10月,全球首家以互聯網銀行冠名的金融組織「安全第一網路銀行」(SFNB)在美國成立,該銀行是一家全能型銀行,且沒有設立任何物理網點,它標誌著一種新的銀行模式的誕生,從此互聯網銀行的數目和發展範圍就像雨後春筍般飛速增長。但經過多年的發展,傳統銀行實施

了「網上網下業務兼營」戰略，生意依然不錯，而不少互聯網銀行卻面臨著衰退的危險，出現了利潤下滑、虧損，甚至被兼併重組。如 SFNB 在 1998 年就出現了停滯的跡象，並在同年被加拿大規模最大的皇家銀行以 2,000 萬美元收購。對美國互聯網銀行進行研究後發現，採用全方位發展模式的互聯網銀行已所剩無幾，目前僅存的知名網上銀行只有「第一網路銀行」。而特色化發展模式的互聯網銀行在傳統銀行的夾縫中占據了一席之地，發展較好的有 ING direct USA 的直銷銀行、BOFI 銀行等。根據美國互聯網銀行的發展現狀，筆者對兩種發展模式的網路銀行進行對比分析，結果如表 4-1 所示：

表 4-1　　　　　　美國互聯網銀行發展模式對比

美國互聯網銀行發展模式	全方位發展模式（以美國 SFNB 為例）	特色化發展模式（以 ING Direct USA 為例）
目標客戶群（who）	所有人群	劃分目標客戶群，精準的客戶定位
產品服務類型（what）	大量的差異化金融服務	細分領域簡單、有限的金融服務
服務提供方式（how）	缺乏專業金融服務、技能	培訓金融顧問、作為第三方提供存款保障

4.1.2　境內互聯網銀行的發展

4.1.2.1　概述

2014 年初，中央提出「發展普惠金融，鼓勵金融創新，豐富金融市場層次和產品」的理念，提倡以小微、民營經濟撬動改革大局，密集出抬金融政策為民營銀行「開局破冰」。同年 3 月，國務院批准 5 家民營銀行試點方案。2015 年 5 月 27 日，浙江網商銀行各項準備工作就緒，並獲得浙江銀監局正式批覆開業，標誌著中國首批試點的 5 家民營銀行全部拿到「通行證」。建立民營銀行主要是為了打破中國商業銀行業單元國有壟斷，實現金融機構多元化，促進金融市場的公平競爭，促進國有金融企業的改革。而其中備受關注的則是由騰訊、阿里分別作為大股東的深圳前海微眾銀行和浙江網商銀行（如表 4-2 所示）。與另外 3 家民營銀行不同的是，微眾銀行和網商銀行將是不設立網點的純互聯網銀行。在互聯網企業紛紛加入互聯網金融之際，2015 年 11 月 18 日，百度與中信集團達成戰略合

作，將共同發起設立中國首家獨立法人直銷銀行——百信銀行。

表 4-2　　　　　　　微眾銀行和網商銀行的對比

互聯網銀行	微眾銀行（Webank）	網商銀行（MYbank）
目標客戶	個人消費者和小微企業客戶	草根消費者和小微企業
業務模式	個存小貸	小存小貸
經營業務	信用卡業務、小額消費信貸業務，以及嵌入騰訊客戶線上行為的金融服務	主要為電子商務中的小微企業和個人消費者提供 20 萬元以下的個人存款產品和 100 萬元以下的貸款產品
大數據徵信	主要為社交數據	主要為交易數據
平臺背景	微信、財付通、QQ、騰訊徵信公司	支付寶、阿里小貸、芝麻信用、淘寶及天貓
合作夥伴	華夏銀行、東亞銀行（中國）	暫無

4.1.2.2　互聯網銀行的經營模式

以浙江網商銀行為例，說明互聯網銀行的經營模式。網商銀行從股權結構看，完全屬於由民間資本發起設立的民營銀行，註冊資本 40 億元，持股 30% 並擁有控制權的第一大股東為浙江螞蟻小微金融服務集團有限公司，因此網商銀行將納入阿里巴巴的金融體系，充分獲取阿里巴巴商業生態系統的電子商務平臺、用戶、數據和技術等資源，其經營模式將圍繞線上運作、挖掘大數據、定位小微企業和個人用戶進行佈局。

（1）完全網路化營運

網商銀行實行完全網路化營運，不設立實體分支機構，業務往來完全依託互聯網渠道展開，業務處理主要通過銀行計算機系統自動完成，並將大數據等現代信息技術用於業務創新。延續阿里巴巴組織結構扁平化的特點，減少不必要的組織層級，信息直達服務前臺，使后臺工作人員和服務系統通過互聯網直接連接客戶終端，服務更貼近客戶。

相比傳統實體銀行，網商銀行具有如下特徵：①業務覆蓋面廣，服務可覆蓋現有的主流互聯網終端 PC 端、移動端，未來甚至可借助物聯網延伸至線下物理世界，沒有物理網點營業時間、空間和地域的限制。②業務可塑性強，網路化業務流程和產品設計極為靈活，可大量嵌入新型現代信息技術，能依據客戶需求彈性調整以提供針對性金融產品和服務。③流程高效便捷，通過互聯網縮短與客戶的距離，去除繁瑣手續，業務處理自動

化程度高、系統回應迅速。④營運成本低，不依賴大型固定資產和大量人工操作，降低固定資產購置、維護和人員薪酬支出，可轉化為產品和服務的價格優惠，形成成本領先優勢。

（2）注重大數據應用

網商銀行對接阿里巴巴電子商務平臺，充分挖掘平臺內小微企業和個人用戶累積的大數據資源。平臺內用戶因頻繁的電子商務活動沉澱的海量大數據來源於平臺交易記錄、物流公司信息反饋等即時性的數據源，與「四流合一」的商品流、物流、資金流和信息流聯動。對動態大數據深入挖掘能多維度揭示數據所關聯的即時性的有效信息，精確反應用戶各對應層面的特徵，據以判斷其現狀及未來趨勢，可降低信息的搜集成本，消除信息的不對稱和不完全性，提高信息使用效率和資源配置效率。相比傳統銀行僅掌握靜態的徵信記錄、孤立的現金流水帳等有限信息而難以真正挖掘大數據，對大數據挖掘的應用成為網商銀行的核心競爭力。

網商銀行以大數據技術為依託，對阿里平臺、物流企業等第三方機構的數據進行獲取、集成、分析、解釋，將大數據挖掘應用於三方面：①精準營銷，準確識別客戶收入、偏好、需求等特徵，據以對客戶細分，以恰當方式營銷有針對性的產品和服務，實現金融資源供需有效匹配；②產品和服務創新，判斷、預測客戶需求和行業趨勢，相應地創新產品和服務並合理定價；③貸款風險管理，用於貸前調查的信息採集、貸中審核的信用評級、貸後監督的即時監控，通過銷售記錄、客戶評價、繳費清單等數據判斷用戶信用狀況，通過訂單物流信息、現金流水帳等動態數據追蹤其償債能力和履約意願，合理授信、量化風險、風險預警，提高風險控制能力，降低貸款業務的信用風險。

（3）深入開發長尾市場

依據長尾理論，深入挖掘需求曲線長尾部分的市場能獲得不亞於需求曲線前部主流市場的效益，即向傳統金融所忽視的數量龐大的小微企業和普通個人提供有針對性的金融服務能產生巨大的總體收益，顛覆「二八定律」，是普惠金融的有效實踐。據阿里巴巴集團數據，B2B 平臺阿里中國站企業會員達 800 萬家，B2C 平臺天貓店鋪 13 萬家，C2C 平臺淘寶商戶 900 萬家，阿里巴巴電子商務平臺是潛力巨大的長尾市場，可提供基礎性客戶和數據資源。

網商銀行定位為零售銀行，目標客戶為阿里平臺的小微企業和個人消費者，向其提供 20 萬元以下的存款產品和 500 萬元以下的貸款服務，即小

存小貸，避開傳統商業銀行壟斷的批發銀行業務，挖掘長尾市場。一方面通過大數據應用分析平臺內小微企業和個人需求，吸納潛在客戶，延展需求長尾；另一方面依據小微企業和個人的差異化需求，提供針對性金融服務，增加用戶黏性，將重點解決長尾市場的資金需求問題，提供小微企業信貸業務、消費者金融服務，如小微企業短期小額信用貸款、供應鏈金融和消費者信用支付、分期網購等服務。

4.1.2.3 互聯網銀行面臨的業務層面問題

互聯網銀行儘管基於互聯網金融對銀行商業模式進行顛覆性的創新，突破性地採用完全網路化營運、大數據應用、深入開發長尾市場的經營模式，但要在現階段的市場條件下順利投入營運，並在實際營運中發揮其功能，還需要突破諸多業務層次的障礙：

（1）遠程開戶問題

互聯網銀行沒有物理營業網點，客戶無法像傳統銀行一樣以面簽的方式完成實名認證實現銀行電子帳戶開設。若按照直銷銀行的遠程開戶方式，即客戶自助填寫註冊信息並提供由傳統銀行簽發的實體銀行卡，通過信息核查后將實體銀行卡與虛擬銀行帳戶綁定，最後結合帳戶小額劃款驗證等交叉驗證方式完成間接實名認證，實現虛擬帳戶的開設，互聯網銀行僅能從傳統銀行存量用戶中吸納客戶，必然受其牽制。若委託合作銀行，通過其物理櫃臺完成開戶，該方式可靠却違背完全網路化營運追求服務高效、便捷的初衷，並且合作銀行能率先識別客戶進而搶奪客戶資源。

（2）吸收公眾存款問題

由於擁有互聯網企業背景的互聯網銀行屬於 II 類戶（II 類戶可以通過電子方式辦理資金劃轉、購買投資理財產品、辦理限定金額的消費和繳費支付等，不能存取現金，不能向非綁定帳戶轉帳），導致其無法獲得持續性、低成本資金來源，制約貸款規模，無法滿足未來開發長尾市場的資金需求。且電子銀行和互聯網貨幣基金對其替代程度高，電子銀行的業務體系較為全面，涵蓋大部分銀行業務，可在線銷售各類存款和理財產品，且電子帳戶大多與實體銀行帳戶綁定，因此在銀行存量用戶中覆蓋面廣，由於用戶黏性的存在，互聯網銀行難以吸引電子銀行用戶的存款向其轉移。而互聯網貨幣基金的認購門檻低，採用 T+0 贖回機制，收益率高於同期活期存款利率，對利率敏感的客戶更具吸引力。互聯網銀行在存款利率管制尚未完全放開的情況下，無法發揮存款的價格競爭機制，面臨存款流失風險。

（3）存款準備金繳納問題

《中華人民共和國商業銀行法》第三十二條規定，商業銀行應當按照中國人民銀行的規定，向中國人民銀行繳存存款準備金，留足備付金。互聯網銀行依據《中華人民共和國商業銀行法》的規定需要繳納存款準備金，但因其為「純網路無實體」模式，無網點和金庫，其存款需存放在其他商業銀行裡，繳納存款準備金依然要依靠其他合作銀行去完成。其存款準備金的繳納標準、繳納方式、各家合作銀行是否收費、如何避免重複繳納存款準備金等問題都亟待解決。

（4）如何保障系統安全

互聯網銀行的計算機應用系統由應用服務器、數據庫服務器、網站服務器和客戶端組成。由於業務完全基於網路渠道，業務處理大多依靠系統自動完成，交易記錄、客戶信息等數據電子化儲存，相比傳統銀行更倚重系統安全，但與各類外部系統對接，網站服務器作為公共站點，使整個系統對互聯網敞開，面臨比傳統銀行更嚴重的系統安全風險。系統安全風險來自計算機系統故障、黑客入侵系統、計算機病毒破壞三個方面，遇風險可能導致系統無法運轉、客戶資金被盜、存儲數據丟失等問題，造成經濟損失並影響聲譽。另外，「雙十一」等購物活動中密集的網購交易產生大量支付結算業務亦將給銀行系統運作造成巨大壓力。

4.1.3　發展趨勢

4.1.3.1　對策建議

（1）拓展多層次開戶體系，降低開戶門檻

①借鑑現有開戶方式。第一，開設客戶自助開戶程序。由客戶自助填寫註冊信息，上傳身分證掃描件或其他有效證件，通過與全國公民身分信息系統聯網比對、手機短信確認等交叉驗證方式實現遠程開戶。第二，利用互聯網金融的現有用戶和數據資源。例如，阿里巴巴旗下的支付寶實名用戶達3億，記錄著用戶各類真實信息，可有效驗證客戶身分的真實性。依託大數據技術重點挖掘該類用戶，開戶時將有效信息映射至網商銀行開戶系統，可減免填寫信息、客戶自證等開戶手續，將阿里巴巴的用戶流量轉為網商銀行的現實客戶。

②借助物聯網遠程開戶。物聯網將互聯網延伸至物理世界，運用物聯網感知層技術驗證開戶人身分信息可替代傳統的實地面簽。例如以人臉識別技術獲取人臉生物特徵，再比對全國公民身分信息系統中的身分信息能

81

準確識別個人身分，並結合其他交叉驗證方式，保證用戶良好的使用體驗。2015年1月4日前海微眾銀行首筆貸款業務即在人臉識別技術幫助下完成，同年3月馬雲在德國漢諾威消費電子展中展示使用基於人臉識別技術的Smile to Pay支付認證技術完成網購支付，充分說明了該技術運用的可行性。

（2）創新存款業務，吸引存款流入

第一，服務價格優惠。將降低的營運成本以減免轉帳手續費、帳戶管理費的方式回饋客戶，降低客戶交易成本。第二，提供增值服務。如網商銀行可依據存款額度等指標增加貸款授信額度，或聯合阿里平臺向用戶發放購物紅包，增加用戶效用和用戶黏性。第三，推廣移動支付。開發手機應用程序，支持二維碼支付（二維碼反掃）、指紋支付等移動支付方式用於線下實體商店消費。第四，創新存款產品。開發特色存款增值產品，兼顧高收益和流動性，同時滿足閒散資金理財和便捷消費需求。

（3）自建P2P網貸平臺，彌補存貸款業務缺口

互聯網銀行在目前難以通過吸收公眾存款以支撐貸款業務的情形下，筆者認為可主動擺脫對存貸利差盈利模式的依賴，自建直接融資渠道P2P網貸平臺，獲取仲介費用作為新的利潤增長點，充分利用自身數據、客戶資源和技術的累積，實現多元化經營的範圍經濟。互聯網銀行的P2P網貸平臺應由其子公司或內部機構經營管理，面向不滿足於傳統存款理財、追逐更高收益、能承擔相應風險的投資者和長尾市場中存在融資需求的小微企業，由各方自行發布交易信息並自主成交，互聯網銀行僅作為交易撮合平臺，基於大數據進行資質審核、風險控制和提供相應信息服務、不提供擔保賠付，不承擔借貸業務的風險。

（4）建立完善的存款保險制度

2014年11月30日，中國人民銀行發布《存款保險條例（徵求意見稿）》。以美國的網路銀行為例，其全部加入聯邦保險存款制度。隨著微眾銀行等民營銀行進入銀行業市場，競爭將更加激烈。存款保險制度的建立有利於保護存款人利益和金融穩定。對於互聯網銀行而言，存款保險也有助於獲得客戶信任，促進其穩定、持續、健康發展。

（5）以雲計算構建銀行系統，增強系統安全

雲計算以虛擬化技術為核心，依託計算服務、儲存服務、寬帶資源的大型服務器集群，通過網路向用戶提供靈活的軟、硬件資源和計算服務。將雲計算運用於互聯網銀行系統的構建可以增強系統彈性，靈活增減IT資

源，避免系統安全風險，從而降低設施購置、維護的成本。互聯網銀行部署雲計算的可行方式是將雲計算外包給雲計算供應商，以獲取專業化的雲服務，避免自建雲計算系統的高額成本，例如網商銀行的金融雲系統即由阿里巴巴的雲計算服務商阿里雲提供技術支持。

4.1.3.2 未來發展

（1）發揮成本優勢，共享收益

互聯網銀行不設立物理性網點的特點，能夠節省傳統銀行所需的大規模員工的工資和客戶信息搜尋成本。同時小微客戶小額、短期、高頻的理財和融資需求特點與互聯網銀行的金融電子化相適應，能夠解決傳統銀行處理此類業務交易和信息成本過高的問題。在未來發展中，這些低成本優勢又可以支持互聯網銀行將節省的費用一部分轉化為高額利潤與股東共享，一部分轉化為較高存款利息低收費、部分服務免費等與客戶共享，有利於進一步擴大客戶市場。

（2）累積信用信息數據，加速資源配置效率

基於互聯網提供金融服務的互聯網銀行，能夠在任何時間、任何地點以任何方式來為客戶提供方便、快捷、高效和可靠的全方位即時金融服務，滿足了用戶的個性化需求且節約了用戶的交易時間，減少中間環節，提高了金融服務的質量和效率，並能夠累積信用信息數據。信息的更加透明使得資金擁有者能夠迅速做出決策，資金需求者也能夠快速地獲得所需資金，同時也節省了資金需求雙方進行借貸的時間和精力，加速了資源的配置效率。

（3）客戶黏性不斷增強，擴大客戶市場

隨著中國互聯網的不斷普及和電子商務的快速發展，網路平臺累積了龐大的數據資料，隨著這些平臺的發展和新平臺的搭建，客戶規模將不斷擴大，客戶黏性會不斷加強。據瞭解，騰訊擁有 8 億活躍的 QQ 用戶及 4 億活躍的微信用戶，阿里擁有 3 億支付寶實名認證用戶以及上億淘寶用戶，還擁有阿里小貸、芝麻信用等平臺，兩者都累積了大量的客戶信息，包括社交、游戲、交易等數據，可憑藉數據分析，對客戶進行授信及客戶細分等活動。在阿里得到銀行牌照之前，其業務其實已經滲透到了銀行傳統的「存、貸、匯」業務。獲得銀行牌照後，則意味著阿里的「存」「貸」業務將徹底打通，這些都為其累積了豐富的經驗和龐大的客戶基礎，有利於互聯網銀行的發展。

互聯網銀行的發展具有雙面性，既有其投資少、維持費用低、跨越時

空局限性、業務功能強大性、信息傳遞瞬時性等優勢的一面，又有其安全性較低、進入壁壘較低、風險的擴散性等劣勢的一面。在經濟全球化的時代，各國之間的經濟聯繫越來越緊密，中國金融業的改革是全球矚目的大事。隨著經濟全球化和信息時代的到來，傳統的銀行發展模式已經發生了不可逆轉的變化。從傳統銀行到互聯網銀行，銀行從實體化向虛擬化發展，這實際上是一個不斷「揚棄」的過程。互聯網金融的發展將不斷推動金融業改革創新，以不斷適應時代的發展需要。可以說互聯網銀行是未來銀行業必不可少的組成部分和發展的必然趨勢。

4.2 個人徵信

隨著消費信貸需求的快速增長，以互聯網為代表的信息技術的高速發展以及數據採集技術的進步等，中國個人徵信發展恰逢其時。2015 年 1 月 5 日，中國人民銀行印發《關於做好個人徵信業務準備工作的通知》，要求包括阿里巴巴集團旗下的芝麻信用以及騰訊公司旗下的騰訊徵信在內的 8 家機構做好個人徵信業務的準備工作，標誌著中國個人徵信業務市場化的閘門正式開啟。芝麻信用和騰訊徵信被選定為首批個人徵信業務試點機構，意味著以阿里巴巴、騰訊為代表的互聯網公司將通過用戶的互聯網行為數據建立起個人徵信體系，並成為中國個人徵信市場的重要組成部分。

4.2.1 境外個人徵信的發展

美國個人徵信在百年整合發展過程中經歷了快速發展期、法律完善期、併購整合期以及成熟拓展期四大發展階段，已經形成了較為完整的徵信體系。美國的信用體系主要由三部分組成：一是比較完善、有效的信用管理體系，二是市場化運作的信用服務行業，三是涉及經濟與社會各個層面的龐大信用產品用戶。在美國，個人信用體系已經超出商業活動的範疇，成為一種保障經濟運行的重要社會制度。從某種程度上講，信用實質上已經成為一種商品，美國的個人徵信機構都是從營利目的出發，向社會提供有償服務，完全實行市場化運作。作為最具代表性的運作模式，美國個人徵信在金融危機背景下爆發出強勁的發展活力，其市場化運作模式、數據標準化機制以及監管機制對中國發展個人徵信具有很強的借鑑意義。

4.2.1.1 美國個人徵信市場化運作的特點

(1) 徵信業行業集中度高,寡頭壟斷特徵明顯

美國個人徵信行業誕生於19世紀初期,伴隨著信息技術的發展,信息共享程度提高,消費信貸持續增長,個人徵信市場得到長足發展,並建立了市場化運作模式。20世紀60年代末,美國徵信公司達2,200家,區域性特徵明顯。在信息技術驅動、銀行卡聯盟發展、全國性銀行出現等外力推動下,個人徵信市場經歷併購潮,小規模、區域性徵信公司被淘汰,形成當前以益百利(Experian)、艾可飛(Equifax)、環聯(TransUnion)三家行業巨頭,其餘250餘家與他們有緊密合作關係的整體格局。在全面、完善的徵信法律體系指導下,美國徵信市場綜合監管日趨規範,個人徵信市場已進入成熟期,基於反壟斷法,徵信行業三巨頭格局長期穩定。

(2) 市場化模式下鼓勵自由競爭,政府側重監管

市場化的徵信模式能夠最大限度發揮市場主體的能動性,有利於徵信機構根據市場個性化需求實現徵信服務對象多元化、創新產品多樣性,同時刺激消費信貸增加,提高經濟運行效率。政府在該模式中側重監管,通過立法規範徵信信息採集、整理、存儲及加工流通整個流程,利用完備的徵信法律體系為徵信市場發展保駕護航。

(3) 徵信公司進行商業運作,需求主體具有多元性

美國徵信公司以營利為目的,業務流程分數據收集、數據處理、產品銷售三個環節。以美國最大徵信公司益百利為例,公司將徵信報告作為商品進行整體營銷運作(如圖4-1所示)。其需求主體由消費信貸高速發展催生,並呈現多元化特徵——個人消費者、銀行、抵押貸款公司等傳統金融客戶收入占比已不足50%,而醫療保健機構、電信商、零售商等新興客戶群體對徵信需求日趨增加,互聯網金融迅速崛起使P2P行業徵信需求猛增,並成為新的利潤增長點。

4.2.1.2 美國個人徵信數據的標準化機制

(1) 規範化數據採集,格式標準化

為規範市場中徵信主體數據標準,促進信息共享機制,美國信用局協會(ACR)制定了專門用於個人徵信機構的統一標準數據採集與報告格式Metro2。為避免信息資源浪費,確保原始數據具有真實性與一致性,Metro2設定了標準字段和字長,任何行業和單位必須使用統一、標準和開放的計算機數據輸入標準格式提供信息。鑒於個人隱私保護,美國法律對數據採集過程中的數據範疇進行了明確規定,如個人政治傾向、種族信

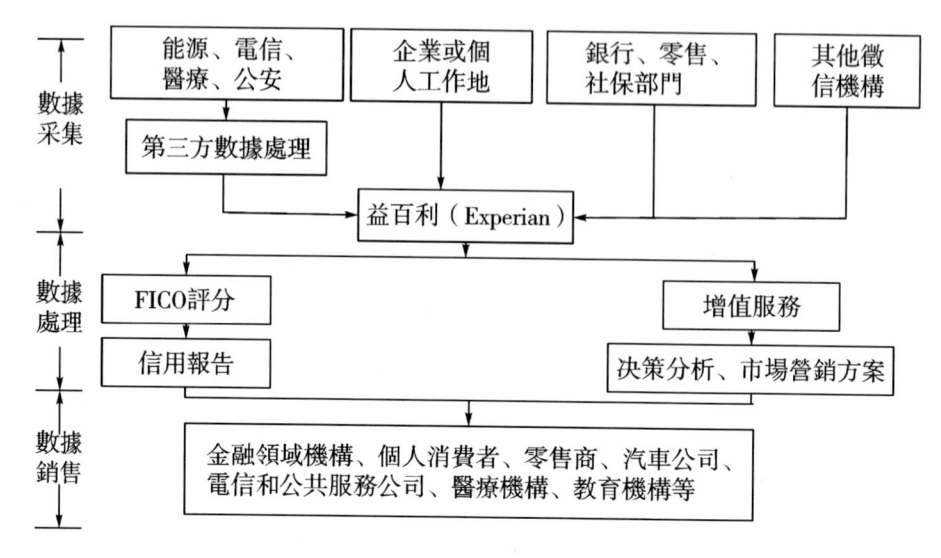

```
                    ┌─────────┐  ┌─────────┐  ┌─────────┐  ┌─────────┐
          數據       │能源、電信│  │企業或個 │  │銀行、零售│  │其他徵   │
          采集       │醫療、公安│  │人工作地 │  │社保部門 │  │信機構   │
                    └────┬────┘  └────┬────┘  └────┬────┘  └────┬────┘
                    ┌────┴─────┐      │            │            │
                    │第三方數據│      │            │            │
                    │處理      │      │            │            │
                    └────┬─────┘      │            │            │
                         └──────┐     │    ┌───────┘            │
                                ▼     ▼    ▼                    │
                              ┌──────────────────┐              │
                              │ 益百利（Experian）│◄─────────────┘
                              └─────────┬────────┘
          數據              ┌───────────┴───────────┐
          處理              ▼                       ▼
                    ┌───────────┐           ┌───────────┐
                    │ FICO評分  │           │ 增值服務  │
                    └─────┬─────┘           └─────┬─────┘
                    ┌─────┴─────┐           ┌─────┴────────────┐
                    │ 信用報告  │           │決策分析、市場營銷方案│
                    └─────┬─────┘           └─────┬────────────┘
                          └────────┬──────────────┘
                                   ▼
          數據           ┌────────────────────────────────────┐
          銷售           │ 金融領域機構、個人消費者、零售商、汽車公司、│
                         │ 電信和公共服務公司、醫療機構、教育機構等  │
                         └────────────────────────────────────┘
```

圖 4-1　益百利公司徵信流程圖

註：①數據來源於美國消費者數據產業協會（www.cdiaonline.org）。
②1966 年出現以 VISA、Master Card 為代表的銀行卡聯盟，在全美範圍內為商家、消費者、發卡銀行間交易提供清算服務，使其成員銀行打破地域限制，降低交易成本。

仰、收入情況、保險單信息、證券帳戶信息、儲蓄帳戶信息、醫療記錄、駕駛記錄、犯罪記錄等均禁止出現在數據報送中（見圖 4-1）。

（2）利用 FICO 信用評分法，統一數據處理量化標準

美國徵信機構統一採用 FICO 信用評分法進行數據處理，該方法屬於客觀經濟計量模型量化評分法，確保機構間信用報告的可比性。徵信機構進行數據採集后，把有關某個消費者在各部門、各領域、各地方的分散數據甄別出來，利用 FICO 評分法進行權重設置，明確羅列具體條目，綜合計算得分，得分區間通常在 300~850 分之間。通過大數據測算，FICO 分數與違約率形成關聯，分數低於 600 分，貸款違約比率可達到 1：8，分數在 700~800 分之間，違約比例為 1：123，而大於 800 分，違約比例僅為 1：1,292。FICO 評分法與計算機自動化處理相結合，大幅縮減了審批時間，提高了數據處理效率。

4.2.1.3　美國個人徵信的監管措施

（1）建立跨部門聯合監管體系

一是政府分類監管。美國政府根據其監管範疇進行分類監管，形成整體跨部門的有序監管體系。其中，聯邦儲備體系、聯邦存款保險公司、財

政部貨幣監理局負責監管銀行系統個人徵信業務；聯邦貿易委員會、國家信用聯盟管理辦公室、司法部共同監管非銀行機構個人信用的數據提供、處理與使用。二是行業自律。美國個人徵信行業自律協會較為完善，以消費者數據產業協會為代表的自律協會極大地補充了個人徵信監管功能，成為政府監管的有效輔助。

（2）徵信提供方進行全流程監管

一是准入退出機制靈活。美國徵信市場准入退出均遵循市場化運作機制，主要由個人徵信行業協會提供准入培訓和頒發行業從業執照，並利用行業章程約束徵信機構行為。二是業務流程監管細緻。美國徵信法律體系十分健全，對徵信數據採集、加工處理、市場營銷全流程進行明確規定。例如信息公開方面，1967 年頒布的《格雷姆·里奇·比利雷法》規定一切信用交易條款均需向消費者公開，使其充分瞭解內容和效果，並可與其他信用條款比較；在費用控制方面，1974 年《統一商業準則》對徵信信息提供方向消費者收取的費用或者利息率進行封頂管理。

（3）對數據使用者進行法律約束

在數據使用條件方面，美國個人徵信法律體系重視對當事人知情權的保護，實現保護個人隱私和滿足信用交易對數據儲存和使用需要之間的平衡。《公平信用報告法》要求使用方在獲得信用仲介機構提供的個人徵信報告時，必須確定報告當事人知曉該情況。未經授權的個人信用報告，信用仲介服務機構無權向任何機構或個人提供。此外，即使獲得授權，仲介機構也不能向法律未明確允許的機構或個人提供個人信用信息。在信用報告使用目的方面，《公平信用報告法》以列舉形式規定法律允許的信用報告使用範圍，出於規定目的外的情況均不能予以提供和使用信用報告，否則即使當事人同意也屬違法行為。

4.2.2 境內個人徵信的發展

回顧中國境內徵信業發展歷史：1999 年上海資信成立，開始試點個人徵信業務。而中國個人徵信業的發展始於 2003 年，國務院賦予中國人民銀行「管理信貸徵信業，推動建立社會信用體系」職責，批准設立徵信管理局。此后，在人民銀行的推動下，以商業銀行為主要信用信息報送來源的全國個人信用信息基礎數據庫開始搭建，並於 2006 年正式運行，開展商業銀行和個人信用信息查詢業務。2013 年，《徵信業管理條例》《徵信機構管理辦法》相繼實施，明確中國人民銀行為徵信業監督管理部門，徵信業

步入了有法可依的軌道（見表4-3）。

表4-3　　　　　　　　境內個人徵信業務發展進程

時　間	主要進程
1999年	人民銀行批准上海開展個人徵信試點，上海資信成立
2003年9月	國務院明確賦予人民銀行「管理信貸徵信業」職責，人民銀行設立徵信管理局
2003年10月	黨的十六屆三中全會提出「加快建設企業和個人信用服務體系」
2004年	人民銀行建成全國個人信用信息基礎數據庫
2005年	人民銀行出抬配套制度，規範基礎數據庫的運行和使用
2006年1月	全國個人信用信息數據庫正式運行
2013年3月	《徵信業管理條例》正式實施
2013年11月	黨的十八屆三中全會提出「要建立健全社會徵信體系，褒揚誠信，懲戒失信」
2013年12月	《徵信機構管理辦法》正式實施
2015年1月	人民銀行要求八家個人徵信機構做好準備工作
2015年6月	「信用中國」網站正式上線，全社會統一的信用信息共享平臺將逐步搭建
2015年7月	八家徵信機構完成央行要求開展個人徵信業務的準備工作，牌照發放在即

　　總體而言，中國境內當前個人徵信業務主要由央行主導。全國個人信用信息基礎數據庫是目前覆蓋面最大、使用最廣泛的徵信數據庫。據央行統計，截至2014年10月底，這一數據庫分別為1,963多萬戶企業和其他組織建立了信用檔案，同時收錄了8.5億自然人信用信息，兩個數據信息量都居世界各徵信機構之首。但是，目前央行徵信範圍只是覆蓋了與銀行有業務往來的主流客戶，只有不足4億人擁有信用報告。因此中國央行主導的徵信數據仍存在局限性：一方面，商業銀行的貸款結構正在發生變化，依賴抵押技術控制信用風險的工商業貸款占比將逐步下降，而運用徵信技術控制信用風險的個人信用貸款占比將不斷提高，消費金融快速崛起；另一方面，以P2P網貸和互聯網銀行為代表的互聯網金融新業態的出現帶來了新的徵信應用場景。

高質量的個人徵信服務需要由市場化機構提供，只有加快個人信息市場化建設，使信息網路迅速覆蓋全體公民，推動誠信市場化建設，提高全民誠信意識和信用意識，才能夠推動中國市場經濟有序發展。

4.2.2.1 概述

所謂個人徵信，是指依法設立的個人信用徵信機構對個人信用信息進行採集和加工，並根據用戶要求提供個人信用信息查詢和評估服務的活動。傳統的個人徵信主要是指當個人在銀行辦理過信用卡、貸款、為他人貸款擔保等業務，其信貸交易歷史信息就會被記入個人徵信系統，從而形成個人的信用報告。在個人申請信用卡或是貸款消費時，商業銀行便會查看申請人的信用報告，瞭解申請人的信用記錄。互聯網個人徵信於2013年開始興起，通過採集個人在互聯網交易或使用互聯網各類服務中留下的信息數據，並結合線下渠道採集的信息數據，利用大數據、雲計算等技術進行信用評估。其中，數據類型的多樣化、評價體系的完備化、數據處理的高效化等，都是互聯網金融為徵信領域帶來的全新機遇。隨著中國人民銀行下發《關於做好個人徵信業務準備工作的通知》要求八家機構做好個人徵信業務的準備工作，中國開始由傳統個人徵信向互聯網個人徵信過渡。

與傳統個人徵信相比，互聯網個人徵信的獲取渠道源自互聯網，這一根本性區別進而演化成各方面的差異。傳統徵信數據來源於借貸領域，因此，在銀行有過借貸行為、辦理過信用卡的用戶在央行徵信系統裡才有所記錄；另外，傳統徵信的評價思路是以以往的記錄來評定個人信用，因此，對於過往沒有信用記錄或信用記錄不良的用戶，就無法判斷他的信用狀況。而互聯網個人徵信在人群覆蓋、數據信息、信用評分技術、應用場景等各方面為傳統個人徵信作了正面延伸和有益補充：①覆蓋人群廣，可覆蓋到大量在傳統徵信體系中信用記錄空白的用戶；②信息採集成本較低，它主要依靠互聯網大數據、雲計算等技術搜集信息主體在線上的一些行為數據，不需要另行專門的錄入；③數據多維度，傳統個人徵信只採集信貸、財務數據，而互聯網個人徵信還包括網路購物、支付、網路理財、社交等多維度信息；④信用評分模式不同，傳統個人徵信主要基於信用記錄進行評估，而互聯網個人徵信的評分模型則要把電子商務、社交行為等信息轉化為信用信息，模型更加複雜；⑤應用場景更加廣泛，不僅局限於預測信用交易風險和償還能力，而且可應用於酒店、婚戀、簽證等多領域的生活場景（見表4-4）。

表 4-4　　　　傳統個人徵信與互聯網個人徵信的對比分析

	傳統個人徵信	互聯網個人徵信
覆蓋人群	在銀行有過借貸行為、辦理過信用卡的用戶	覆蓋人群廣泛
信息採集成本	較低	較高
數據採集	來源單一 主要是銀行信用數據 採集頻率低	來源多維度： 1. 用戶屬性數據（年齡、職業、受教育程度、興趣愛好等） 2. 用戶行為數據（網路購物、網路支付、社交等） 3. 第三方數據（信貸、財務數據等） 4. 高頻、即時採集
信用評分技術	傳統統計方法 線性迴歸、聚類、因子分析、分類樹等	傳統統計方法結合大數據方法 Deep Learning \ Page Rank \ Neural Network \ RF……
數據使用	應用場景有限 主要用於預測信用交易風險和償還能力	應用場景廣泛 貸款額度、定價、反詐欺、租賃、酒店預訂、婚戀、簽證等

4.2.2.2　互聯網個人徵信平臺分類

隨著互聯網個人徵信平臺的出現，中國個人徵信機構可以劃分為基於電商平臺、社交平臺、金融平臺、支付端、公共服務平臺的五大類徵信機構。①電商平臺中最具代表意義的是阿里旗下 2015 年 1 月 28 日正式開始試運行的芝麻信用，以及錯失首批徵信業務試點的京東白條。②社交平臺的典型產品是騰訊旗下的騰訊信用，它是騰訊旗下的全資子公司。③基於金融和保險平臺的徵信機構是徵信行業的先行者，其營運模式相比於其他機構更為傳統，如中國平安集團旗下的前海徵信。④基於支付端的徵信機構則是拉卡拉旗下的考拉徵信，其在數據的流入和流出這兩端比其他平臺更有優勢，但是在數據信息處理方面則需要與其他公司合作。其他類似的支付端徵信機構中具有代表性的還有華道徵信。⑤基於公共服務平臺的徵信機構雖然也是民營的個人徵信，但這一類機構通常與國有企業相聯繫，如中誠信徵信、鵬元徵信和中智誠徵信（見表 4-5）。

表 4-5　　　　　　　　　互聯網個人徵信平臺對比

	電商平臺	社交平臺	金融保險	支付端	公共服務
信息來源	電商數據、公共服務、與銀行間存在一定壁壘	社交數據、電商數據、公眾平臺數據、游戲數據、外部數據	母公司及銀聯的金融數據	個人用戶、線下商戶	電商平臺數據、與各行業中國企業合作所得數據
數據類型	基本信息、借貸信息、消費信息、公共信息	身分屬性、充值信息、消費記錄、社交影響、信用記錄	借款信息、貸款信息、車險違章等	基本信息、金融信息、電商消費、生活繳費及互聯網行為數據	身分屬性、信用記錄、履約能力、行為特質、社交影響
信息處理	類似於銀行的違約概率模型，以線性迴歸和邏輯迴歸為主	機器學習與數據挖掘技術	銀行及保險業信用算法，較傳統而通用	較多地考慮互聯網上的行為數據，具體算法未知	借鑑企業、債券及公共項目評級方法
服務輸出	平臺內部使用、租房、租車、婚戀等	銀行、消費金融公司、汽車金融公司、小貸公司、P2P等	金融機構，同時面向個人	個人用戶、加盟的中小企業、自有信貸業務	針對企業，集中於電子商務、移動通信、銀行保險、能源使用商等
收益渠道	暫不收費，未來數據查詢收費或與查詢量和數據貢獻度掛勾	向申請使用數據的機構收費	往往不以營利為目的	向申請使用數據的機構收費	通過提供信用報告和個人信用信息認證收費

4.2.2.3　互聯網個人徵信的三種模式

（1）會員制徵信模式

2013年3月通過借鑑國外成功經驗和國內發展實踐，北京安融惠眾徵信有限公司創建了以會員制同業徵信模式為基礎的「小額信貸行業信用信息共享服務平臺」（MSP），採用封閉式的會員制共享模式，主要為P2P網貸公司、小額貸款公司、擔保公司等各類小額信貸機構提供同業間的借款信用信息共享服務，旨在幫助業內機構防範借款人多重負債，降低壞帳損

91

失，建立行業失信懲戒機制。

據資料顯示，該平臺目前已有遍布全國逾 50 家會員機構，大都是以 P2P 模式從事小額借貸業務的民間金融服務機構，會員市場規模已經占據國內 P2P 機構交易額的 1/3 以上。目前該平臺主要包括三方面的信息：一是行業內從業人員的不良信息；二是行業的「黑名單」信息，即借款違約在一個月以上的個人借貸信息及已經認定的借款人詐欺等信息（目前這部分信息已達到 3 萬余條）；三是涉及一筆借貸生命週期全過程的信用信息，包括申請信息、批准信息、逾期信息等，這是一個閉環式信息流，也是該平臺共享服務的核心內容。

MSP 平臺計劃下一步將以會員機構的需求為驅動，不斷整合行業外信用信息資源，為會員機構提供更加精準、多樣化的徵信服務。

（2）傳統徵信模式

2013 年 8 月，中國人民銀行徵信中心旗下的上海資信有限公司（下稱「上海資信」）宣布全國首個基於為互聯網提供服務的徵信系統——網路金融徵信系統（NFCS）正式上線，該系統優化服務於國家金融信用信息數據庫尚未涉及的網路金融領域，為網路金融機構業務活動提供信用信息支持。

NFCS 是網路金融開展業務的必要基礎設施，是央行徵信系統的有效補充。該系統收集並整理了 P2P 平臺借貸兩端客戶的個人基本信息、貸款申請信息、貸款開立信息、貸款還款信息和特殊交易信息，通過有效的信息共享，幫助相關機構全面瞭解授信對象，防範借款人惡意詐欺、過度負債等信用風險。NFCS 的最終目標是打通線上線下、新型金融與傳統金融的信息壁壘，實現網貸企業之間的信息共享，記錄個人線上線下融資的完整債務歷史，探索網貸業務與傳統信貸業務的不同之處，為網貸企業定制與傳統徵信服務不同的服務產品，從而保障出借人的資金安全。

（3）數據挖掘模式

在數據挖掘模式下，互聯網企業基於電商、社交、公共服務等平臺行為數據，依託互聯網供應鏈，運用雲計算、數據挖掘等技術手段對海量數據進行處理分析，從而完成對互聯網用戶的信用評估。該模式下的個人信用評估具有即時更新、應用場景廣泛的突出特點。

舉例：芝麻信用

2014 年阿里巴巴旗下的芝麻徵信正式推出中國首個基於用戶互聯網行為數據的徵信產品——「芝麻信用」。該信用服務體系以 FICO 評分體系為

基礎，從信用歷史、身分特質、履約能力、行為偏好、人脈關係等方面綜合評分（如圖 4-2 所示），分數分為五個級別：較差（350~550）、中等（550~600）、良好（600~650）、優秀（650~700）、極好（700~950）。芝麻信用於 2015 年 1 月 28 日在支付寶內測試上線後反響強烈，基於阿里巴巴在網路購物和網路支付領域強勢的產品線，芝麻信用面臨豐富的應用場景。

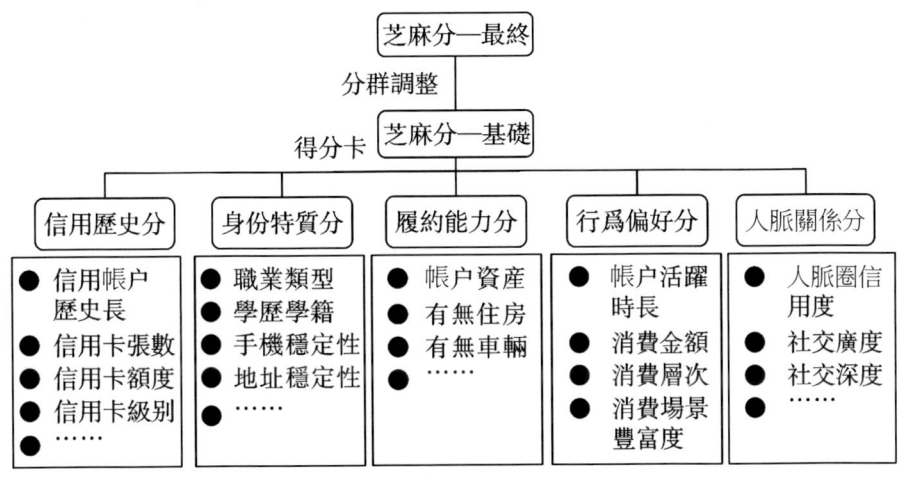

圖 4-2　芝麻徵信評分

芝麻信用的動態評估體系主要由數據搜集、技術處理、應用場景三部分構成（如圖 4-3 所示），具有以下特點：①傳統評估指標和互聯網評估指標相結合，芝麻徵信是利用互聯網數據對傳統徵信進行的拓展即革新；②動態指標和靜態指標相結合，芝麻信用不僅包括基本信息類指標、支付和資金類指標等靜態評估指標，還包含了消費偏好、人脈關係、黑名單信息指標等動態指標，動態指標的加入意味著信用評估需要通過用戶最新消費及經濟水平等信息的評估得到的即時結果；③信用使用與信用評估相結合，芝麻信用保持即時更新，從而更準確及時地反應用戶的信用水平。

可以預見，未來將會有更多的阿里產品和合作夥伴通過使用芝麻信用作為對用戶某種資質的審核參考，而各種應用場景下的用戶行為數據又會返回芝麻信用，進一步對用戶的信用進行更準確的評估，從而形成一個動態評估過程。

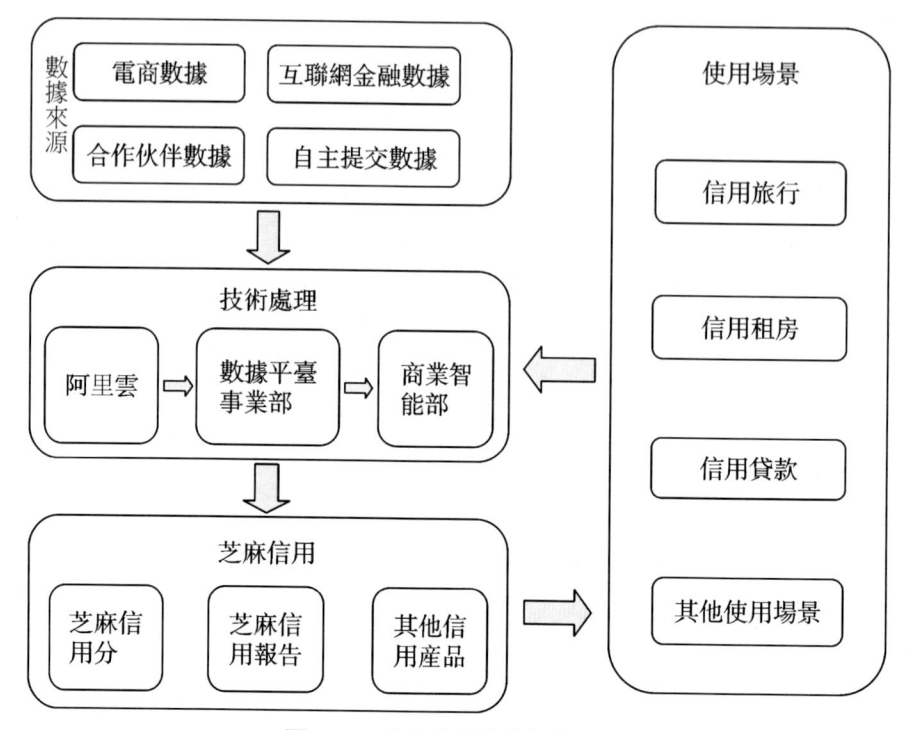

圖 4-3　芝麻信用動態評估體系

4.2.3　發展趨勢

4.2.3.1　發展建議

（1）建立個人網路行為數據的統一身分識別，實現數據融通

第一，互聯網徵信機構之間存在數據搜集過程的「信息孤島」問題。由於用戶互聯網行為數據分散在不同的互聯網應用中，這些應用分屬於不同的互聯網企業，有效數據的缺乏會導致對用戶信用評估的不準確。因此，應建立統一的身分識別，從而實現網路行為數據與應用之間的融通。

第二，傳統徵信機構與互聯網徵信機構之間數據分割，信息不能共享。央行徵信系統擁有借記卡記錄、社保記錄、貸款記錄等核心數據，個人信用報告的設立有效地提高了銀行的放貸效率。而互聯網徵信機構如芝麻信用、騰訊徵信掌握著大量的個人行為數據。兩方的數據來源呈互補性特徵，若能流動共享將使信息發揮更大的價值。

（2）完善數據採集及使用範圍，明確數據所有權，保護用戶隱私

在進行互聯網徵信時，往往需要多維度的用戶行為數據，這一定會在某種程度上侵犯用戶隱私，尤其是進行評估時往往需要使用用戶財務、社交關係等方面的信息，這些信息一旦被企業用作非法用途，對用戶將會造成巨大損失。因此，在互聯網徵信發展的同時，國家應有相應的政策法規對行業發展設立標準並進行規範，確保用戶隱私不受侵犯。

（3）提升業務能力，加強徵信產品創新，促進徵信業差異化競爭

目前，個人用戶在互聯網行為中產生的非結構化數據（如圖片、視頻、音頻等內容）在用戶行為數據中的占比不斷增加，有效數據累積不足，如何將海量的行為和關係性數據通過特定算法模型轉化為信用評估數據，設計出接受程度較高的信用評估框架以及開發出專業化細分的應用場景是互聯網徵信機構亟須解決的核心問題。因此，互聯網個人徵信機構可以通過與傳統金融機構合作，累積金融風險控制方面的經驗。此外，各類大數據徵信機構可針對不同客戶，拓展徵信產品種類，從而滿足不同層次客戶的市場需求，實現差異化競爭。

4.2.3.2　個人徵信提速影響互聯網金融未來的發展

互聯網金融作為一種新興的金融形態，迫切需要信用服務網路化，個人徵信作為互聯網金融的重要基礎設施，有望為互聯網金融的發展提供新的動力，推動互聯網金融快車進一步提速。

（1）促進網路支付信用化

基於個人的購買行為、社交行為、財務狀況等大數據，個人徵信機構可提供個人信用支付評級和報告。根據個人信用數據及信用報告，電商或者支付機構可以評估用戶的信用風險，推廣信用支付、虛擬信用卡業務，進一步發掘其消費支付能力。例如螞蟻金服根據支付寶用戶的芝麻信用評分，向其推出名為「花唄」的信用支付產品，最高額度為 3 萬元。

（2）利於 P2P 網貸規範化

個人徵信機構會對行為信息等數據進行採集、加工和挖掘，並將這些數據提供給 P2P 網貸，P2P 網貸公司根據這些數據進行深度評估，最終可決定是否發放一筆貸款。這不僅可有效防止 P2P 無序發展，控制借款人還款難的風險，還可對信用空白的用戶進行授信。同時，規範用戶還款行為的方法較傳統銀行更加豐富，互聯網個人徵信通過帳號關聯等方式，其信用信息可共享給其他非信貸場景，例如打車、訂餐、招聘等，從而信貸違約會直接給生活的其他方面帶來負面影響，大大提升了用戶的違約成本。

(3) 提升個人信用服務

徵信產業鏈可以分為輸入端的徵信數據採集和輸出端的徵信服務。無論是企業徵信還是個人徵信都只是從輸入端進行分類，輸出端主要還是為信貸機構服務。而在互聯網個人徵信時代，互聯網金融機構也可以面向個人提供信用服務。例如谷歌旗下的 Credit Karma，就是免費為用戶提供個人信用評級和報告，以此吸引用戶群體，同時基於對這些信用報告及用戶個人金融信息的挖掘和分析，有針對性地向用戶推薦金融產品，例如自助導購服務等。其盈利主要來自於消費性金融機構的廣告收益以及信貸產品的創新。

4.3 消費金融

隨著經濟轉型對刺激消費、擴大內需日益迫切的需求以及居民收入和消費能力的提升，中國消費金融市場快速發展。2014 年中國消費信貸規模達到 15.38 萬億元，占總貸款餘額的 18.8%，剔除房屋和汽車等消費貸款，個人消費品貸款 2.23 萬億元，占消費信貸的 14.5%。雖然其中超過 70% 貸款由銀行提供，2/3 通過銀行信用卡產品實現，但互聯網消費金融市場仍呈現了快速發展的勢頭。京東白條、天貓分期、借唄等產品將學生、低收入群體等原本無法從傳統金融機構獲得消費信貸的群體納入到消費金融市場中。2014 年互聯網消費金融市場交易規模為 96.9 億元，環比增長 112.5%。預計到 2017 年，互聯網消費金融市場交易規模將突破 1,000 億元。

4.3.1 境外消費金融的發展

國際消費金融的產生和發展是以美國為代表的發達國家消費者信貸呈爆炸式增長為前提的。20 世紀 70 年代中期，美國傳統銀行業務發生了變化。在此之前，傳統的銀行家們主要致力於服務和維繫大公司客戶，零售銀行雖然存在，但貸款業務僅限於提供住房貸款、汽車貸款以及一些有限的循環貸款，而且銷售渠道主要是通過在總部或分行櫃臺上進行的。但在 70 年代中後期，美國的金融業務版圖發生了變化，首先以個人信用卡業務為代表的消費金融和消費信貸蓬勃發展，消費者顯示出激增的借貸意願，或更準確地說是更大的需求熱情來尋求消費類貸款。從廣義上來說，消費類貸款包括房貸、車貸、私人高檔消費貸款（如移動房車、小型遊船等）、

4 基於互聯網的銀行業務

家居貸款、電器貸款、服務型消費貸款（如旅遊、度假、結婚和養生計劃）等。面對巨大的市場需求，金融機構開始積極地和創造性地開發推出不同的消費信貸產品，來滿足消費者日益增長的金融需求。

舉例：通用電氣金融服務公司（GE Capital）

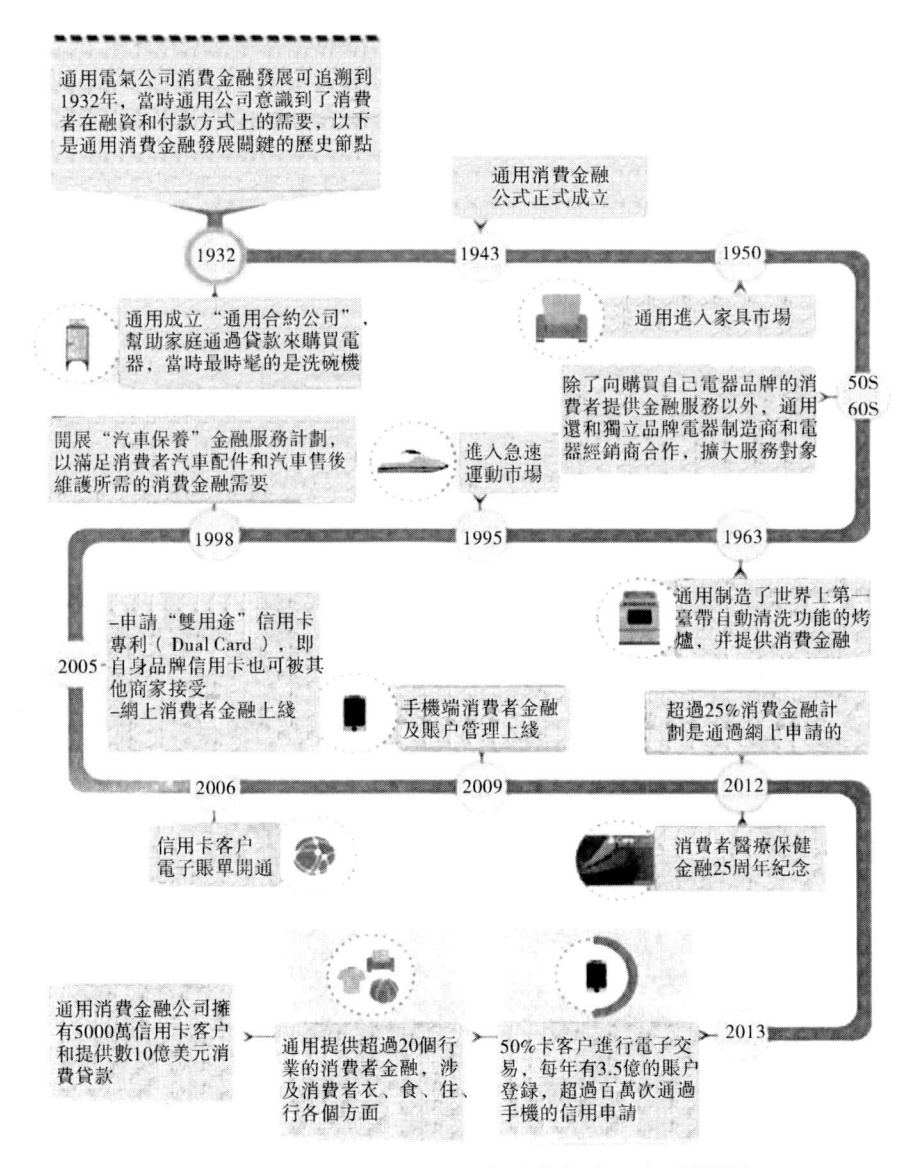

1932：通用電氣公司消費金融發展可追溯到1932年，當時通用公司意識到了消費者在融資和付款方式上的需要，以下是通用消費金融發展關鍵的歷史節點

1943：通用消費金融公式正式成立

1950：通用進入家具市場

50S 60S：除了向購買自己電器品牌的消費者提供金融服務以外，通用還和獨立品牌電器製造商和電器經銷商合作，擴大服務對象

1963：通用製造了世界上第一臺帶自動清洗功能的烤爐，并提供消費金融

1995：進入急速運動市場

1998：開展"汽車保養"金融服務計劃，以滿足消費者汽車配件和汽車售後維護所需的消費金融需要

2005：
- 申請"雙用途"信用卡專利（Dual Card），即自身品牌信用卡也可被其他商家接受
- 網上消費者金融上綫

2006：信用卡客戶電子賬單開通

2009：手機端消費者金融及賬戶管理上綫

2012：超過25%消費金融計劃是通過網上申請的

2013：
- 消費者醫療保健金融25周年紀念
- 通用消費金融公司擁有5000萬信用卡客戶和提供數10億美元消費貸款
- 通用提供超過20個行業的消費者金融，涉及消費者衣、食、住、行各個方面
- 50%卡客戶進行電子交易，每年有3.5億的賬戶登録，超過百萬次通過手機的信用申請

圖 4-4　1932—2013 年通用電氣消費金融 80 年發展歷程

97

如圖4-4所示：通用電氣金融服務公司是聯合大企業（Conglomerate）旗下的消費金融服務公司，其業務可以分為針對消費者的零售金融和針對企業的商務金融兩種。此處主要介紹通用電氣金融服務公司的零售金融板塊。20世紀30年代，經濟開始復甦，消費者希望能夠有更多和更靈活的付款方式來購買通用公司的既時髦又有用的電器，通用公司敏感地嗅到了這個商機，開始提供消費信貸和分期付款給消費者。之後，隨著通用總公司業務的擴張，通用電氣金融服務公司開始涉足家具、裝修、汽車和零部件及售後服務、健康服務等全新領域，通過自有品牌信用卡和各種靈活的貸款計劃，再加上通用電氣金融服務公司自身的品牌效應，以及與其他生產廠商和服務商的廣泛合作，通用電氣金融服務公司成功地把自己打造成一個全能型、一站式的消費者金融服務平臺，同時在財務上也為通用總公司提供了重要的利潤貢獻。

4.3.2 境內消費金融的發展

4.3.2.1 發展背景

消費金融在中國的發展已有8年時間。2004年PPF集團在中國設立辦事處，2007年正式開始在廣東地區試點消費金融。但直到2009年，隨著《消費金融試點管理辦法》的出抬，分別在北京、上海、天津、成都設立了四家消費金融公司，中國的消費金融開始進入群眾視野。而2013年12月銀監會將消費金融公司擴大到16家，消費金融才被大家所熟知。2015年6月10日，李克強總理在國務院常務會議中決定將消費金融公司擴大到全國，鼓勵符合條件的民間資本、國內外銀行業機構和互聯網企業發起設立消費金融公司，此后互聯網企業開始紛紛加入，消費金融呈現井噴式增長。

消費金融的產生和發展壯大，是與它創造了「多贏」的局面分不開的。其一，對於消費品生產廠家（包括服務消費）和銷售方來說，消費金融可以幫助他們擴大客戶基礎，實現更多的額外銷售。其二，對於消費金融貸款提供方來說，增加了其貸款產品的銷售渠道，帶來了新增利潤。其三，對於消費者來說，可以在能負擔得起的情況下，立刻實現對商品和服務的需要。其四，對於消費者來說，消費金融除了辦理手續方便、迅速以外，貸款利率較之其他貸款途徑，也往往更加經濟划算。其五，由於消費金融的出現，使得社會整體消費可以迅速地呈幾何層級式增長，這對促進經濟和發展就業，無疑也將產生巨大的推動作用。

因此，在中國經濟發展進入「穩增長」的新形勢下，隨著國民消費能

力的持續提升以及互聯網使用習慣的全面養成，互聯網消費金融作為一種全新的消費金融工具對於釋放國民消費潛力、完善金融市場結構、提升經濟發展質量均發揮著重要作用。

4.3.2.2 概述

消費金融是指為滿足個人或家庭對最終商品和服務的消費需求而提供的金融服務。互聯網消費金融是「互聯網+消費金融」的新型金融服務方式。在中國，互聯網消費金融有著特定的經營服務範圍。《關於促進互聯網金融健康發展的指導意見》（以下簡稱《指導意見》）將互聯網金融業態分為互聯網支付、網路借貸、股權眾籌融資、互聯網基金銷售、互聯網保險、互聯網信託和互聯網消費金融七大類。其中，互聯網支付、網路借貸和互聯網消費金融屬於廣義消費金融範疇。但是從《指導意見》的表述來看，中國對互聯網消費金融採取了相對嚴格的界定。一是互聯網消費金融不包括互聯網支付內容，兩者分別屬於銀監會和人民銀行監管。二是互聯網消費金融不包括網路借貸，特別是P2P網路借貸。三是互聯網消費金融業務的縮小化。

因此，本書中互聯網消費金融是指銀行、消費金融公司或互聯網企業等市場主體出資成立的非存款性借貸公司，以互聯網技術和信息通信技術為工具，以滿足個人或家庭對除房屋和汽車之外的其他商品和服務消費需求為目的，向其出借資金並分期償還的信用活動。通常這一類貸款形式具有金額小、期限短、無須進行貸款等特點，自推出以來便受到了消費者的廣泛歡迎。

無論是傳統金融主體如商業銀行、消費金融公司等參與主體，還是以京東、阿里等為代表的電商企業，這些主體通過不同的方式和途徑都在推動互聯網消費金融產業的快速發展，形成了完整的互聯網消費金融產業鏈。在這條產業鏈上，主要包括四類參與者：

（1）消費者，消費金融的核心，利用金融機構提供的資金進行消費，在約定時間進行償還；

（2）金融機構，包括商業銀行、消費金融公司、電商企業等，根據消費者的信用狀況、消費能力等提供資金給消費者；

（3）消費公司，電商平臺等；

（4）行業監督，銀監會、消費品領域委員會、行業協會等。

具體而言，互聯網消費金融呈現出如下特點：①範圍上，互聯網消費金融將服務對象擴展至健康、旅遊、日常消費等價值低、期限短的商品；②資金渠道上，互聯網消費金融的資金渠道則以線上為主，這樣資金渠道

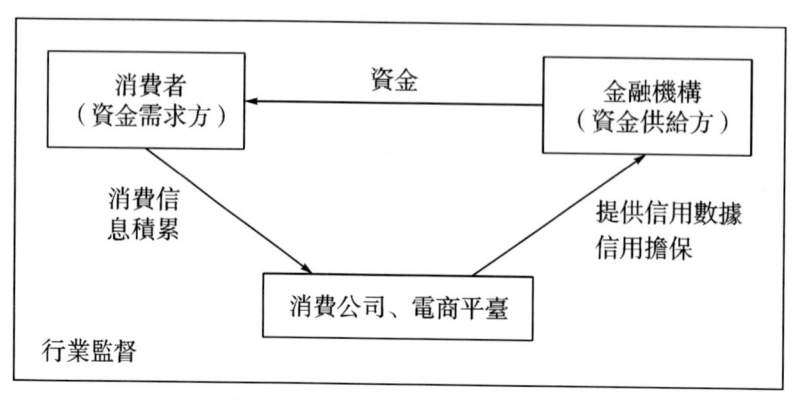

圖 4-5 互聯網消費金融產業鏈

更加廣泛；③授信方式上，互聯網消費金融的審批除了借鑑傳統的審批方式外，還可以借助現代化的信息技術得到客戶的歷史交易金額、交易頻率等，來考察客戶的信用狀況從而決定是否放貸（見圖 4-5）。

4.3.2.3 營運模式

互聯網消費金融與傳統消費金融最大的不同體現在資金的籌集方式上，即互聯網消費金融在資金籌集上是依託線上的籌集方式，如通過商業銀行的線上業務、消費金融公司、電子商務平臺等其他的創新企業進行消費信貸業務（如圖 4-6 所示）。

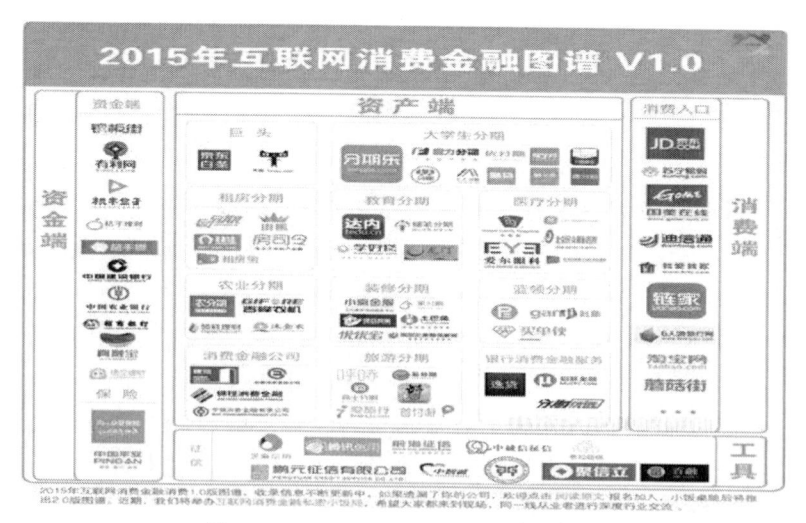

圖 4-6 2015 年互聯網消費金融圖譜

筆者認為，目前中國互聯網消費金融有以下三種營運模式：

（1）銀行搭建線上消費金融平臺

傳統商業銀行依託自身的客戶資源和金融服務優勢，通過創新線上消費服務模式，搭建起旅遊頻道、購房中心、汽車城等子消費平臺，並在其中嵌入線上消費信貸服務，為客戶提供線上消費體驗。

（2）互聯網消費金融公司

互聯網消費金融公司的營運模式以不吸收公眾存款，以小額、分散為原則，通過自有資金為中國境內居民個人消費提供個人耐用消費品貸款及一般用途個人消費貸款。2015年1月7日，以重慶百貨為主，與其他五家公司共同發起設立了國內首家互聯網消費金融公司——馬上消費金融股份有限公司。與傳統消費金融公司最大的不同是，該公司搭建了互聯網平臺，從基礎設施、平臺、渠道、場景等四個方面擴展互聯網平臺業務，從而實現「無邊界、全渠道」的經營服務。

（3）基於電子商務交易平臺的互聯網消費金融

該模式下，電商企業通過交易平臺分析消費者的交易數據及其他外部數據，提供給消費者數額不等的信用額度，消費者可以在信用額度內在該電商平臺進行消費，由電商平臺成立的消費信貸公司或第三方進行資金墊付，消費者在約定的還款期限內還款，電商平臺收取一定比例的服務費。這種模式使得電商平臺、資金提供方和消費者三方構成了一個良性的生態循環系統。因此基於電子商務交易平臺的互聯網消費金融是本書講述的重點部分。

在這種模式中，電商交易平臺是其中的核心參與方，因為它是最直接面對消費者的，並且在商品渠道、支付渠道上掌握了消費者的信息流、商品流、資金流的信息，這樣多方信息能夠形成快速對稱，降低風險發生的概率。這些信息的掌握成為電商企業參與消費金融市場的核心能力。同時，利用這些信息可以瞭解消費者的消費習慣、消費需要等，提高自身的銷售額，從而成功地將消費需求與資金聯繫起來。

目前依靠電商企業來進行消費金融運作在國外已經有比較成功的例子。如日本樂天、美國運通等，都成功地從原來單一業務發展為金融集團，但在國內該模式的消費金融仍處於初步發展階段。從2014年開始，各大電商已經開始紛紛涉足消費金融，其中最知名的莫過於京東白條、螞蟻花唄、蘇寧任性付。而螞蟻花唄更是已走出阿里系，接入了唯品會、亞馬遜、大眾點評等40多家電商平臺（見表4-6）。

表 4-6　主流電商平臺和傳統銀行的消費金融業務的比較分析

	主流電商平臺			傳統銀行
典型代表	京東白條	螞蟻花唄	蘇寧任性付	銀行信用卡分期
消費場景	京東商城自營產品、部分第三方商戶的實物商品和170手機號購買	淘寶、天貓商城（部分商戶、商品不支持），唯品會、亞馬遜等40余家電商平臺	蘇寧易購、蘇寧雲商、部分合作商，除虛擬商品外	國美在線商城（支持銀行：招行、民生、北京、中信、廣發、建行、興業、農行）
手續費（月）	0.5%~1%	2.5%~8.8%	0.498%	0.9%~8.4%（最低建行，最高廣發）
分期付款特點	（1）最長30天延後付款：30天免息（2）3~24個月分期付款：0.5%~1%	每月10日固定日期還款；最長免息期長達41天，最短免息期11天	30天免息、指定商品「3零分期」（0首付、0利息、0手續費）、最長分期5年（特殊商品）	按3、6、12期支付（建行支持18、24期），通過網路使用信用卡使完成分期付款
逾期費率（日）	0.03%	0.05%	0.05%	一般為0.05%+滯納金
最高信用額度及特點	1.5萬大多數用戶不超過1萬元，普通用戶6,000元	從幾千元到3萬元不等。鑽石級買家：8,000元；三星級買家：1,000元	V1用戶：3,000元；V2用戶：5,000元；V3用戶：8,000元；最高可達20萬元	參照相應發卡行信用卡授信額度（最高一般為50,000元）

4.3.3　發展趨勢

4.3.3.1　建議

（1）拓寬融資來源，降低融資成本

國內外的消費金融有一個共同的特點，就是不吸納存款。缺少穩定和龐大的存款這一資金來源，不僅限制了消費金融業的發展，同時給融資成本帶來了不確定性。中國的消費金融除了依靠出資者提供的啓動資金和利用銀行同業拆借等融資手段外，應廣開思路，廣泛開拓融資渠道和產品；政府和金融監管部門也應為其提供更好的籌融資環境，大力推廣資產證券

化等創新金融產品。

（2）加強消費金融的風險控制

在消費金融的風險控制和持續發展方面，中國應重點從以下方面著手：

①加快推動信用體系建設，支持民營個人信用機構的發展，充分利用大數據的技術手段，累積有效的個人信用評價機制，與央行徵信體系形成有效互補。同時，逐漸使各類非銀行消費金融機構、新興金融組織與整個信用體系建設融合起來，並能夠有效利用各類信用數據庫，同時提供更多的消費信用信息累積。

②對於非銀行的消費金融提供主體來說，應該爭取建立獨立的風險評估部門和完善的風險控制措施，同時有效管理消費金融業務，與其他主業進行協調定位，避免出現財務風險和流動性風險。

③充分運用各種風險分散手段，如保險和擔保支持。保險業可以通過提供徵信服務、小額信貸保險等來進行消費信用風險控制，為消費金融的發展提供專業化的風險防範機制。例如，現有的汽車消費信貸保證保險、助學貸款信用保證保險、小額信貸保證保險都對促進消費發揮著重要作用。

④有效監督消費信貸用途，建立獎懲機制，使得貸款人真正利用消費金融工具來進行日常消費，而不是把資金用作他途。

（3）提高消費金融公司的通盤營運管理水平

消費金融公司的管理，在某種程度上比經營銀行更複雜。消費金融公司由於更集中於某一行業領域，其專業性和風險管理要求就會更高。因此，應切實做好全面、細緻的規劃，著重要考慮一些關鍵問題：如引入誰作為戰略投資者？戰略投資者是否能帶來自己所不具備的金融管理經驗，特別是風險管理的經驗？是否自己的消費金融公司要獨攬全部業務？部分業務如自有品牌信用卡是否外包給專業性更強的信用卡公司？等等。

（4）明確定位，走特色化發展道路

在客戶定位上，消費金融公司應明確定位於中低消費人群，通過拓展業務合作和銷售渠道，鎖定潛在客戶，加強營銷力度。在產品設計上，通過對消費市場和居民需求進行細分和研究，根據市場需求的特點探索與之相適應的業務和產品結構，按照客戶家庭分層設計更多個性化的信貸產品，不斷豐富產品功能，為客戶提供全面化、專業化、標準化、自動化、便捷的高效融資服務。

4.3.3.2 未來發展

當前，各種各樣的電商、廠商、互聯網金融企業都參與到消費金融產品創新中。應該說，這些新產品是基於商業信用開展的消費金融創新，有助於推動內生於實體部門的消費金融模式發展。實際上，在許多國家，最早的消費金融服務提供者往往都是實體企業。可以借鑑的是，中國同樣可以鼓勵和促進包括商業企業、流通企業、互聯網企業、網路借貸企業、第三方支付企業在內的不同主體，充分介入到消費金融業務創新中，並為此創造更多的制度保障：一方面，可以借鑑國外經驗推動政策突破，逐漸轉換為非金融機構發行的信用卡；另一方面，則以基於商業信用的賒銷預付形式，更加密切地與網路消費購物結合，也將成為消費金融體系的重要組成部分。

伴隨網路時代帶來的金融綜合化、智能化等特點，各類消費金融提供主體都應加快推動業務方式的轉變：①對於商業銀行而言，重點是充分利用自身優勢，為個人提供更具有服務深度和廣度的「消費金融服務超市」，充分滿足個人的多樣化金融和非金融的消費需求。②對於消費金融公司來說，其錯位發展的重點，可集中於現有消費金融的「短板」，如非抵押的信用消費、農村消費金融等領域，加快自身的專業化、區域化、特色化分工。③把消費金融業務發展與互聯網金融結合起來，積極結合移動支付等新技術平臺，拓寬網路與渠道的創新。④充分借鑑余額寶類產品的特點，努力把居民消費服務與理財結合起來，更好地實現金融服務功能的深化。

4.4 基於互聯網的銀行業務對商業銀行的影響

4.4.1 對負債業務的影響

商業銀行的負債業務是指商業銀行通過負債籌集資金，以形成資金來源的業務，是商業銀行資產業務和中間業務的基礎。互聯網金融對商業銀行負債業務的影響主要體現在存款的流失和負債成本的提高。

4.4.1.1 商業銀行的存款面臨流失的威脅

類似「余額寶」的互聯網投資理財產品為客戶的活期存款在保證流動性的基礎上，提供了一條幾乎沒有風險的資金增值渠道。在收益方面，儘管受到央行寬鬆貨幣政策的影響，互聯網理財產品的收益有所下降，但「余額寶」類互聯網投資理財產品的收益仍高出銀行活期存款數倍。在使

用方面，類似「余額寶」的互聯網投資理財產品十分方便靈活，可以 7×24 小時隨取隨用，2 小時內快速提現到銀行卡，並且沒有任何手續費，絲毫不影響流動性。自推出以來，余額寶一直保持著旺盛的申購和贖回。從受眾來看，互聯網理財產品的用戶集中在青年群體，並且以小額投資居多，但青年群體具有較高的風險承受能力和對互聯網理財的高認可度，且隨著時間的推移，青年群體的財富將不斷累積，也將持續分流銀行的存款。

4.4.1.2 商業銀行的負債成本有上升的壓力

由於互聯網投資理財產品的很大部分投資於銀行定期存單、協議存款、同業存款等，因此從商業銀行流出的儲蓄存款又以其他存款的形式回流到商業銀行，使銀行的負債結構發生改變。而銀行為協議存款支付的利率高於儲蓄存款的利率，隨著互聯網投資理財產品規模的不斷增長，對商業銀行負債成本的提高效應將越來越明顯。

此外，第三方支付平臺的發展使商業銀行的負債成本有所提高。由於第三方支付平臺還沒有實現即時到帳，具有延遲支付的特點，凡是經過第三方支付結算的資金都會有一部分沉澱，隨著第三方支付逐步擴展到線下支付和大額支付領域，資金沉澱規模將只增不減，這些沉澱在第三方支付體系的巨額資金，需要銀行為其支付大量利息，間接提高了銀行的利息支出。

4.4.2 對資產業務的影響

商業銀行資產業務是指商業銀行對通過負債業務吸收的資金加以運用以獲得收益的業務。資金運用得是否合理、高效、科學，在很大程度上決定了商業銀行經營的好壞。互聯網金融對商業銀行資產業務的影響主要體現在小微貸款和信用卡領域。

4.4.2.1 互聯網信貸的發展對商業銀行的小微貸款造成衝擊

網路借貸通過挖掘互聯網大數據，創新徵信手段，大大降低了服務的信息成本和交易成本。中小微企業貸款和個人信貸業務是利率市場化背景下銀行業降低成本消耗、提高資本回報率的重要發展方向。然而小微信貸市場，已有互聯網金融企業捷足先登。一是電商小貸融資模式的發展，如螞蟻微貸為淘寶和天貓上的商戶批量提供小額信貸服務。二是以「人人貸」為代表的 P2P 網貸模式發展迅速。互聯網融資平臺直接為資金供求雙方進行信息撮合，使借貸雙方繞開了商業銀行從而進行直接借貸，造成金

融脫媒；借貸資金的價格是由雙方談判、博弈而確定的，基本上實現借貸利率市場化；資金使用期限與資金提供期限大體一致，在一定程度上解決了傳統商業銀行資金期限錯配所產生的流動性問題。目前，互聯網貸款平臺針對的主要是小微企業和個人，因此，對定位於發展小微企業信貸業務、個人信貸業務的中小銀行產生了較大的競爭壓力。互聯網貸款平臺分流了中小銀行的部分小微企業客戶和個人客戶，中小銀行的貸款業務受到影響，利差空間收窄。將來，如果互聯網貸款平臺的信息搜集和處理能力進一步升級強大，把客戶向大中型企業延伸，則大型銀行的貸款業務也會受到影響。

4.4.2.2 互聯網消費金融的大力發展直接威脅到銀行信用卡業務

首先，互聯網消費金融的推出對商業銀行信用卡業務有一定的替代效應。互聯網企業利用所掌握的數據優勢，開始為個人消費者提供網路消費信貸產品。如螞蟻微貸聯手天貓推出了可在天貓賒購的分期服務，其中分3期是免手續費的；京東商城的「京東白條」業務，有長達30天的免息期，付款可分 3~12 期不等，每期利率為 0.05%，若出現逾期，按日息 0.03% 計收違約金，無論是分期利率還是罰息都比一般的信用卡業務優惠。

其次，互聯網消費金融的發展對商業銀行信用卡業務的收入有一定影響。不同銀行的信用卡業務收入來源大同小異，主要有收單商戶回傭、刷卡手續費、逾期利息等。隨著電子商務的蓬勃發展以及第三方支付企業積極佈局線下支付，原本屬於發卡行的線下刷卡消費的佣金收入由於第三方支付機構的線上繞轉和線下套扣而大幅減少；儘管信用卡也可用於網上支付，但是商業銀行幾乎沒有商戶回傭的定價權，因為商業銀行僅掌握有限的商戶數量，且不能直接從收單商戶獲取回傭，是第三方支付機構控制了利潤分成的比例，商業銀行的信用卡業務收入受到很大的影響。

4.4.3 對中間業務的影響

商業銀行中間業務是指商業銀行不需動用或占用很少自有資金，僅依託自身網點、員工、技術和信用等優勢，作為中間人為客戶辦理收付款等事項，並收取手續費的業務。互聯網金融對商業銀行中間業務的影響主要有：

4.4.3.1 商業銀行的結算業務受到擠壓

支付結算業務傳統上是由商業銀行壟斷的，銀行通過遍布世界各地的網點，通過電話、電報、網路相互聯繫，或使用各種結算工具為客戶辦

理。商業銀行通過辦理支付結算業務，不僅可以占用從中產生的大量沉澱資金，而且也會取得結算業務手續費作為中間業務收入。但在互聯網時代，第三方支付憑藉全天候服務、極低的費用以及簡單易學的操作流程等，被消費者普遍接受，削弱了銀行作為主要支付結算渠道的地位，造成渠道脫媒。

4.4.3.2 商業銀行的代理業務有所減少

一些第三方支付平臺獲得了代銷基金、代銷保險等業務的資格，打破了以往只能由銀行代理銷售投資理財產品的壟斷局面。現階段中國已有7家第三方支付平臺公司獲得了代理銷售基金業務執照。由於第三方支付平臺手續費率較低，申購費率通常為銀行渠道的30%~40%，因此在與商業銀行的競爭中很有優勢。第三方支付平臺代理業務的開展，分流了商業銀行的代理業務，許多商業銀行的代理收入出現下滑。

目前，依託第三方支付平臺，一些互聯網企業開展了話費充值、外匯兌換、水電氣繳費等中間業務，除此之外，諸如像微信、支付寶這樣的第三方支付企業還將業務範圍擴展到現實生活中的場景，如在超市、便利店等，通過建立各種結帳收款系統加入線下市場爭奪，這給銀行帶來了新的挑戰。

5　基於互聯網的支付

5.1 網路支付

5.1.1 概述

5.1.1.1 背景

為了促進社會經濟的發展，創造良好的國內支付環境，在國內各相關部門的推動下，中國相繼出抬了《電子簽名法》《電子支付指引》《銀行卡收單業務管理辦法》《支付清算組織管理辦法》等相關法律法規。尤其是 2010 年 6 月中國人民銀行發布的《非金融機構支付服務管理辦法》，使中國第三方支付機構在法律法規上得到認可和保障。

隨著中國電子商務環境的逐漸完善，支付場景的不斷豐富，以及金融創新能力的增強，互聯網用戶對在線完成快捷支付的需求增加，從而帶動了互聯網第三方支付業務的快速發展。第三方支付機構獲得了央行頒布的支付牌照后，可從事網路支付、預付卡的發行與受理以及銀行卡收單等相關業務。

第三方支付牌照的發展歷程：

2011 年 5 月 18 日央行正式發放首批第三方支付牌照，支付寶、銀聯商務、財付通、拉卡拉、易寶、錢袋、快錢、盛付通、快付通等共計 27 家企業獲得支付牌照。

2011 年 8 月 29 日央行正式發放第二批第三方支付牌照，共計 13 家企業獲得支付牌照，其中 7 家為預付卡企業（預付卡發行與受理）；其余 6 家為支付企業（互聯網支付及移動支付）。

2011 年 12 月 22 日央行正式發放第三批第三方支付牌照，其中包括中國電信、中國移動和中國聯通在內的共計 61 家企業獲得支付牌照。中國電信和中國聯通的第三方牌照業務類型主要有移動電話支付、固定電話支付、銀行卡收單，而中國移動的第三方牌照業務類型為移動電話支付、銀行卡收單。

2012 年 6~7 月央行正式發放第四批第三方支付牌照，此次獲批的企業多為區域性、行業性的第三方支付企業，數量高達 96 家。值得注意的是：數字電視支付首獲牌，銀視通信息科技有限公司是第一家做電視支付的企業。

2013 年 1 月 6 日，央行正式發放第五批第三方支付牌照，共計 26 家企業。其中，有 20 家企業的業務類型主要為「預付卡發行與受理」。該批

獲牌公司業務覆蓋範圍以所在區域為主。

2013年7月12日,央行正式發放第六批第三方支付牌照,共計27家企業獲牌。首批兩家純外資的支付企業——上海索迪斯萬通服務有限公司和艾登瑞德(中國)有限公司,獲得支付業務許可,且均從事的是預付卡業務。

2014年7月,央行正式發放第七批第三方支付牌照。此次獲批企業共計19家,在19家公司中,包括廣東8家、北京3家、山東3家、重慶、湖北、廣西、陝西、新疆各1家。此次央行在發放了3張省級預付卡牌照外,為幫付寶、商物通、武漢合眾易寶、北海石基等4家公司發放全國性預付卡發行與受理牌照。此外,拉卡拉、平安付等多家公司也在原有牌照基礎上獲得了全國性預付卡發行與受理的業務資質。

2015年3月26日,央行正式發放第八批第三方支付牌照,僅廣東廣物電子商務公司一家,其主營業務為預付卡的發行與受理。

表5-1　　　　　　　　　　支付業務分類統計

支付業務分類統計(270家)					
按發證時間分		按業務類型分		按業務覆蓋範圍分	
2011.5	27	互聯網支付	103	全國	127
2011.8	13	預付卡發行與受理	164	區域	138
2011.12	61	預付卡受理	6	地方或全國	20
2012.6	95	銀行卡收單	60		
2012.7	1	移動電話支付	43		
2013.1	26	數字電視支付	5		
2013.7	27	貨幣匯兌	5		
2014.7	19	固定電話支付	14		
2015.3	1				
共計	270				

註:近日央行註銷浙江易士企業管理服務有限公司(簡稱易士公司)的支付業務許可證,系270家第三方支付牌照中被註銷的第一家。其原因是:易士公司通過直接挪用、向客戶賒銷預付卡、虛構後臺交易等方式,大量違規挪用客戶備付金,造成資金鏈斷裂,預付卡無法使用,持卡人權益嚴重受損。

至此,央行2011—2015年發放了八批第三方支付牌照共計270張[①]

---

① 資料來源:中國人民銀行網站資料。

（見表 5-1、表 5-2）。

表 5-2　　　　　　　　支付業務分類統計表

區域	地區	獲牌	支付業務	區域	地區	獲牌	支付業務
西南(17)	四川省	5	網（互、移）、預、銀	華東(118)	上海市	54	網（貸、互、移、固、數）預、銀
	重慶市	5	網（互）、預		江蘇省	16	網（互）、預
	雲南省	4	網（數）、預、銀		浙江省	16	網（貸、互、移、固、數）預、銀
	貴州省	3	網（互）、預		山東省	13	網（互）預、銀
	西藏	0	—		福建省	9	預、銀
西北(8)	陝西省	5	網（互）、預		安徽省	8	預
	新疆	2	網（互）		江西省	2	預
	甘肅省	1	預	華北(70)	北京市	58	網（貸、互、移、固、數）預、銀
	青海省	0	—		天津市	4	網（互、移）、預、銀
	寧夏	0	—		河北省	3	預
華中(13)	湖南省	7	網（互、移）、預、銀		山西省	3	預、銀
	湖北省	4	網（互）、預		內蒙古	2	網（互、移）、預
	河南省	2	網（互）、預	東北(7)	黑龍江	3	網（互）、預
華南(35)	廣東省	30	網（互、移、固）、預、銀		遼寧省	3	預
	廣西	3	網（互）、預		吉林省	1	預
	海南省	2	網（互）、預				

5.1.1.2　概念

網路支付：指客戶為購買特定商品或服務，通過電子設備，依託公共網路或專用網路發出支付指令，實現貨幣資金轉移的行為，包括貨幣匯兌、互聯網支付、移動電話支付、固定電話支付、數字電視支付等。按照發起支付指令所依託的終端設備類型及網路類型，網路支付可以劃分為互

聯網支付、移動電話支付、固定電話支付、數字電視支付。

與傳統的支付方式相比，網路支付具有以下特徵：

（1）數字化：網路支付是採用先進的技術通過數字流轉來完成信息傳輸的，其各種支付方式都是採用數字化的方式進行款項支付的。

（2）通信手段：網路支付使用的是最先進的通信手段，如因特網、Extranet，同時對軟、硬件設施的要求很高，一般要求有聯網的微機、相關的軟件及其他一些配套設施。

（3）經濟優勢：網路支付具有方便、快捷、高效、經濟的優勢。用戶可足不出戶，在很短的時間內完成整個支付過程，突破了時空的限制，大大提高了支付效率。

（4）增值服務：網路支付可以根據商戶的業務發展和市場競爭情況創造新的商業模式，制定個性化的支付結算服務，如對航空公司提供的分帳服務等。

5.1.1.3 網路支付的參與主體

網路支付的參與主體主要有：消費者、金融機構、第三方支付機構。

（1）消費者：用戶和商戶。用戶是指為滿足生產、生活消費而需要購買和使用商品或是接受服務的個人客戶群體和企業客戶群體，是支付工具的被動接受者和使用者，只能選擇滿足其生活用品或服務的商戶所提供的支付方式。商戶是指為用戶提供其生產、銷售、生活所需的商品或服務的經營主體。

（2）金融機構：金融機構指以銀行為主體、其他非銀行金融機構為補充的金融服務體。在網路支付領域，銀行具有無法替代的優勢，第三方支付離不開銀行，必須以銀行為基礎；而銀行與第三方支付機構合作，也能提升用戶使用網上銀行的頻率。

（3）第三方支付機構：第三方支付機構與銀行合作，以銀行的支付結算功能為基礎，向政府、企業和個人提供個性化的清算與增值服務。它的存在，會為用戶、商戶以及金融機構帶來不可替代的價值。

在網路支付服務的過程中，由眾多的參與者，形成了網路支付價值鏈，在價值鏈中，前端是網路消費者，中間是第三方支付平臺，后端是以銀行為代表的金融機構。如圖 5-1 所示：

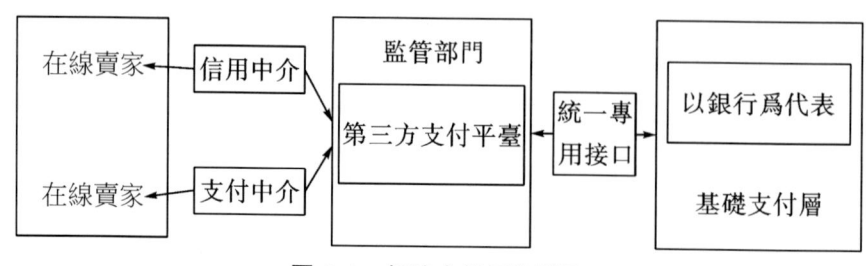

宏微觀視角下的互聯網金融模式創新與監管

圖 5-1 網路支付價值鏈圖

5.1.2 模式分類

隨著電子商務的發展，一些具備一定實力和信譽保障的第三方獨立機構和國內外各大銀行簽約，提供集成網上銀行、電話、手機、虛擬帳戶等支付方式的網上交易支付平臺。網路支付按照不同的維度，有不同的分類。

按照與電子商務的相關性，分為獨立第三方支付和非獨立第三方支付。獨立第三方支付機構，不隸屬於任何電子商務網站，不為特定的電子商務平臺服務。從服務對象來說，目前在中國非獨立第三方支付占絕對主導地位，比如支付寶、財付通、安付通等。

按照支付機構提供的支付服務方式和特色的不同，分為網關支付、帳戶支付和特殊的第三方支付。其中，帳戶支付是指用戶在支付平臺用 E-mail 或手機號開設虛擬帳戶，用戶可以對虛擬帳戶進行充值和取現，並用虛擬帳戶中的資金進行交易支付，它按照是否具有擔保功能可以分為具有擔保的帳戶支付模式（間付支付模式）和不具有擔保的帳戶支付模式（直付支付模式），如圖 5-2 所示。從服務特色來看，目前市場上的第三方支付企業傾向於建立綜合服務平臺，提供的產品有屬於網關支付模式的，也有屬於帳戶支付模式的。

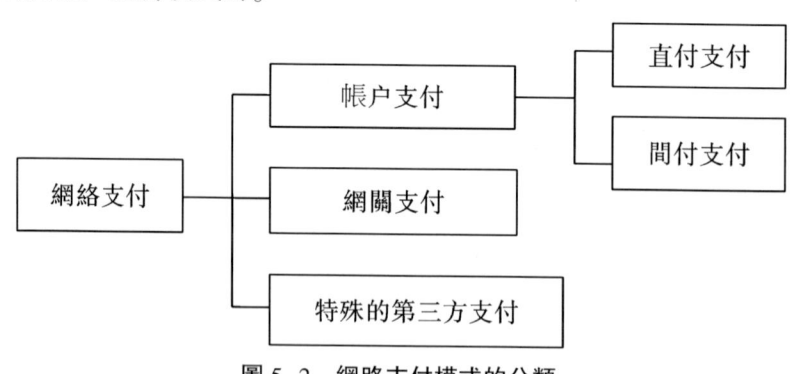

圖 5-2 網路支付模式的分類

5.1.2.1 帳戶支付

(1) 直付支付模式

直付支付模式支付流程與傳統轉帳、匯款流程類似，只是屏蔽了銀行帳戶，交易雙方用虛擬帳戶資金進行交易付款。這種模式的典型應用有易寶帳戶支付、快錢帳戶支付等。

直付支付模式支付流程和直付支付模式資金流向如圖 5-3、圖 5-4 所示：

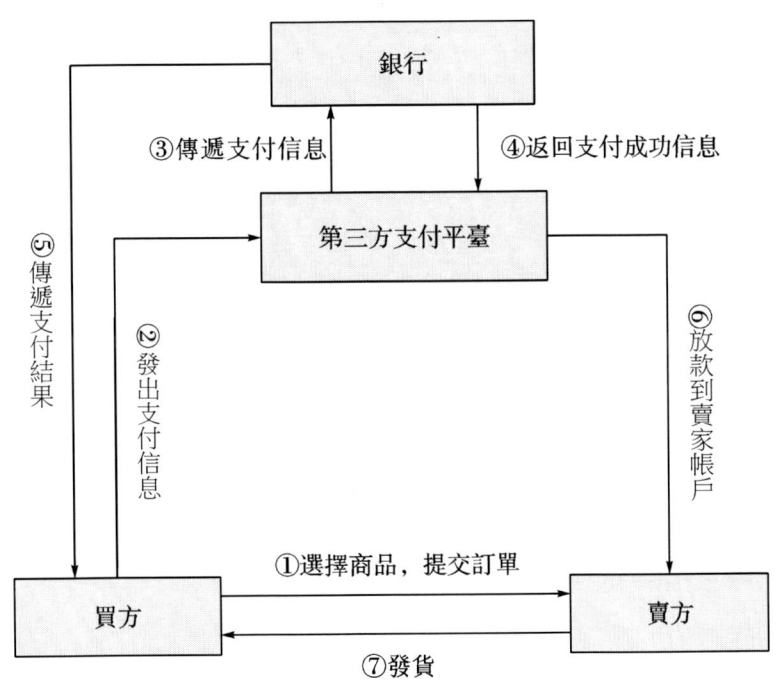

圖 5-3 直付支付模式支付流程圖

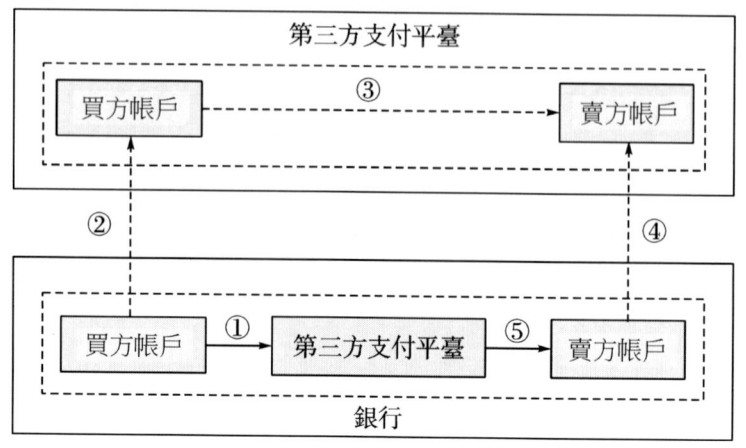

圖 5-4　直付支付模式資金流向圖

①買方向支付平臺帳戶充值，實體資金流向。此時實體資金是從買方銀行帳戶轉移到第三方支付平臺用戶清算銀行帳戶。

②買方向支付平臺帳戶充值，平臺虛擬資金流向。在買方充值成功後，第三方平臺增加買方虛擬帳戶資金。

③進行交易時，買方向賣方支付貨款資金流向。在買方向賣方支付貨款時，實體資金不發生變化，而發生的是支付平臺虛擬資金的轉移，減少買方虛擬帳戶資金，增加賣方虛擬帳戶資金。

④賣方取現時，平臺虛擬資金流向。賣方取現成功後，第三方支付平臺減少賣方虛擬帳戶資金。

⑤賣方取現時，實體資金流向。賣方發出取現指令時，實體資金從第三方支付平臺用戶清算銀行帳戶轉移到賣方銀行帳戶。

易寶支付（YeePay）是中國領先的獨立第三方支付公司，2003 年 8 月由北京通融通信息技術有限公司創建。易寶支付自營運以來，一直致力於為廣大商家和消費者提供「安全、簡單、快樂」的專業電子支付解決方案和服務。2011 年 5 月，易寶支付獲得了央行頒發的首批支付牌照。易寶支付簽約的大中型商家超過 30 萬家，其中包括百度、搜狐、易趣、慧聰、九城、盛大、完美時空、迅雷、國航、南方航空、海南航空、深圳航空、四川航空、中國航信、中國聯通、中國電信等知名企業，年交易額超過千億元。

易寶支付首倡「綠色支付，快樂生活」的理念，具有三大特點：易擴展的支付、易保障的支付、易接入的支付。由於用戶的重要數據只存儲在

用戶開戶銀行的后臺系統中，任何第三方無法竊取，因此為用戶提供了充分保障。易寶為用戶提供各種增值服務、互動營銷推廣以及各種豐富多彩的線下活動，拓展商務合作關係，發展商業合作夥伴，達到多贏的目的。

易寶支付交易的流程如圖 5-5 所示：

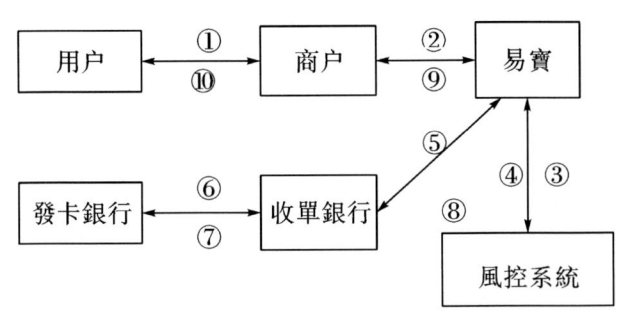

圖 5-5　易寶支付交易的流程圖

①持卡人在商戶網站下單；
②商戶網站向易寶支付平臺發送支付請求；
③風控系統檢測交易信息；
④反饋風控檢測結果；
⑤向收單行發送支付請求；
⑥收單行向發卡行發送扣款請求；
⑦發卡行通知收單行扣款成功；
⑧收單行通知易寶支付扣款成功；
⑨通知商戶支付成功；
⑩商戶提供產品或服務。

(2) 間付支付模式

間付支付模式是指由電子商務平臺獨立或者合作開發，同各大銀行建立合作關係，憑藉其公司的實力和信譽承擔買賣雙方中間擔保的第三方支付，並利用自身的電子商務平臺和仲介擔保支付平臺吸引商家開展經營業務。該模式的典型應用有支付寶帳戶支付。

間付支付模式支付流程和間付支付模式資金流向如圖 5-6、圖 5-7 所示：

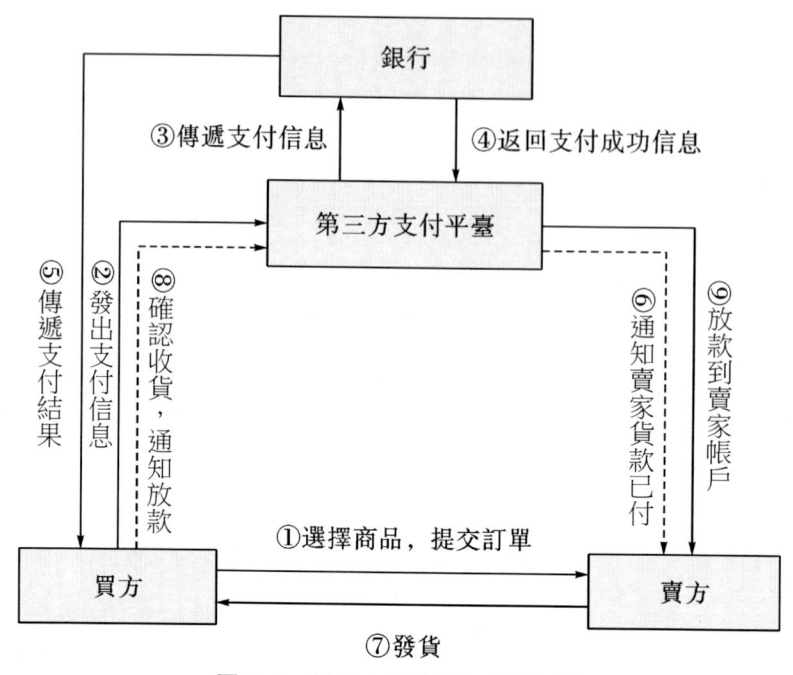

圖 5-6　間付支付模式支付流程圖

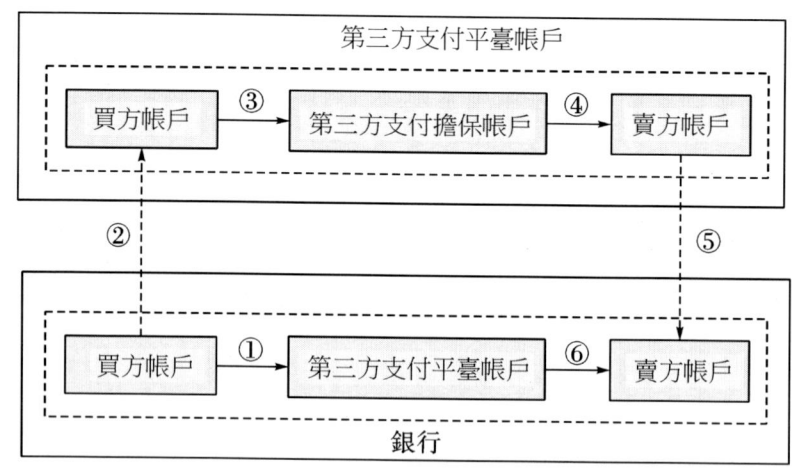

圖 5-7　間付支付模式資金流向圖

　　①買方向支付平臺帳戶充值，實體資金流向。此時實體資金是從買方銀行帳戶轉移到第三方支付平臺用戶清算銀行帳戶。

　　②買方向支付平臺帳戶充值，平臺虛擬資金流向。在買方充值成功

后，第三方支付平臺增加買方虛擬帳戶資金。

③進行交易時，買方向賣方支付貨款資金流向。在買方向賣方支付貨款時，此時，實體資金不發生變化，而發生的是支付平臺虛擬資金的轉移，減少買方虛擬帳戶資金，增加第三方支付平臺擔保帳戶虛擬帳戶資金。

④當買方收到貨物，通知第三方支付平臺放款時，實體資金同樣不發生變化，只是虛擬資金從第三方支付擔保帳戶轉移至賣方虛擬帳戶（見圖5-8）。

⑤賣方取現時，平臺虛擬資金流向。賣方取現成功后，第三方支付平臺減少賣方虛擬帳戶資金。

⑥賣方取現時，實體資金流向。賣方發出取現指令時，實體資金從第三方支付平臺用戶清算銀行帳戶轉移到賣方銀行帳戶。

①交易開始 → 買家匯款到支付寶 ② → 賣家發貨給買家 ③ → 支付寶付款給賣家 ④交易結束

圖5-8　支付寶支付流程圖

支付寶支付流程：
①買方在網上選中所需商品后與賣方取得聯繫並達成成交協議；
②買方需把貨款匯到支付寶第三方帳戶上；
③作為仲介，支付寶立刻通知賣方錢已收到可以發貨；
④待買方收到商品並確認無誤后，支付寶把貨款匯到賣方帳戶，整個交易就完成了。

（支付寶作為代收代付的仲介，其主要作用是維護網路交易的安全性）

5.1.2.2　網關支付

網關支付模式是指完全獨立於電子商務網站，由第三方投資機構為網上簽約商戶提供圍繞訂單和支付等多種增值服務的共享平臺。這類平臺僅僅提供支付產品和支付系統解決方案，平臺前端提供各種支付方法供網上商戶和消費者選擇，同時平臺后端連接眾多銀行。由平臺負責與各銀行之間的帳務清算，同時提供商戶的訂單管理及帳戶查詢功能。這種模式國內以首信易支付、百付通為典型代表。

網關支付模式支付流程和網關支付模式資金流向如圖5-9、圖5-10所示：

119

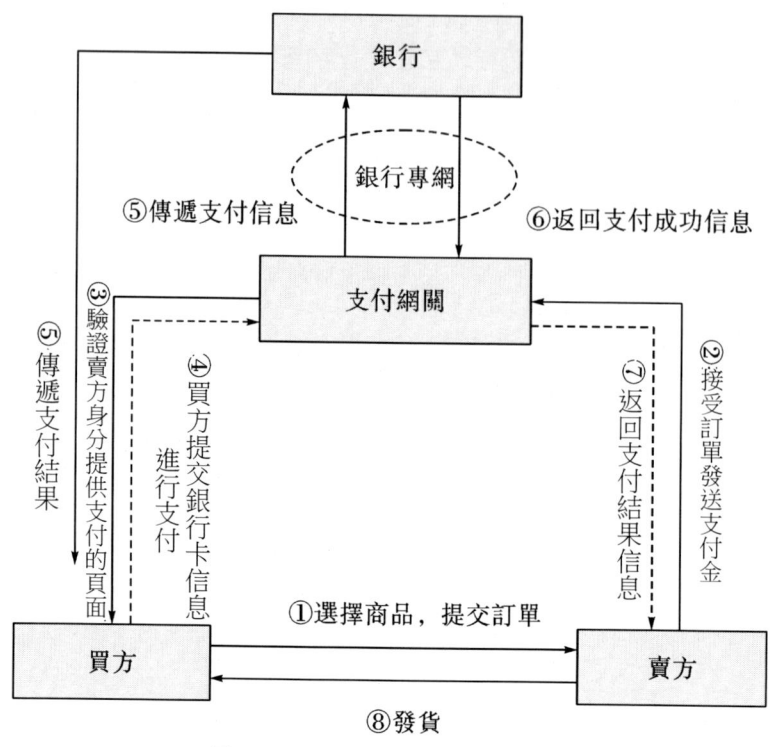

圖 5-9 網關支付模式支付流程圖

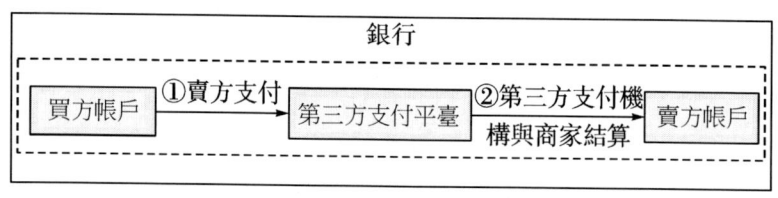

圖 5-10 網關支付模式資金流向圖

首信易支付

首信易支付自 1999 年 3 月開始運行，是中國首家實現跨銀行跨地域提供多種銀行卡在線交易的網上支付服務平臺，現支持全國範圍內 23 家銀行及全球範圍內 4 種國際信用卡在線支付，擁有千余家大中型企事業單位、政府機關、社會團體組成的龐大客戶群。其業務領域涉及圖書音像、鮮花禮品、門戶搜索、教育考試等。同時，憑藉其獨具特色的二次結算模式，作為支付過程中的中立第三方，保留商戶和消費者所有的有效交易信息，最大限度地避免了拒付和詐欺行為的發生。

5 基於互聯網的支付

目前，首信易支付已經承擔起部分政府機構與客戶之間的橋樑任務，逐步滲透教育考試、政府服務、社區管理等公共事業領域，是少數持續盈利的第三方平臺之一。首信易網上支付交易流程如圖 5-11 所示：

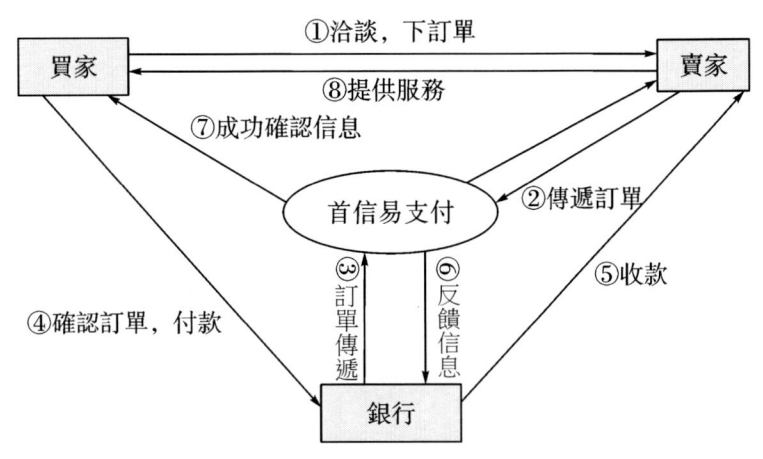

圖 5-11　首信易網上支付交易流程圖

①網上消費者瀏覽檢索商戶網頁；
②網上消費者在商戶網站下訂單；
③網上消費者選擇支付方式——「首信易支付」，直接連結到首信易支付的安全支付服務器上，在支付頁面上選擇自己適用的支付方式，點擊后進入銀行（銀聯）支付頁面進行支付操作；
④首信易支付將網上消費者的支付信息，按照各銀行（銀聯）支付網關的技術要求，傳遞到各相關銀行（銀聯）；
⑤由相關銀行（銀聯）檢查網上消費者的支付能力，實行凍結、扣帳或劃帳，並將結果信息傳至首信易支付和網上消費者本身；
⑥首信易支付將支付結果通知商戶；
⑦支付成功，由商戶向網上消費者發貨或提供服務，並通知商城；
⑧各個銀行（銀聯）通過首信易支付向不同的、交易成功的商戶實施清算。

三種支付平臺的對比分析如表 5-3 所示：

表 5-3　　　　　　　　　三種支付平臺的對比分析

支付工具	優勢	劣勢
易寶支付	・獨立的第三方支付提供商，與商家不會產生衝突 ・具有多元化的支付方式：互聯網支付、移動支付、銀行卡等 ・量身定制的行業解決方案 ・首倡綠色支付理念，低成本、高效、快捷、安全	・在單個領域缺乏用戶優勢 ・知名度不高
支付寶	・貸款託管 ・具有良好的信用度和網站品牌支撐；全額先行賠償損失 ・在線支付手續費全免 ・付款到帳發貨，安全高效	・流程有漏洞，會出現詐欺行為 ・偏向賣家，發生糾紛時聽賣家解釋
首信易支付	・提供統一接口和自動對帳功能 ・可查看即時訂單明細，結算帳款 ・業務廣，支持多種支付手段 ・接入簡單，適用範圍廣	・先付款后交貨 ・信用度低 ・營銷欠佳，知名度低

5.1.2.3　特殊的第三方支付——銀聯電子支付

銀聯電子支付是中國銀聯旗下的銀聯電子支付有限公司提供的第三方支付平臺。作為非金融機構第三方支付平臺，其依託於中國銀聯，在人民銀行及中國銀聯的業務指導和政策支持下迅速發展，因此，它是特殊的第三方支付平臺。

銀聯電子支付擁有面向全國的統一支付平臺，主要從事以互聯網等新興渠道為基礎的網上支付、企業 B2B 帳戶支付、電話支付、網上跨行轉帳、網上基金交易、企業公對私資金代付、自助終端支付等銀行卡網上支付及增值業務。它可以一次性連接多家商業銀行和金融機構，支持國內主要商業銀行發行的各類銀行卡，可以實現跨銀行、跨地區的即時支付。銀聯通過多元化的支付服務體系，為廣大持卡人和各類商戶提供安全、方便、快捷的銀行卡支付及資金結算服務。

銀聯電子支付的支付交易流程如圖 5-12 所示：

5 基於互聯網的支付

圖 5-12 支付交易流程圖

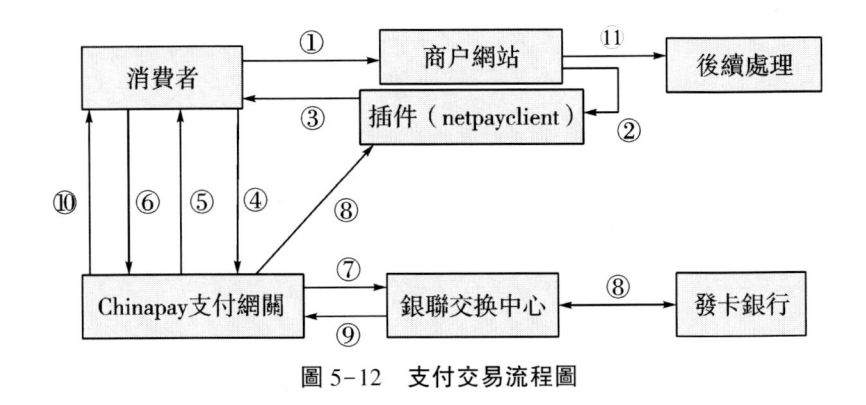

①消費者瀏覽商戶網站，選購商品，放入購物車，進入收銀臺。

②網上商戶根據購物車內容，生成付款單，並調用 ChinaPay 支付網關商戶端接口插件對付款單進行數字簽名。

③網上商戶將付款單和商戶對該付款單的數字簽名一起交消費者確認。

④一旦消費者確認支付，則該付款單和商戶對該付款單的數字簽名將自動轉發至 ChinaPay 支付網關。

⑤支付網關驗證該付款單的商戶身分及數據一致性，生成支付頁面顯示給消費者，同時在消費者瀏覽器與支付網關之間建立 SSL 連接。

⑥消費者填寫銀行卡卡號、密碼和有效期（適合信用卡），通過支付頁面將支付信息加密後提交支付網關。

⑦支付網關驗證交易數據後，按照銀行卡交換中心的要求組裝消費交易，並通過硬件加密機加密後提交銀聯網路中心。

⑧銀聯交換中心根據支付銀行卡信息將交易請求路由到消費者發卡銀行，銀行系統進行交易處理後將交易結果返回到銀聯交換中心。

⑨銀聯交換中心將支付結果回傳到 ChinaPay 支付網關。

⑩支付網關驗證交易應答，並進行數字簽名後，發送給商戶，同時向消費者顯示支付結果。

⑪商戶接收交易應答報文，並根據交易狀態碼進行後續處理。

5.1.2.4 三類支付模式的對比分析（見表5-4）

表5-4　　　　　　　　　三種支付模式的對比分析

帳戶類型	特點	優勢	劣勢
帳戶支付模式	1. 通過綁定的虛擬帳戶進行交易 2. 交易資金是銀行卡中的電子貨幣形式（以法定貨幣為基礎）	1. 第三方支付平臺保障了交易中資金的安全性 2. 支付成本較低，方便省時 3. 支付擔保業務可以在很大程度上保障付款人的利益	1. 消費者帳戶中的「電子貨幣」是虛擬的，無法得到保障 2. 若第三方支付平臺的信用度及保密手段存在問題則給付款人帶來極大的風險 3. 大量資金寄存在虛擬帳戶平臺上，存在資金寄存風險
網關支付模式	1. 沒有帳戶屬性，僅為銀行和商戶提供服務 2. 扮演「通道」角色，不涉及銀行的支付與結算 3. 獨立的支付網關，驗證交易雙方身分信息	1. 職責分明，各司其職 2. 交易雙方的身分驗證大大提高了真實性 3. 數據的加解密技術大大提高了交易信息的真實性、安全性、可靠性	1. 第三方支付機構沒有完善的信用評價體系，抵禦信用風險能力較弱 2. 交易流程複雜，支付時間較長 3. 增值服務開發空間小
特殊的第三方支付——銀聯電子支付	1. 非金融機構的第三方支付平臺，有人民銀行的業務指導和政策支持 2. 整合各方資源，優勢互補	1. 多元化的支付服務體系 2. 提供安全有效的網路連接、多種支付操作平臺和支付工具 3. 個性化訂單、自動分帳系統，用戶體驗增加	1. 交易集中時對系統安全穩定性要求更高 2. 交易集中時引起的網路擁擠堵塞，可能會造成訂單的重複支付

由此可知，三類支付模式各有其優劣勢。在實際的生活中，網路用戶會根據自身的支付需求以及對資金安全等的考慮，選擇不同模式的支付方式，從而帶動不同支付模式的共同發展進步，但同時也對支付方式的創新提出了新的發展要求。

5.1.3　支付方式的發展趨勢

5.1.3.1　傳統的支付方式向數字化的支付方式轉變

傳統的支付方式有現金的流轉、票據的轉讓、銀行的匯兌等，通過物

理實體的流轉完成款項的支付與交易。而隨著信息技術的發展，數字化的支付方式（即將貨幣虛擬化，通過互聯網來實現支付交易）能夠極大地提高支付交易的效率和安全性，因此是未來發展的必然趨勢。

5.1.3.2 逐漸形成按需支付的綜合性支付模式

用戶對於支付便捷性和小額支付的需求加速了移動支付的出現。同時，隨著智能終端的普及、3G 用戶規模的提升和三網融合的推進，為手機支付創造了良好的發展環境。手機支付將與包括移動電子商務在內的更多應用場景相結合，其遠程和近程支付將更加符合用戶的實際需求，從而實現新的跨越式發展。從傳統的互聯網 PC 端支付到如今如火如荼的移動支付（手機支付）等，多種支付方式的共同發展相互補充，將形成按需支付的綜合性支付模式。

5.1.3.3 其他支付方式

其他支付方式創新如應用內支付、手機條碼支付、超聲波支付、融合線上線下支付等，在以後將與主流支付方式形成優勢互補，共同發展。其中，應用內支付是將帳戶支付融合於手機瀏覽器中，實現用戶手機上網購物，可直接在瀏覽器內實現支付功能。手機條碼支付已成功進入線下支付市場，為微型商戶提供低成本的收銀服務。超聲波支付是基於短距離的聲波或超聲波通信技術，允許電子設備之間進行非接觸式點對點數據傳輸（在 10 厘米內）交換數據。該技術定位為手機近場支付和線下業務服務的解決方案。而融合線上與線下支付是指支付工具不僅可以為購買特定商品和服務進行線下支付，同時也可以對支付帳戶充值進行線上支付。

5.2 銀行卡收單

5.2.1 概述

5.2.1.1 背景

中國銀行卡產業發展歷程：中國銀行卡市場發展較晚，其發展歷程大致經歷了三個階段：

（1）起步階段（1985—1993 年）：1985 年中國銀行珠海分行發行了中國第一張銀行卡，隨后，四大國有銀行相繼發行了銀行卡，並建設自己的計算機結算系統，為銀行卡業務的進一步發展奠定了網路基礎。

（2）金卡工程的啟動和實施階段（1994—2001 年）：1993 年，國務院

啓動了金卡工程，來實現銀行間貨幣的流通。各大商業銀行間可實行銀行卡跨行業務，標誌著中國銀行卡市場從分散經營走向聯合。

（3）銀聯推動下快速發展階段（2002年初至今）：2002年，中國銀聯股份有限公司成立，標誌著中國銀行卡產業開始向集約化、規模化發展，進入全面、快速發展的嶄新階段。

隨著銀行卡產業的不斷發展，銀行卡收單市場也發生著巨大的變化。尤其是2002年中國銀聯股份有限公司成立以來，中國銀行卡產業迅速發展，銀行卡發卡量和交易量成倍增長，銀行卡作為一種支付手段在人們的經濟生活中扮演了越來越重要的角色。

中國銀行卡收單市場發展歷程：

中國銀行卡收單市場主要經歷了三個發展階段，每階段都有其各自的特點。隨著銀行卡產業的發展及政策法規的不斷完善，銀行卡收單市場穩步發展（見表5-5）。

表5-5　　　　　　　　中國銀行卡收單市場發展歷程

銀行卡收單市場的發展歷程		
發展階段	時間	階段特點
第一階段	1993.6~2003.5	各發卡行分別收單，以銀行卡聯網通用為標誌
第二階段	2003.5~2008.7	委託專業化服務機構單一收單，主要模式「直聯POS模式」
第三階段	2008.7~至今	專業化服務機構與發卡行共同收單，主要模式「間聯POS模式」

銀行卡發展至今，銀行卡作為中國居民最廣泛使用的非現金支付工具，其業務種類不斷拓展——不僅實現了持卡人ATM機自動取款，POS機刷卡消費，還可以通過互聯網、手機、固定電話、自助終端、數字電視機頂盒等新型的渠道，實現公共事業的繳費、機票酒店的預定、信用卡的還款、自助轉帳等多項活動，促使中國銀行卡收單產業鏈的市場規模不斷擴大。隨著銀行卡產業的發展及政策法規的進一步完善，央行發行的第三方支付牌照中已有60家企業獲得銀行卡收單資格，從而帶動了中國非金融機構銀行卡收單業務的迅速發展。

5.2.1.2　銀行卡收單相關定義

銀行卡收單：

據中國人民銀行 2011 年 12 月 5 日頒布的《銀行卡收單業務管理辦法（草稿）》（以下簡稱《辦法》）的定義：銀行卡收單業務是指通過銀行卡受理終端，為銀行卡特約商戶代收貨幣資金的行為。

銀行卡收單的核心業務：

《銀行卡收單業務管理辦法（草稿）》規定銀行卡收單核心業務如下：

①特約商戶實名制審核、審批和簽約。

②特約商戶檔案和信息管理，含特約商戶信息管理系統的運行和維護。

③收單交易處理，含收單交易處理系統的運行和維護。

④特約商戶資金結算。

⑤收單業務差錯和爭議處理。

⑥收單交易監測、風險控管和處理，含收單交易監測系統和相關風險管控系統的運行和維護。且規定收單機構應從事全部收單核心業務，不得將任何一項收單核心業務外包。

5.2.1.3　銀行卡收單的參與主體

（1）發卡機構和持卡人

發卡機構是指發行銀行卡，維護與卡關聯的帳戶，並與持卡人在這兩方面具有協議關係的機構。其主要職能是向持卡人發行各種銀行卡，並通過提供各類相關的銀行卡服務收取一定費用。通過發行銀行卡，發卡機構獲得持卡人支付的信用卡年費、透支利息、持卡人享受各種服務支付的手續費、商戶回傭分成等。

發卡機構通過提供多樣化的服務來參與發行市場的競爭，推出各類銀行卡產品，通過各種營銷活動鼓勵持卡人使用其銀行卡產品進行支付。持卡人基於銀行卡方便、安全等優點選擇銀行卡，並在使用銀行卡進行支付的同時向發卡機構支付一定的費用，如卡片年費、信用卡透支利息等。發卡機構和持卡人共同構成了發卡市場的供需雙方。

（2）收單機構和特約商戶

收單機構是指跨行交易中兌付現金或與商戶簽約進行跨行交易資金結算，並且直接或間接地使交易達成轉接的銀行或專業組織。其主要職能是負責特約商戶的開拓與管理、授權請求、帳單結算等活動。其主要收益來源有商戶回傭、商戶支付的其他服務費（如 POS 終端租用費、月費等）及商戶存款增加等。大多數發卡銀行都兼營收單業務，也有一些非銀行專業

服務機構經營收單業務。

收單機構向商戶提供終端設備，並進行資金清算，承擔一定的資金清算風險。收單機構和特約商戶構成了收單市場的供需雙方。

（3）轉接清算組織

在銀行卡收單過程中，除了銀行內交易外，也存在銀行間的交易。而跨行交易的實現則需要專門的機構來負責建設和維護銀行卡跨行網路，並提供信息轉接和資金清算服務，這個機構就是銀行卡轉接清算機構。在中國，提供轉接清算服務的主要是銀聯以及其他第三方支付機構。

（4）其他參與者

專業服務機構，包括外包服務商、認證機構、機具、芯片生產廠商、系統供應和維護商及各類第三方服務機構。

整個產業的宏觀管理者，包括政府及相關職能部門，作為政策制定者及產業監管者，其行為對銀行卡市場秩序的維護和市場的發展產生重要的影響（見圖5-13）。

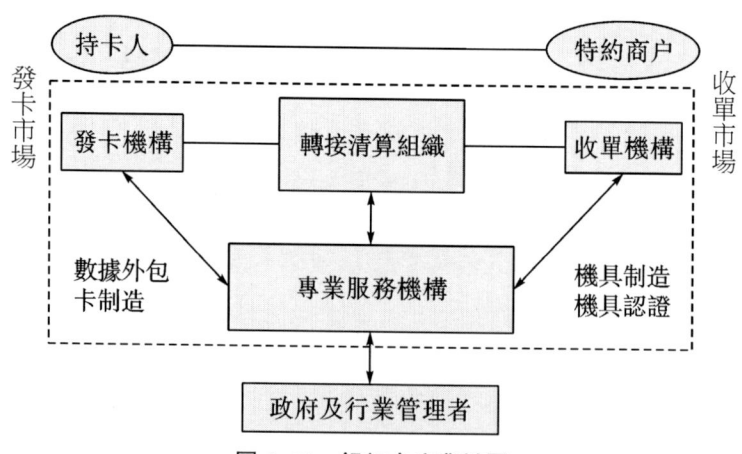

圖 5-13　銀行卡產業鏈圖

從資金流動看，持卡人刷卡消費後，發卡機構將扣除手續費後的交易資金支付給收單機構；收單機構將剩餘交易資金支付給商戶。銀行卡特約商戶需要支付POS交易刷卡手續費，其中包括發卡機構收費、銀行卡組織跨行轉接收費、收單機構收費（其中，線下POS刷卡現行的手續費分成是7：2：1，即發卡機構取七成，收單機構取兩成，轉接清算機構/銀聯等取一成）。目前，中國商戶扣率一般在0.5%~2%之間，具體比例視商戶業務性質而定，即中國現行的手續費是按商戶業務類別來區別收費的。

5 基於互聯網的支付

5.2.2 銀行卡收單分類

5.2.2.1 銀行卡收單現有的分類方式

按照業務發起的介質和方式，銀行卡收單業務可以劃分為刷卡——傳統收單業務（有磁交易）和網路收單業務（無磁交易的）。

按照受理渠道劃分，銀行卡收單可以分為 POS 收單、ATM 收單、櫃面收單和互聯網收單等。

按照業務類別劃分，銀行卡收單業務可以分為 ATM 收單和 POS 收單兩大類。

（1）ATM 收單

ATM 收單可以分為兩類：一類為行內交易，即持卡人在發卡機構布放的 ATM 上取款（查詢）或在發卡機構收單的商戶處刷卡消費產生的交易；另一類為跨行交易，即持卡人在非本行 ATM 上取款（查詢）或非本行收單的商戶刷卡消費產生的交易（見圖 5-14）。

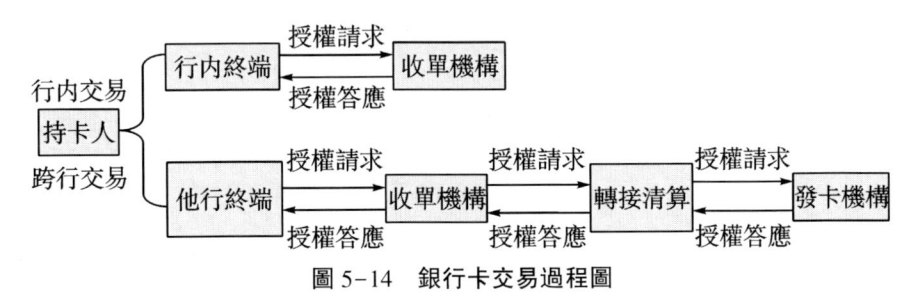

圖 5-14　銀行卡交易過程圖

在行內交易中，發卡機構同時也是收單機構，持卡人的卡信息及交易請求通過終端機具直接上傳到發卡系統，在得到發卡系統的自動授權後，交易即可完成；同時，發卡系統直接對持卡人帳戶進行相應的帳務處理。所以，行內交易僅涉及發卡機構，流程相對簡單。

與行內交易相比，跨行交易過程中涉及發卡機構、轉接清算機構、收單機構，流程相對複雜。下面以跨行交易為例，詳細描述持卡人一次簡單取款或刷卡消費的完整交易過程。假設一個持卡人拿著 A 銀行發行的銀行卡到 B 銀行的 ATM 上取款的交易流程（見圖 5-15）：

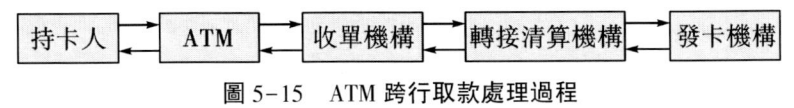

圖 5-15　ATM 跨行取款處理過程

第一步，持卡人看到 B 銀行的 ATM 上貼有與其銀行卡上同樣的銀行卡網路標示，由此確認 B 銀行的 ATM 可以受理手中的卡片，將 A 銀行的卡插入 B 銀行的 ATM。

第二步，ATM 讀取銀行卡磁道信息，連同持卡人在 ATM 上輸入的密碼及取款金額等信息，組織交易信息發送至 B 銀行的系統。

第三步，當 B 銀行的系統判斷出此卡不是本行卡時，將相關信息轉送至與之相連的卡組織的轉接清算系統，以獲取交易授權。

第四步，轉接清算系統根據銀行卡號進行交易路由判斷，在判斷出此卡是 A 銀行發行的卡片後，將相關信息送至 A 銀行發卡系統以獲取交易授權。

第五步，A 銀行收到這些卡信息和交易請求後，系統自動核查該卡的密碼和帳戶情況，並根據授權規則決定批准或拒絕交易請求。然後，A 銀行向卡組織的轉接清算系統發送授權應答，並為持卡人帳戶扣款（借記卡）或掛帳（信用卡）。

第六步，接收到 A 銀行的應答信息後，轉接清算系統會將此應答信息轉發給 B 銀行。

第七步，B 銀行的系統接到授權應答，向 ATM 發出授權指令或通知 ATM 拒絕交易。

第八步，若交易得到授權，ATM 按照取款金額吐鈔，持卡人獲取所需要的現金；若此交易請求被拒絕，ATM 顯示拒絕交易的信息。

上述過程雖然較為複雜，但由於系統採用了電子化信息處理手段，整個流程一般在幾秒內就能完成。

雖然持卡人取到所需現金，但整個交易過程並未完成。在這一交易中，B 銀行支付了現金給 A 銀行的持卡人，但持卡人並未在 B 銀行開立帳戶，同時 A 銀行扣減了持卡人在該行的帳戶款項，因此 B 銀行實際上為 A 銀行墊付了持卡人所需要的現金。轉接清算機構會將這筆取款交易與其他跨行交易一起在各入網機構之間進行批量的資金軋差清算，並完成資金的劃轉，此時 B 銀行才得到這筆款項。

（2）POS 收單

POS 收單業務流程是指消費者在商戶購買商品，刷卡消費，通過 POS 機，將交易數據傳送到收單機構，收單機構接收收據後，上傳銀聯組織進行清算，銀聯將信息發送至發卡行，發卡行將對帳單寄送給消費者進行核對，核對無誤後將資金劃轉至商戶帳戶中。

5 基於互聯網的支付

下面假設持卡人使用 A 銀行的銀行卡在 B 銀行簽約收單的特約商戶通過刷卡支付貨款（見圖 5-16）。

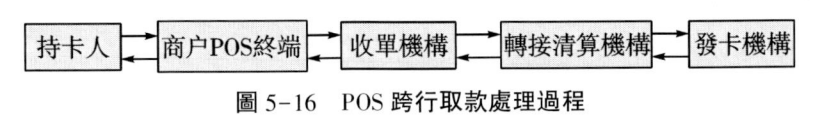

持卡人 → 商戶POS終端 → 收單機構 → 轉接清算機構 → 發卡機構

圖 5-16　POS 跨行取款處理過程

在實際交易發生之前，B 銀行已經完成了商戶拓展工作：為了使持卡人能夠在此商戶使用銀行卡，B 銀行已與該商戶簽訂收單協議，並為商戶安裝了 POS 終端、對收銀員進行操作等相關培訓，在店內張貼或擺放了銀行卡網路的標示。

第一步，當持卡人看到與其銀行卡上相同的銀行卡網路標示時，就確認能夠在此商戶使用自己的銀行卡，收銀員在拿到銀行卡時也會通過核查卡上的銀行卡網路標示確認本店是否可以受理這張銀行卡；在確認可受理后，收銀員會在 POS 終端上刷卡並輸入相關的交易信息，若發卡行要求密碼交易，持卡人還須輸入銀行卡密碼。

第二步，POS 終端通過與收單機構相連的通信線路將密碼、卡片信息和請求授權的交易信息上傳到 B 銀行的收單系統，收單系統根據卡 BIN 判別不是本行的銀行卡后，會將相關信息送至卡組織的轉接清算系統。

接下來的第三步到第七步，授權請求及授權應答在 A 銀行、B 銀行及卡組織系統之間的傳遞，以及 A 銀行發卡系統對該卡的核查與帳戶操作與前述 ATM 使用中的情況基本相同。

最后，POS 終端在收到允許交易的授權應答后，會自動打印簽購單；收銀員會要求持卡人在簽購單上簽字（有些憑密碼的交易無須簽字），並將該簽字與銀行卡背面簽名條上持卡人預留的簽名進行核對，核對無誤后將簽購單的其中一聯交給持卡人留存；如果 POS 終端接到的授權應答顯示為拒絕交易，則收銀員會告知持卡人無法用此卡進行支付。如同 ATM 交易一樣，從 POS 終端到收單系統、再到轉接清算系統和發卡系統之間的交易授權請求和應答也是在瞬間完成的。

持卡人雖然在上述過程中完成用卡付款，但整個交易過程並未結束，因為商戶並未真正收到貨款。轉接清算機構會在此交易批次結束時，將該款項與其他跨行交易款項一起在各入網機構之間進行軋差清算，B 銀行得到該款項；同時，B 銀行作為該商戶的收單行也會與其對帳，並在規定的時間內為商戶結算，將此款項與該商戶的其他銀行卡交易款項一起為商戶

入帳，商戶由此得到該筆貨款。

5.2.2.2 按收單機構分類

在已有分類的基礎上，本書將按照相關的收單機構來進行劃分，銀行卡收單可分為：銀行類銀行卡收單、非銀行金融機構類銀行卡收單和非金融機構類銀行卡收單三大類。

銀行類收單業務

銀行類的收單業務是指國內主要的商業銀行開展的銀行卡收單業務。

商業銀行的銀行卡收單業務營運模式主要有兩類：銀企合作模式和銀行自營模式。

①銀企合作模式是由商業銀行與第三方支付機構合作開展的銀行卡收單業務。合作方式主要表現為銀行將收單業務中的非核心業務部分或全部外包給第三方支付機構，並向其支付一定的服務費用。

②銀行自營模式是指銀行卡收單業務的核心和非核心業務均由商業銀行自己經營。

由於商業銀行在銀行卡收單業務中的角色是多變的，它在銀行卡產業鏈中除了可以作為收單機構，同時還是發卡銀行和特約商戶的結算銀行。因此它與整個銀行卡產業鏈的聯繫更加緊密，與各個角色之間的接觸也就更多。

（1）作為發卡銀行，通過銀行卡刷卡手續費分成獲利。在銀行卡刷卡手續費分成中，發卡銀行服務費收入占 70%。在國內，四大國有銀行在發卡規模方面佔有絕對優勢，也因此獲得相當可觀的銀行卡刷卡手續費分成。除此之外，銀行卡產品的功能和營銷活動活躍度也對刷卡交易量起到了重大作用。

表 5-6　　　　　　　2015 年中國銀行卡發卡規模[1]　　　　單位：億張

季度	銀行卡在用發卡數量	借記卡在用發卡數量	信用卡在用發卡數量
第一季度	49.99	45.40	4.24
第二季度	50.32	45.99	4.33
第三季度	52.53	48.03	4.49

（2）作為收單機構，相較於第三方支付機構，商業銀行在收單市場上最大的競爭優勢在於全面豐富了金融產品線——可以為特約商戶經營者提供包括存

---

[1] 資料來源《2015 年支付體系運行總體情況報告》。

款、貸款、銀行卡、銀行承兌匯票、國際結算等全方位的金融服務。除此之外，對於商業銀行而言，一方面通過各種業務的交叉營銷可以幫助它更牢固地綁定客戶，提高客戶的忠誠度和貢獻度，從單個客戶身上獲取更大的價值；另一方面客戶在同一商業銀行辦理多種業務，實質上是降低了商業銀行在單個客戶投入的成本。因此，為特約商戶提供他們所需要的各種金融產品和服務，作為銀行卡收單業務的延伸，是商業銀行重要的盈利手段（見表5-7）。

表 5-7　　　　　2015 年中國銀行類收單市場規模[①]

季度	銀行卡跨行支付系統聯網特約商戶（萬戶）	POS 機具（萬臺）	ATM 機具（萬臺）
第一季度	1,247.90	1,642.10	72.17
第二季度	1,370.70	1,794.60	81.45
第三季度	1,513.50	1,989.30	84.08

作為收單機構，商業銀行的經營範圍更廣，進行業務創新的空間也更大。除了在銀行卡收單業務上創新，為特約商戶提供高效便捷的收款服務和營銷支持，商業銀行還可以為特約商戶量身訂制全面的金融服務，如根據特約商戶的清算流水為其提供循環額度貸款，等等。瞭解客戶的需求並快速做出反應，將需求轉化為產品，這就是創新能力的體現。

（3）作為特約商戶的結算銀行，通過存貸利差獲利。在銀行卡收單業務中，商業銀行既是特約商戶的收單銀行同時也是結算銀行。特約商戶在商業銀行開立個人或對公結算帳戶用於商業銀行每日將 POS 交易款項清算至指定的結算帳戶。這樣一來就必定會給商業銀行帶來儲蓄存款沉澱以及賺取存貸利差的機會。

商業銀行作為特約商戶的收單銀行和結算銀行，掌握著特約商戶的現金流狀況，在信息對稱性上具有先天優勢。現在多數商業銀行已推出針對小微企業和個體工商戶的流水貸款，即根據客戶結算帳戶的現金流量給予其一定的授信額度，並且可以循環使用。

非銀行金融機構類收單業務

近年來許多的專業收單機構興起。據第三方支付統計數據顯示，目前獲得央行支付牌照的企業中，有 60 家企業獲得收單業務資格。

---

① 資料來源：《2015 年支付體系運行總體情況報告》。

銀聯商務作為在 2011 年 5 月份首批獲得中國人民銀行頒發的第三方支付牌照的企業，專門從事銀行卡受理市場建設和提供綜合支付服務，是國內最大的銀行卡收單專業化服務機構。截至 2014 年年底，銀聯商務專業化服務覆蓋了全國 314 個地級以上城市，在全國除臺灣以外的所有省級行政區設立機構，服務特約商戶超過 135 萬家，維護 POS 終端近 190 萬臺，分別占銀聯聯網商戶和聯網 POS 終端的 45.7%、44.7%。服務 ATM 及自助終端 9.5 萬臺。銀聯商務已經形成了銀行卡專業化服務網路，可滿足不同行業客戶在全國範圍內的各種銀行卡增值服務需求，因此具有較強的品牌競爭力。

銀聯商務：

銀聯商務有強大的一體化銀行卡支付系統，能實現快捷刷卡收銀，有效幫助商戶降低收款成本，提升財務管理的能力。

傳統收單產品有：金融 POS 收單、商超 MIS-POS、金融 IC 卡服務。

①金融 POS 收單服務：快速收款——資金最快 T+0 結算；即時對帳——交易流水隨時查詢；隨時監控——排查資金安全隱患。

②商超 MIS-POS：由銀聯商務自主研發，是基於商業收銀設備的一體化銀行卡支付受理解決方案。該產品服務能有效實現銀行卡交易統一處理和帳務統一管理。適用商戶類型：大型百貨商場、連鎖超市、家電賣場、賓館酒店及其他連鎖專賣店等。

商超 MIS-POS 產品優勢：交易速度更快、穩定性更強、通訊成本更低、管理功能更全面、財務管理更有效、收銀管理更完善、企業營運成本更低等。

③金融 IC 卡服務：百萬臺 IC 卡受理終端，在發卡、受理、圈存、營銷多個環節為銀行提供業務支持與合作。其使用範圍：出租車、停車場、旅遊景區、菜場、餐飲、百貨、超市和便利店等消費領域；公共交通、社保、醫保、高速收費站、通信、公共事業繳費等公共服務領域。

金融 IC 卡服務優勢：全國逾百萬臺 IC 卡受理終端；百貨超市、餐飲便利、公共交通等多領域的 IC 卡應用經驗；同時為持卡人提供電子現金圈存服務；完善的客服體系，24 小時快速回應。

新興支付產品——全民付：

全民付——面對支付需求的多樣化和支付應用的場景化，銀聯商務本著「服務社會，方便大眾」的理念而推出的、面向廣大公眾的便利支付產品。它是利用公司遍布全國的 ATM、POS、自助終端、網上支付等各種支付渠道，為廣大持卡人提供公眾繳納水、電、煤、通信等公用事業費用以

及信用卡還款、通信營運商充值、網上購物付款等需求。

全民付目前已開通的業務內容包括信用卡還款、手機話費直充、帳單號支付、游戲/目錄銷售、餘額查詢、慈善捐款等。

中國正在加大力度改善銀行卡商戶受理率，這意味著 POS 收單市場將呈現前景廣闊的業務機遇。但隨著獲得牌照 POS 收單業務的企業不斷增加，POS 收單市場的競爭也會更加激烈，以及國家對第三方支付市場的監管力度加大和銀聯商務本身的國有化體制，這在一定程度上給銀聯商務的發展帶來了很大的挑戰。

非金融機構類收單業務

隨著電子商務的快速發展，非金融機構類銀行卡收單業務從無到有，並不斷壯大，為持卡人帶來了更加便利、快捷的支付體驗，成了銀行卡產業鏈中不可或缺的一部分。

自 2011 年 5 月 18 日中國人民銀行頒發首批第三方支付業務許可證，支付寶、拉卡拉、快錢、匯付天下等 27 家企業順利獲得支付牌照。截至 2015 年，人民銀行共發放八批第三方支付牌照，獲得牌照的第三方支付企業已達 270 家，業務類型覆蓋移動電話支付、固定電話支付、數字電視支付、銀行卡收單、預付卡發行與受理、互聯網支付等，其中 60 家非金融機構獲得銀行卡收單業務許可，包括全國性商業銀行 43 家、地方性商業銀行 17 家[①]。

拉卡拉：

作為目前中國最大的線下支付公司，拉卡拉以信用卡跨行還款免費而小有名氣。依託遍布全國的拉卡拉支付終端，拉卡拉為用戶提供安全、簡單、方便、靈活的全方位便民金融服務。截至 2014 年年底，拉卡拉家用機銷售突破 30 萬臺，且完成了對全國便利店體系超 95%的覆蓋（見圖 5-17）。

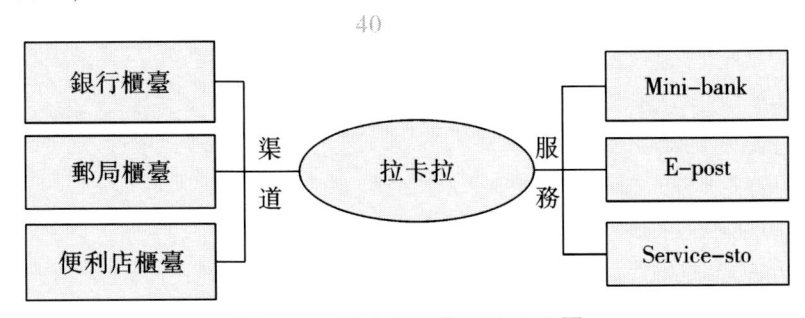

圖 5-17　拉卡拉商業運作流程圖

① 資料來源：艾瑞諮詢統計數據。

①拉卡拉商業運作流程：持卡人可免除到銀行、郵局排隊的麻煩，到就近的銀行櫃臺、郵局櫃臺、一級便利店櫃臺的拉卡拉終端上刷卡進行日常生活金融業務，其主要服務有：Mini-bank：還款、繳費、充值；E-post：手機號匯款、帳單號付款、帳戶充值、公益捐款；Service-stor：訂閱期刊、購買票務、兌換積分。

②拉卡拉的盈利模式：

拉卡拉的服務很少對普通用戶收費，其盈利來源主要來自兩方面：

a. 手續費：通過在終端機上的交易對收款方收取一定手續費；

b. 增值服務：利用拉卡拉的渠道為商戶提供其他增值服務，比如廣告收入。更重要的是市場佔有率，一旦拉卡拉在終端市場上的份額達到一定規模，便可以在這些網點上開發出各種各樣的盈利模式。

5.2.3 銀行卡收單的發展趨勢

隨著中國銀行卡支付業務模式、受理終端與渠道的不斷創新，銀行卡收單業務的內涵與外延正在不斷擴大，呈現傳統實體商戶收單、網路新型收單融合發展的趨勢。而央行借貸分離、取消刷卡手續費等一系列政策的實施，將改變銀行卡收單收費標準，即由原來的按特約商戶的類型（餐娛類、一般類、民生類和公益類）作為收費標準變為按銀行卡類別（借記卡、信用卡）來收取相關的手續費，從而有效防範「套碼」現象，營造良好的受理環境（見表5-8）。

表5-8　　　　銀行卡傳統收費標準①（POS刷卡費率）

商戶類別		手續費率（舊）	手續費率（新）
餐飲類	餐飲、賓館、娛樂、珠寶金飾、工藝美術品房地產及汽車銷售	2% （其中房地產和汽車銷售封頂50元）	1.25% （其中房地產和汽車銷售封頂80元）
一般類	百貨、批發、社會培訓、仲介服務、旅行社及景區門票等	1% （其中批發類封頂50元）	0.78% （其中批發類封頂26元）
民生類	超市、大型倉儲式賣場、水電煤氣繳費、加油、交通運輸售票等	0.5%	0.38%

---

① 資料來源：中國人民銀行官方網站資料。

表5-8(續)

商戶類別		手續費率（舊）	手續費率（新）
公益類	公立醫院、公立學校	按照服務成本收取「水電煤氣」1元/筆	按照服務成本收取

另外，支付寶、易寶等各種第三方支付的快速發展，使得支付方式更加多樣化，如微信支付、二微碼支付、手刷支付、智能便民支付等，在為消費者帶來更多便利的同時，也對整個銀行卡收單行業帶來巨大挑戰。隨著支付產業綜合金融時代的來臨，央行對銀行卡收單進行了重大改革，主要從以下幾方面進行：

①降低發卡行服務費費率水平。取消商戶行業分類定價，實行政府指導價、上限管理（借記卡0.35%、貸記卡0.45%）。

②降低網路服務費費率水平。網路服務費由現行區分商戶類別實行政府定價，改為不區分商戶類別，實行政府指導價、上限管理；由銀行卡清算機構分別向收單、發卡機構收取費用。費率水平降低為不超過交易金額的0.065%，由發卡、收單機構各承擔50%。

③對發卡行服務費、網路服務費實行單筆封頂措施。

④對部分商戶（非營利性機構、民生行業）實行發卡行服務費、網路服務費優惠措施。

⑤收單市場化定價。機構收取的服務費，由現行政府指導價改為實行市場調節價，由收單機構與商戶協商確定具體費率（見表5-9）。

表5-9　　　　　銀行卡刷卡手續費項目及費率上限表

序號	商戶類別	手續費率（舊）	手續費率（新）
1	收單手續費	收單機構向商戶收取	實行市場調節價
2	發卡手續費	發卡機構向收單機構收取	借記卡，不高於0.35%（單筆收費金額不超過13元）
			貸記卡，不高於0.45%
3	網路服務費	銀行卡清算機構向發卡機構收取	不高於0.032,5%（單筆收費金額不超過3.25元）
		銀行卡清算機構向收單機構收取	不高於0.032,5%（單筆收費金額不超過3.25元）

「套碼」其實質是違規套用低手續費率行業的商品類別碼（MCC）。根

據商戶主營業務、行業屬性的差異，由收單機構為商戶設定一個「MCC碼」（商戶 POS 機小票的第 8 位~第 11 位數），商戶繳付的刷卡手續費率就由此決定。

5.3 支付清算

5.3.1 支付清算概述

5.3.1.1 支付清算

為了滿足生活需求，我們需要購買生活用品；為了進行生產經營，企業需要購買原材料等。所有這些活動（或者說交易）都需要支付，可以說，支付活動在我們的生活中無處不在。

那麼究竟什麼是支付呢？支付就是社會經濟活動引起的債權債務清償及貨幣轉移行為。支付的過程包括交易、清算和結算三個過程。交易過程：包括支付的產生、確認和發送，特別是對交易有關各方的身分的確認、對支付工具的確認以及對支付能力的確認。

其中，清算主要指發生在銀行同業之間的貨幣收付，用以清訖雙邊或多邊債券債務的過程和方法。清算過程是在結算之前對支付指令進行發送、核對以及在某些情況下進行確認的過程，而結算過程是將清算過程產生的待結算債權債務在收、付款人金融機構之間進行相應的帳簿記錄、處理，從而完成貨幣資金最終轉移並通知有關各方。支付清算是現代金融服務體系的主要功能之一（見圖 5-18）。

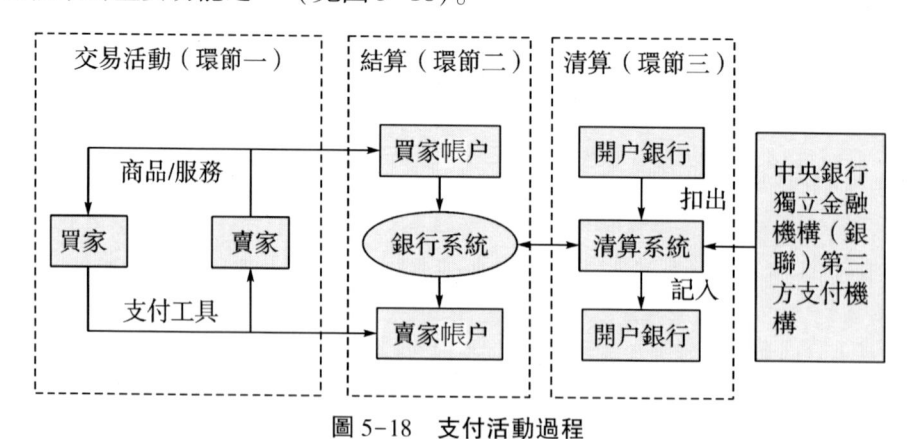

圖 5-18　支付活動過程

5.3.1.2 支付清算系統

支付清算系統是銀行為客戶辦理資金劃轉過程中所採取的組織管理體制、支付工具和方式、聯行清算所組成的資金運動系統，是支撐支付工具運行的通道。目前，中國已初步建成以中國人民銀行大小額支付系統為中樞，銀行業金融機構行內業務系統為基礎，票據支付系統、銀行卡支付系統、證券結算系統和境內外幣支付系統為重要組成部分，行業清算組織和互聯網組織業務系統為補充的支付清算網路體系。各支付清算系統之間有機連接、功能互補，共同構成安全高效的現代化支付清算網路體系，對於加快社會資金週轉，提高支付清算效率，促進國民經濟健康平穩發展發揮著越來越重要的作用。

5.3.2 支付清算體系

5.3.2.1 境外支付清算體系
（1）美國的支付清算體系

美國是一個金融高度發達的國家，其支付清算系統具有完善性好、服務質量高、有效監管、服務範圍廣和各支付清算子系統間的聯繫度緊密等優點。美國的支付清算系統的發展經歷了三個階段：以手工處理紙面票據為主的階段；手工與計算機並行處理紙面票據與電子支付的階段，在此發展過程中，紐約的商業銀行於1970年間建立了銀行間支付清算系統（CHIPS），1975年聯邦儲備銀行組建了自動化清算所系統（ACH）；電子支付清算全面發展階段。

美國的支付清算系統有兩個：一個是美元跨行支付清算系統；另一個是證券交易結算系統。不同的市場由不同的機構和系統分別負責清算和結算。跨行支付清算主要有五種渠道：

①美元大額支付系統。1913年建立的聯邦電子資金轉帳系統（FEDWIRE）和1970年4月開始運行的CHIPS系統是支持美元全球清算的兩大主要大額支付系統。

FEDWIRE是一個高度集中化的系統，是美國境內美元收付系統，它是一個即時的、貸記的資金轉帳系統。其資金主要用於金融機構之間的隔夜拆借、銀行間清算、公司之間的大額交易結算以及證券交易結算等，可即時進行每筆資金轉帳的發起、處理和完成，全部自動化運行。

CHIPS是由紐約清算協會擁有並運行的一個私營支付系統。與FEDWIRE類似，CHIPS是一個貸記轉帳系統。與FEDWIRE不同的是，CHIPS

是一個著名的私營跨國美元大額支付系統，要累計多筆支付業務的發生額，並且在日終進行金額結算。CHIPS 的參與者可以是商業銀行、國際卡組織（如 VISA）和紐約州銀行法所定義的投資公司或者在紐約設有辦事處的商業金融機構的附屬機構。任何一個非直接參與者要想通過 CHIPS 進行資金轉帳，必須雇傭一個清算所支付系統參與者作為其代理者。目前，超過 95% 的跨國美元支付最終通過 CHIPS 系統進行清算，為來自全球近百家會員銀行提供美元大額即時最終清算服務。該系統採用了多邊和雙邊淨額軋差機制實現支付指令的即時清算，實現了即時全額清算系統和多邊淨額結算系統的有效整合，可以最大限度地提高各國金融機構美元支付清算資金的流動性。

②支票結算系統。據統計，全美大約有 30%的支票在開立行內清算，另外 70%通過銀行間的清算機制來進行清算。

③ACH。ACH 的電子支付系統是全美唯一一家私營的自動化清算所。

④銀行卡結算網路。銀行卡、ATM 和 POS 構成了一個龐大的支付網路，網上銀行發展非常迅速，形成了更加完整的銀行卡結算網路。

⑤聯儲全國清算服務。聯儲還為私營的清算機構提供淨額結算服務。整個私營系統的最終清算是美聯儲通過調整私營的清算機構會員在聯儲銀行裡的帳戶餘額中進行的。

（2）英國的支付清算體系

英國倫敦擁有全球最大的多幣種支付系統，是持續連接結算系統（CLS）的業務處理所在地，提供著 17 種貨幣的跨境支付結算服務。倫敦的主要大額支付清算系統是英國的清算所自動化支付清算系統（CHAPS），於 1984 年開始運行使用。它由 CHAPS 英鎊系統和與 TARGET 連接的 CHAPS 歐元系統組成，兩個系統共享同一平臺。CHAPS 的成員可以為本行並且可以代替其他銀行或其客戶與成員之間進行當日資金結算。

TARGET 是泛歐即時全額自動清算系統，為歐盟國家提供即時全額清算服務。其特點是：

（1）採用 RTGS 模式，系統在整個營業日內連續、逐筆地處理支付指令，所有支付指令均是最終的和不可撤銷的，從而大大降低了支付系統風險，但對參加清算銀行的資金流動性有較嚴格的要求。

（2）由於資金可以即時、全額地從歐盟一國銀行劃撥到另一國銀行，不必經過原有的貨幣匯兌程序，從而減少了資金的占用，提高了清算效率和安全系數，有助於歐洲中央銀行貨幣政策的實施。

（3）歐洲中央銀行對系統用戶採取收費政策，用戶業務量越大，收費標準越低，這一收費規則似乎對大銀行更加有利。此外系統用戶需在歐洲中央銀行存有充足的資金或備有等值抵押品，資金規模要求較高；加之各國中央銀行對利用該系統的本國用戶不予補貼，故 TARGET 系統的清算成本高於其他傳統清算系統。

CHAPS 是一個即時全額支付系統，由英國支付清算服務協會（APACS）運行。提供以英鎊計值和以歐元計值的兩種獨立性清算服務，其中歐元清算與歐洲統一支付平臺 TARGET 連接。CHAPS 系統的成員可以在同一個平臺上辦理國內英鎊支付和跨國歐元支付，確保了英鎊和歐元在倫敦金融市場交易中具有同等的計值地位。但是，近幾十年來在國際結算中英鎊結算大多數通過往來帳戶的代理行進行帳戶結算，使用英鎊結算的越來越少，導致 CHAPS 清算的業務也隨之減少。此外，倫敦還有兩個重要的小額零售支付清算系統，一個是 BACS 有限公司提供的 ACH 電子支付清算系統，另一個是支票和貸記清算公司提供的紙質票據清算系統。

5.3.2.2　境內支付清算體系

（1）中國支付清算體系

目前中國支付清算體系主要由三大板塊構成：中央銀行支付清算系統、銀行業金融機構支付清算系統和第三方服務組織支付清算系統。如圖 5-19 所示。

為規範支付清算相關機構管理，促進中國支付清算市場健康發展，中國人民銀行於 2012 年 1 月 5 日頒布了《支付機構互聯網支付業務管理辦法》，2015 年 7 月 3 日頒布了《銀行卡清算機構管理辦法》，2015 年 7 月 31 日頒布了《非銀行支付機構網路支付業務管理辦法》。相繼頒布的法規不僅進一步完善了中國的支付清算法規制度建設，而且促進了國民經濟健康平穩發展。

（2）中國現代化支付清算系統的主要參與者

①直接參與者：人民銀行地市以上中心支行（庫）、在人民銀行開設清算帳戶的銀行和非銀行金融機構（與城市處理中心 CCPC 直接連接）。

②間接參與者：人民銀行縣（市）支行（庫）、未在人民銀行開設清算帳戶而委託直接參與者辦理資金清算的銀行和經人民銀行批准經營支付結算業務的非銀行金融機構。不與城市處理中心 CCPC 直接連接，其支付業務提交給其清算資金的直接參與者，由該直接參與者提交支付系統處理（間接參與者的典型例子是第三方支付公司）。

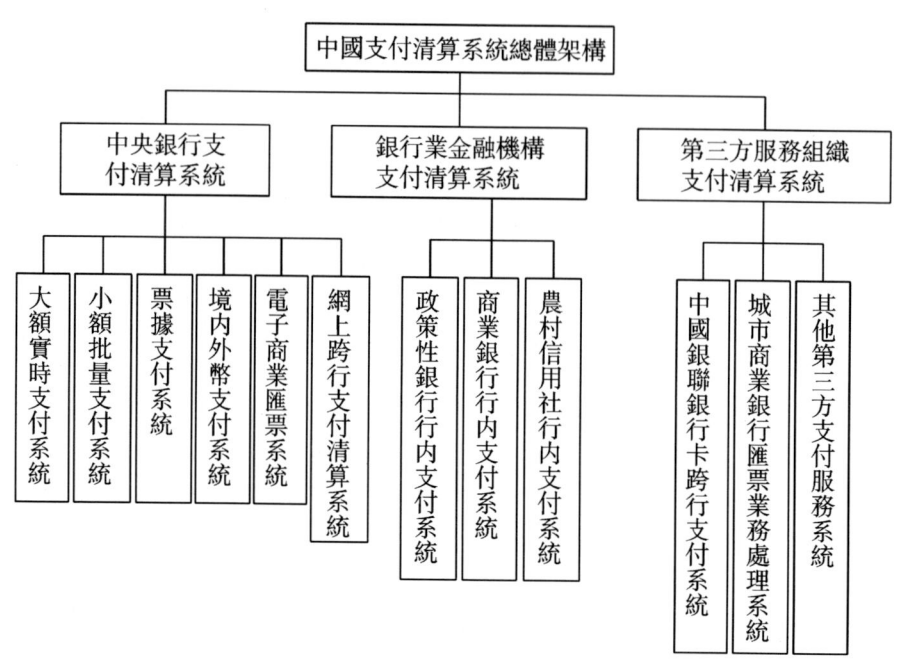

宏微觀視角下的互聯網金融模式創新與監管

```
                    中國支付清算系統總體架構
        ┌───────────────────┼───────────────────┐
   中央銀行支付              銀行業金融機構           第三方服務組織
   清算系統                  支付清算系統            支付清算系統
 ┌──┬──┬──┬──┬──┐       ┌────┬────┬────┐      ┌────┬────┬────┐
 大  小  票  境  電  網      政    商    農       中    城    其
 額  額  據  內  子  上      策    業    村       國    市    他
 實  批  支  外  商  跨      性    銀    信       銀    商    第
 時  量  付  幣  業  行      銀    行    用       聯    業    三
 支  支  系  支  匯  支      行    行    社       銀    銀    方
 付  付  統  付  票  付      行    內    行       行    行    支
 系  系      系  系  清      內    支    內       卡    匯    付
 統  統      統  統  算      支    付    支       跨    票    服
                     系      付    系    付       行    業    務
                     統      系    統    系       支    務    系
                             統          統       付    處    統
                                                 系    理
                                                 統    系
                                                       統
```

圖 5-19　中國支付清算體系圖

③特許參與者：經中國人民銀行批准通過支付系統辦理特定業務的機構。在人民銀行當地分支行開設特許帳戶，與當地城市處理中心連接（特許參與者的典型代表為銀聯）。

中國現代化支付系統建有兩級處理中心，即國家處理中心（NPC）和全國省會及深圳城市處理中心（CCPC）。國家處理中心分別與各城市處理中心連接，其通信網路採用專用網路，以地面通信為主，衛星通信備份。

(3) 支付清算業務主體

在中國現主要從事清算業務的主體有：中央銀行、商業銀行以及銀聯。本節也將從這三個方面來介紹中國的支付清算業務。

①中央銀行清算體系。

大額即時支付系統、小額批量支付系統、票據支付系統（包括同城票據交換系統、全國支票影像交換系統）、境內外幣支付系統和電子商業匯票系統，網上跨行支付清算系統由中國人民銀行建設並運行，主要面向各銀行業金融機構提供服務，是銀行間支付清算的主渠道。而中國人民銀行清算體系主要以大小額支付系統為中樞。

大額即時支付系統

a. 一般大額支付業務，是由付款銀行發起，逐筆即時發往國家處理中心，國家處理中心清算資金后，即時轉發收款銀行的業務。包括：匯兌、托收承付劃回、中國人民銀行（庫）辦理的資金匯劃等。

b. 即時轉帳支付業務，是由與支付系統國家處理中心直接連接的債券綜合業務辦公室特許參與者發起，通過國家處理中心即時清算資金后，通知被借記行和被貸記行的業務。主要由中央債券綜合業務系統辦理的公開市場業務、債券交易市場業務、債券發行與兌付業務等。

c. 城市商業銀行銀行匯票業務，是支付系統為支持中小金融機構結算和通匯而專門設計的支持城市商業銀行銀行匯票資金的移存和兌付的資金清算業務。

小額批量支付系統

小額批量支付系統在一定時間內對多筆支付業務進行軋差處理，淨額清算資金。其目的是為社會提供低成本、大業務量的支付清算服務，支撐各種支付業務的使用，滿足社會各種經濟活動的需要。它主要處理同城和異地紙憑證截留的借記支付業務和小額貸記支付業務，中央銀行會計和國庫部門辦理的借記支付業務，以及每筆金額在規定起點以下的小額貸記支付業務，該系統採取支付指令批量發送，軋差淨額清算資金，旨在為社會提供低成本、大業務量的支付清算服務。小額支付系統實行 7×24 小時連續運行，能支撐多種支付工具的使用，滿足社會多樣化的支付清算需求，成為銀行業金融機構跨行支付清算和業務創新的安全高效的平臺。

②商業銀行清算體系

同城清算

同城票據清算，一般指同一城市（或區域）各金融機構對相互代收、代付的票據，按照規定時間和要求通過票據交換所集中進行交換並清算資金的一種經濟活動。它是銀行的一項傳統業務，票據交換業務不僅涉及銀行間票據的交換與清算，而且還牽涉到社會資金的使用效益等。同城票據清算的具體做法主要有以下幾種：

a. 同城商業銀行間本系統內票據交換。由同城商業銀行的主管行牽頭，對轄內各營業機構代收、代付本系統的票據組織交換，通過同城行處理往來的科目劃轉，當日或定期通過聯行往來科目進行清算。

b. 同城商業銀行間跨系統票據交換。根據各商業銀行機構設置和在銀行開立存款帳戶的情況，採取三種不同的票據交換法。一是通過各商業銀

行的存款帳戶間當時清算的辦法；二是直接通過各商業銀行的所屬機構在人民銀行開設的存款帳戶中進行資金清算的辦法。三是對業務量不大的縣城行的跨系統票據交換，採取直接交換、當時清算資金的辦法。

異地清算

在中國，異地清算業是同現行的聯行往來制度相聯繫的，商業銀行在聯行轉匯清算業務中的做法是：

a. 各商業銀行全國聯行跨系統和系統內大額匯劃款項均通過人民銀行聯行辦理轉匯並清算資金。

b. 商業銀行全國聯行跨系統和系統內未達到轉匯金額起點的匯劃款項、內部資金匯劃款項和縣以下全國聯行通匯機構的匯劃款項，仍分別通過商業銀行跨系統和本系統聯行劃轉。

c. 商業銀行簽發的銀行匯票和銀行承兌匯票，由各商業銀行聯行劃付。

d. 商業銀行辦理轉匯時，匯劃金額一般不得轉入同城票據交換差額內，可將有關匯劃憑證連同轉匯清單一併向人民銀行提出信件交換或單獨提交。但人民銀行劃撥解付款項，可通過同城票據交換辦理。

資金清算方法：全額清算。即參加票據交換的行（處），將提出提入票據的應借和應貸差額分別進行匯總，然後通過人民銀行向對方行清算資金。差額清算。即參加票據交換的行（處），將各自提出提入的票據金額進行軋差，得到應貸差額或應借差額，然後通過在人民銀行的存款帳戶進行清算（見圖5-20）。

③銀聯清算體系

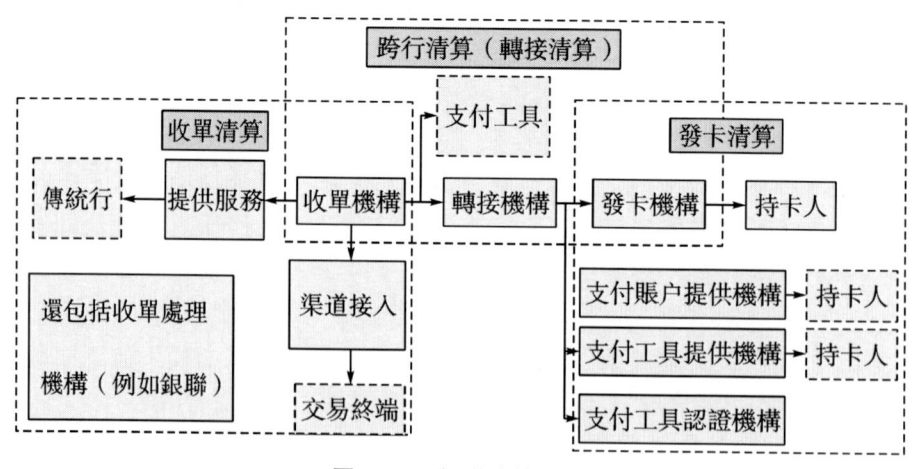

圖 5-20　銀聯清算系統

a. 銀聯清算方式。銀聯的支付清算包括跨行清算和收單清算。跨行清算是針對收單機構和發卡機構的清算；收單清算是代替收單機構針對商戶和收單專業化服務機構的清算。

b. 銀聯清算的環節。銀聯的支付清算包括清分和資金劃撥兩個重要環節。清算是指對交易日誌中記錄的成功交易，逐筆計算交易本金及交易費用（手續費、分成等），然后按清算對象匯總軋差形成應收或應付金額。其中：清分是在銀聯清算系統內部完成的。而資金劃撥是銀聯通過央行的大小額支付清算系統或同城票據交換系統完成的。

c. 銀聯清算系統與央行大小額支付清算系統的關係。無論是跨行清算還是收單清算，銀聯都是作為一個特許參與者，加入大小額支付清算系統，完成銀行卡交換業務的資金劃撥。銀聯通過大額支付系統實現與境內成員機構清算帳戶之間的雙向資金轉移，此部分對應銀聯清算方式的跨行清算。在大額支付清算系統中，銀聯享有比商業銀行更大的特權，因為銀聯可以借記或貸記對方的帳戶，商業銀行只能貸記對方的帳戶。在大額支付清算系統中還享有借記特權的只有國債登記公司，而且其借記操作還需有國債作抵押。銀聯通過小額支付系統和當地的票據交換系統，實現與境內第三方機構和商戶之間的單向資金轉移，此部分對應銀聯清算方式的收單清算。

5.3.3 支付清算的發展趨勢

5.3.3.1 銀行卡清算市場的開放

2015 年 4 月，國務院發布《關於實施銀行卡清算機構准入管理的決定》，正式放開銀行卡清算准入，並於 2015 年 6 月 1 日起施行。這意味著境外支付機構、第三方支付機構、銀行等符合要求的機構均可申請銀行卡清算業務許可證，在中國境內從事銀行卡清算。同時，標誌著中國銀行卡清算服務市場將實現面向國際和國內的全面開放，在既有中國清算服務市場格局中，也將很快迎來民營資本和國際資本的進入。

5.3.3.2 人民幣跨境支付清算系統的啟用

隨著人民幣國際化進程不斷加快，資本項目的逐步放開，現有的人民幣跨境支付清算模式將不具備可持續性。而人民幣跨境支付清算系統將主要用於處理人民幣跨境支付業務，進行跨境美元的交易清算。其將滿足各主要時區的人民幣業務發展需要，進一步整合現有人民幣跨境支付結算渠道和資源，提高跨境清算效率。而隨著人民幣跨境支付清算系統的啟用，

將連接境內外參與者，處理人民幣貿易類、投資類等跨境支付業務，滿足跨境人民幣業務不斷發展的需求。未來，清算行將不再是境外人民幣的主要回流機制和離岸人民幣存款的定價基礎，這些功能將由人民幣跨境支付清算系統所承擔。

6 基於互聯網的支付卡

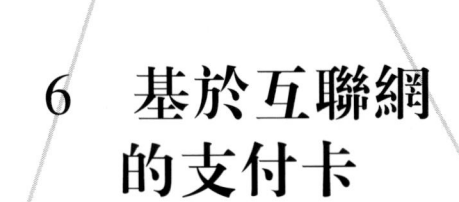

隨著信用卡、借記卡的發展日益成熟，預付卡作為新興電子支付工具的成長速度令人矚目。在中國預付卡誕生初期，其主要是為單個企業或商家為了吸引顧客而發行的單用途卡。隨著中國預付卡市場的發展和成熟，現階段的預付卡種類繁多，逐漸從單用途預付卡發展為多用途預付卡，發卡行業遍布商場百貨、交通行業、電信行業、餐飲娛樂、健身會所，等等。預付卡的使用範圍逐漸從單一企業發展到多領域、跨地區使用。預付卡的功能也從最初的消費儲值發展為積分兌換、附送增值服務等功能。此外，網路電子類型的預付卡也逐漸在網路商家中流通和使用。產業信息網發布的《2015—2020年中國預付卡市場營運態勢與市場專項調研報告》顯示，近幾年中國預付卡規模如圖6-1所示。

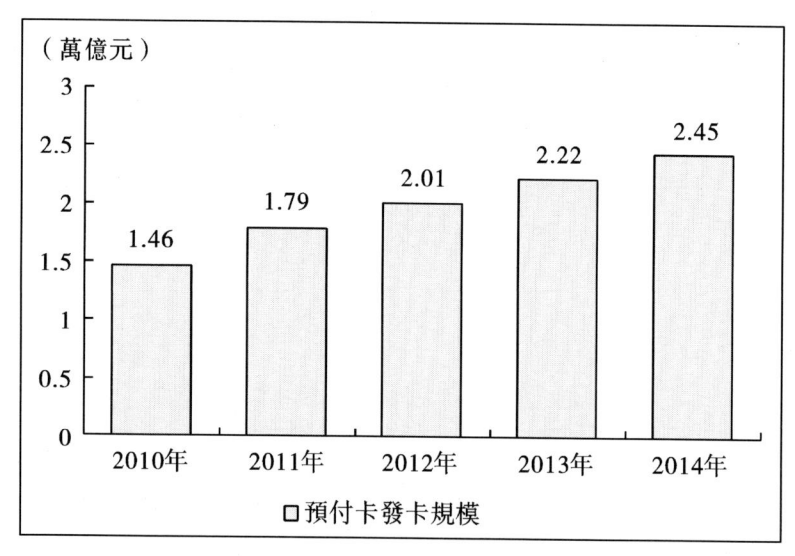

圖6-1　2010—2014年中國預付卡發卡規模
資料來源：中國商業聯合會、智研數據中心。

6.1　概論

2010年6月14日發布的中國人民銀行令（2010）第2號——《非金融機構支付服務管理辦法》對預付卡的定義為：以營利為目的發行的、在發行機構之外購買商品或服務的預付價值，包括採取磁條、芯片等技術以卡片、密碼等形式發行的電子支付卡片。其具體形式包括：禮品卡、福利卡、商家會員卡、

公交卡等。同借記卡相比，其主要區別在於預付卡不與持卡人的銀行帳戶直接關聯，既可以由銀行等金融機構發行，也可以由普通的工商企業發行。

6.1.1 國外發展

美國、日本以及歐洲開始預付卡業務較早，目前已有較為成熟的運作體系和法律法規，且預付卡的使用範圍十分廣泛。

美國預付卡起源於20世紀70年代的校園卡。20世紀80年代，電話卡作為預付卡進入美國市場。90年代，禮品卡作為預付卡出現在美國市場上。禮品卡（Gift Cards）是消費者作為禮物購買然后轉贈他人的卡片。自2000以來，美國預付卡發展加快，市場規模年均增速超過50%，涵蓋了電話卡、禮品卡等領域，從物理狀態來看包括實物形式的和電子形式的預付卡。

日本工商業發達，特別在百貨業和服務業中「預付式證卡」的發行和使用非常普遍。常見的有商品券、贈券、文具券、米券、JR車票購買卡、電話磁卡、啤酒券、清酒券等。這些券卡大都標明面值或物品數量並且可以流通，接近於國內「購物卡」的概念。

歐洲預付卡最早在電信市場使用。1975年，義大利提出在公共付費電話領域使用預付電話卡的創意。隨後，英國、法國等紛紛推出預付電話卡。1985年，法國通過對初始的磁條預付卡進行改造，推出芯片預付卡，並使芯片預付卡作為小額零售支付的手段。1995年，英國推出一種名為Mondex的預付卡，該預付卡可以在停車場、火車站售票處等多個場所使用，成為第一類多用途的預付卡。

6.1.2 國內發展

與相對成熟的國際市場相比，中國的預付卡業務仍處於發展之中。以國家相關監管政策為標誌，可以大致分為三個階段：

6.1.2.1 2006年以前——萌芽階段

早在20世紀60年代，中國就出現了仿照人民幣字樣印刷的代幣票券（又稱代金券），並且在特定範圍內取代人民幣流通。進入20世紀80年代市場逐步開放，許多商家開始把發行各類消費卡（券）作為重要的促銷手段。而自1991年5月國務院辦公廳發布《關於禁止發放使用各種代幣購物券的通知》到2006年，國務院接連出抬相關政策，嚴厲打擊各種代幣購物券。因此預付卡市場還處於萌芽階段。

6.1.2.2 2006—2010 年——監管外的迅速膨脹階段

2006 年，商務部辦公廳《關於購物返券有關問題徵求意見的函》、國務院行業研究辦公室《關於代幣購物券（卡）有關問題徵求意見的函》等文件做出認定：預付卡不屬於法律禁止的代幣券（卡）範疇。自此預付卡得到正名，不再受到具體的監管，預付卡市場迎來新的發展機遇。寬松的監管環境和迅速膨脹的市場需求，刺激了大量的資本和商家青睞這一領域。同時，關於規範市場、保障消費者權益的討論逐漸受到人們的重視，政府部門開始尋求規制之道。

6.1.2.3 2010 年至今——監管框架下的良性發展階段

2010 年 9 月開始施行《非金融機構支付服務管理辦法》，該辦法要求非金融機構提供支付業務前應當取得支付業務許可證，成為支付機構，並對取得資質的要求進行了相關闡述。而以 2011 年 5 月《關於規範商業預付卡管理的意見》的出抬為標誌，表明了政府規範預付卡市場的決心。央行相關政策的出抬和后續措施的逐漸落實，雖然在一定程度上會對行業的盈利規模和發展速度造成衝擊，但從長遠的發展角度來講，一個規範健康的環境將更加有利於行業的發展。

6.1.3 預付卡產業鏈

中國預付卡行業產業鏈（見圖 6-2）。

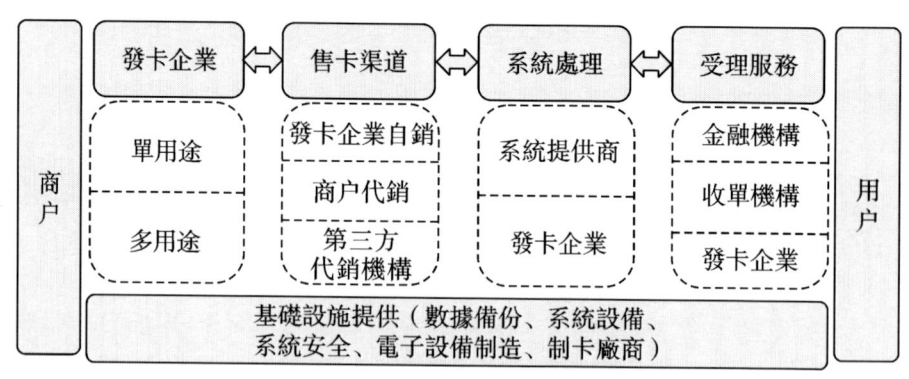

圖 6-2　中國預付卡行業產業鏈

預付卡經過多年的發展和完善，其產業鏈已具雛形，依據各專業化分工的情況，預付卡產業鏈分為發卡企業、售卡渠道、系統處理、受理服務四個主要環節。

在發卡流程中，主要涉及發卡企業、售卡渠道和系統處理三個環節。卡片由發卡企業通過售卡渠道流轉至購卡用戶手中；而資金從購卡用戶流轉至發卡企業（或其簽約存管銀行），發卡企業通過自主或第三方系統對客戶信息和交易信息進行處理和存儲。

而在消費流程中則主要涉及發卡企業、系統處理和受理服務三個環節。商品或服務由商戶流轉至消費者；資金通過支付平臺和收單機構由發卡企業（或其簽約存管銀行）流轉至商戶，發卡企業通過自主或第三方系統對卡片及用戶信息進行更新存儲。

6.2 分類

預付卡按照發卡機構和使用範圍不同，可分為兩大類：單用途預付卡和多用途預付卡。

單用途預付卡（簡稱單用途卡），根據《單用途商業預付卡管理辦法》，即指企業發行的，僅限於在本企業或本企業所屬集團或統一品牌特許經營體系內兌付貨物或服務的預付憑證，包括以磁條卡、芯片卡、紙券等為載體的實體卡，以及以密碼、串碼、圖形、生物特徵信息等為載體的虛擬卡。這種預付卡亦被稱為儲值卡、消費卡、智能卡、積分卡等，是先付費再消費的卡片，如超市儲值購物卡、校園卡等。

多用途預付卡（簡稱多用途卡），是指以營利為目的，由專營第三方發卡機構發行，在發行機構之外購買商品或服務的預付價值，可跨法人使用，包括採取磁條、芯片等技術以卡片、密碼等形式發行的預付卡，如四川商通公司的和信通卡等，可在發卡機構以外的多個商場、超市、健身會所等簽約商戶處使用（見表6-1）。

表6-1　　　　　　　　預付卡分類

預付卡種類	發卡機構	使用範圍	主要特點	監管機構
單用途預付卡	商業企業	發卡企業內部	1. 發卡機構的輔助業務 2. 使企業提前回收成本，降低財務風險 3. 提升品牌價值，增強競爭力	商務部等各級主管部門

表6-1(續)

預付卡種類	發卡機構	使用範圍	主要特點	監管機構
多用途預付卡	第三方發卡機構	跨地區、跨行業、跨法人	1. 專營發卡機構發行 2. 雙邊市場：一邊是受理商戶拓展，一邊是卡片銷售 3. 規模為王：必須達到一定規模才可能盈利	中國人民銀行及其分支機構

6.2.1 單用途預付卡

6.2.1.1 概述

最早的單用途卡出現在美國。20世紀70年代早期，大學校園卡和交通卡的出現標誌著單用途預付卡的誕生，80年代后期，單用途預付卡日益流行，其中電話預付卡在美國的大中城市出現並廣泛使用。

20世紀80年代中國出現了具有預付性質的代幣購物券，為了防止監管上的混亂，一直以來都對預付代幣券實施政策上的打壓。2011年5月，針對公款消費和收卡受賄等問題，央行、監察部等七部委聯合制定了《關於規範商業預付卡管理的意見》，規定單用途卡由商務部進行監管。2011年11月，國家商務部《單用途商業預付卡管理辦法（徵求意見稿）》的出抬，標誌著對商業企業發行的單用途預付卡開始進行規範管理。2012年4月，經國家民政部、商務部、國資委批准，中國商業聯合會商業預付卡規範工作委員會正式設立，至此單用途預付卡行業管理組織初現。

6.2.1.2 商業模式

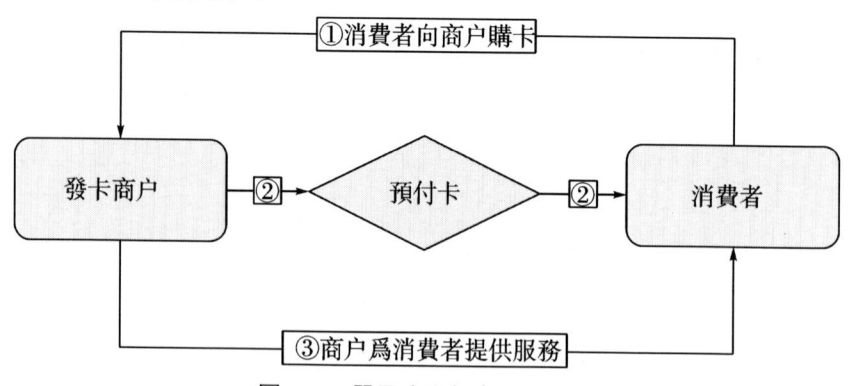

圖6-3 單用途預付卡商業模式

圖 6-3 表示單用途預付卡商業模式。一般是由消費者從發卡商戶（或商戶預付卡代銷渠道）購買特定金額的預付卡，然后持卡在特定商戶及其合作單位消費。如果是一次性卡片，卡內金額消費完后需要重新購卡，如果是可循環使用的卡片，則可自行充值后繼續消費。其整個運作過程顯示預付卡由發卡商戶自行運作，整個流程都在發卡商戶或其合作商戶圈內完成。

6.2.1.3 盈利模式

單用途卡發卡企業發行預付卡的直接目的是促進銷售、提前回收資金防範財務風險。因此，單用途卡發卡企業的直接盈利來自四個方面：備付金收益、利息、過期沉澱資金和卡內殘值，其中以備付金收入和過期沉澱資金為主。

（1）備付金收益。備付金是指客戶預存或留存在支付機構的貨幣資金，本書中的備付金僅指預付卡中未使用的與預付價值對應的貨幣資金。發卡企業出售預付卡可以獲得高額的流動資金，售卡所得預付款成為發卡企業零利息的短期貸款。發卡企業可將這筆資金用於企業的經營活動和規模擴張，也可用於商業地產的投資等。

（2）利息。發卡企業售卡所得的預收款項沉澱在企業的銀行帳戶上，即使是作為活期存款計算利息，每年也能為發卡企業帶來不菲的盈利。在競爭日漸激烈的零售市場上，同質化的競爭和持續不斷的價格戰已經使得大多數商家的利潤日漸下滑，此時預付卡經營的利潤來源就成為零售企業綜合利潤的重要補充。

（3）過期沉澱資金。由於目前多數單用途預付卡都設有使用期限，一旦過期之后，卡上的余額資金將會進入發卡公司的盈利範圍。為充分保障消費者的權益，防止發卡企業的不當收益，2011 年 6 月出抬的《關於規範商業預付卡管理的意見》中明確規定，記名商業預付卡將不設有效期，不記名商業預付卡有效期不得少於三年，對於超過有效期尚有資金余額的，發卡人應提供激活、換卡等配套服務。

（4）卡內殘值。由於預付卡不提現不找零，部分人的卡內會存留少量余額而不再使用，使之成為卡內殘值。這些小額余額長久累積就會沉澱為發卡企業的不菲利潤。為防止發卡人無償佔有卡內殘值，方便持卡人使用，新政發布之后，要求發卡企業健全預付卡收費、投訴、保密、贖回、清退等業務管理制度，全面維護持卡人的合法權益。

單用途卡的市場競爭優勢主要體現在發卡方的商業影響力和品牌號召

力上，發卡主體多為某地區知名商場、超市，銷售難度較低，更多情況下是用戶主動消費。相對劣勢在於用途單一，消費場所相對固定。同時，由於缺少監管，一旦發生發卡商戶倒閉、退出市場等情形，持卡用戶將沒有任何資金安全保障，未消費的卡無法退現或繼續使用，造成客戶資金損失。

★案例補充

校園一卡通

校園一卡通最初是從早期的食堂收費系統發展而來的，現已成為一種典型的單用途預付卡。校園一卡通是以IC卡為信息載體，適用於校園消費和管理的網路系統。IC卡取代了學校管理和生活中所使用的各種個人證件和現金支付手段，在一張小小的IC卡上實現生活消費、學籍管理、身分認證、網上交費等多種功能。師生員工在學校各處出入、辦事、活動和消費均只憑校園卡便可進行，並與銀行卡實現自助圈存，最終實現「一卡在手，走遍校園」，同時帶動學校各單位、各部門信息化、規範化管理的進程。某些高校的校園IC卡與銀行聯網，可以在校內外銀行網點和指定商戶圈存、圈提、取現、消費，真正做到一卡通用。通過一卡通的使用，學生可以在校園裡方便地就餐、購物等，不但簡化了消費現金的麻煩，增加了學生資金的安全，而且更易於學校的統一管理，校園內實現一卡通管理已經逐漸成為校園管理發展的必然趨勢（見圖6-4）。

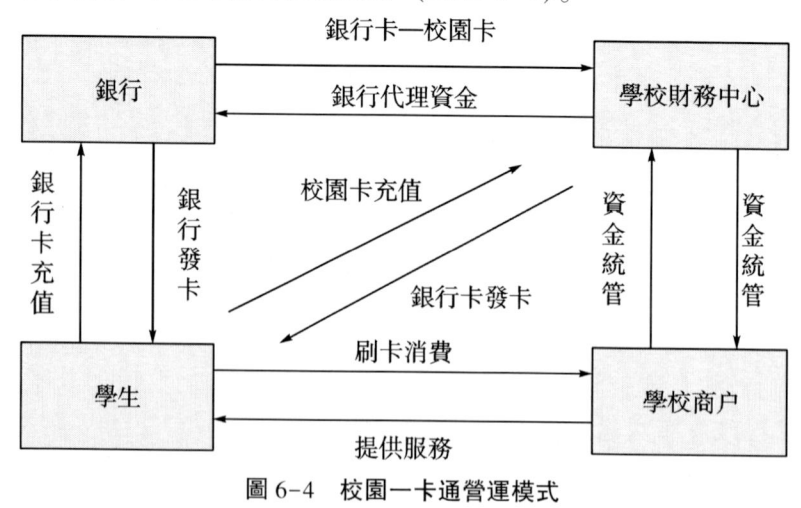

圖6-4　校園一卡通營運模式

6 基於互聯網的支付卡

校園一卡通一般由學校發行並進行統一管理，具有校內消費結算和身分識別兩方面的用途。校園卡能設置密碼保護卡內信息安全，使用本地銷售終端，進行脫機消費。因而，收費交易時間大大縮短，交易成本也隨之降低。校園卡具有在食堂、超市、書店、圖書館、複印中心、體育中心等各類收費應用場所的脫機消費功能。

6.2.1.4 趨勢

①發展方向更加開放化、主體更趨多元化。作為新興產業，預付卡產業具有巨大的發展空間。隨著消費市場的不斷變化和企業競爭手段的多元化，以及人民群眾消費的多元化，單用途預付卡在各個行業的使用將逐步擴大，可以預見其在不久的將來會成為行業的發展重心。

②商業預付卡產品將在對公客戶的基礎上不斷完善並向個人和家庭領域發展和延伸。將來的預付卡將不僅僅是一張簡單存儲資金價值的卡片，而是整合各種資源工具的有效平臺。對於商戶而言，預付卡將作為同時完成會員管理、優惠券、積分功能以及其他個性化需求的整合載體，形成以預付卡為載體，以客戶為中心的整合營銷工具，形成與企業品牌互動的趨勢。

6.2.2 多用途商業預付卡

6.2.2.1 概述

多用途預付卡出現於 20 世紀 90 年代早期。20 世紀 90 年代中期隨著電子科技的迅猛發展，多用途預付卡系統得到進一步廣泛覆蓋，從而使得支付方式更加多樣化。繼多用途的禮品卡之後，公司員工費用卡、「激勵」卡、匯款卡、醫療卡等各類多用途預付卡紛紛湧現。

2010 年 9 月央行頒行了《非金融機構支付服務管理辦法》，對非金融機構從事多用途預付卡的發行和受理業務進行了規範，首次在正式法規中承認了預付卡的合法地位。2011 年 5 月，國務院辦公廳轉發了七部門《關於規範商業預付卡管理的意見》（以下簡稱《意見》），其中提出對預付卡進行實名制管理，多用途卡由人民銀行進行監管。未經人民銀行批准，任何非金融機構不得發行多用途預付卡，一經發現，按非法從事支付結算業務予以查處。多用途預付卡發卡人接受的、客戶用於未來支付需要的預付資金，不屬於發卡人的自有財產，發卡人不得挪用、擠占。多用途預付卡發卡人必須在商業銀行開立備付金專用存款帳戶存放預付資金，並與銀行簽訂存管協議，接受銀行對備付金使用情況的監督。隨后對多用途預付卡管理的實施細則也陸續制定完成，向社會公開徵求意見。

6.2.2.2 商業模式

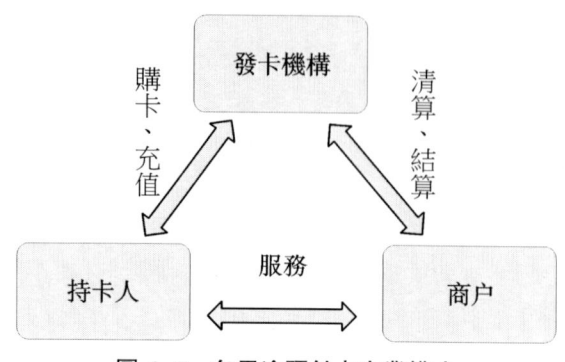

圖 6-5　多用途預付卡商業模式

圖 6-5 表示多用途預付卡商業模式。多用途預付卡由第三方發卡機構發行，客戶購買，通過網上交易平臺或線下商戶的 POS 機具進行消費，由發卡機構對卡內金額進行扣除后向第三方存管銀行發送付款指令，存管銀行向商戶交付結算款，商戶在收到結算款項后向發卡機構返傭。在此模式中，第三方發卡機構具有雙邊市場特徵，一邊是受理商戶拓展，與眾多商家簽訂協議，布放 POS 受理終端，一邊是卡片銷售，發行並銷售預付卡。

6.2.2.3 盈利模式

多用途卡發卡企業的主營業務為預付卡的發行和受理，其盈利模式也更加豐富。與單用途卡不同之處在於多用途卡盈利模式除了備付金收入、過期資金沉澱和卡內殘值外，還包括辦卡、管理費和商戶返傭等（見表 6-2）。

表 6-2　　多用途預付卡發卡企業主要細分盈利模式占比

辦卡、管理費	商戶佣金	卡內殘值	備付金收入
5%~10%	30%~40%	20%~30%	15%~25%

註：各細分盈利模式占比為不同盈利模式占總盈利規模的比例，行業平均水平。

（1）辦卡、管理費。辦卡費也稱為售卡手續費，是指消費者在購買預付卡的同時需要繳納的購卡手續費。由於卡片製作成本低，手續費中大部分金額會成為企業的利潤。管理費主要是指預付卡的延期費或者服務費，消費者在預付卡過期之後向商家繳納的延期手續費成為發卡企業的又一收入來源。《意見》中規定：對於不記名預付卡，發卡企業可收取換卡和過期帳戶管理費用；記名卡可收取掛失、換卡和轉讓費用。

(2）商戶返傭。商戶返傭即商戶支付的交易佣金。《意見》頒布後，由於來自於備付金、沉澱資金收入的受限，商戶佣金收入是目前預付卡發卡企業的主要收入來源。根據不同業態的利潤率，商戶返傭比例大致如下：商超百貨 0.1%～2%；餐飲娛樂 5%～20%；生活服務 1%～5%；休閒健身 8%～10%；美容美發 8%～20%。

（3）通過折扣、積分等服務獲取的中間利潤。發卡企業以其承諾的購買力向商家爭取較大的折扣空間，然后在此基礎上降低一定的折扣空間讓渡給消費者，從而賺取兩個折扣的差額利潤。

（4）其他增值服務。如發卡企業為企業提供福利解決方案、向其他發卡企業提供發卡系統和機具以及預付卡行業諮詢等業務的收入。

多用途預付卡的優勢在於跨法人機構、多渠道的支付能力，受理渠道越多，支付能力越強，使用越便捷。同時，客戶資金安全得到有效保障，即使發生發卡機構倒閉的極端情況，由於人民銀行對支付機構資金託管帳戶的監管，客戶仍然能夠獲得卡內未使用資金的退現保障。其劣勢在於未形成眾多消費渠道前，銷售和渠道擴展難度大。同時，巨額資金往來對於發卡機構清算系統的效率和安全性要求非常嚴格，清算系統是整個資金循環過程中最核心的部分，如果發生風險漏洞，無論對發卡企業還是商戶的損失都無法估計。預付卡的優勢還在於能夠高效完成市場資源配置，實現商家與消費者的共贏。

表 6-3　　　　　　　　預付卡發卡企業盈利模式

預付卡	盈利模式
單用途預付卡	1. 備付金收入（利息、資本市場運作、作為自有資金用於公司經營） 2. 過期資金、餘額沉澱
多用途預付卡	傳統盈利模式： 1. 備付金收入（利息、資本市場運作、作為自有資金用於公司經營） 2. 過期資金、餘額沉澱、延期費用 3. 商戶返傭 4. 售卡手續費、管理費用 創新盈利模式： 1. 通過折扣、積分等服務獲取的中間利潤 2. 其他增值服務收入

6.2.2.4　預付卡與第三方支付牌照

第三方支付牌照，也稱支付業務許可證，是為規範第三方支付行業發展

秩序所設定的行業准入門檻。第三方支付牌照包括三類業務：網路支付、預付卡的發行與受理、銀行卡收單。央行 2010 年 6 月正式對外公布了《非金融機構支付服務管理辦法》，明確了非金融機構提供支付服務需申請業務許可證，並規定逾期未能取得許可證者將被禁止繼續從事支付業務。

截至 2015 年 12 月 31 日，中國人民銀行共發放 270 張牌照，註銷牌照 2 張。預付卡行業已進入牌照時代，目前總計有 171 家企業已經獲得了人民銀行頒發的「支付清算業務許可」的「預付卡發行與受理」相關業務的牌照（統計數據暫未確定）（見表 6-4、表 6-5）。

表 6-4　　　　預付卡發行與受理業務分類統計情況

按業務類型分	按業務覆蓋範圍分			按發證時間分類							
	全國	區域	區域或全國	2011.5	2011.8	2011.12	2012.6	2012.7	2013.1	2013.7	2014.7	2015.3
預付卡發行與受理	8	105	4	8	7	35	67	1	20	22	4	1

表 6-5　　　　預付卡發行與受理業務分類統計

區域	地區	總獲牌數	預付卡獲牌數	區域	地區	總獲牌數	預付卡獲牌數
華東	上海市	54	31	華南	廣東省	30	8
	江蘇省	16	10		廣西	2	2
	浙江省	15	6		海南省	2	2
	安徽省	8	4	華中	湖南省	7	6
	福建省	9	7		河南省	2	2
	江西省	1	1		湖北省	4	4
	山東省	9	5	西北	陝西省	5	4
華北	北京市	42	22		甘肅省	1	1
	天津市	4	2		青海省	0	0
	河北省	3	3		寧夏	0	0
	山西省	4	3		新疆	1	0
	內蒙古	2	1	西南	四川省	5	2
東北	黑龍江	3	2		雲南省	4	2
	吉林省	1	1		貴州省	3	2
	遼寧省	3	3		重慶市	4	3
—	—	—	—		西藏	0	0

6.2.2.5 趨勢

（1）預付卡應用朝著移動化、場景化方向發展。隨著全球移動互聯網的快速發展和智能手機的普及，圍繞生活消費的手機應用不斷出現，便民應用的移動化、靈活化、快捷化要求越來越高，進一步推動了預付卡向移動化方向的發展。預付卡將與互聯網支付、移動支付等創新服務趨勢融合，打通線下線上的互通使用，實現預付卡市場和產業的升級。

（2）預付卡將實現跨區域使用。2012 年 4 月發行的「嶺南通‧八達通」聯名卡實現了粵港兩地互聯互通，極大地方便了兩地民眾跨區域的出行和消費，具有里程碑式的意義。2015 年 11 月，「十三五」規劃中提出的規劃和建設一級六大城市群對多用途預付卡的進一步發展提供了良好的契機，預付卡未來可實現在各大城市群內部聯網使用和跨城市使用。

6.3 網路貨幣

6.3.1 發展背景

信息技術革命帶來了網路技術的進步，也給貨幣形式的創新創造了條件，網上支付越來越受到重視。同時，計算機技術在金融領域的應用，也使得銀行業務和貨幣的形式逐步演變。此外，由於隨著虛擬經濟的發展，人們需要大量即時、小額度的交易，而非金融機構發行的網路貨幣克服了傳統電子貨幣的持有壁壘以及交易過程中多方確認導致的繁瑣手續，更能適應人們對於便利的需求，所以受到越來越多的關注，得到了較快的發展。

6.3.2 相關概念

網路貨幣的發展尚屬於初期，其內容形式不斷演變，因此對網路貨幣的定義及界定一直沒有明確，而且其爭議主要在於網路貨幣與電子貨幣的關係。中國學者對兩者之間的關係有許多不同的理解，主要包括：李翀（2003）等學者認為網路貨幣等同於電子貨幣，認為網路貨幣是指存在於互聯網中的貨幣，包括預付卡、借記卡等；楊旭（2007）等學者認為網路貨幣是電子貨幣的一個分支，電子貨幣包括以專業網路為基礎的傳統貨幣的電子支付形式，也包括了基於公用互聯網的網路貨幣；蔡則祥（2008）

等學者認為網路貨幣與電子貨幣是完全不同的，不是由國家貨幣發行機關發行的、不具備法償貨幣資格的，僅僅是由各網路商家發行為網路消費者服務，只能在網上流通且不能下線的虛擬貨幣才能稱為網路虛擬貨幣。

在本書中，採用的觀點是網路貨幣是屬於電子貨幣的，電子貨幣主要分為基於銀行卡的信用貨幣和網上虛擬貨幣——網路貨幣（約定貨幣），同時又將網路貨幣分為兩類：普通的虛擬貨幣和數字貨幣（見圖6-7）。

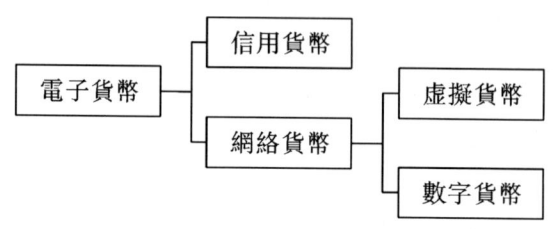

圖6-7 電子貨幣與網路貨幣

6.3.3 網路貨幣分類

由上述概念可知，網路貨幣不同於基於銀行卡的信用貨幣。信用貨幣在本質上就是紙幣在銀行的存儲形式即存款貨幣，它的發行者是銀行，其功能也是通過保存和轉移銀行的債務來實現價值的轉移和貯藏，執行貨幣的各項職能，是主權貨幣的另外一種形式，而信息技術只是使它以電子形式表現出來。當我們需要在帳戶之間劃撥資金時實質上只是資金信息的傳遞。網路貨幣與其的差別不在於物理性質，而在於是不是由主權國家發行。網路貨幣是網路營運商等非金融機構或者個人通過計算機技術和通信技術創造的，以電子信息的形式而存在的，是通過網路實現流通和支付功能的交易媒介，其價值取決於人們的信任程度。它擁有虛擬性、匿名性、價值性、便利性以及自由流通性等屬性，我們可以將網路貨幣分為兩種：虛擬貨幣和數字貨幣。

6.3.3.1 虛擬貨幣

虛擬貨幣是網路貨幣的一種，它是由網路游戲公司或者其他金融機構發行，能夠用法定貨幣購買或者使用網路服務贏取。能夠在特定的流通領域實現較快速的支付與流通，交易成本低，交易速度快。目前網路虛擬貨幣的具體品種繁多，歸納起來可分為以下三種：

（1）游戲幣：游戲幣是網路游戲中流通的貨幣，用於購買游戲中的各種虛擬道具和服務，在虛擬的游戲世界中，玩家可以在虛擬的「金融市

場」交易游戲幣。不同的游戲幣只能在相應的游戲中使用，不能跨游戲使用。要獲得游戲幣，最便捷的方式是直接用現實的貨幣購買游戲幣。在國內，目前最具有代表性的就是騰訊公司發行的 Q 幣，消費者可以通過用銀行卡、財付通、電話銀行、手機充值等 10 多種手段購買 Q 幣，然后再用 Q 幣購買騰訊公司提供的各種增值服務。

（2）積分金幣。這種網路虛擬貨幣用於網站業務的營銷，是網站為了吸引網民、鎖定客戶而推出的一種「獎勵措施」。積分金幣主要用於網站內各種虛擬物品消費，它被用來計價、購買各種虛擬產品和服務。這類虛擬貨幣目前在使用中佔有較大比例，但比較分散，常見於各種網站論壇。這些網路虛擬貨幣名稱多樣，統稱為積分金幣，要獲取積分金幣最主要有兩種方法，一種是為論壇提供勞務進行交換，比如提供高質量的上傳資料，宣傳網站等，還有一種就是直接用現實貨幣進行購買。不過這種網路虛擬貨幣更多的只是各類網站的一種營銷手段的體現。

（3）網路消費幣。比較著名的如美國貝寶公司（Paypal）發行的貝寶幣，主要用於網上購物。這種虛擬貨幣在一定程度上會對現實貨幣造成衝擊，消費者向公司提出申請，就可以將銀行帳戶裡的錢轉成貝寶貨幣——相當於銀行卡付款，但服務費較低，而且國際交易中不必考慮匯率。嚴格來說，這種網路消費幣具有第三方支付的性質，它同國內的第三方支付平臺如支付寶、財付通等性質是一樣的，是以真實的貨幣作為基礎的，但它的跨國際性以及其在網路中使用，導致其虛擬性更強，同純粹的第三方支付如銀行仲介又不一樣。國內目前尚無這類虛擬貨幣的出現。

6.3.3.2 數字貨幣

數字貨幣是無發行中心的網路貨幣，大多通過計算機「挖掘」產生，它不能完全等同於虛擬世界中的虛擬貨幣，因為它經常被用於真實的商品和服務交易，而不僅僅局限在網路游戲等虛擬空間中。但是目前，中央銀行不承認也不發行數字貨幣，數字貨幣也不一定要有基準貨幣。數字貨幣不依託任何實物，依靠密碼技術和校驗技術來創建，分發和維持。其擁有去中心化，能夠實現全球範圍內的流通，流通的成本幾乎為零；能夠實現高效的交易；幣值只取決於人們的信心，不會受特定國家經濟水平波動的影響等特點。目前全世界發行有數千種數字貨幣，比較流行的有比特幣、萊特幣、比特股等。

6.3.4 發展趨勢

6.3.4.1 網路貨幣的統一將是未來的發展方向

網路貨幣推出的初期，各個網站都推出自己的虛擬貨幣，都有自己的一套運行體系。每種貨幣之間不能相互直接轉換流通，有著各自的經濟制度。但這種在網站之間各種虛擬貨幣的隔閡最終必將會影響用戶的使用方便性。未來，網路貨幣的發展將會解決這個問題：首先是各個網站的虛擬貨幣互通的問題將會解決，就像當前的股票流通一樣，通過一定的匯率，使各個虛擬貨幣之間可以互相兌換；在發展的高級階段，各個網站將統一使用一種虛擬貨幣進行交易。去中心化、隱私性、匿名性、不會通脹，交易的全球性、高效率性、低成本性、自我完善與發展等特點使網路貨幣必將成為未來世界的理想貨幣。

6.3.4.2 網路貨幣將進一步促進網路服務產業的發展

網路貨幣作為一種快捷的支付手段，對新興網路信息商品和服務起著不可替代的仲介作用。通過網路貨幣的仲介作用，促進了新興網路信息商品和服務的製造、生產和流通。如果缺少了這種仲介作用，諸如付費歌曲下載、付費虛擬裝扮這樣的網路信息商品和服務將很難實現在線銷售。也正是基於這種仲介作用，才使得網路信息商品和服務有了廣闊的市場，有了生存的空間，才使得新興網路信息商品和服務的提供商大量湧現並提供了豐富多彩的商品和服務，進而形成以提供多樣化信息服務為主的規模產業。

6.3.4.3 網路貨幣提供和促進新興支付工具的發展

網路貨幣支付作為商家與消費者之間的一種新興支付手段，相比傳統的現金和轉帳支付有著強大的優勢，並且作為信息產業發展產物的網路貨幣，其本身便是在科學技術的推動下產生的，也將在科學技術，尤其是計算機技術、通信技術和網路技術發展的推動下，繼續向前發展。也正是網路虛擬貨幣的出現，有效填補了中國電子支付系統的空白，而計算機技術、通信技術和網路技術三者發展的結合，將不斷拓寬網路貨幣的應用領域，推動虛擬貨幣的進一步發展，使其催生出更多的新興支付工具。

7 基於互聯網的 P2P 網路借貸

7.1 國外典型網路借貸

7.1.1 產生背景

穆罕默德·尤努斯博士認為現代經濟理論在解釋和解決貧困方面存在缺陷，1979 年，他在孟加拉國國有商業銀行體系內部創立了格萊珉（意為「鄉村」）分行，開始為貧困的孟加拉婦女提供小額貸款業務。1983 年 10 月 2 日，格萊珉銀行正式獨立，作為非營利組織，通過開展無抵押的小額信貸業務和一系列的金融創新機制，向貧窮的農村婦女提供擔保資金量較小的貸款（即小額貸款），不僅創造了利潤，而且使成千上萬的窮人尤其是婦女擺脫了貧困，使扶貧者與被扶貧者達到雙贏。格萊珉銀行已成為 100 多個國家的效仿對象和盈利兼顧公益的標杆，其向貧困人口發放貸款的方式自成一體，被稱為「格萊珉模式」。該模式被普遍認為是全球第一家小額貸款組織，P2P 小額貸款模式由此產生。2006 年，為了表彰格萊珉銀行從社會底層推動經濟和社會發展的努力，尤努斯與格萊珉銀行共同獲得了諾貝爾和平獎。此前，P2P 小額貸款主要是線下模式，直到 2005 年 3 月，英國人理查德·杜瓦、詹姆斯·亞歷山大、薩拉·馬休斯和大衛·尼克爾森 4 位年輕人共同創造了世界上第一家 P2P 網路借貸平臺 Zopa，鄉村銀行的網路版 P2P 網路借貸才被廣泛傳播。

當然，P2P 模式畢竟與鄉村銀行還有較大的差異。這主要表現在：首先，企業性質不同。鄉村銀行是銀行，而 P2P 只是信貸仲介。其次，盈利方式不同。鄉村銀行是銀行的模式，它的利潤主要來自於存貸利差。而 P2P 的營利點是收取手續費，向借款人和出借人（主要是借款人）收取一定數目的手續費，是 P2P 網路借貸的主要利潤來源。

7.1.2 概念

P2P 是 peer-to-peer 或 person-to-person 的簡寫，意思是：個人對個人。P2P 網路借貸指個人與個人間的小額借貸交易，一般需要借助電子商務專業網路平臺幫助借貸雙方確立借貸關係並完成相關交易手續。借款者可自行發布借款信息，包括金額、利息、還款方式和時間，實現自助式借款；借出者根據借款人發布的信息，自行決定借出金額，實現自助式借貸。

7.1.3 國外發展

7.1.3.1 Zopa

2005年3月，Zopa在英國倫敦成立，P2P借貸行業的帷幕就此展開。Zopa將其自身定位為一種連接貸款者（投資者）與借款者的網路平臺：借款者登錄Zopa網站上傳借款申請；經過Zopa的匹配，投資者借錢給他們，並獲得一筆不小的貸款利率作為回報。而Zopa收取投資者總資金1%的手續費，收取借款者30~610英鎊不等的手續費。據2014年2月的數據顯示，借款者的借款利率為4.5%~15.5%不等，高信用借款者平均借款利率為5.6%；貸款者獲得的平均年利率收益為3.9%、4.9%。

Zopa成立後，以新穎的營運模式獲得社會與大眾的廣泛關注，註冊會員大量增多，從2005年的300名會員到2007年的14萬會員；借貸款總額也一路飆升。2007年，Zopa分公司在美國成立，但由於金融危機影響，於2008年10月關閉。2011年，Zopa與英國其他兩家大型P2P借貸公司Funding Circle和Ratesetter共同成立並加入英國P2P金融協會（Peerto Peer Finance Association），用於規範業內公司，促進P2P市場發展。2012年，Jacob Rothschild（英國老牌銀行家族）對Zopa投資，同時英國政府也向其發放9萬英鎊助其營運、發放貸款。

如今，Zopa是英國最大的P2P網路借貸公司。自成立以來共進行過4輪融資用於公司發展，總計7,160萬英鎊。主要的三種借款用途為：汽車貸款、償還信用卡貸款、購買家庭必需品消費貸款。

7.1.3.2 Prosper

2006年2月，Prosper在美國成立，屬於營利性網路借貸平臺，但它只提供交易，屬於典型的單純仲介型P2P網路借貸平臺。從2006年1月至2008年1月，Prosper已促成了1.17億美元的貸款交易，在美國國內的註冊會員已達到58萬人，到2011年初註冊會員更是超過98萬人，業務範圍也由美國擴展到義大利、日本等地。Prosper的快速發展最終引起了監管部門的注意，美國證監會認為網站實際是在經營投資和金融產品，2008年初，勒令網站關閉。然而，2009年加州政府允許Prosper重新開業並從事P2P信貸業務，並接受美國交易委員會的監管。

Prosper的商業模式具有以下特點：其一，借貸雙方在網路平臺上完全自主交易，Prosper不會干預交易過程。其二，出借人根據借款人的個人經歷、朋友評價和社會機構的從屬關係來進行審查。其三，為控制信用風

險，Prosper 對所有借款人進行信用評級並據此確定其借款利率。信用等級由高到低依次為：AA、A、B、C、D、E 和 HR（high risk）。

7.1.3.3 Kiva

Kiva 成立於 2005 年，是一家聯繫著歐美出借人與發展中國家借款人（以企業為主），提供跨境小額貸款服務的非營利型 P2P 網路借貸平臺，以消除貧困為宗旨。據 Kiva 網站披露，截至 2011 年年末，Kiva 的註冊借款人超過了 74 萬，已經為 60 多個國家提供了近 3 億美元的無息貸款，貸款償還率高達 98.94%。

Kiva 採取「批量出借人+小額借貸」的形式開展業務，這種模式有三大特點。其一，Kiva 不以營利為目的，其借款人為發展中國家的低收入企業，主要提供三種類型的貸款：集體貸款、住房貸款和農業貸款；其二，Kiva 利用國際貿易支付工具 Paypal 實現跨國資金的貸放：即時支付，即時到帳，放貸過程快速便捷；其三，Kiva 不與借款人直接聯繫，而是通過各地的合夥人來間接放貸。

7.1.3.4 Lending Club

Lending Club 成立於 2006 年，是第一家按照美國證券交易委員會（Securities and Exchange Commission，SEC）的安全標準註冊向個人提供個人貸款的企業。投資人購買 Lending Club 發行的「會員償付支持債券」，通過這種形式，放款人就成了 P2P 平臺的無擔保債權人，而非是借款人的債權人。當平臺上的出借人放出的貸款出現違約時，出借人將獨自承擔投資的損失，Lending Club 並不給予補償。Lending Club 的利潤主要來自對貸款人收取的手續費和對投資者的管理費，前者會因為貸款者個人條件的不同而有所起伏，一般為貸款總額的 1.1%~5%；后者則是對投資者統一收取 1% 的管理費。2012 年 11 月，其總貸款額度超過 10 億美元大關，同期，Lending Club 達到現金流的流入大於流出，實現盈利。2014 年 12 月 12 日，Lending Club 於紐交所上市，市值近 90 億美元。Lending Club 的商業模式如圖 7-1 所示。

Lending Club 的商業模式具有以下特點：其一，在整個交易中，Lending Club 扮演的是一個信息媒介的角色，為借貸雙方匹配供需，但不會提供除與資金保障有關的其他服務；其二，Lending Club 對借貸人有非常嚴格的標準，包括借貸人最低的信用級別 FICO 評分要在 660 之上，負債/收入比低於 40%（不包括房貸），至少有 3 年的信用歷史等；其三，Lending Club 有一套自己的系統以給借貸人評分，從 A1 到 G5 一共有 35 個

7 基於互聯網的 P2P 網路借貸

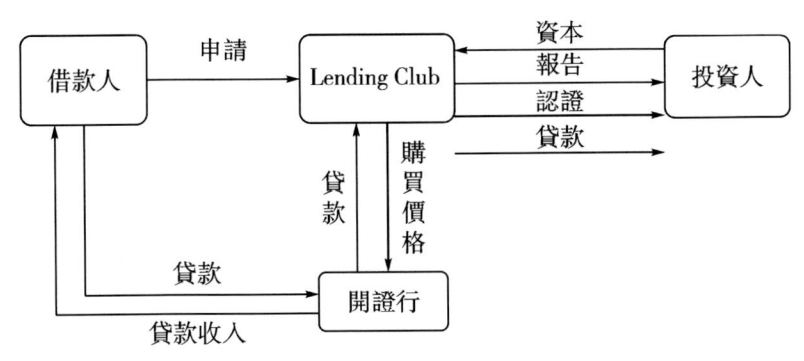

```
借款人 ──申請──→ Lending Club ←──資本報告認證── 投資人
  ↑                    ↓  ↑     ──貸款──→
  │                  貸款 購買價格
  │                    ↓  │
  │貸款              開證行
  └──貸款收入─────────┘
```

圖 7-1　Lending club 商業模式

資料來源：騰訊科技。

評級，平臺制定還款利率，這取決於借款者的信用記錄和目前的還款能力，以及貸款意向。

7.2 國內網路借貸模式

7.2.1 產生背景

以往，大多數企業和個人主要通過商業銀行信貸業務進行融資，這是商業銀行重要的收入來源。2008 年的金融危機，使得金融體系受到巨大的損傷，實體經濟信貸需求萎縮，金融機構慎貸心理蔓延。與此同時，監管者加強了宏觀審慎和微觀審慎監管，各項監管指標隨之升高。客觀上導致了金融抑制的加強，金融服務可獲得性難度提高，中小企業等本身的信用等級較低、資金需求也比較急、並缺乏抵押以及擔保的高風險使其獲得金融機構的信用融資減少。而民間借貸的融資成本過高，使得融資難成為小微企業發展中的重要問題。

與此同時，隨著經濟水平的提高、收入的增長，人們的物質需求也大大增加。具有穩定工作，有較高收入水平和良好信用觀念的群體出現，他們對品質生活有較高的追求，却沒有充足的積蓄，他們是小額貸款的優質客戶。然而商業銀行信貸却忽視了這一群體，使他們的資金需求無法得到滿足。

在上述背景下，一種依託於網路的新型金融服務模式——P2P 網路借貸出現了。一方面，因為 P2P 尚未定性，處於監管真空，在中國嚴格的金

融准入制度下，成為民間資本進入金融領域的最便捷入口；另一方面，P2P 將部分不能得到銀行表內滿足的信貸，包括符合信貸條件但需要出表的和本來就在銀行服務之外的信貸需求，給予了一定的滿足。因此，越來越多的人開始認可 P2P 網路借貸這種新興的模式，P2P 網路借貸逐漸成為民間借貸的重要方式，受到小額民間借貸者的追捧和社會的廣泛關注，使 P2P 在一定程度上成為商業銀行貸款業務的競爭者。

7.2.2 發展歷程

7.2.2.1 2007—2010 年：萌芽期

P2P 小額貸款的理念起源於 1976 年，但鑒於當時並沒有互聯網技術，因此在該理念下的金融活動無論貸款規模、從業者規模還是社會認知層面都比較有限。直到 2005 年 3 月，英國人理查德·杜瓦、詹姆斯·亞歷山大、薩拉·馬休斯和大衛·尼克爾森 4 位年輕人共同創造了世界上第一家 P2P 網路借貸平臺 Zopa，P2P 網路借貸才被廣泛傳播。次年 Prosper 在美國成立，如今這兩家 P2P 貸款平臺已經成了歐美最典型的 P2P 網路借貸平臺。P2P 網路借貸於 2007 年正式進入中國，拍拍貸是國內第一家註冊成立的 P2P 網路借貸公司，同期還有宜信、紅嶺創投等平臺相繼出現。但總體來看，2007—2010 年間，中國社會融資的需求和導向還沒有從資本市場中轉移，大部分資金集團還寄希望於資本市場的再次轉暖，儘管市場對於新形式的融資平臺期望較高，但是從業者相對較少。

7.2.2.2 2011—2012 年：膨脹發展期

進入 2011 年後，隨著利率市場化、銀行脫媒以及民間借貸的火爆，P2P 貸款呈現出爆發性增長的態勢，2011 年，P2P 網路借貸平臺的交易量達到 31 億元，2012 年增長到 216 億元。由於門檻低，缺少必要的監管和法規約束，各種劣質產品也大量湧向市場，借貸公司資金鏈斷裂，投資者血本無歸，詐欺等事件頻發。2011 年 9 月，號稱「中國最嚴謹的網路借貸平臺」的哈哈貸由於資金鏈斷裂，宣布暫停服務。隨后，銀監會辦公廳發布了《關於人人貸有關風險提示的通知》，警示人們人人貸存在著 7 大風險。此后，多家 P2P 網路借貸「跑路」，給中國正常的金融秩序帶來不利影響。市場也因此重新審視 P2P 網路借貸行業的發展，對行業的期待開始迴歸理性，各 P2P 網路借貸公司也開始組成行業聯盟、資信平臺，並積極向央行靠攏，尋求信用數據對接，市場開始呼喚法律法規的監管。

7.2.2.3 2013 年：行業整合期

隨著 P2P 風險的大規模爆發，投資者開始具備了一定的風險意識，市場逐漸向理性迴歸，市場上的劣質企業逐漸被淘汰，企業數量增速放緩，幸存下來的優質 P2P 貸款公司則具有更多話語權。中國個人及中小企業徵信系統將因 P2P 網路借貸風控體制的補足而進一步完善，同時 P2P 貸款的本土化進程基本完成，整體市場將形成三足鼎立局面：首先是更多國有金融機構將會以子公司或入股已有 P2P 網路借貸公司的方式參與 P2P 市場競爭；其次是資歷較深的正規 P2P 網路借貸公司，經過行業整合后實力將進一步加強；最后是出現地區性、局部性以及針對特定行業的小規模 P2P 網路借貸平臺。

7.2.2.4 2014 年至今：監管整頓期

從「四條紅線」到「王十條」，從銀監會設普惠金融部門到國家釋放各種信號鼓勵互聯網金融的發展，都表明了國家對 P2P 網路借貸平臺的合規性要求越來越詳細，但又鼓勵互聯網金融創新，在政策上對 P2P 網路借貸平臺給予了大力支持。未來將會不斷出抬有關 P2P 網路借貸的監管細則和法律法規，隨著試點的增多，P2P 網路借貸行業將進入牌照經濟時代，該時期為以規範監管為主的政策調整期。

根據網貸之家數據，2015 年 P2P 網路借貸平臺數目為 3,844 家，年交易額 10,021 億元，交易額比 2014 年增長 228%，網貸行業依舊處於快速增長階段。雖然新增平臺的增長速度有所放緩，但全行業成交額則呈指數型增長的態勢。2015 年行業平均利率為 11.5%。雖然利率水平持續走低，但仍高於傳統理財方式。

7.2.3 國內 P2P 網路借貸的模式

7.2.3.1 純線上模式

在純平臺模式中，P2P 平臺作為仲介，為借貸雙方提供一個信息交互的平臺，平臺本身不涉及具體的金融服務，是金融脫媒的一種表現形式，其基本法律關係是民間借貸+仲介。在該模式下，貸款的違約風險由借貸雙方承擔，平臺並不承擔違約責任。在純線上模式下，平臺對新客戶的開發、信用審核、簽訂合同、貸款發放及償還整個業務流程主要在線上完成。純線上模式網路借貸平臺對借款者的信用審核是利用搜集到的信息通過搭建數據模型來完成的，通過數據模型對數據信息的分析得出借款者的信用等級和相對安全的信用額度。因此，純線上模式是一種純信用無擔保

的模式，在國內其代表性平臺是拍拍貸。

拍拍貸成立於 2007 年 6 月，公司全稱為「上海拍拍貸金融信息服務有限公司」，總部位於上海，是中國第一家純信用無擔保的網路信用借貸平臺，同時也是第一家由國家工信部批准，獲得「金融信息服務」資質的互聯網金融平臺。截至 2016 年 2 月，其平均年化約為 22.1%，月成交量達到 65,792.96 萬元。拍拍貸作為純仲介平臺，既不吸收存款，也不發放貸款，主要具備信息匹配、工具支持和服務等功能，通過與第三方支付平臺（如支付寶、財付通等）合作，管理和處理所有與用戶資金相關的操作。其營運模式如圖 7-2 所示：

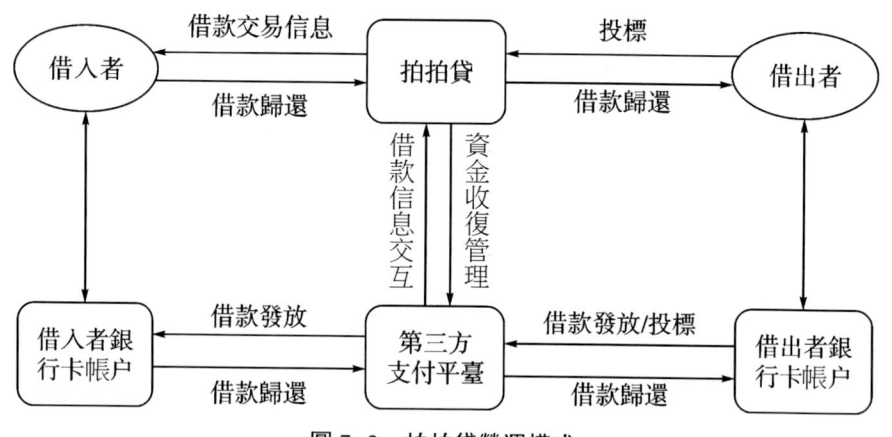

圖 7-2　拍拍貸營運模式

資料來源：拍拍貸。

在拍拍貸平臺上，借款人的借款利率由借款人自己設定，平臺則提供「競標」和「自動投標」兩種方式，並且設定了法定最高利率限制，這有效地避免了高利貸的發生。拍拍貸信用機制中信用關係的搭建是以拍拍貸為平臺註冊認證后實現的，主要採取認證機制、審核機制、資金管理機制和逾期催收和黑名單機制等進行風險控制。

雖然純線上模式有著規範透明、交易成本低等優勢，但由於數據獲取較難、不提供資金擔保極易出現逾期、提款困難的問題，並且很難讓投資者接受，因此目前國內這種模式的平臺已越來越少。

7.2.3.2　線上線下相結合

國內大多數 P2P 網路借貸平臺採用線上和線下相結合的模式，即借款者和貸款者的借貸交易主要通過 P2P 網路借貸平臺在線上進行，同時也通

過線上推廣理財產品，而借款者的信用認證機制，如借款信息來源、借款審核、貸后管理等主要通過線下完成。在線上和線下相結合的營運模式下，為了更好地保障投資者權益和吸引投資者，P2P 網路借貸平臺通常提供擔保機制。並且，越來越多的平臺將線下獲得的債權進行拆分組合，打包成「固定收益類」理財產品，線上銷售給理財投資者。因此，線上和線下相結合的模式通常採取擔保和債權轉讓的方式進行營運，其代表平臺為宜信。

2006 年，唐寧在北京創辦宜信公司，以提供個人對個人的小額信用貸款仲介服務為業務核心，廣泛開展財富管理、信用風險評估與管理、信用數據整合服務、小額貸款行業投資。旗下有宜信、宜人貸、宜車貸、宜農貸、宜信財富等多個 P2P 網路借貸平臺。宜信主要通過線上發布借貸信息，借款者和貸款者主要通過線上進行交易。其獨特之處是創立了 P2P 理財模式，即線下的債權轉讓模式：借貸雙方不直接簽訂債權債務合同，而是引入第三方個人作為專業放貸人，先行放款給借款者，再由第三方個人將債權轉讓給投資者。在宜信平臺上，有借款意向的人在向宜信公司申請貸款后，宜信的信用審核部門對借款人審核後，對符合條件且滿足評級要求的借款申請人，先由宜信公司唐寧利用自有資金進行出借，與借款人訂立借款合同。然后，宜信公司根據潛在的投資人（出借人）的投資期限和預期收益率選擇合適的借款人，之后由唐寧將其持有的借款合同依法進行轉讓。

在中國信用環境不完善的情況下，線上和線下相結合的模式已經成為絕大多數公司的選擇，在該模式下可以最大限度降低借款的違約風險，吸引更多的投資者，但在該種模式下 P2P 網路借貸公司所採取的債權轉讓方式在未來監管上是否進行限制是一個值得考慮的問題。

7.2.3.3 擔保模式

2015 年 7 月 18 日央行等十部委聯合發布《關於促進互聯網金融健康發展的指導意見》，互聯網金融迎來了分工監管，P2P 網貸行業歸銀監會監管。因自身擔保模式遭到監管層質疑，在隨後頒布的兩項法案［《非銀行支付機構網路支付業務管理辦法（徵求意見稿）》《最高人民法院關於審理民間借貸案件適用法律若干問題的規定》］中，監管層的意見是「去擔保化」。P2P 網路借貸公司去除自身擔保后，目前的擔保模式主要有 4 種：引入擔保公司擔保、引入保險公司擔保、風險準備金擔保、抵押擔保。

（1）引入擔保公司擔保

引入的擔保公司的類型主要分為一般擔保公司和融資性擔保公司擔保。

在一般擔保公司擔保模式下，一旦借款人違約，由擔保機構進行代償或債權收購，投資人收到擔保機構代償或債權收購資金的金額等於投資人應收未收到的全部投資本息之和。一般擔保公司擔保的保障分為一般責任和連帶責任，一般責任擔保的保障力度非常小，連帶責任擔保可以起到保護責任，但市場上的連帶責任擔保不多。擔保機構為了自身的資金安全，對借款人的審核也會更加嚴格，這都有利於投資人的本金安全同時降低違約風險。通過「債務人不能履行債務時，由保證人承擔保證責任」的規定。但是，如果沒有確認借款人完全沒有還款能力，擔保公司不會承擔責任，一旦借款人跑路，投資者將會血本無歸。

在融資性擔保公司擔保下，平臺本身有金融機構背景，由金融機構旗下的擔保公司進行擔保，一旦借款人違約，提供全額代償，對於投資人來說，資金安全程度高。金融機構成熟的風控體系，在審查借款人方面也會更加嚴格，可有效杜絕虛假標的。同時融資租賃擔保公司擔保規模與自身註冊資本之比要小於10。隨著P2P公司規模上升，融資性擔保公司的規模也需要提升，然而國內很多擔保公司已經嚴重超值，例如陸金所採用平安融資擔保有限公司提供擔保，其註冊資本2億元，擔保極限為20億元，但據數據統計，陸金所貸款餘額已經超過20億元，這存在巨大的風險。

（2）保險公司擔保

在保險公司擔保模式下，P2P平臺引入保險金融機構，投資人通過投保降低自身的風險損失；保險機構直接給客戶提供財產險保障模式使投資人通過購買保險將自身風險降到最低。P2P網路借貸與保險公司合作的方式主要有四種：一是平臺為投資者購買的一個基於個人帳戶安全的保障保險，保證資金安全；二是基於平臺的道德等購買保險產品；三是為擔保標的中的抵押物購買相關財產險；四是為信用標的購買信用保證保險。然而P2P貸款的風險太大，保險公司考慮自身的收益而不願受理此類保險，並且國內並非所有的P2P平臺都能引入該項保險公司業務。

（3）風險準備金擔保

風險準備金擔保，指的是P2P網路借貸平臺建立了一個資金帳戶，當借貸出現逾期或者違約時，P2P網路借貸平臺會用資金帳戶裡的資金來歸還投資人的資金，以此來保護投資人的利益。風險準備金模式是目前行業

內主流的一種模式，目前很多 P2P 網路借貸平臺將其作為輔助安全保障模式的一種。但這種模式也存在一定的問題，如一些 P2P 網路借貸平臺資金與風險準備金沒有實現根本上的分離，風險準備金極有可能被挪用。並且，風險準備金的提取比例較小，不足以彌補 P2P 網路借貸投資人的虧損風險。

（4）抵押擔保

抵押擔保模式指的是借款人以房產、汽車等作為抵押來貸款，如果發生逾期或者壞帳時，P2P 網路借貸平臺和投資者有權處理抵押物來收回資金。

7.2.3.4　P2P+模式

隨著 P2P 網路借貸的不斷發展，其與其他金融形態的結合也更加多樣化，如 P2P+供應鏈金融模式、P2P+股票配資模式、P2P+融資租賃模式，等等。

P2P+供應鏈金融模式，本質上是將產業鏈上下游的中小微企業在核心企業的信用提升下，獲得 P2P 網路借貸平臺更多的金融服務。P2P 網路借貸平臺圍繞供應鏈核心企業，殘餘中下游中小微企業的資金流和物流，把單個企業的不可控風險轉化為供應鏈企業整體的可控風險，通過獲取各類信息和數據，將風險控制到最低。

2014 年下半年股市好轉，P2P 網路借貸平臺因為其市場的靈活性、創新性，與股票配資相結合。通過在線申請，借款人用少量的自有資本做本金，向互聯網理財平臺按照一定的配資比例借入資金，這些資金全部注入指定的帳戶中。這種資金的比例一般從 1：1 到 1：5 不等，即如果投資者原有本金 10 萬元，最大可以通過槓桿放大到 50 萬元。然而 2015 年 7 月 12 日，證監會發布了《關於清理整頓違法從事證券業務活動的意見》，要求清理整頓開立虛擬證券帳戶、借用他人帳戶、出借本人證券帳戶、代理客戶買賣證券等場外配資行為，遏制配資抬頭，以期避免配資再次危及股票市場平穩運行。多數平臺已經停止股票配資業務。

中國融資租賃領域分為金融租賃、內資租賃和外資租賃。快速增長的金融租賃是有銀行等金融機構做背景的，主要與 P2P 網路借貸公司合作的是內資租賃，尤其是非廠商的第三方租賃公司，它們的資金短缺，與 P2P 公司合作的意識較強。以融資租賃中的直接租賃為例，如果企業 A 有設備需求，會找到融資租賃公司 B，B 設計整個購買設備和出租設備的流程，B 租賃公司擁有設備的所有權和出租后的收租權。在 B 租賃公司需要籌集資

金購買設備時與 P2P 網路借貸平臺進行合作，借助眾多投資者的資金，從而將部分收租權轉移給大眾投資者。P2P 網路借貸平臺與 B 合作監管投資者資金帳戶，並最終將資金轉移給承租企業。

7.2.4 P2P 網貸行業的各方資本

7.2.4.1 風投系

自 2014 年 1 月 9 日人人貸獲得領投方為摯信資本的 1.3 億美元的風投以來，據不完全統計，截至 2015 年 9 月 29 日，全國範圍內共 63 家平臺獲得風投，融資約 83 次。風投的註資，不僅僅為行業注入了豐厚的資金，同樣為 P2P 網貸的發展前景提供利好消息。相比國資系和銀行系，風投系雖然沒那麼硬的后臺，但它卻有較低的風險，不錯的收益，這是風投系廣受人們歡迎的原因。

風投機構的註資，一方面釋放了一個信號，就是這些機構看好 P2P 行業的發展，認為它們的投資可以帶來回報。這對投資人以及其他資本會起到一個利好效應，增強投資人信心，加快 P2P 行業的發展。另一方面，風投在一定程度上能夠為平臺增信，風投機構的資金注入充裕了平臺資金，而 P2P 平臺將這些資金用於風控、營運、推廣、技術等方面，可以提高平臺的安全穩定性，也可以將 P2P 行業推向更廣大的受眾；然而，風投引入是否導致 P2P 平臺急於擴大經營規模而放鬆風險控制值得關注。

部分獲得風投平臺名單：人人貸、微貸網、有利網、理財範、銀客網、愛錢進、投哪網、積木盒子、愛錢幫、銀豆網、點融網、安心 de 利、信用寶、花果金融、拍拍貸、翼龍貸、短融網、草根投資、醫界貸、金聯儲、微美貸、e 微貸、融 360、銅板街、挖財、91 金融超市（排名不分先后）。投資機構包括了 IDG、紅杉資本等知名風投機構，也包括了聯想控股、小米等知名企業。

7.2.4.2 國資系

從 2012 年僅有開鑫貸一家國資背景的 P2P 網貸平臺，到 2014 年 9 月份國資平臺「扎堆」成立，表明國資企業對 P2P 前景同樣看好。而國資背景 P2P 網貸平臺無論在資金實力還是資源整合方面，都有著「草根」平臺無法比擬的地方。無論從平臺資質還是平臺管理、風控能力把控都將形成 P2P 行業的標桿，這對於推進行業的規範發展有重大作用。

國資系 P2P 的優勢體現在如下方面：第一，擁有國有背景股東的隱性背書，強大的資金實力，如表 7-1 所示的 13 家平臺註冊資本金均在 1,000

7 基於互聯網的 P2P 網路借貸

萬元以上，兌付能力有保障；第二，國資系 P2P 平臺多脫胎於國有金融或類金融平臺。因此，一方面，業務模式較為規範；另一方面，從業人員金融專業素養較高。國資系 P2P 平臺的劣勢也十分明顯：首先，缺乏互聯網基因。其次，從投資端來看，起投金額較高，多數是 1,000 元、1 萬元起投，最高 5 萬元起投。再次，收益率不具有吸引力——投資收益率低於行業平均利率水平，相當一部分平臺的投資收益率不高於 12%，最低回報為 6%。最后，從融資端來看，由於項目標的較大，且產品種類有限，多為企業信用貸，再加上國資系 P2P 平臺較為謹慎，層層審核的機制嚴重影響了平臺營運效率。

表 7-1　　　　　　　　　　國資系 P2P 平臺

序號	平臺名稱	註冊資本金（萬元）	所在地
1	保必貸	971.428,5	上海市
2	德眾金融	1,000	安徽省
3	海金倉	3,000	北京市
4	金寶保	3,000	重慶市
5	金開貸	1,000	陝西省
6	金控網貸	10,000	廣東省
7	京金聯	6,000	湖北省
8	開鑫貸	1,000	江蘇省
9	藍海眾投	10,000	廣東省
10	星投資	2,000	上海市
11	中廣核富盈	1,000	廣東省
12	眾信金融	1,000	北京市
13	紫金所	1,000	江蘇省

資料來源：未央網。

7.2.4.3　銀行系

P2P 行情持續火爆，眾多銀行系 P2P 紛紛進場。其中，比較有代表性的平臺有招商銀行的小企業 e 家、民生銀行的民生易貸、包商銀行的小馬 bank、蘭州銀行的 e 融 e 貸等。

銀行系 P2P 的優勢主要在於：第一，資金雄厚，流動性充足；第二，項目源質地優良，大多來自於銀行原有中小型客戶；第三，風險控制能力強，銀行系的 P2P 平臺與銀行有千絲萬縷的聯繫，利用銀行本身具有的風控能力與各類信息資源，不僅可以有效降低風險與成本，也可以提高平臺本身的信用等級。此外，與傳統 P2P 網貸平臺相比，銀行系 P2P 的劣勢主要體現在收益率偏低，預期年化收益率處於 5.5%-8.6% 之間，略高於銀行理財產品，但處於 P2P 行業較低水平，對投資人吸引力有限。並且，很多傳統商業銀行只是將互聯網看作是一個銷售渠道，銀行系 P2P 平臺創新能力、市場化運作機制都不夠完善。目前銀行系的 12 家 P2P 平臺如表 7-2 所示。

表 7-2 銀行系 P2P 平臺

序號	平臺名稱	註冊資本金（萬元）
1	陸金所	平安銀行
2	開鑫貸	國家開發銀行
3	金開貸	國家開發銀行
4	民生易貸	民生銀行
5	民貸天下	民生銀行
6	民生轉賺	民生銀行
7	e 融 e 貸	蘭州銀行
8	小企業 e 家	招商銀行
9	小馬 bank	包商銀行
10	齊樂融融 E	齊商銀行
11	融 e 信	江蘇銀行
12	白領融	寧波銀行

資料來源：未央網

7.2.4.4 上市公司系

隨著行業的發展，上市公司同樣組團進入 P2P 平臺。截至 2015 年 9 月底，據不完全統計，上市公司背景的 P2P 平臺已經超過 40 家，目前涉足 P2P 平臺的上市公司已經超過 70 家。

上市公司對進入 P2P 行業如此熱衷，主要原因可能有以下三個：一是

資本對互聯網金融概念的熱捧，上市公司從市值管理的角度出發，涉足互聯網金融板塊，以此來帶動股價的上漲；二是 P2P 平臺急於「傍大款」，上市公司可以以較少的資本獲得較多的股份；三是，上市公司從產業鏈上下游的角度出發，打造供應鏈金融體系。上市公司在其所處細分領域深耕多年，熟知產業鏈上下游企業情況，瞭解其經營風險、貿易真實性，很容易甄別出優質借款人，從而保證融資安全。

根據統計，涉足 P2P 行業的上市公司所屬行業分佈相對集中，製造業最多，占比 57%。製造業對 P2P 平臺表現出極大的興趣無非是想打造完善的供應鏈金融體系。構建以 P2P 資金流為脈絡形成的供應鏈金融生態圈，將供應鏈中的信息生成、接收、物流的發出和對接、甚至是實體企業的生成端和銷售端進行對接和融合。從而幫助核心企業掌控整個產業鏈中其他上下游企業，進而提高上下游企業之間的對接效率和經營收益。

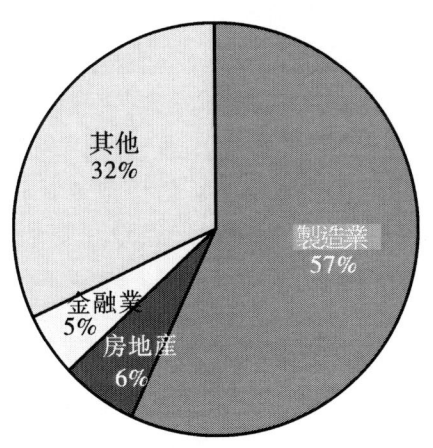

圖 7-3　上市公司所屬行業分佈

資料來源：未央網。

7.2.4.5　民營系

P2P 行業中民營系平臺數量最多，起步最早。部分民營系 P2P 網貸平臺已經成長為行業領頭羊，比如，紅嶺創投、愛投資、有利網等；更多的草根平臺則魚龍混雜，不勝枚舉。

這類平臺的優勢體現在：①具有普惠金融的特點，門檻極低，最低門檻 50 元起投；②投資收益率具有吸引力，大多在 15%～20% 左右，處於 P2P 行業的較高水平。然而，民營系 P2P 的劣勢也十分明顯，比如風險偏高。由於資本實力及風控能力偏弱，草根 P2P 網貸平臺是網貸平臺「跑

177

路」及倒閉的高發區。

雖然民營系的 P2P 沒有銀行的強大背景，但是民營系的 P2P 平臺有著強大的互聯網思維，產品創新能力高，市場化程度高。投資起點低，收益高，手續便捷，客戶群幾乎囊括了各類投資人群。而近期《關於促進互聯網金融健康發展的指導意見》等法律法規的頒布，對 P2P 平臺在互聯網金融行業的肯定，無疑讓民營系 P2P 平臺在互聯網金融領域獲得了更大的發展機遇。相信，隨著時間的沉澱，好的 P2P 平臺最終會以優異的成績來證明民營系 P2P 平臺特有的魅力。

7.2.5 不良模式分析

7.2.5.1 高息

代表案例：鵬城貸於 2012 年創立，公司法人為王龍，以高息而聞名於業內，投資人在平臺上拍下的借款標月息 2 分，月度獎勵又能高達 2 分，加上其他獎勵，月息高達 4~5 分，這意味著如果投資人能夠不斷滾動投入，年化收益率能夠達到 60%。

結論：投資中收益與風險成正比的道理許多人都懂，但是卻沒有多少人可以抵擋高息的誘惑，鵬城貸案件的受害者有 500 多名，他們在鵬城貸的投資由幾十萬元到兩千多萬元不等，總計金額接近 2 億元。如果投資人可以以更理性的態度對待，不貪圖一時之利，也不會造成如此大的損失。

7.2.5.2 大額項目

代表案例：深圳融易融成立於 2012 年 9 月，2015 年 6 月起，融易融開始被爆有提現延期、限制提現等問題。據調查消息稱：融易融出現問題乃觸礁蘇州房產項目，提現困難待收 1.2 億元。

結論：P2P 行業註冊資金大多為千萬元，風險金亦大多在千萬元左右，融易融 6,000 萬元註冊資金在行業內已算較高，但依然難以抵擋一次大額項目帶來的衝擊，因為大額項目資金投入動輒上億元，一旦這些項目出現壞帳，企業根本無力承受。老牌 P2P 企業紅嶺創投近年來屢次出現壞帳幾乎都是源自大額項目。

7.2.5.3 資金池

代表案例：通融易貸於 2012 年 4 月份正式上線，註冊資本 1,000 萬元，實繳資本僅為 200 萬元。在 2015 年 4 月，通融易貸平臺就出現了提現困難的情況，投資者稱之后平臺一度恢復正常，但自五一假期後資金問題一直無法得到解決。此後，平臺營運方雖一直在努力籌措資金，但至今平

臺的不少項目仍無力回款。據通融易貸董事長賴金茂透露：平臺的確一直存在資金池，把線上投資者投資的資金私自挪用到一些大額項目上，但到期后的回款並不順利使得通融易貸出現提現困難。

結論：資金池本身並無善惡之分，但是資金池的存在會導致資金的對應關係不清晰，資金流向不明，平臺很容易出現卷錢跑、掩蓋壞帳、龐氏騙局等風險，因此在最新的《關於促進互聯網金融健康發展的指導意見》中也明確提出客戶資金第三方存管制度，要求從業機構應當選擇符合條件的銀行業金融機構作為資金存管機構，對客戶資金進行管理和監督，實現客戶資金與從業機構自身資金的分帳管理。

7.2.5.4 自融

代表案例：東方創投是2013年6月成立於深圳的一家P2P平臺，承諾3%～4%月息的高額回報，通過網上平臺非法吸收公眾存款。截至2013年10月31日，該平臺吸收投資者資金共1.26億元，其中已兌付7,471.96萬，實際未歸還投資人本金5,250.32萬。在實際資金用途為平臺自融的情況下，東方創投對投資者長期進行「本息保障」「資金安全」「帳戶安全」的公開宣傳；實際上，平臺募集資金都是投資人直接打款至鄧亮的私人帳號，或者打款至第三方支付平臺后再轉到鄧亮的私人帳號，具體投資款均由鄧亮個人支配。3個月後，鄧亮資金鏈斷裂，匯款不及時導致投資人提現困難。鄧亮、李澤明2013年年底相繼自首。

結論：自融項目與資金池其實極為相似，在缺乏第三方監管的情況下，經營者一念之差就可能將資金引到自家名下，非常容易出現壞帳，大多數企業在這種情況下會選擇「挖東牆補西牆」的方式，導致出現一系列惡性循環的問題，最終將企業帶入無盡的深淵。

7.2.5.5 拆標

代表案例：2013年的「天力貸事件」依然歷歷在目，這個僅存活6個月的平臺，不僅有高息的問題，也存在拆標的問題，企業存在大量1個月、2個月、3個月、6個月等期限的短標，終於在多重因素的擠壓下，天力貸被擠下懸崖。

結論：所謂「拆標」，就是將長期借貸拆成多個短期標發布，利用長期借貸每月等額付息的特點所設計，這種「借新還舊」模式下，非常容易面臨由於后續跟進資金不足可能導致的流動性風險。在P2P行業，企業拆標無異於拆自己的臺。

7.2.5.6 純詐騙

代表案例：2012 年爆發的優易網案是中國首個以集資詐騙罪名公開審理的 P2P 網貸平臺案例。在此之前，網貸行業鮮有平臺倒閉和跑路事件發生，出借人風險意識非常淡薄，優易網承諾的超高收益吸引了許多投資人，當時優易網自稱系香港億豐國際集團投資發展有限公司旗下的 P2P 網貸平臺。2012 年 12 月 21 日，香港億豐國際集團投資發展有限公司（下稱「億豐」）發表聲明稱，億豐旗下成員「從未有所謂的南通優易電子科技有限公司」，同時，該集團保留對假冒或盜用集團名義的不法單位和個人採取法律行動、追究其法律責任的權利。當天（即 2012 年 12 月 21 日），優易網突然宣布「停止運轉」，優易網的三位負責人，即繆忠應、王永光、蔡月珍便失去聯繫。

結論：純詐騙企業不僅僅消磨了行業的誠信，更打擊了投資者對行業的信任度，好的行業環境的營造需要行業內每個人的努力。

7.3 P2P 網路借貸的發展趨勢

7.3.1 去擔保化成為 P2P 網貸平臺發展趨勢

《互聯網金融指導意見》中指出 P2P 網貸平臺要明確信息仲介性質，主要為借貸雙方的直接借貸提供信息服務，不得提供增信服務，不得非法集資。因此，未來去擔保化仍是 P2P 網貸平臺的發展趨勢之一。

未來的 P2P 網貸行業可以不擔保，但是不等於不保障投資人權益，需要在投資人權益保護與去擔保之間建立一個立足點。在投資人權益保障的形式上將會更加豐富化，風險準備金、保險保障等都有可能成為主流，較好的去解決風險共擔、責任劃分等問題。

7.3.2 移動化比例逐漸提高

P2P 金融的形式基本上是跟著互聯網的演變走的，在 PC 時代誕生了支付寶、財付通等一系列支付產品，並且這些平臺占據著市場的主要份額。P2P 的誕生本就是為了個人金融服務，是將個人財富妥善管理的一種形式，因此在移動互聯網爆發以後，P2P 的優勢更加明顯，人們存錢取錢只需要點幾下屏幕即可。因此，P2P 商家紛紛從 PC 端轉向移動端，使用移動 P2P 金融的人數也越來越多。

P2P 從 PC 互聯網過渡到移動互聯網，一方面方便了用戶，不用電腦就能從事個人金融，使得那些不會 PC 操作的人也能參與其中，這是一個更大的市場；另一方面，增加了行業技術門檻與營運技術難度，不是簡單的一個 PC 網站就能做金融的，使得那些以經濟犯罪為目的的人不再輕易進入這個行業，跑路、詐騙等情況自然也就會減少。

7.3.3 大數據將成信用風控首選

大數據時代，P2P 商家不再盲目放貸。比如宜人貸突破了傳統的信用審核流程，通過互聯網數據調取和分析，簡化了申請流程，提升了審核的效率和精準度。用戶通過宜信宜人貸借款 APP 的極速模式申請借款，僅需授權信用卡帳單接收郵箱、電商網站、手機營運商三項數據，即可在 10 分鐘內快速獲知審核結果，真正實現了借款申請電子化、智能化和移動化。

同時，行業內外所希望做的徵信體系，最好的解決方案來自於大數據。通過大數據可以得知某些行業乃至某些企業有無壞帳、爛帳等情況，從而進行貸款決策，提前一步將風險控制在可控範圍之內；這些數據也可以用來指導用戶的投資，判斷風險標的，對用戶起到預警的作用。當然，這個體系還不夠完善，仍需要第三方監管機構的參與，才能將這個體系做得更完善。

7.3.4 更多平臺往一站式理財或大資管平臺轉型升級

從單一 P2P 網貸服務發展為財富管理的一站式平臺或大資管平臺，一方面是突破現有的業務發展瓶頸，擴大平臺體量；另一方面也有助於提升原用戶的黏性，吸引更多不同風險偏好度的投資人。傳統金融機構如證券、保險、基金、信託和消費金融等金融機構和 P2P 網貸平臺合作意願加強，也加快推動了 P2P 網貸平臺的轉型升級。目前已有十多家平臺，如陸金所、積木盒子、投哪網、團貸網、人人貸、紅嶺創投、諾諾鎊客、91 旺財、金信網等向一站式理財平臺或者大資管平臺轉型升級，與傳統金融機構的合作加強，形成共贏。

當然，P2P 網貸平臺往一站式理財平臺或大資管平臺發展轉型需要綜合考慮平臺的戰略定位和發展階段，並不是一味為轉型而轉型。轉型前平臺需要擁有自身核心競爭力及流量優勢，不然轉型后仍會陷入白熱化、同質化競爭的浪潮中。並且垂直化、小而美的細分 P2P 平臺也有很好的發展前景。

7.3.5 資本大規模湧入

除了上市公司、大企業收購 P2P 網貸平臺外，預計 2016 年會出現不少行業內的併購行為，未來也將有更多互聯網巨頭企業、實業巨頭佈局 P2P 業態。截至 2015 年 10 月，P2P 網貸行業共發生 79 起投資事件，融資總額約 8 億美元，29 起 P2P 網貸行業併購事件，併購總額達 2.19 億美元。不久前，團貸網宣布戰略控股融金所，成為業內首例兼併案。資本市場開始大力加碼對 P2P 網貸行業的未來投資，P2P 網貸行業的風投和併購、入股等現象將成為一種常態。

P2P 行業雖然不會像團購行業，出現「千團大戰」后只剩下少數幾家寡頭企業競爭的局面，但從目前的情況來看，1,500 多家小而散的競爭格局也不會一直存在下去，大平臺兼併小平臺的事件可能將大規模發生。

7.4　P2P 融資與銀行微貸對比

7.4.1　資金來源

銀行微貸模式的平臺主體是銀行，是典型的機構性融資模式。作為信用仲介，其放貸資金來源較規範，除了銀行資本金以外，大部分資金來自儲戶存款，具備天生的高槓桿性（以放貸資金與模式主體註冊資本比值衡量其槓桿率）。

P2P 網路借貸的資金來源相對複雜，來自眾多投資者。純粹作為交易仲介和信息仲介的 P2P 平臺，本身不參與投融資，這種模式下 P2P 是一種個人性融資模式，不存在槓桿率問題。但由於在實際操作過程中，一些平臺對平臺上的交易進行了擔保，一些平臺直接參與了平臺的投融資交易過程，而平臺本身的資本金又有限，導致其槓桿率遠遠超過銀行，隱含的風險也較為巨大。

7.4.2　目標客戶

二者服務客戶的區域不同。銀行微貸模式一般依靠開設的物理網點，在一定地域範圍內開展業務，基本限制在本地。P2P 模式的服務範圍最寬泛，無論是地域範圍還是其他方面基本沒有限制，任何有理財和融資需求的客戶均能通過 P2P 平臺開展投融資活動。

二者的客戶融資的規模不同。銀行微貸模式主要以小微企業和個體工商戶為服務對象，貸款額度區間從幾萬元到幾百萬元不等。P2P 貸款所服務的客戶在一定程度上是被銀行拒之門外的非優質客戶，額度區間較大，但以個人、個體經營者和小企業為主，融資規模從幾千元到幾十萬元不等，也有個別融資近億元的項目。

二者的客戶融資的期限不同。銀行微貸模式超過 90%的貸款期限是在 6 個月以內；P2P 模式則期限相對較長，根據人人貸 2013 年年報，其期限最短的信用認證標超過 60%的長於一年，其他諸如實地認證標等的融資期限更長，一般為 2~3 年。

7.4.3 風險控制

二者的信息收集方式不同。銀行主要通過線下網點數據收集，同時利用借款人已有的信貸數據。P2P 審核偏向「線上線下統籌模式」，由於中國徵信體系不健全，一方面通過網路搜集借款者信用信息，並根據歷史交易情況對借款者進行信用評級。

二者的審核時間不同。P2P 更能滿足借款需求急迫的客戶群，憑收件收據或他項權證，最快在 1 天後即可放貸，大大滿足了資金短缺的小微企業的需要。而銀行審核材料眾多，程序繁瑣，通常需要 2~6 周的時間。

7.4.4 成本收益

銀行微貸模式在深入挖掘利潤、高度控制成本方面已經形成了獨特的機制。一是差異化的利率風險定價機制。銀行對貸款實施不同的利率，滿足了客戶的不同需求，從而最大限度地擴大了利潤空間。二是成熟的成本控制機制。大部分專注於小微的銀行都實現了精細化管理，通過完善的后臺管控，降低了營運成本。

P2P 模式分兩種，純粹的 P2P 平臺，其收益構成即簡單收取手續費，以拍拍貸為典型代表，並不承擔風險；但是大量 P2P 不僅是信息仲介，同時也進行大量線下業務，其成本收益控制方式逐步向銀行微貸模式靠攏，且存在一定的法律風險。

8　基於互聯網的眾籌

8.1 國外的眾籌模式

8.1.1 起源

目前，各國對於眾籌尚沒有一致的定義，國內「眾籌」是翻譯自美國「crowd funding」一詞，即大眾籌資；而在歐盟委員會的表述是：「一種向公眾公開地為特定項目通過網路籌集資金的行為。」英國金融行為監管局的表述是：「一種人們可以通過在線門戶（眾籌平臺）為了他們的活動或企業進行融資的方式。」法國則將眾籌命名為「參與性金融」。

最早的眾籌可以追溯到 1713 年。英國詩人亞歷山大·蒲柏將 15,693 行的古希臘詩歌翻譯成了英語。啟動翻譯計劃之前，蒲柏即承諾在完成翻譯后向每位訂閱者提供 1 本六卷四開本的早期英文版的《伊利亞特》。這一創造性的承諾得到了 575 名用戶的支持，總共籌集了 4,000 多幾尼（舊時英國的黃金貨幣）去幫助他完成翻譯工作，這些支持者（訂閱者）的名字也被列在了早期翻譯版的《伊利亞特》上。這個被稱為「世界前所未見的高貴的詩譯作」的成功，離不開蒲柏創新性的運作方式——初露端倪的眾籌。

此外，類似的眾籌項目還有很多。其中，在 1885 年，誕生了一個最具影響力的眾籌項目。為慶祝美國建國百年，法國贈送給美國一座象徵自由的羅馬女神像，但是這座女神像沒有基座，無法放置到紐約港口。約瑟夫·普利策，一名《紐約世界報》的出版商，為了籌集足夠的資金建造這個基座，就發起了一個眾籌項目：只要捐助 1 美元，就會得到 1 個 15.24 厘米的自由女神雕像；捐助 5 美元可以得到 1 個 30.48 厘米的雕像。項目最后得到了全世界各地共計超過 12 萬人次的支持，籌集的總金額超過數十萬美元，為自由女神像的順利安放做出了巨大貢獻。

8.1.2 發展歷程

眾籌發展至今，傳統的眾籌已經適應了現代社會的土壤，成功轉型為我們所熟知的「互聯網眾籌」（以下眾籌均指的是互聯網眾籌）。

世界上最早的以眾籌模式營運的網站是 2003 年成立的 ArtistShare，主要面向音樂界的藝術家及其粉絲。2005 年，ArtistShare 所創造的「為富於創造力的藝術家服務的全新商業模式」受到廣泛讚譽，它通過新穎的渠道

來籌措以支持原創項目，同時也惠及了藝術家和粉絲。比較成功的案例就是，美國作曲家 Maria Schneider 的「Concert in the Garden」專輯榮獲「最佳大爵士樂團專輯」獎，它也是格萊美歷史上第一張不通過零售店銷售的模式而獲獎的專輯。

2005 年之后，眾籌平臺如雨后春筍般出現，例如：Sellaband（2006 年）、SliceThePie（2007 年）、IndieGoGo（2008 年）、Spot. Us（2008 年）、Pledge Music（2009 年）和 Kickstarter（2009 年），互聯網眾籌時代就此到來。

2012 年 4 月，美國頒布了「JOBS 法案（Jumpstart Our Business Startups Act）」（中文稱《促進創業企業融資法案》），它對互聯網眾籌模式進行了詳細的定義和限制，在一定程度上也為眾籌的健康發展提供了有效的保障。

8.1.3　模式分析

國外比較常見的眾籌模式是捐贈型、借貸型、股權型、實物回報型、證券投資型等，而本節以其中知名度較大的獎勵模式——KickStarter 為例進行分析，其商業模式如圖 8-1 所示：

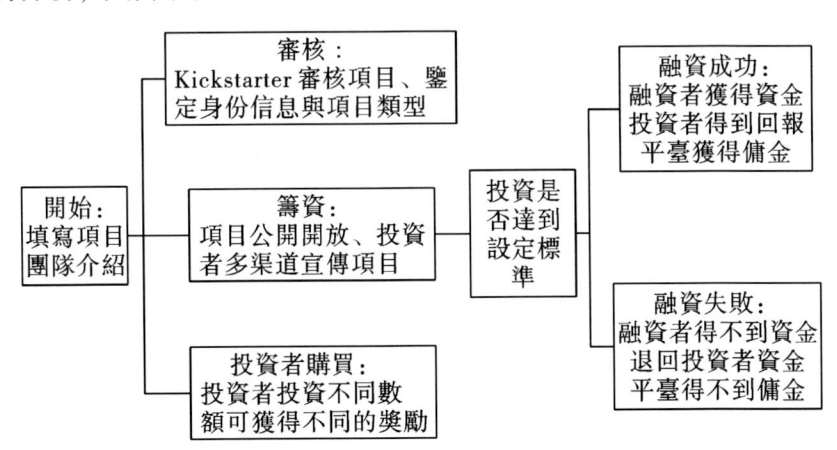

圖 8-1　Kickstarter 預售型眾籌運作流程

（1）創業者展示自己的創意和構想。這一環節主要是介紹項目及團隊情況，以及可能產生的風險。

（2）Kickstarter 審核創業者的申請。審核的主要內容是創業者的身分及項目所屬的類別。

（3）項目被平臺審核通過後，就可以發布在眾籌平臺上。發布在平臺上的項目融資時間和融資額度是比較重要的兩項內容。一般來講，投資者投資的金額越多，投資者許諾的回報也會越高。

（4）創業者可以進行一系列的路演活動來推介自己的項目，如利用 Facebook、Twitter、微博、博客等社交平臺進行廣泛的宣傳，讓更多潛在的投資者瞭解項目信息。

（5）當到了設定的融資時間點時，達到預設融資額度的項目被認定為項目眾籌成功，創業者將獲得資金，平臺獲得佣金；如果到了融資時間點時，所融的資金超過預設額度則成為超募項目；反之，如果融資在規定的時間點沒有達到預設的額度，項目認定為失敗，投資者的資金將會被退還。

Kickstarter 對項目的審核較為嚴格，在收費方式上，它對項目統一收取 5% 的費用。

8.2 國內的眾籌模式

國內第一家眾籌平臺——點名時間，於 2011 年 7 月正式成立，隨后類似於天使匯、大家投等平臺紛紛成立；到了 2013 年，中國眾籌行業進入了起步階段，基本形成了股權眾籌、捐贈眾籌、回報眾籌（產品眾籌）等發展模式；2014 年，中國眾籌行業快速發展，眾籌網站的數量過百，同年 10 月，京東眾籌誕生了國內首個千萬元級項目；2015 年被稱為中國「眾籌元年」，眾籌行業高速發展，並形成了不同的發展模式，同時行業也逐步進入了正規發展期。如圖 8-2 所示。

國內首家家眾籌平臺點名時間誕生 → 中國眾籌行業起步 → 中國眾籌行業快速發展 → 中國開始正規發展，進入"眾籌元年"

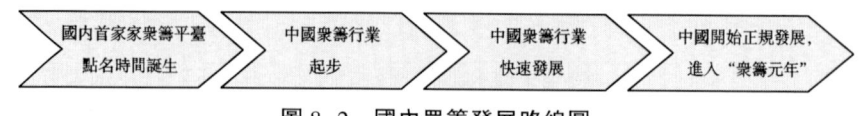

圖 8-2　國內眾籌發展路線圖

8.2.1 產品眾籌

8.2.1.1 概念

（1）定義

產品眾籌，也稱為回報眾籌，是指投資人將資金投給籌款人用以開發

某種產品（或服務），等到該產品（或服務）開始對外銷售或已經具備對外銷售的條件的情況下，籌款人按照約定將開發的產品（或服務）無償或低於成本的方式提供給投資人的一種眾籌方式。通俗地來講就是我給你錢你給我產品或服務（見圖8-3）。

（2）特點

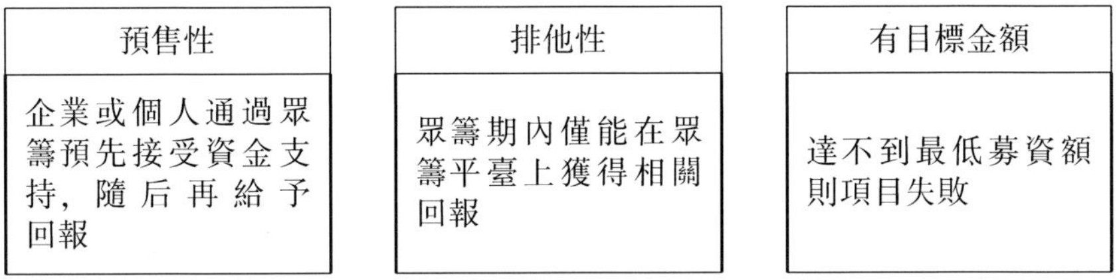

預售性	排他性	有目標金額
企業或個人通過眾籌預先接受資金支持，隨後再給予回報	眾籌期內僅能在眾籌平臺上獲得相關回報	達不到最低募資額則項目失敗

圖8-3　產品眾籌具有的特點

產品眾籌具有的特點：

1）產品具有預售性，即出資人先付款，籌資人經過一段時間的生產製造或進行服務前期準備工作後，再給予出資人產品回報或服務回報；

2）產品具有排他性，即處於眾籌期限內的產品僅在單一渠道發售，在其他渠道享受不到相同的產品回報和服務回報；

3）有目標金額，即眾籌項目的成立需要募集的資金到達一定的規模，否則項目不能成功啓動。

產品眾籌與團購的區別（見表8-1）：

表8-1　　　　　　　　產品眾籌和團購的對比

不同點	項目	
	產品眾籌	團購
投資者參與目的不同	支持者是為了參與到新產品的設計當中去，可以對新產品的性能或服務提出自己的意見	消費者參與是為了以更便宜的價格購買成品
產品性質不同	首發的全新產品	成熟的批量化產品
銷售方式不同	預售行為，需要先付貨款	促銷行為，可以貨到付款
發起目的不同	有針對性地滿足潛在顧客的特殊需求，將特殊需求的長尾客戶集中起來，達到可經營規模	利用規模效應，降低採購成本

8.2.1.2 模式分析

(1) 眾籌項目發起流程（見圖 8-4）

```
項目創意者發起
      ↓
  眾籌平臺審核
      ↓
  通過或否決 ──→ 項目取消
      ↓
  平臺進行宣傳推廣
      ↓
    項目籌資
      ↓
  項目是否成功 ──→ 退還所籌資金
      ↓
    項目執行
      ↓
執行完畢，給予投資者回報
```

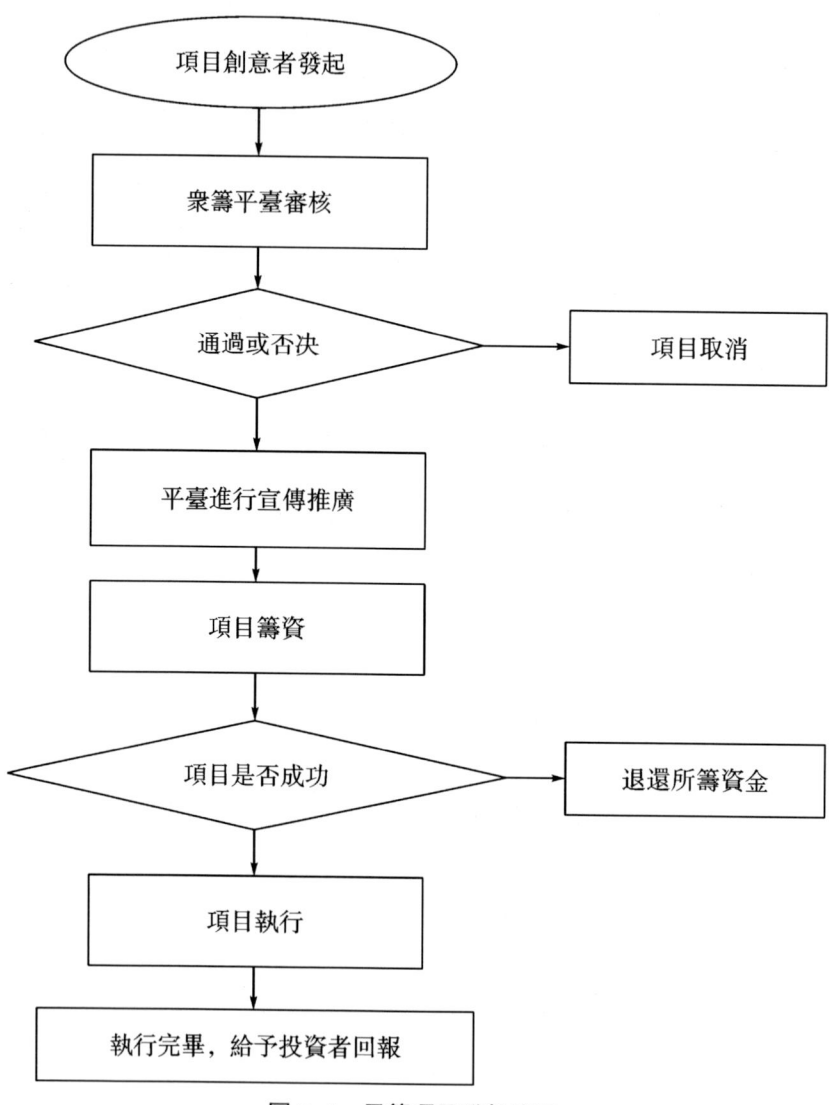

圖 8-4　眾籌項目發起流程

1）項目創意者發起

有想法的創意者，將自己的想法或計劃以文件、視頻等形式上傳給眾籌平臺等待其審核。

2）眾籌平臺審核

眾籌平臺將審核項目發起人所提交的項目資料，由專業的評審團隊經過理論與實際的考察審核其可行性、真實性，審核結束以後返回審核結果並提出相關建議。

3）項目成功上線，平臺進行宣傳推廣

項目審核通過以后，創意者的項目便可上線，借助眾籌平臺，供廣大投資者查閱，讓更多人能夠瞭解該項目，以便獲得融資。未獲得通過的項目取消。

4）項目籌資

投資者通過眾籌網站，對項目的相關情況進行瞭解，如果有興趣的話，便可以對其進行資金支持，以期待未來可以帶來回報。

5）項目執行

至項目結束日期，若籌資達到目標金額，便可以執行該項目；但如果並沒有籌集到目標的金額，則項目失敗，先前投資者所投入的資金必須由眾籌平臺返還各個投資者。

6）項目執行完畢，給予投資者回報

項目執行完畢以後，項目發起人須通過股息或者產品的形式來兌現曾經承諾給投資人的回報。至此項目結束。

（2）眾籌平臺分析

隨著產品眾籌的快速發展，其項目類別日益豐富，包括智能科技、文化娛樂、出版、公益、影視音樂、動漫游戲、人文藝術、農業等。根據產品眾籌中的項目特點，可將眾籌平臺分為綜合類和垂直類兩種形式。綜合類眾籌平臺上項目類別比較豐富，接受項目範圍較廣，融資能力較強，代表性平臺有京東眾籌、眾籌網、淘寶眾籌等；垂直類平臺主要以一種或者兩種類別的項目為主，將眾籌領域進行細分，專一性較強，代表性平臺有音樂眾籌平臺——樂童音樂；影視眾籌平臺——淘夢網等。

1）綜合類眾籌平臺——京東眾籌

① 京東眾籌簡介

京東眾籌作為京東金融第五大業務板塊，於 2014 年 7 月 1 日正式上線。京東的產品眾籌主攻智能硬件和流行文化，目標用戶為熱衷於 3C 及流行文化的消費用戶。京東眾籌結合京東商城的全品類平臺和優質客群優勢，打造出門檻低、新奇好玩、全民都有真實參與感的眾籌平臺。

京東眾籌支持項目類別：項目應為具有創新性性質且具有可執行性的

項目，且項目目標須是明確、具體、可衡量的，包括智能硬件、流行文化、生活美學、公益等。

② 京東眾籌發展規模

截至 2015 年 9 月 25 日，京東產品眾籌總籌資額破 10 億元，成為國內首個迎來 10 億元級體量的產品眾籌平臺。平臺所發起的項目總數已經超過 2,000 個，用戶數超 200 萬，千萬元級的眾籌項目已達 14 個，百萬元級項目超 200 個。總參與人數超過 200 萬，這樣的成就意味著平均每一位籌客都向京東眾籌投入了 500 元眾籌資金。

③ 服務模式

京東將為項目發起者提供設計指導、眾籌方案指導，利用京東資源推廣項目，提供交易平臺。對發起者而言，京東眾籌不僅僅是一個籌資平臺，更是一個孵化平臺，京東作為國內最大的自營式電商企業，其強大的供應鏈能力、資源整合能力，能為發起人提供從資金、生產、銷售到營銷、法律、審計等各種資源，扶持項目快速成長。特別是在智能硬件領域，京東眾籌平臺將聯合「JD+計劃」，攜手創客社區、生產製造商、內容服務商、渠道商等，搭建京東智能硬件開放生態；京東智能將提供芯片級聯網服務、全方位大數據、雲開放平臺服務以及功能強大的超級 APP 等。

2) 垂直類眾籌平臺——淘夢網

① 淘夢網簡介

淘夢網成立於 2012 年 2 月，是國內領先的新媒體影視平臺，專業提供眾籌和營銷發行服務。致力於建立一個匯集新媒體、影視創作者、創作機構、影視投資人、影視基金、廣告主、粉絲的新媒體影視平臺。隨著平臺的不斷發展，淘夢網正逐漸形成一個聚焦影視行業的新媒體生態圈。

② 發展規模

2014 年，淘夢網先後參與出品和發行 120 部互聯網電影、50 部網路劇與 1,000 部微電影，總時長超過 700 小時，市場佔有率達 35%。截至 2015 年 12 月 31 日，淘夢網累計支持金額達 540.8 萬元，單項支持最高金額為 153 萬元，累計支持人數超過 4,200 人。

③ 服務模式

平臺向影視創業者提供眾籌投資，以及影視後期宣傳發行服務，依託淘夢網平臺多年累積的發行資源，比如：手機視頻、視頻平臺、電視臺等渠道，向互聯網、移動互聯網用戶提供新媒體影視娛樂內容。最大化實現影視作品在經濟與社會兩個層面的文化價值。

電影團隊還可以在平臺上發布項目計劃書以及創作、募集資金、尋求資源需求。比如典型的有：粉絲支持、廣告植入、徵集劇本、尋找主創等。通過淘夢網平臺能夠幫助影視創作團隊啓動影視項目。同時淘夢網為電影團隊提供作品營銷發行和版權交易支持。匯集優勢發行渠道，通過與視頻平臺、電視臺、網路營運商、國內外影展和比賽等新媒體渠道的合作提供多樣的營銷和發行服務。

（3）發展趨勢

1）主流產品眾籌平臺運行情況分析：

在產品眾籌平臺中，對眾籌網、追夢網、淘寶眾籌、樂童音樂、覺jue. so、京東眾籌、中國夢網、淘夢網平臺的項目營運數據進行統計分析，可以得到數據：2014 年，國內產品類眾籌共發生供給 4,906 起，募集金額達 30,488.07 萬元，參與投資人數合計超過 148 萬人（見表 8-2）。

表 8-2　　2014 年中國主流產品眾籌平臺供給數據統計

平臺名稱	項目個數（個）	已募集金額（萬元）	參與投資人數（人）
眾籌網	1,964	6,149.28	165,137
追夢網	871	1,622.28	54,803
淘寶眾籌	544	6,354.01	585,933
樂童音樂	400	418.95	35,961
覺 jue. so	329	132.19	3,434
京東眾籌	301	14,716.39	591,742
中國夢網	291	823.57	42,217
淘夢網	206	271.40	2,207
合計	4,906	30,488.07	1,481,434

通過以上對表 8-2 的分析可以看出，2014 年，在該 8 家產品類眾籌網站中，京東眾籌、眾籌網、淘寶眾籌各項數據均領先於其他平臺。在項目數量上，眾籌網以 1,964 的項目個數遙遙領先，支持人數低於淘寶眾籌和京東眾籌；從已募資金額來看，眾籌網占比為 20.2%，一系列數據表明眾籌網在產品類眾籌平臺中發展速度較快。京東眾籌於 2014 年 7 月上線，是繼供應鏈金融、消費金融、支付業務及平臺業務之後，京東金融推出的第五大業務板塊。京東眾籌在募資金額上獨占鰲頭，以 1.47 億元人民幣的募

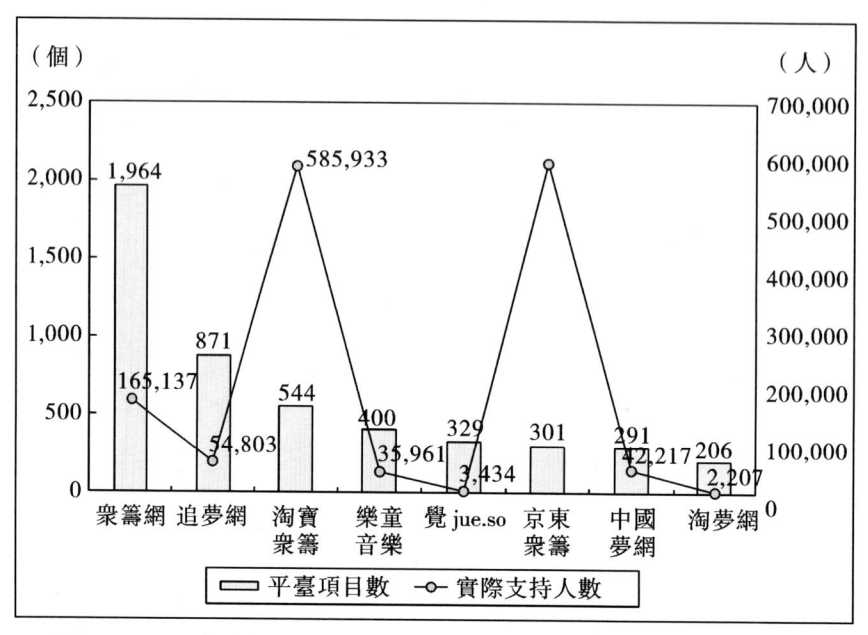

宏微觀視角下的互聯網金融模式創新與監管

圖 8-5　2014 年中國主流產品眾籌平臺項目數、實際支持人數對比情況

資金額遠遠領先於其他平臺，上線項目 301 個，顯示出強勁的發展勢頭（見圖 8-5、圖 8-6）。

樂童音樂為音樂類產品垂直眾籌平臺，淘夢網為電影類產品眾籌平臺。受限於平臺自身的定位，平臺募資成功率均不高。音樂、電影類產品投資週期較長、風險較高，加之用戶對垂直類眾籌平臺的認識程度較低等綜合原因，導致平臺發展較緩慢。

2）眾籌平臺的未來發展

① 整合眾籌產業鏈，向綜合服務方向發展

眾籌項目的籌資環節相當於路演推廣，需要有好的宣傳文案、新穎的宣傳視頻、精致的產品包裝設計等。而項目發起人往往不具備這方面的能力，眾籌平臺可以整合上游第三方服務提供商進入自己的平臺或者成立獨立的項目孵化綜合服務，拓展單一盈利模式。眾籌平臺未來可以逐步從中間平臺轉型為綜合服務提供商，拓展眾籌產業鏈，創造價值。

② 細分市場，向垂直性平臺領域發展

當前中國產品眾籌市場競爭越來越激烈，要想突出重圍，需要細分市場，找到市場需求的空白區域。專業化與垂直化是未來產品眾籌平臺的發展趨勢。眾籌平臺應當根據項目或者產品分類，立足科技、影像、音樂、

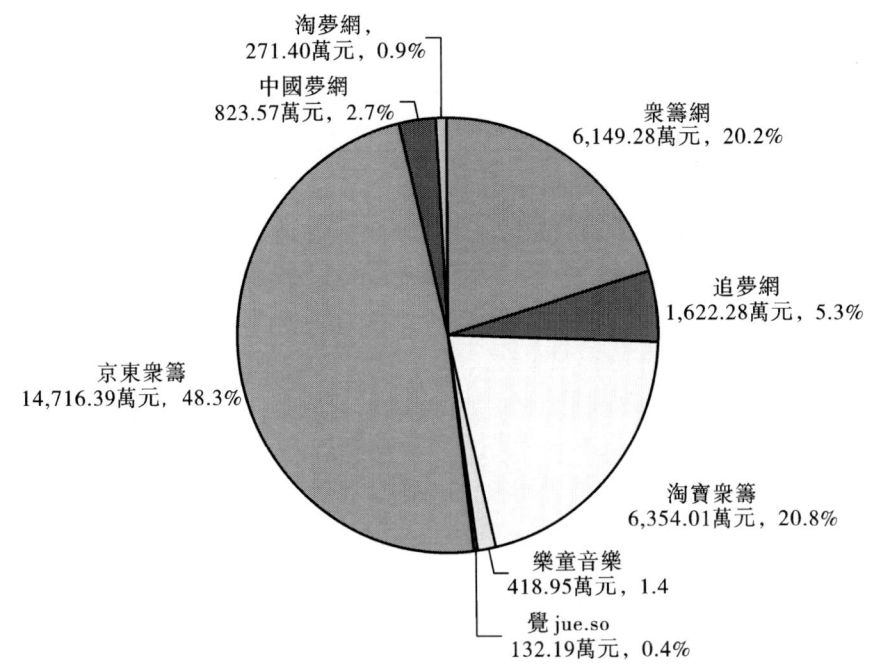

図 8-6 2014 年中國主流產品眾籌平臺已募集金額分佈圖

人文、出版的某一方面，匯聚優秀項目資源，吸引支持者，打造垂直領域知名品牌。

③ 眾籌機制不斷完善

眾籌平臺應當制定風險評估機制、知識產權保護機制、項目后續監督機制等，形成一套完整的運作規則，明確與項目發起人、支持者的雙方關係，明確平臺定位，努力打造一個專業、可靠、公正的眾籌平臺。

8.2.2 捐贈眾籌

8.2.2.1 概念

捐贈眾籌，也稱為公益眾籌，是指通過互聯網方式發布籌款項目並募集資金。相對於傳統的公益融資方式，捐贈眾籌更為開放，只要是網友喜歡的項目，都可以通過捐贈眾籌方式獲得項目資金，為更多公益機構提供了無限的可能。通俗地來講，就是「我給你錢而你什麼都可以不給我」。

8.2.2.2 模式分析

捐贈眾籌的模式其實早已存在，典型的就是紅十字會接受社會募捐來

資助貧困、受災地區人民。但是捐贈眾籌却實現了將這些公益事業從線下搬到線上，使得籌資和捐贈更加便捷。

（1）捐贈眾籌與傳統眾籌作對比

捐贈眾籌與傳統公益事業相比具有的優勢：

1）項目多樣，更具吸引力

捐贈眾籌和傳統的公益相比，發起人不再僅僅局限於慈善機構，而是擴展到了富有創意並且愛好公益的社會公眾，每個人都能夠在眾籌平臺上發起公益事業。由於門檻比較低，公益慈善項目變得更加平民化，這樣一來更有助於發掘出一些大機構注意不到、却極富價值的項目。這種變化使得項目更新穎、內容更豐富，公眾也能根據自己的喜好進行選擇，比傳統的捐贈形式更具吸引力。

2）程序透明，關注度更高

以前，中國的公益慈善就是將錢捐出去，由慈善機構等組織進行管理和使用，但是公益款的使用方式不透明，並且伴隨著諸如「郭美美事件」的出現，我們漸漸地對於慈善機構失去了信任，對公益事業失去了信心。但是捐贈眾籌在執行過程中，所有的信息都是公開的，我們可以非常方便地在網上瞭解整個公益活動的進程，瞭解資金的走向等，這樣透明化的流程讓人感覺到不同於傳統捐款的獨特體驗與幫助他人的成就感、幸福感，比起單純的募捐顯得更有社會意義。

3）效率高，項目進展更迅速

眾籌的時間期限往往是一個月甚至更短，在有限的時間內，宣傳和籌資的高效率尤為重要，這也使得資金籌集更有意義，對於項目經費的估值也更加合理。此外，大部分投資者也更願意投資短期內能夠看到成效的項目。

（2）捐贈眾籌運作流程

1）資金需求方向眾籌平臺提交申請，並提供相關材料。

2）眾籌平臺對資金需求方所提供材料的真實性、合法性進行審核，若審核失敗則告知資金需求方。

3）審核成功，眾籌平臺將需求方所申請的項目以及相關的信息公布在自己的網站上，供投資者查看。

4）資金提供方通過瀏覽眾籌平臺，挑選自己中意的項目進行資助。若投資者沒有找到合適項目，則籌資失敗，項目終止；若找到合適的項目，則籌資成功。

5）資金提供方得知資助成功以后，則通知銀行進行轉帳。

6）銀行接到支付指令，則將錢從資金提供方帳戶轉到資金需求方帳戶（見圖 8-7）。

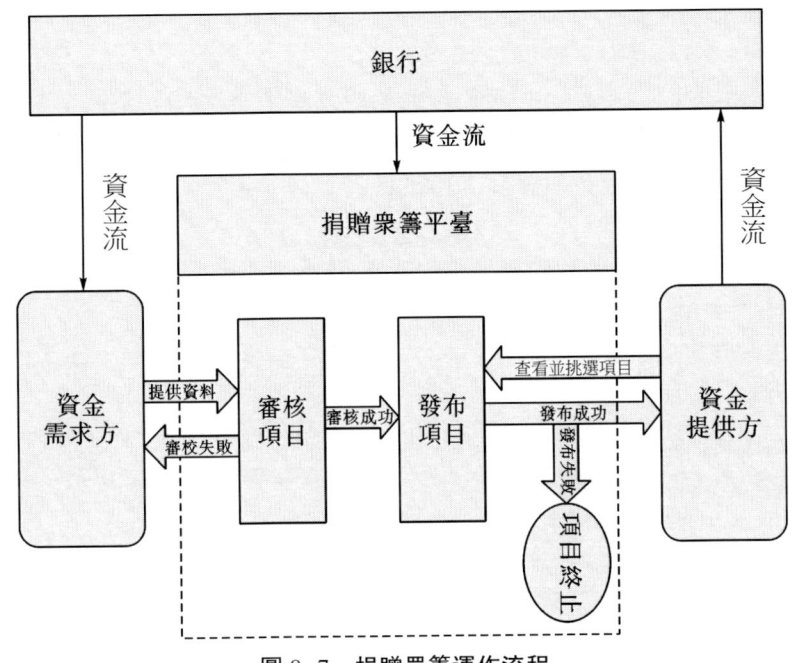

圖 8-7　捐贈眾籌運作流程

8.2.2.3　發展狀況

（1）發展歷程

2011 年 9 月國內首個支持公益類項目的眾籌平臺追夢網上線；2013 年 2 月眾籌網上線；2013 年 7 月國內首家專業捐贈眾籌平臺——創意鼓上線；2013 年 12 月淘星願上線，隨后更名為淘寶眾籌；2014 年 3~4 月間，積善之家和新公益兩家專業捐贈眾籌平臺上線；2014 年 7 月京東眾籌上線。

（2）現狀分析

捐贈眾籌平臺主要分為專業類平臺和綜合類平臺，二者發展狀況不一致，現對比如下（數據截至 2015 年 2 月底）：

1）眾籌項目數量

捐贈眾籌平臺公布的項目數為 408 個，已經籌款成功的公益項目 319 個（其中有 13 個項目已經達到或超過籌款目標但尚在籌款中）。其中，在綜合類眾籌平臺上發起的捐贈眾籌項目總數為 384 個，已經成功項目 297

個，籌款失敗的項目為13個，有74個項目尚在籌款中（其中有13個項目已經完成籌款目標）；在專業平臺發起的捐贈眾籌項目共24個，成功的項目有9個，失敗項目14個。所以，從現有捐贈眾籌平臺發展而言，綜合類平臺占據主導地位。

2）參與捐贈眾籌的投資人數

各平臺上，共有386,022人次參與到捐贈眾籌項目的投資中，其中綜合類平臺為385,878人次，專業類144人次。捐贈眾籌項目的絕大多數投資者，會選擇到綜合類平臺進行投資（見表8-3）。

表8-3　　　　　　　　各眾籌平臺情況一覽表

平臺類別	平臺名稱	總項目數（個）	總籌款金額（元）	支持人次（人）	平均完成率（%）
綜合類	眾籌網	274	7,280,829	22,792	145.67
	淘寶眾籌	75	7,420,754.4	350,050	199.16
	京東眾籌	15	607,386	11,218	178.95
	青橘眾籌	20	532,695	1,818	43.40
專業類	新公益	13	8,962	113	42.87
	積善之家	11	75,690	31	46.26
合計		408	15,926,316.4	386,022	

3）平臺發展情況

在408個捐贈眾籌項目中，綜合類平臺占大多數，而在綜合類平臺中，有274個項目通過眾籌網發布，占總項目數的67%；淘寶網發布75個項目，占總項目數的18%。所以，眾籌網和淘寶眾籌處於全國領跑地位。

4）籌款情況

從表8-3中可以看到，6個平臺成功籌集金額超過15,926,316元。專業類捐贈眾籌平臺籌款總額占比不足1%。淘寶眾籌和眾籌網分別占46.59%和45.72%。

5）投資人次情況

淘寶眾籌依託其平臺優勢，占據絕對主導地位，共獲得350,050人次的支持，僅因海南賑災而發起的8個捐贈眾籌項目，就獲得了221,688人次的支持。

（3）發展趨勢

1）綜合類平臺為主流

綜合類眾籌平臺在規模和公信力上有一定的保證，也就消除了支持者對於資金去向及其處置方式的擔憂；此外，綜合類眾籌平臺具有專業的評估手段，可以站在專業的角度給愛好公益的人士和組織提出一些有效的建議，大大降低了他們的審核評估成本，提高了效率，同時也有益於綜合類眾籌平臺的推廣與發展。

2）慈善機構介入捐贈眾籌

隨著「互聯網+」的快速發展，傳統的公益形式已經不能適應時代的需求，面臨著轉型的需要；此外，捐贈眾籌平臺成本大且盈利低，要維持下去非常具有難度。所以，慈善機構與捐贈眾籌平臺相互合作、相互融合就能夠有效地解決二者的問題，從而實現雙贏。

8.2.3 債權眾籌

債權眾籌即 P2P 網路借貸，在第七章已有詳細介紹，此處不再贅述。

8.3 股權眾籌

8.3.1 概述

1. 背景

（1）市場背景

中國資本市場主要分為場內資本市場和場外資本市場。其中場內資本市場分為：主板市場、中小板市場和創業板市場以及戰略新興板；場外資本市場分為：新三板市場、新四板市場和新五板市場（見圖 8-8）。

自 1990 年上海證券交易所成立，標誌著中國現代資本市場開始啓動，隨后，2004 年中小板正式上市，2006 年，中關村科技園區非上市股份公司進入代辦轉讓系統進行股份報價轉讓，稱為「新三板」。

經過多年的發展，中國場內資本市場逐步完善，而場外資本市場還處在改革發展過程之中。

1）新三板市場

三板市場起源於 2001 年「股權代辦轉讓系統」，最早承接兩網公司和退市公司，稱為「舊三板」。2006 年，中關村科技園區非上市股份公司進

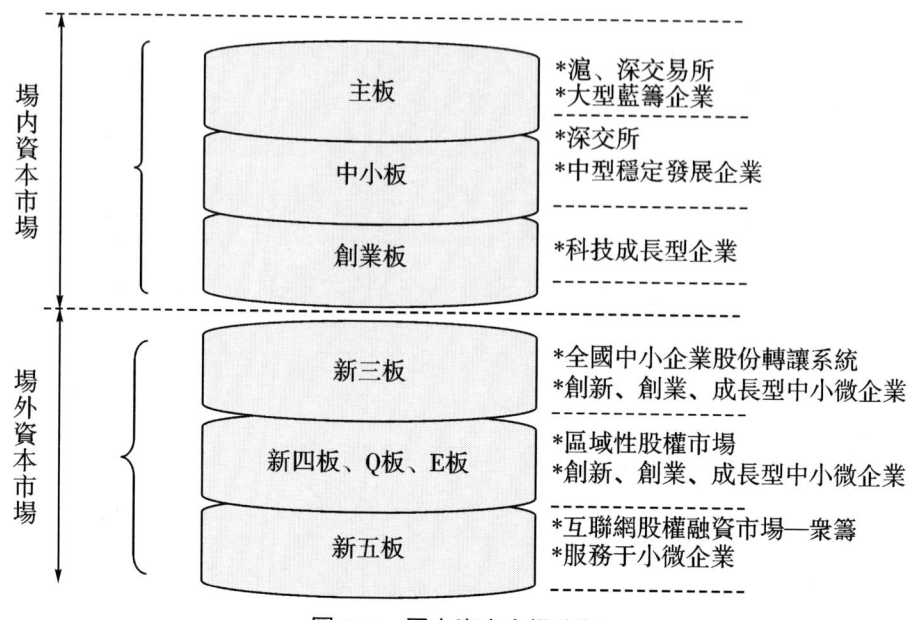

```
                    ┌─ 主板          *滬、深交易所
        場內       │                *大型藍籌企業
        資本       ┤  中小板        *深交所
        市場       │                *中型穩定發展企業
                    └─ 創業板        *科技成長型企業

                    ┌─ 新三板        *全國中小企業股份轉讓系統
        場外       │                *創新、創業、成長型中小微企業
        資本       ┤  新四板、Q板、E板  *區域性股權市場
        市場       │                *創新、創業、成長型中小微企業
                    └─ 新五板        *互聯網股權融資市場——眾籌
                                     *服務于小微企業
```

圖 8-8　國內資本市場分類

入代辦轉讓系統進行股份報價轉讓，稱為「新三板」。2012 年，經國務院批准，決定擴大非上市股份公司股份轉讓試點，首批擴大試點新增上海張江高新技術產業開發區、武漢東湖新技術產業開發區和天津濱海高新區。2013 年年底，新三板方案突破試點國家高新區限制，擴容至所有符合新三板條件的企業。

2）新四板、Q 板、E 板

新四板以及 Q 板和 E 板是在為促進中小企業的發展解決中小微企業「融資難、融資貴」的問題，中央允許各地重新設立區域性股權市場，研究並推動在滬深交易所之外進行場外資本市場試驗的背景下，成立的服務廣大中小微型、具備成長性、有價值的企業，解決更多基礎層面企業的融資和改制需求，並為主板市場提供儲備的一種形式，是資本市場中非常重要的一環。其中，新四板是在深圳前海掛牌上市，而 Q 板、E 板是在上海股權交易所掛牌上市。例如，成都（川藏）股權交易中心股份有限公司就是目前全國唯一一家跨省區的區域性股權交易場所，該中心設於四川省成都市，在西藏自治區拉薩市設有分支機構。該中心以「讓每一個中小微企業都能實現融資」為使命，定位於為實體經濟服務，為中小微企業融資服務，為企業提供直接融資平臺解決中小微企業「融資難、融資貴」的問

題；是有效聚集社會資本，促進股權合理流轉，實現資源優化配置的公益優先的「四板」平臺。

3）新五板

隨著私募股權融資的發展，繼新四板以后官方以及媒體紛紛提出了新五板的猜想。2015年6月7日央行金融研究所所長姚余棟在「互聯網+金融千人會」上指出，要將股權眾籌打造成為中國資本市場的新五板，由此可以看出，股權眾籌將會成為中國資本市場上重要的一環，對於完善國內資本市場有重大意義（見表8-4）。

表8-4　　　　　　　　各大板塊上市條件對比

項目	主板/中小板	創業板	新三板	新四板	E板	Q板
主體資格	依法設立且合法存續的股份有限公司	依法設立且合法存續的股份有限公司	非上市股份公司	非上市企業	非上市企業	非上市企業
經營年限	持續經營時間在3年以上	持續經營時間在3年以上	存續滿2年	存續期滿1年	存續期滿1年	無限制
盈利要求	最近三個會計年度淨利潤均為正數且累計超過3,000萬元	最近兩年連續盈利，最近兩年淨利潤累計不少於1,000萬元且持續增長。（或）最近1年盈利，且淨利潤不少於500萬元，最近1年營業收入不少於5,000萬元，最近2年營業收入增長率均不低於30%	具有持續經營能力	滿足以下任意一點即可：①最近12個月的淨利潤不少於300萬元。②最近一個月的營業收入累計不少於2,000萬元；③最近24個月營業收入累計不少於2,000萬元，且增長率不少於30%	業務基本獨立，具有持續經營能力	無限制
資產要求	最近一期末無形資產（扣除土地使用權、水面養殖權和採礦權等后）占淨資產的比例不高於20%	最近一期末淨資產不少於2,000萬元，且不存在未彌補虧損	無限制	滿足盈利要求任意一點或以下1點即可：淨資產不少於1,000萬元，且最近12個月的營業收入不少於500萬元	註冊資本中存在非貨幣出資的，應設立滿一個會計年度	無限制
股本要求	發行前股本總額不少於人民幣3,000萬元	發行後股本總額不少於3,000萬元	無限制	無限制	無限制	無限制
主營業務	最近3年內沒有發生重大變化	最近2年內沒有發生重大變化	主營業務突出	無限制	無限制	無限制
實際控制人	最近3年內未發生變更	最近2年內未發生變更	無限制	無限制	無限制	無限制
董事及管理層	最近3年內未發生重大變化	最近2年內沒有發生變化	無限制	無限制	無限制	無限制
成長性	無限制	「兩高五新」企業	具備條件的國家級高新技術園區內企業	無限制	無限制	無限制

備註：Q板掛牌滿足以下條件即可：①有固定的辦公場所；②有滿足企業正常運作的人員；③企業未吊銷營業執照；④不存在重大違法違規行為或被國家相關部門予以嚴重處罰；⑤企業的董事、監事及高級管理人員不存在《公司法》第一百四十七條所列屬的情況。

（2）政策背景

在股權眾籌發展之初，並未有專門法律法規對此作出規定，只能參照已有法律規範，《證券法》《公司法》《關於進一步促進資本市場健康發展的若干意見》（國發〔2014〕17號）等法律法規和部門規章。其中涉及股權眾籌業務主要有《公司法》對於公司人數的限制、《證券法》中對企業公開發行股票的規定等（見圖8-9）。

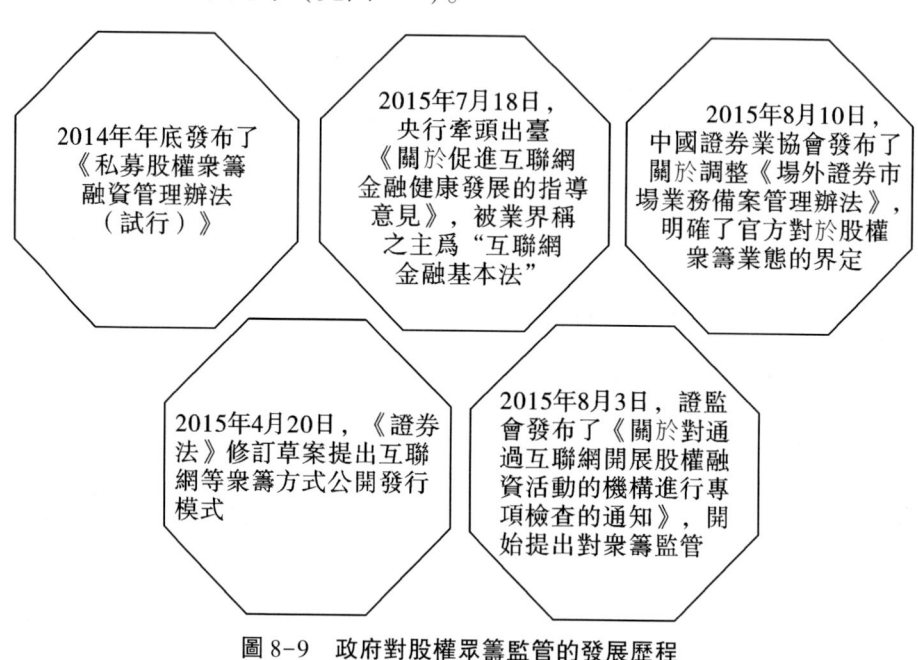

```
┌─────────────┐      ┌─────────────┐      ┌─────────────┐
│ 2014年年底發 │      │ 2015年7月18 │      │ 2015年8月10 │
│ 布了《私募股 │      │ 日，央行牽頭 │      │ 日，中國證券 │
│ 權眾籌融資管 │      │ 出臺《關於促 │      │ 業協會發布了 │
│ 理辦法（試  │      │ 進互聯網金融 │      │ 關於調整《場 │
│ 行）》      │      │ 健康發展的指 │      │ 外證券市場業 │
│             │      │ 導意見》，被 │      │ 務備案管理辦 │
│             │      │ 業界稱之主為 │      │ 法》，明確了 │
│             │      │ "互聯網金融 │      │ 官方對於股權 │
│             │      │ 基本法"     │      │ 眾籌業態的界 │
│             │      │             │      │ 定          │
└─────────────┘      └─────────────┘      └─────────────┘

         ┌─────────────┐      ┌─────────────┐
         │ 2015年4月20 │      │ 2015年8月3  │
         │ 日，《證券  │      │ 日，證監會發│
         │ 法》修訂草案│      │ 布了《關於對│
         │ 提出互聯網等│      │ 通過互聯網開│
         │ 眾籌方式公開│      │ 展股權融資活│
         │ 發行模式    │      │ 動的機構進行│
         │             │      │ 專項檢查的通│
         │             │      │ 知》，開始提│
         │             │      │ 出對眾籌監管│
         └─────────────┘      └─────────────┘
```

圖8-9 政府對股權眾籌監管的發展歷程

其實早在2014年8月21日，中國證券監督管理委員會通過並開始實行《私募投資基金監督管理暫行辦法》，對私募基金及其申請運作進行了明確的定義，同時也界定了合格投資者為投資於單只私募基金的金額不低於100萬元且符合下列相關標準的單位和個人：①淨資產不低於1,000萬元的單位；②金融資產不低於300萬元或者最近三年個人年均收入不低於50萬元的個人。

2014年年底，中國證券業協會發布了《私募股權眾籌融資管理辦法（試行）》，這是官方第一次出抬針對股權眾籌的法規。此文件的起草提到眾籌融資活動在快速發展過程的一些不容忽視的問題和風險：一是法律地位不明確，參與各方的合法權益得不到有效保障；二是業務邊界模糊，容易演化為非法集資等違法犯罪活動；三是眾籌平臺良莠不齊，潛在的資金

詐欺等風險不容忽視。

2015年7月18日，央行牽頭出抬《關於促進互聯網金融健康發展的指導意見》，被業界稱之為「互聯網金融基本法」，該指導意見明確了股權眾籌定義：通過互聯網形式進行公開小額股權融資的活動，肯定了它對中國資本市場的意義。但更加具體的法律法規需要期待將來證監會出抬的監管細則給予更清晰明確的相關內容。

2015年9月11日，山東省發布《互聯網私募股權融資試點意見》，對互聯網私募股權融資進行了明確的定義，並對其平臺設立的准入條件、平臺業務規範、平臺禁止行為進行了明確的界定。同時，對於投資者的保護有了明確的規定，提出了保障措施，是國內第一個針對互聯網私募股權融資的文件，也為全國股權眾籌的監管起到了示範性作用。

經過分析，以上諸多文件的出抬均是在肯定互聯網股權投融資這種新型業務形態對於促進中國創新創業、豐富資本市場層級體系的基礎之上，逐步完善監管體系，所以對其規範是為了使其有更好的發展。可以看到監管部門的政策制定意圖主要在於對股權眾籌的風險防範、方向指引、行為規範。

2. 概念

根據2015年7月人民銀行等十部委發布的《關於促進互聯網金融健康發展的指導意見》的定義：股權眾籌融資主要是指通過互聯網形式進行公開小額股權融資的活動。股權眾籌融資必須通過股權眾籌融資仲介機構平臺（互聯網網站或其他類似的電子媒介）進行。融資仲介機構可以在符合法律法規規定的前提下，對業務模式進行創新探索，發揮股權眾籌融資作為多層次資本市場有機組成部分的作用，更好地服務於創新創業企業；融資方應為小微企業，通過股權眾籌融資仲介機構向投資人如實披露企業的商業模式、經營管理、財務、資金使用等關鍵信息，不得誤導或詐欺投資者；投資者應當充分瞭解股權眾籌融資活動的風險，具備相應的風險承受能力，進行小額投資。股權眾籌融資業務由證監會負責監管。

8.3.2 分析

8.3.2.1 股權眾籌的分類（見圖8-10）。

（1）私募股權眾籌和公募股權眾籌

按照眾籌行為的性質來可將股權眾籌分為私募股權眾籌和公募股權眾籌，前者指把眾籌行為仍界定為私募行為的股權眾籌，中國目前股權眾籌

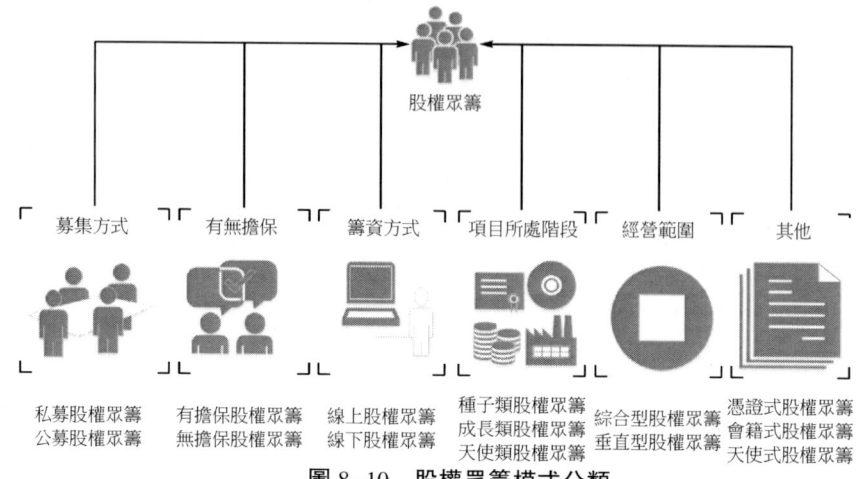

宏微觀視角下的互聯網金融模式創新與監管

圖 8-10　股權眾籌模式分類

平臺都是私募性質；與之相反，像美國、英國等股權眾籌發展較快國家，都是將眾籌行為界定為公募性質，眾籌平臺可向公眾進行募集。

（2）有擔保的股權眾籌和無擔保的股權眾籌

按有無擔保可將股權眾籌分為有擔保的股權眾籌和無擔保的股權眾籌。有擔保的股權眾籌主要是指在股權眾籌業務中加入了擔保元素，典型的如貸幫網，其規定由推薦項目並對項目進行擔保的眾籌投資人或機構作為保薦人，當眾籌的項目一年之內失敗，保薦人賠付全額投資款，保薦人即為擔保人；無擔保的股權眾籌則指不含擔保元素的股權眾籌，中國目前絕大多數股權眾籌平臺都是后者。

（3）線上股權眾籌和線下股權眾籌

按股權眾籌業務開展的渠道可將股權眾籌劃分為線上股權眾籌和線下股權眾籌。線上股權眾籌主要是指融資人、投資人以及股權眾籌平臺之間所有的信息展示、交易往來都是通過互聯網來完成的，包括當下許多股權眾籌平臺絕大多數流程都是通過線上完成；線下股權眾籌又稱圈子眾籌，主要是指在線下基於同學、朋友等熟人圈子而開展的一些小型眾籌活動。

（4）種子類平臺、天使類平臺和成長型平臺

這是按融資項目所處階段來劃分，最早由中國人民銀行金融研究所副所長姚余棟提出，他主張按融資項目所處的種子、天使和成長三類不同階段，進而設置不同的股權眾籌平臺，最終實現股權眾籌平臺的「遞進式」發展。

(5) 綜合型股權眾籌平臺和垂直型股權眾籌平臺

按眾籌平臺的經營範圍可將股權眾籌劃分為綜合型股權眾籌和垂直型股權眾籌。綜合型股權眾籌平臺,其經營範圍較廣,基本很少涉及具體行業的劃分,目前中國較大的股權眾籌平臺基本上都是綜合性平臺;垂直型股權眾籌平臺,其經營範圍則有了明確的行業劃分,如近期國內知名投資公司三江資本發起設立的股權眾籌平臺——「聯投匯」,即是國內首家專注於醫療和生物健康的股權眾籌平臺。

(6) 憑證式眾籌平臺、會籍式眾籌平臺和天使式眾籌平臺

憑證式眾籌平臺主要是指在互聯網上出售某種憑證並捆綁股權的形式來進行籌集資金,投資者付出資金並取得相關憑證,該憑證又直接與創業企業或項目的股權掛勾。最典型的就是北京美微文化傳播有限責任公司在淘寶出售會員卡。

會籍式眾籌平臺主要是指在互聯網上通過熟人介紹,出資人付出資金,直接成為被投資企業的股東。國內最著名的例子當屬3W咖啡。

天使式眾籌平臺應該是股權眾籌模式的典型代表,它更接近天使投資或VC的模式,出資人通過互聯網尋找投資企業或項目,付出資金或直接或間接成為該公司的股東,同時出資人往往伴有明確的財務回報要求。在天使式眾籌平臺中除了典型的「合投模式」,又引入了「領投—跟投模式」以及「路演模式」等。天使匯就是典型的「合投模式」,大家投網站就是典型的最早的「領投—跟投模式」。

8.3.2.2 股權眾籌模式分析

儘管股權眾籌分類的方式多樣,但是本章主要介紹的是:「無領投方式」和「領投+跟投方式」。

(1) 無領投方式(見圖8-11)

1) 融資者提出申請

融資者將擬融資項目信息(包括項目介紹、籌資金額、出讓股權比例、聯繫方式等)上傳到股權眾籌平臺。

2) 平臺對項目進行審核

平臺對項目進行篩選與審核,包括約談項目負責人、申請材料核對、項目盡職調查等。

3) 發布融資項目

項目通過篩選與審核后,平臺將項目的詳細信息與融資情況對外發布出來,供投資人網上瀏覽。

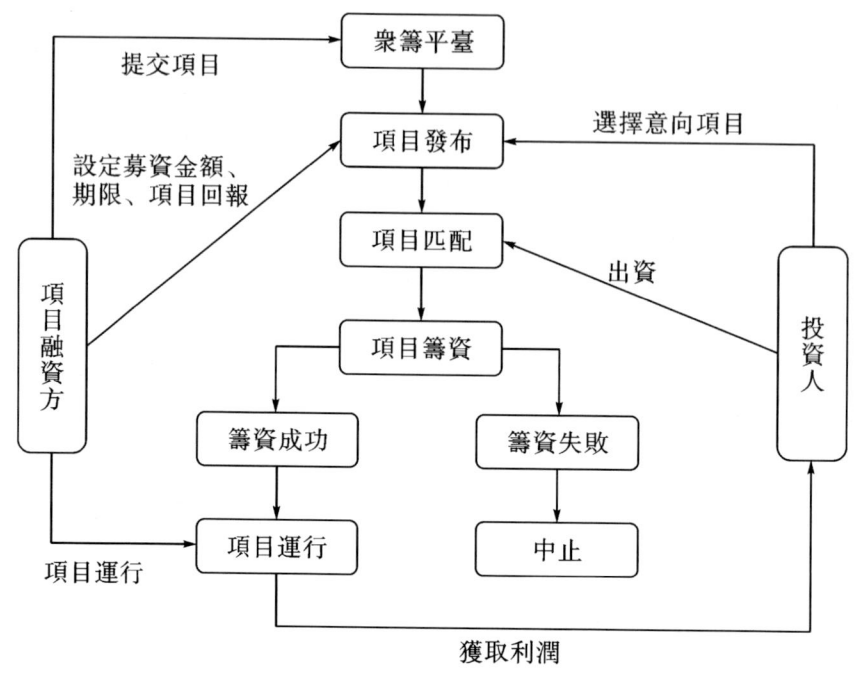

圖 8-11　無領投方式運作流程

4）投資者進行項目評估

用戶註冊個人信息並申請成為投資人，之後可以對股權眾籌平臺上的項目信息進行瀏覽。

5）投資者認籌

投資者通過股權眾籌平臺上的項目信息並結合自身投資經驗，對合適的項目進行投資。

註：在籌資日期內，募集資金如不能達到預定目標，該眾籌項目被視為不成功。

（2）領投+跟投方式

「領投+跟投」股權眾籌的業務流程如圖 8-12 所示，值得注意的是，在具體操作過程中，由於項目、平臺等具體差異，以下順序或有調整。①項目篩選；②創業者約談；③確定領投人；④引進跟投人；⑤簽訂投資意向書（TermSheet）；⑥設立有限合夥企業；⑦註冊公司；⑧工商變更/增資；⑨簽訂正式投資協議；⑩投後管理；⑪退出。

①項目篩選

創業者要將項目的基本信息、團隊信息、商業計劃書上傳至股權眾籌平臺，由平臺的審核團隊對項目做出初步質量審核，並幫助其完善必要信

8 基於互聯網的眾籌

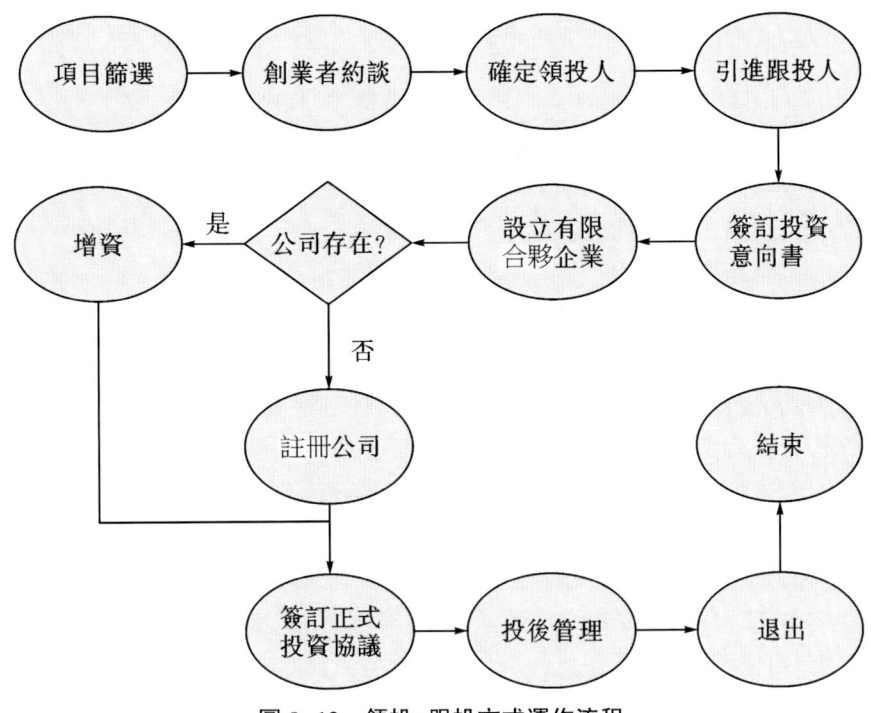

圖 8-12 領投+跟投方式運作流程

息，提升商業計劃書質量。

②創業者約談

有合作意向的投資者（主要是一些天使投資者）會與創業者取得聯繫，並對項目的具體情況進行洽談。一般來講，項目投資是否成功主要取決於投資人與創業者之間的有效溝通，根據有關調查表示，多數投資者認為創業團隊成員的素質與能力是評估這個項目的主要標準，只要創業團隊具有足夠的戰略眼光和學習能力，即使項目存在不足，此次投資活動也極有可能取得成功。

③確定領投人

優秀的領投人是天使投資能否成功的關鍵。領投人通常為職業投資人，在某個領域有豐富的經驗，具有獨立的判斷力、豐富的行業資源和影響力以及很強的風險承受能力，能夠專業地協助項目完善 BP、確定估值、投資條款和融資額，協助項目路演，完成本輪跟投融資。在整個股權眾籌的過程中，由領投人領投項目，負責制定投資條款，並對項目進行投後管理、出席董事會以及后續退出。通常情況下，領投人可以獲得 5%~20% 的

利益分成作為收益，具體比例根據項目和領投人共同決定。

④引進跟投人

跟投人在股權眾籌過程中同樣扮演著重要的角色。一般情況下，跟投人是不參與公司的重大決策，也不進行投資管理的。跟投人通過跟投項目，獲取投資回報。同時，跟投人有全部的義務和責任對項目進行審核，領投人對跟投人的投資決定不負任何責任。

⑤簽訂投資意向書

投資意向書是投資人與創業企業就未來的投資合作交易所達成的原則性約定，除約定投資人對被投資企業的估值和計劃投資金額外，還包括被投資企業應負的主要義務和投資者要求得到的主要權利，以及投資交易達成的前提條件等內容，主要約定價格和控制兩個方面：價格包括企業估值、出讓股份比例等；控制條款包括董事會席位、公司治理等方面。

⑥設立有限合夥企業

在合投的過程中，領投人與跟投人入股創業企業通常有兩種方式：一是設立有限合夥企業以基金的形式入股，其中領投人作為 GP（一般合夥人），跟投人作為 LP（有限合夥人）；另一種則是通過簽訂代持協議的形式入股，領投人負責代持並擔任創業企業董事。

⑦註冊公司

投資完成後，創業企業若已經註冊公司，則直接增資；若沒有註冊公司，則新註冊公司並辦理工商變更。

⑧簽訂正式投資協議

正式投資協議是天使投資過程中的核心交易文件，包含了 Termsheet 中的主要條款。正式投資協議主要規定了投資人支付投資款的義務及其付款後獲得的股東權利，並以此為基礎規定了與投資人相對應的公司和創始人的權利義務。協議內的條款可以由投融資雙方根據需要選擇增減。

⑨投後管理

除資金以外，天使投資人利用自身的經驗與資源為創業者提供投後管理服務可以幫助創業企業更快成長。另外，類似於雲籌這樣的股權眾籌平臺，也會在企業完成眾籌後，為創業者和投資人設立投後管理的對接渠道。

投後管理服務包括：發展戰略及產品定位輔導、財務及法務輔導、幫助企業招聘人才、幫助企業拓展業務、幫助企業再融資等方面。

⑩退出

退出是天使投資資金流通的關鍵所在，只有完成了有效的退出才能將初創企業成長所帶來的帳面增值轉換為天使投資人的實際收益。天使投資主要的退出方式包括：VC 接盤、併購退出、管理層回購、IPO、破產清算等。此外，京北眾籌成為國內第一家分別與上海股權託管交易中心、北京股權交易中心建立戰略合作關係的眾籌平臺。投資者除以上退出渠道外，還可以將所持股權在這兩家股權交易中心掛牌交易，使投資退出渠道更豐富。

8.3.2.3　股權眾籌的優劣分析

（1）股權眾籌的優勢

1）有利於多層次資本市場的建立

眾籌融資平臺的出現，可以鼓勵大量非專業的投資人和機構參與到項目投資中來，降低投資門檻，形成良好的投資氛圍，有利於建設多層次的資本市場。

例如，浙江民間資本實力雄厚，但由於產業結構的調整，使傳統的投資渠道受限，亟須有效疏導民間資本的流動。眾籌平臺有助於引導更多的民間資本進入金融服務領域，暢通民間投資渠道，改善中小微企業的金融服務，拓寬企業融資渠道。同時，本著「中心搭臺，會員唱戲」的原則，更多元化的服務對象和方式也有利於做大做強會員仲介。互聯網眾籌平臺由於其本身的互聯網特性（「大數據」「平臺生態圈」等），與傳統金融服務的深度整合，有利於對傳統金融業務形成良好的支撐。因此眾籌融資方式有助於建立更好的金融秩序，降低社會金融風險，提高民間資金向產業資本轉化的能力，優化金融生態環境，更好地建設多層次資本市場，使金融市場向更健康更規範的方向發展。

2）解決了小微企業的融資問題

中小型企業的成長和壯大是一國的財富累積、生產力水平提升、科學技術創新的重要來源，尤其是在國內就業市場低迷的情況下，中小型企業的發展可以加速經濟復甦和促進就業。根據 2014 年《全國小微企業發展報告》，國內小微企業已經成為吸納新增就業主渠道和經濟的重要支柱。人民銀行企業徵信系統中登記的中國中小企業共 1,503.8 萬戶，中小企業貢獻了國內生產總值的 60%。小微企業解決了國內 1.5 億人口的就業問題，解決了 70% 以上新增就業和再就業人口。研究表明，與大型企業相比，同樣的資金投入，小微企業吸納的就業人數是大中型企業的 5 倍以上。

但是，小微企業同時存在著產業升級困難、兩極分化嚴重等突出問

題。長三角小企業融資成本目前仍居高不下。據不完全統計，如果小企業從銀行融資，貸款利率高達 10%~15%。萬得溫州民間融資綜合利率指數顯示，2014 年 6 月 12 日民間融資綜合利率高達 19.97%，小額貸款公司放款利率為 17.79%。同時，受國內經濟增速放緩、人民幣匯率雙向流動等因素影響，小微企業發展緩慢，甚至出現大批企業由於成本太高而倒閉的現象。該報告顯示，目前僅有 12% 的小微企業營業額保持快速增長，50% 以上的小微企業面臨產品滯銷、市場需求不足、市場競爭壓力增大的問題。

2014 年，銀行的信貸利率已有一定程度上升。與此同時，PPI 連續 20 多個月同比呈現負值。市場實際信貸利率居高不下與產成品出廠價格下降表明企業實際融資成本明顯上升。當前，經濟增長有較大下行壓力，如果企業經營成本持續上升，必將削弱企業的投資慾望，降低投資增速，反過來會對經濟增長產生進一步的拖累。所以，股權眾籌的出現，對於降低企業的融資成本，維持經濟平穩增長具有十分重要的社會意義。

3）有利於促進「大眾創業，萬眾創新」

2015 年李克強總理在政府工作報告中又提出：「大眾創業，萬眾創新」的口號，股權眾籌的出現，無疑是對於這一口號最有力的回應。國內每年都有大量的創業者因為缺乏資金、技術、人才而止步於創業的路上。股權眾籌的出現，使得創業者有一個平臺向廣大的投資者展現了自己的想法，在解決了資金問題的同時，能夠得到廣大大眾的反饋，尋找出自身存在的不足，並進行了一個不錯的企業宣傳；另外也能夠吸引更多有識之士加入到這樣一個團隊中來，讓這個小的夢想逐漸壯大，最終使夢想成為現實。

（2）股權眾籌的劣勢

1）股東結構不合理

對於「合投模式」的股權眾籌，由於投資者投入的資金量的門檻並不高，也是普通工薪階層承受範圍之內的一種投資方式，就導致了股東背景的多樣化。一方面股東中可能並沒有專業的人員來對公司進行管理，且股東可能來自全國各地，他們有各自的工作，在公司的經營、風控、管理上也是愛莫能助；另一方面，由於股東投資金額並不大，使得眾多股東沒有誰能「控股」，導致大家對公司既關心又不可能全身心投入。

2）股東無法參與公司經營

在很多眾籌項目中，眾籌股東雖然是公司股東，但是幾乎很難行使公司股東的權利，基本上都不太能親自參加股東會、參與股東會表決和

投票。

從眾籌公司的角度來看,如果每次股東會都有上百人來參加,對協調和決策都會造成很大障礙,可能導致議題難以達成共識而不能通過。所以,眾籌股東都參與決策,會嚴重削弱公司的決策效率。現實中,也有很多眾籌的咖啡館、餐館因為決策權混亂,而面臨散伙的窘境;站在眾籌的股東的角度,如果不能享有參與權與投票權,股東的利益又很難得到保障,很可能導致眾籌公司收了股東的錢,不為公司辦事,不好好經營,或者經營好了把公司資產挪為已有。

3) 股東身分難以直接體現

對於委託持股模式,眾籌股東的名字不會在工商登記裡體現出來,只會顯示實名股東的名字。儘管法律認可委託持股的合法性,但是還需要證明眾籌股東有委託過實名股東,而這種委託關係是眾籌股東和實名股東之間的內部約定,並沒有書面文件,或者其他證據能證明,僅僅是網站上的一串數字。眾籌公司股東名冊裡只有持股平臺,沒有眾籌股東,若眾籌公司和實名公司否認了投資者的股東身分,投資者也無法尋求法律保護。

8.3.3 國內主要股權眾籌平臺發展現狀及趨勢

表 8-5　　　　　　　　國內主要股權眾籌平臺一覽表

平臺名稱	上線時間	平臺簡介
天使匯	2011 年 11 月	國內最早的一批眾籌平臺,主攻天使階段的股權眾籌,致力於讓靠譜的項目找到靠譜的錢。目前平臺已有超過 2,000 位認證投資人,累計融資金額 30 億元,由於平臺投資者為專業的天使投資人,故小眾比較難以參與
愛投社	2013 年	是國內唯一一家集股權投資、眾籌、O2O 社交、創業中國夢於一體的新勢力平臺,匯集國內最早最懂投資人的從事股權眾籌的團隊成員,同時引進來自 BAT 的互聯網精英、上市公司和著名投資機構的合夥人
眾籌網	2013 年 2 月	網信金融集團旗下的眾籌模式網站,其原本的眾籌模式主要為捐贈眾籌與獎勵眾籌,同原始會合併后,又增加了股權眾籌與房產眾籌

表8-5(續)

平臺名稱	上線時間	平臺簡介
愛合投	2013年9月	國內首家以協議方式引入專業創投機構作為領投人的股權眾籌平臺。公司結合線上平臺與線下資源優勢，旨在打造以投資基金+股權平臺+孵化器+企業服務為核心的模式
愛創業	2014年初	愛創業由飛馬旅、唯眾傳媒、《東方企業家》共同發起成立的股權眾籌平臺，除幫助創業企業融資外，還能幫助項目做好媒體宣傳和營銷，並在主流媒體上曝光
眾投邦	2014年1月	國內首家專注新三板企業的股權眾籌平臺。平臺成立時間不長，但發展極快，借力於新三板與股權眾籌的火爆，平臺快速吸納了一大批高淨值投資人士參與。短短一年多時間，平臺眾籌金額已經超過5億元。其中，已掛牌的新三板企業「華人天地」成為業內採用股權眾籌方式融資的經典案例
天使客	2014年5月	天使客（AngelClub）是一個主打「精品路線」的股權眾籌平臺，專注TMT領域天使階段到Pre-A階段的股權眾籌
天使街	2014年6月	天使街股權眾籌平臺是國內首家專注生活服務的眾籌融資平臺
大伙投	2014年8月	大伙投是股權眾籌領域最開放的共享型服務平臺，為海內外各領域、各區域的項目保薦商、眾籌代理商提供一站式的自營鋪位，上線不到一年時間即推出了一套系統性的商業模式，首推保薦模式
京東眾籌	2015年3月	京東眾籌為京東旗下眾籌平臺，主要佈局產品眾籌與股權眾籌。自3月底京東正式宣布推出股權眾籌平臺以來，在較短的時間內聚集起了很高的人氣，發揮了自身的資源優勢，一個月的時間平臺的交易額就突破了1億元

8.3.3.1 股權眾籌的發展現狀

（1）股權眾籌高速發展並主要集中於一線城市

根據清科研究中心統計，截至2015年年底，中國股權眾籌平臺數已有141家，其中2014年和2015年上線的平臺數分別有50家和84家，佔全部股權眾籌平臺數的35.5%和59.6%，2014年和2015年是股權眾籌行業「井噴」的年份，京東、阿里巴巴也在2015年加入到股權眾籌行業中。截至2015年年底，中國股權眾籌平臺累計成功眾籌項目數達2,338個，其中

2015年成功眾籌項目1,175個，占全部眾籌數目的五成，股權眾籌累計成功眾籌金額近百億元人民幣，其中2015年成功眾籌金額43.74億元人民幣，約占全部眾籌金額的一半。

股權眾籌平臺聚集在創業企業大量扎堆的城市，如北京、上海、深圳、杭州等城市。完善健全的創業生態能夠大大降低創業企業的試錯成本，加快企業發展，提高創業成功率。一線城市擁有豐富的資源，能夠為創業者提供良好的創業生態環境，因此大量的股權眾籌平臺也隨之應運而生（見圖8-13、圖8-14、圖8-15）。

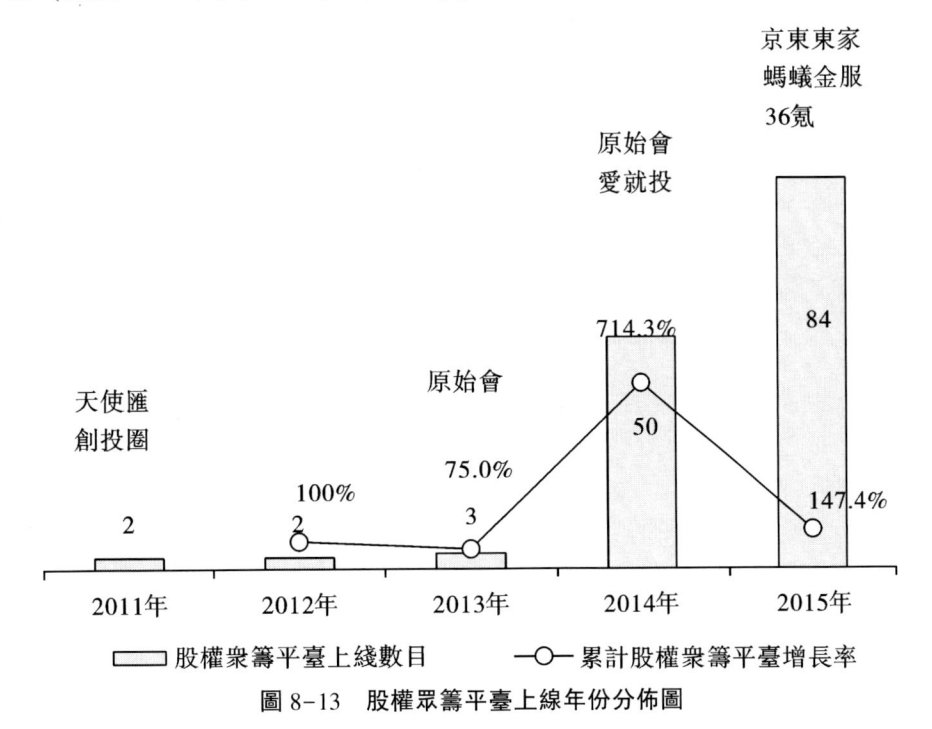

圖8-13 股權眾籌平臺上線年份分佈圖

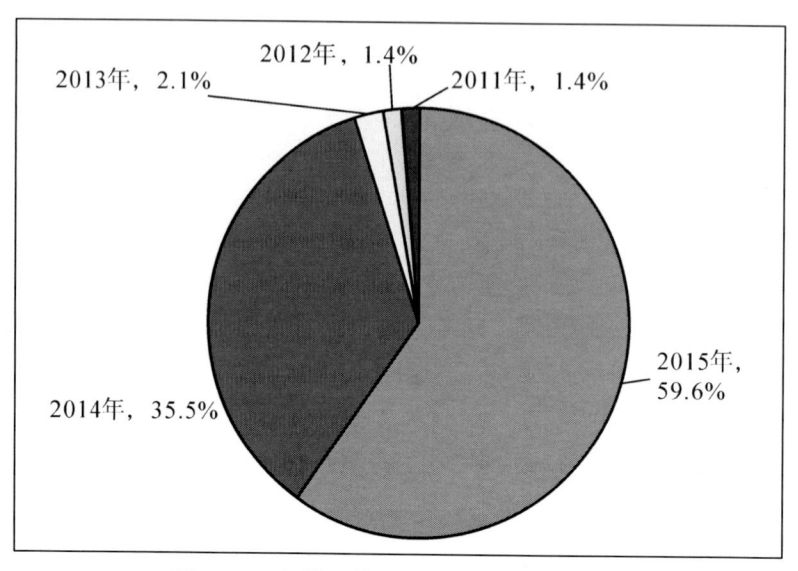

图 8-14　股權眾籌平臺上線時間占比分圖

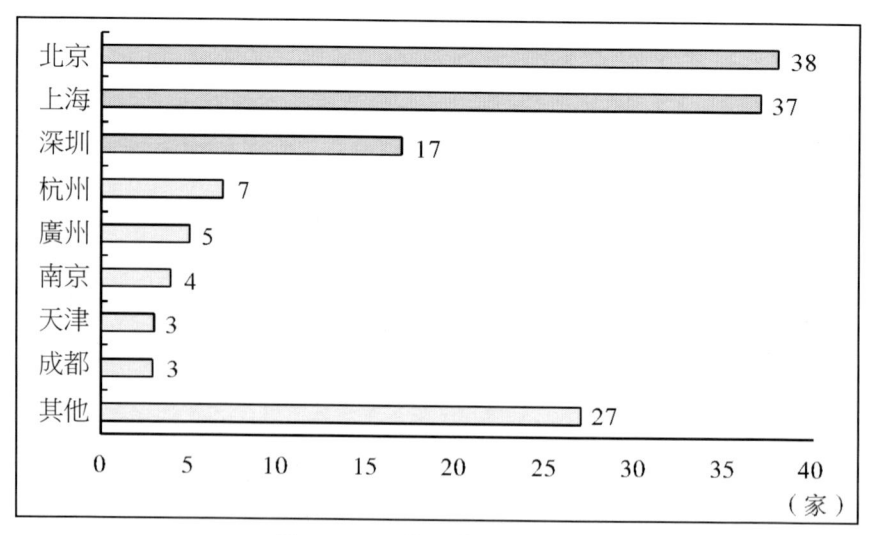

图 8-15　股權眾籌平臺分佈圖

（2）股權眾籌垂直細分行業集聚但投資人仍不成熟

從行業的角度看，股權眾籌平臺上的項目主要包含移動互聯、消費生活、智能硬件等細分行業。從受支持者追捧的程度來看，與「吃、喝、玩、樂」等消費有關的項目更能吸引投資者的目光（見圖 8-16）。

8 基於互聯網的眾籌

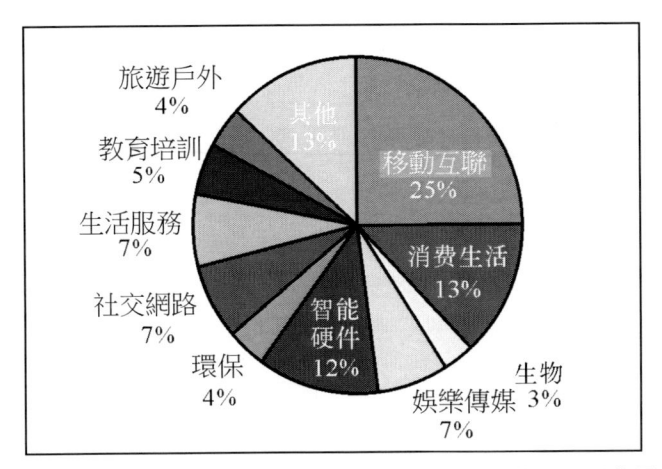

圖 8-16　2015 年股權眾籌平臺眾籌項目數量行業占比分佈圖

這是因為生活消費類的項目與我們的日常生活更加貼近，投資者對於項目內容也更容易接受，所以項目成功所需的時間更短。但是，從另外一個角度也反應出了投資者的不成熟，儘管股權眾籌平臺上的投資者大部分是經過平臺認證的合格投資人，但與傳統機構中的投資人相比，其專業能力更差一些（見圖 8-17）。

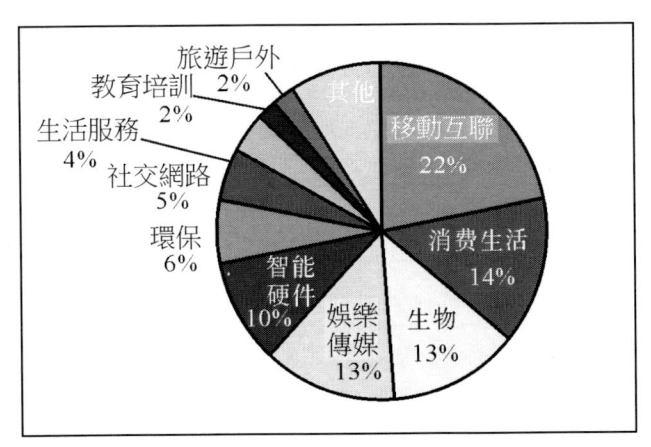

圖 8-17　2015 年股權眾籌平臺成功眾籌金額行業占比

（3）平臺質量參差不齊

平臺數量的飆升是行業爆發式增長的體現，但實際的發展情況，還需要看平臺類型的分化。目前各大平臺的發展狀況呈現出參差不齊的態勢，隨著行業競爭的加劇，股權眾籌的發展已逐漸從「草根」探路階段過渡到

215

專業與綜合大平臺相互競爭的階段。

(4)「資本寒冬」，股權眾籌逆勢發展

2015年第二季度互聯網行業VC/PE融資規模環比下降50.36%，新三板投資從53億元直降至4億元。這些數據意味著國內投融資市場呈下滑態勢。但2015年10月的股權眾籌市場卻反勢逆襲，成就了籌資總額8.14億元的神話。不論是眾籌項目的數量還是融資額都一再高企，紀錄不斷被刷新。

據盈燦諮詢數據統計顯示，2015年10月，股權眾籌行業共新增項目3,760個，新增項目共完成籌資金額8.14億元，比9月的7.32億元上漲11.20%。許多眾籌平臺籌集資金超過預期，整體表現強勁。京東眾籌以8,010萬元籌集金額高居榜首，淘寶眾籌位居榜眼，雲籌位列第三（見圖8-18）。

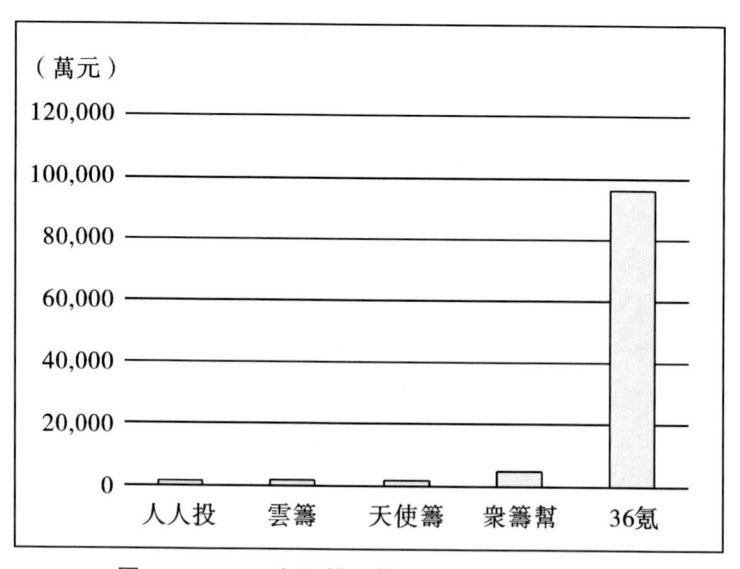

圖8-18 2015年股權眾籌平臺獲得投資額列表

8.3.3.2 趨勢分析

(1) O2O化

僅有線下的股權融資和線上的股權眾籌是不夠的，為了保證投資質量和融資效率，股權眾籌也將朝著O2O模式發展，將線下的優質項目挖掘出來拿到線上供投資人選擇，同時又將線上的項目在線下進行路演、推薦，使得更多優質的項目為廣大投資者所瞭解，一方面大大降低了其中的信息

不對稱，保證了融資的質量；另一方面，進一步拓寬了投資者和創業者的投資和融資渠道。

（2）社交化

目前的時代已成為新型的「社區時代」，而基於互聯網的所有的經濟活動都將在這個「社區」之中進行，這為私人訂制的個性化需求提供了可能。基於互聯網「社區」的股權眾籌也可能將在特定的「社區」中發生與進行，通過「社區」進行股權眾籌將大大提高交易的效率，保證項目的質量，從而減少誠信缺失環境下的虛假和詐欺問題。

（3）生態化

股權眾籌若要得到發展，不能僅以一個孤立的平臺存在。要發展成為多層次資本市場體系中的一員，必須與其他資本市場建立有機的聯繫，這就是股權眾籌的生態化。股權眾籌只有生態化才能發揮其效用，未來生態化的趨勢主要表現在以下方面：

第一，股權眾籌平臺將與孵化器、創業訓練、天使投資基金、創業者、創業服務者等建立連接，為靠譜的創業者提供一系列服務，從而培育出大量的優質項目，從而最大限度地發揮平臺的作用。

第二，股權眾籌平臺將與國內的新三板、區域性的產權交易所、證券交易所及境外的各類證券交易市場建立廣泛的聯繫與有效的銜接，成為這些股權交易市場的前端、交易目標的輸送者和提供者。這樣的有機結合能夠使股權眾籌市場成為多層次資本市場的一員，與其他股權交易市場有機銜接，以發揮其獨特的股權融資作用。

9　基於互聯網的基金與保險

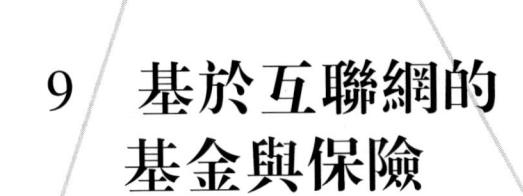

9.1 互聯網基金

9.1.1 基金行業概述

9.1.1.1 證券投資基金的概念

證券投資基金（簡稱基金）是指通過發售基金份額，將眾多投資者的資金集中起來，形成獨立資產，由基金託管人託管，基金管理人管理，以投資組合的方式進行證券投資的一種利益共享、風險共擔的集合投資方式。

證券投資基金通過發行基金份額的方式募集資金，個人投資者或機構投資者通過購買一定數量的基金份額參與基金投資。基金所募集的資金在法律上具有獨立性，由選定的基金託管人保管，並委託基金管理人進行股票、債券等分散化組合投資。基金投資者是基金的所有者。基金投資收益在扣除由基金承擔的費用後的盈餘全部歸基金投資者所有，並依據各個投資者所購買的基金份額的多少在投資者之間進行分配。

每只基金都會訂立基金合同，基金管理人、基金託管人和基金投資者的權利義務在基金合同中有詳細約定。基金公司在發售基金份額時都會向投資者提供一份招募說明書。有關基金運作的各個方面，如基金的投資目標與理念、投資範圍與對象、投資策略與限制、基金的發售與買賣、基金費用與收益分配等，都會在招募說明書中詳細說明。基金合同與招募說明書是基金設立的兩個重要法律文件。

與直接投資股票或債券不同，證券投資基金是一種間接投資工具。一方面，證券投資基金以股票、債券等金融證券為投資對象；另一方面，基金投資者通過購買基金份額的方式間接進行證券投資。

9.1.1.2 證券投資基金的特點

（1）集合理財、專業管理

基金將眾多投資者的資金集中起來，委託基金管理人進行共同投資，表現出一種集合理財的特點。通過匯集眾多投資者的資金，積少成多，有利於發揮資金的規模優勢，降低投資成本。基金由基金管理人進行投資管理和運作。基金管理人一般擁有大量的專業投資研究人員和強大的信息網路，能夠更好地對證券市場進行全方位的動態跟蹤與深入分析。將資金交給基金管理人管理，使中小投資者也能享受到專業化的投資管理服務（見

圖 9-1）。

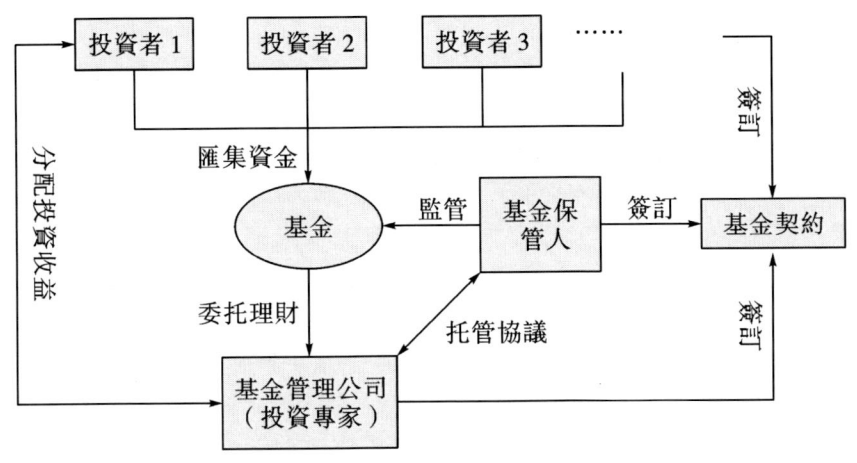

圖 9-1　證券投資基金運作圖示

（2）組合投資、分散風險

為降低投資風險，一些國家的法律法規通常規定基金必須以組合投資的方式進行基金的投資運作，從而使「組合投資、分散風險」成為基金的一大特色。中小投資者由於資金量小，一般無法通過購買數量眾多的股票分散投資風險。基金通常會購買幾十種甚至上百種股票，投資者購買基金就相當於用很少的資金購買了一籃子股票。在多數情況下，某些股票價格下跌造成的損失可以用其他股票價格上漲產生的盈利來彌補，因此可以充分享受到組合投資、分散風險的好處。

（3）利益共享、風險共擔

證券投資基金實行利益共享、風險共擔的原則。基金投資者是基金的所有者。基金投資收益在扣除由基金承擔的費用後的盈餘全部歸基金投資者所有，並依據各投資者所持有的基金份額比例進行分配。為基金提供服務的基金託管人、基金管理人只能按規定收取一定比例的託管費、管理費，並不參與基金收益的分配。

（4）嚴格監管、信息透明

為切實保護投資者的利益，增強投資者對基金投資的信心，各國（地區）基金監管機構都對基金業實行嚴格監管，對各種有損於投資者利益的行為進行嚴厲的打擊，並強制基金進行及時、準確、充分的信息披露。在這種情況下，嚴格監管與信息透明也就成為基金的另一個顯著特點。

(5) 獨立託管、保障安全

基金管理人負責基金的投資操作,本身並不參與基金財產的保管,基金財產的保管由獨立於基金管理人的基金託管人負責。這種相互制約、相互監督的制衡機制對投資者的利益提供了重要保障。

9.1.1.3 證券投資基金的運作

基金的運作包括基金的市場營銷、基金的募集、基金的投資管理、基金資產的託管、基金份額的登記、基金的估值與會計核算、基金的信息披露以及其他基金運作活動在內的所有相關環節。

基金的運作活動從基金管理人的角度來看,可以分為基金的市場營銷、基金的投資管理與基金的后臺管理三大部分。基金的市場營銷主要涉及基金份額的募集與客戶服務,基金的投資管理體現了基金管理人的服務價值,而基金份額的註冊登記、基金資產的估值、會計核算、信息披露等后臺管理服務則對保障基金的安全運作起著重要作用。

9.1.1.4 證券投資基金的類型

構成基金的要素有多種,因此可以依據不同的標準對基金進行分類:

(1) 根據運作方式分類

根據運作方式的不同,可以將基金分為封閉式基金、開放式基金。

封閉式基金是指基金份額在基金合同期限內固定不變,基金份額可以依法設立的證券交易所交易,但基金份額持有人不得申請贖回的一種基金運作方式。開放式基金是指基金份額不固定,基金份額可以在基金合同約定的時間和場所進行申購或贖回的一種基金運作方式。

(2) 根據法律形式分類

根據法律形式不同,可以將基金分為契約型基金、公司型基金等。

不同的國家(地區)具有不同的法律環境,基金能夠採用的法律形式也會有所不同。目前中國的基金全部是契約型基金,而美國的絕大多數基金則是公司型基金。組織形式的不同賦予了基金不同的法律地位,基金投資者所受到的法律保護也因此有所不同。

(3) 根據投資對象分類

根據投資對象的不同,可以將基金分為股票基金、債券基金、貨幣市場基金、混合基金等。

股票基金是指以股票為主要投資對象的基金。股票基金在各類基金中歷史最為悠久,也是各國(地區)廣泛採用的一種基金類型。根據中國證監會對基金類別的分類標準,基金資產80%以上投資於股票的為股票

基金。

債券基金主要以債券為投資對象。根據中國證監會對基金類別的分類標準，基金資產 80% 以上投資於債券的為債券基金。

貨幣市場基金以貨幣市場工具為投資對象。根據中國證監會對基金類別的分類標準，僅投資於貨幣市場工具的為貨幣市場基金。

混合基金同時以股票、債券等為投資對象，以期通過在不同資產類別上的投資實現收益與風險的平衡。根據中國證監會對基金類別的分類標準，投資於股票、債券和貨幣市場工具，但股票投資和債券投資的比例不符合股票基金、債券基金規定的為混合基金。

（4）根據投資目標分類

根據投資目標的不同，可以將基金分為增長型基金、收入型基金和平衡型基金。

增長型基金是指以追求資本增值為基本目標，較少考慮當期收入的基金，主要以具有良好增長潛力的股票為投資對象。收入型基金是指以追求穩定的經常性收入為基本目標的基金，主要以大盤藍籌股、公司債、政府債券等穩定收益證券為投資對象。平衡型基金則是既注重資本增值又注重當期收入的一類基金。

（5）根據投資理念分類

根據投資理念不同，可以將基金分為主動型基金與被動（指數）型基金。

主動型基金是一類力圖取得超越基準組合表現的基金。與主動型基金不同，被動型基金並不主動尋求取得超越市場的表現，而是試圖複製指數的表現。被動型基金一般選取特定的指數作為跟蹤的對象，因此通常又被稱為指數型基金。

（6）根據募集方式分類

根據募集方式不同，可以將基金分為公募基金和私募基金。

公募基金是指可以面向社會公眾公開發售的一類基金。私募基金則是只能採取非公開方式，面向特定投資者募集發售的基金。

（7）根據基金的資金來源和用途分類

根據基金的資金來源和用途的不同，可以將基金分為在岸基金和離岸基金。

在岸基金是指在本國募集資金並投資於本國證券市場的證券投資基金。離岸基金是指一國的證券投資基金組織在他國發售證券投資基金份

額，並將募集的資金投資於本國或第三國證券市場的證券投資基金。

(8) 特殊類型基金

系列基金。系列基金又被稱為傘形基金，是指多個基金共用一個基金合同，子基金獨立運作，子基金之間可以進行相互轉換的基金結構形式。

基金中的基金（FOF）。基金中的基金是指以其他證券投資基金為投資對象的基金，其投資組合由其他基金組合組成。

保本基金。保本基金是指通過一定的保本投資策略進行運作，同時引入保本保障機制，以保證基金份額持有人在保本週期到期時，可以獲得投資本金保證的基金。

交易型開放指數基金（ETF）與 ETF 連接基金。交易型開放指數基金通常又稱為交易所交易基金，是一種在交易所上市交易的、基金份額可變的一種開放式基金。ETF 結合了封閉式基金與開放式基金的運作特點。投資者既可以像封閉式基金那樣在交易所二級市場買賣，又可以像開放式基金那樣申購、贖回。不同的是，它的申購是用一籃子股票換取 ETF 份額，贖回時則是換回一籃子股票而不是現金。這種交易制度使該類基金存在一級市場和二級市場之間的套利機制，可以有效防止類似封閉式基金的大幅折價。

上市開放式基金（LOF）。上市開放式基金是一種既可以在場外市場進行基金份額申購、贖回，又可以在交易所進行基金份額交易和基金份額申購或贖回的開放式基金。

9.1.2 境外互聯網基金概述

9.1.2.1 美國的 Paypal

早在 1999 年，美國 Paypal 公司便推出了美國版的「余額寶」，將其在線支付功能與金融理財產品結合起來，用戶只需簡單地進行設置，存放在 Paypal 支付帳戶中原本不計利息的余額就將自動轉入貨幣市場基金，0.01 美元起申購，其運作與收益方式與中國余額寶幾乎毫無差異。最初美版「余額寶」的年收益率最高曾攀升到 5.56%。2004 年為 1.37%、2005 年為 1.16%、2007 年為 5.1%，至 2008 年金融危機時為 0.04%，僅為高峰期間的零頭，遠不如儲蓄帳戶 2.6% 的收益。在此情形下，Paypal 貨幣基金的收益優勢逐步喪失，規模不斷縮水，於是在 2011 年 7 月，Paypal 不得不將該貨幣基金清盤，最終走向了倒閉。

對於美國的「余額寶」，其有著較強的風險管理意識，曾明確向投資

者說明了風險：一是投資並非銀行存款，投資有可能虧損；二是一旦所投資的證券產品出現違約，該基金也可能出現虧損；三是基金可能投資以美元計價的外國證券，可能面臨從信息缺乏到政治不穩定等額外風險；四是接受相應的政府監管，並立下眾多苛刻的規矩，基金只能投資高質量的證券，不能做融資融券，不能做對沖，不能做浮動利率證券，投資要多元化，不能過於單一和過度投資，證券投資組合的到期期限不得超過 90 天，單一證券的投資到期時間不超過 397 天等。

9.1.2.2　日本「類寶」類產品

日本「余額寶」。在很長一段時間內，日本銀行都實行零利率政策，這使得投資基金的高利率顯得很有吸引力，加上日本政府的大力扶持，日本基金市場一度掀起購買狂潮。然而，2005 年爆發的「活力門」事件和幾個月后村上基金總裁村上世彰因為涉嫌內線交易遭到逮捕，一連串的事件讓日本人「談基金色變」。為制止類似案件再次發生，日本參議院隨后通過新的金融商品交易法，加強了對基金的監管，市場利率被壓得很低。與此同時，日本銀行漸漸結束了長達 6 年的零利率政策，雖然 0.1% 的銀行利率看起來並不高，卻使得不少保守的日本民眾改變了投資意向，畢竟存在銀行裡比投資基金更為安全。

日版「余額寶」在日本流行不起來，是因為政府出抬了保護投資者的法律。高利率就會帶來高風險，高風險就會產生社會問題，日本也的確出現過類似的社會問題。所以，后來日本政府為了防範社會問題再度發生，建立了嚴格的監管制度，市場利率被壓得很低。貨幣基金收益降低，最終導致大量投資者退出市場，在利潤微薄的情況下，基金公司停止與互聯網合作分攤利潤，在這樣的市場環境下最終余額寶逐漸消失。

境外「類寶」基金雖然發展較早，從其過程來看，最終都因為發展遇到瓶頸，消失在了歷史長河中。而 2013 年之所以被業界稱為「中國互聯網金融元年」，正是因為中國余額寶的橫空出世。

9.1.3　境內互聯網基金概述

9.1.3.1　發展歷程與現狀

2013 年 6 月，支付寶網路技術有限公司與天弘基金公司合作，開通余額寶功能，直銷中國第一支互聯網基金，並曾一度創下年化收益率近 7% 的風光歲月。然而 2015 年，余額寶的收益率卻逐月下降，並且頹勢還在繼續，繼 6 月中旬余額寶「破 4」之後，收益仍在不斷下滑，並於 10 月底

「破3」，截至2015年12月31日，余額寶7日年化收益率為2.703%（見圖9-2、圖9-3）。

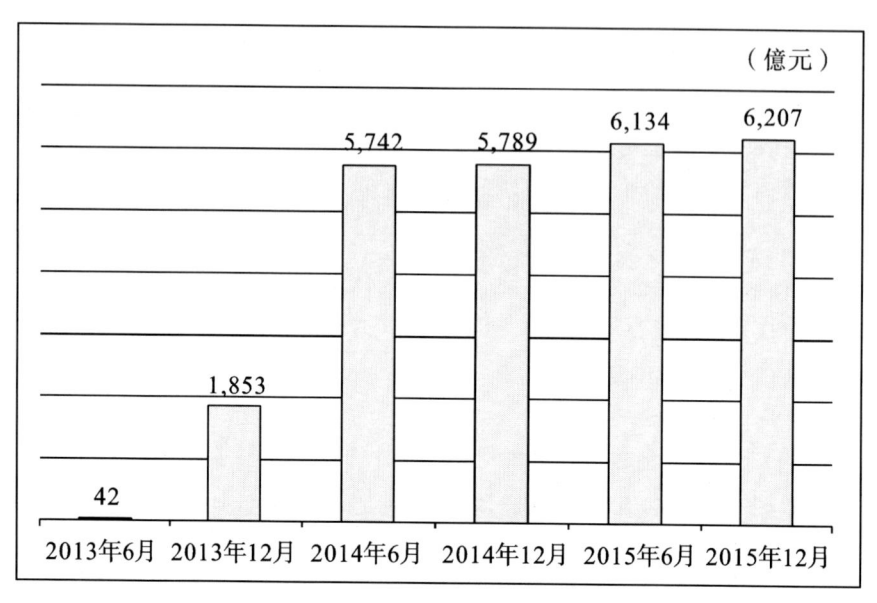

圖9-2　余額寶基金規模變化

數據來源：WIND。

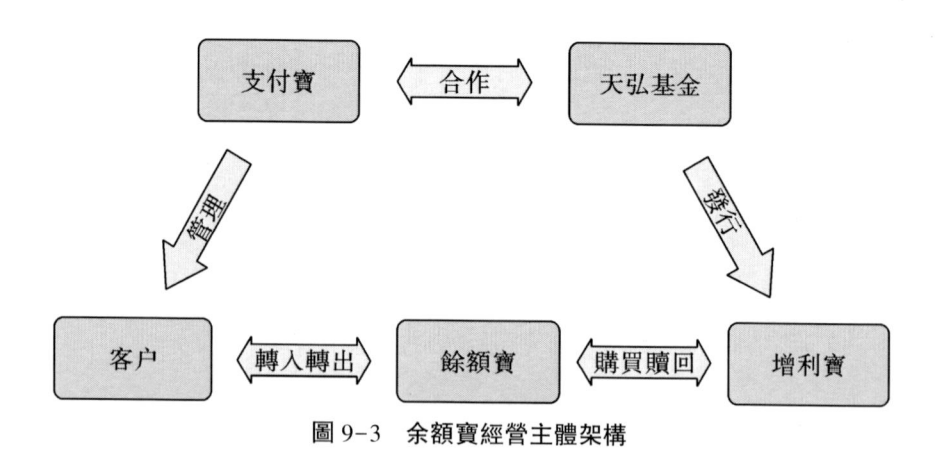

圖9-3　余額寶經營主體架構

「寶寶」們年收益率跌入「2」時代，余額寶是否已經窮途末路了？然而天弘基金2015年半年報披露顯示，余額寶上半年為用戶賺了138.68億元，較去年同期增加了11%，自余額寶上線以來累計創造收益396.62億元；至2015年6月底，余額寶用戶數已經增至2.26億，成為全球客戶數

最多的基金。可見，儘管余額寶年收益下降，但仍難阻其規模擴張。究其原因，可從以下兩點分析：①年化收益率下降的不只是余額寶，受央行雙降的影響，貨幣市場流動性增強，其他產品也都出現收益不足的現象。即使年收益率下跌，把余額寶裡的錢轉回到銀行的人還是比較少。畢竟，「瘦死的駱駝比馬大」，2015 年 8 月以來四大行的活期存款利率只有 0.35%。②年化收益率的下跌也是對前期燒錢手段的一種終結。因為「類寶」類互聯網基金多數是由電商平臺衍生而出的，在懶人經濟高度發展的今天，移動互聯網的發展、消費者網購權益保障的完善，使得網購人群呈逐年遞增的態勢。而「寶寶」們其實最初目的就是將用戶網購的余額進行再投資，再加上諸多類似產品已有保險公司介入保障其安全。因此，當前，便捷性、安全性仍然可以讓「寶寶」們保持一定的用戶黏度和市場認知度。

另一個不可忽視的原因，即市場熱點的轉移。2015 年隨著分級基金的橫空出世，各大基金公司開始紛紛追逐管理費收入更高、渠道營銷成本更低的熱點產品，余額寶類產品的生存環境大不如前了。作為過渡產品，中國的「類寶」類產品即使不重複美國 Paypal 貨幣基金從 2000 年 5% 以上的峰值降至 2011 年的 0.1% 直到最后消失的命運，也不會再有遠高於一年定存利息那樣的超高收益了。

2015 年 5 月 15 日，天弘增利寶貨幣市場基金正式更名為天弘余額寶貨幣市場基金。更名一方面是為了用戶體驗更好，另一方面也有利於提升該產品品牌知名度。當前余額寶的規模已經超過 6,000 億元，是境內最大的基金、全球第二大貨幣基金和全球第十大共同基金。

互聯網基金即通過渠道實現銷售的證券投資。產品研發者（電商支付機構或基金管理人）致力於改善用戶體驗，無論是從產品的贖回時效、申購門檻、費用成本還是操作感受等方面，都以客戶為中心進行了優化改良。由於貨幣市場基金的特性與互聯網支付機構電商職能高度匹配，互聯網基金選擇了貨幣市場作為其發展的起點。但是只能作為高流動性資產的管理工具，其收益尚無法與投於權益類金融工具的產品相比擬。

9.1.3.2 互聯網基金的特點

余額寶之所以能在短時間內迅速發展，有以下原因：

（1）模式的創新。其體現在兩方面：一方面是嵌入式直銷。不是簡單的網上賣基金，而是走進生活把理財融入生活，讓客戶原有的習慣延續，使得基金搭載並充分利用電商平臺成為可能。另一方面是和阿里的合作，

借助其資源和作為電商平臺的經驗。

（2）業務處理和技術的實現。面對海量客戶、小客單量，高流動性，在跨界合作中摸索出業務處理流程，借助阿里雲技術實現海量業務處理能力。

（3）上線時機恰當。為什麼這麼說？因為余額寶的興起正好趕上了2013年6月份的錢荒以及年底的錢荒，銀行大量缺錢使貨幣基金恰好承擔了一個補充銀行流動性的作用，因此銀行給出了一個很高的存款利息。但是現在收益率正在逐漸下降，也是因為市場的利率走低，這也是最根本的原因。

（4）影響余額寶收益的紅利。

貨幣基金政策紅利。銀行的定期存款用戶們都知道，如若提前支取定期存款，用戶只能拿一個活期利率，而余額寶（包括其他貨幣基金）享受提前支取不罰息的紅利政策。

存款準備金紅利。銀行是需要交存款準備金的，而貨幣基金是協議存款，現在的協議存款是不用交準備金的，所以它的資金就可以被完全的使用，這無疑給余額寶帶來了更多的收益。

余額寶增長勢頭放緩也有如下原因：

（1）貨幣基金本質決定。余額寶的創新主要是在渠道和用戶體驗上，因此在短期內獲得了廣大小額理財用戶們的支持，而在本質上，它仍然是一只貨幣基金，要遵循這個市場的普遍價值規律。從行業水平來看，2013年收益率排名前十的貨幣基金中，最高的工銀瑞信貨幣淨值增長率也不過為4.38%；排名前5的南方現金增利A、華夏現金增利A、華夏貨幣A、萬家貨幣A，淨值則分別增長了4.36%、4.32%、4.28%、4.22%的收益，排名第十的易方達貨幣A則為4.17%。而2013年61只貨幣基金的平均收益率更是只有3.86%。

（2）市場資金需求面較為寬鬆。其實決定貨幣基金短期的年化收益率的重要因素還是市場資金的需求，眾所周知，在中國，銀行有存貸比的考核要求，因此每到月末、季末和年末，銀行對於短期資金的需求很大，導致這一時期銀行間同業拆放利率（shibor）暴漲。2015年大部分互聯網理財產品收益率已經降到5%以下，在這種情況下，余額寶自然難以做到獨善其身。

（3）吸金能力減弱。余額寶的資金虹吸效應，令一些銀行和互聯網大佬分外眼紅，頻頻推出類似理財產品，如騰訊推出了理財通、百度推出了

百賺百發、網易的現金寶、興業銀行推出的掌櫃錢包、中國銀行推出的活期寶、交通銀行推出的快溢通、平安銀行推出了平安贏、民生銀行推出的如意寶，等等。類似余額寶產品的增多，在給一些投資理財者更多選擇的空間的同時，也使得資金開始分流，單個寶寶的吸金能力開始下降，影響了此類產品和銀行談判的籌碼。

2015 年 2 月 25 日，中國銀行業協會召開會議研究銀行存款自律規範的措施，會上提出考慮由協會出抬相關自律規範文件，將余額寶等互聯網金融貨幣基金存放銀行的存款納入一般性存款管理，不作為同業存款，目前已經有三家國有大型商業銀行總行不接受各自分行與余額寶旗下天弘基金為代表的各類貨幣市場基金進行協議存款交易，使得余額寶無法再從這些銀行獲得高息。同時，有不少銀行也推出了自己的寶類產品，在這種情況下，與其給余額寶轉一道手，還不如自己以高息直接吸收公眾存款。這樣相當於斷了余額寶的后路，其收益率降低也是必然的。

（4）天弘的管理問題。作為貨幣基金，收益也取決於管理者的水平。天弘基金的管理水平在基金中並不突出。在基金業上一輪景氣高峰的 2007 年，天弘基金收入及盈利單位僅為數萬元。而 2010—2013 年更是連續虧損，2011 年虧損 2,015 萬元，2012 年虧損 1,535 萬元，2013 年余額寶上線后，雖然虧損大幅收窄，但由於上半年虧損缺口過大，仍處於虧損區間。

當然，「類寶」類互聯網基金雖然風光不再，但其能夠在短時間內迅速成長發展起來，與其自身特點是分不開的：

（1）渠道優勢。傳統的貨幣市場基金購買以銀行、第三方理財等代銷渠道為主，投資者主動購買較少。2013 年以來，基金公司普遍重視基於互聯網的直銷平臺的建設，新型直銷渠道上線后，新增貨幣市場基金客戶中相當數量來自直銷渠道的主動購買。以余額寶為例，余額寶在營銷渠道上開創基金公司在大電商平臺直銷基金的模式，利用支付寶的渠道優勢，在零推廣成本下，將產品直接呈現在客戶群體面前。

（2）收益與流動性兼顧。截至 2015 年 12 月 30 日，余額寶—增利寶基金 7 天年化收益率為 2.71%，是銀行活期存款利率的 7 倍，比 1 年期定期存款率高 121 個基點，明顯高於銀行存款利率。二是高流動性。天弘基金和支付寶在后臺系統為余額寶提供了大量技術支持，實現增利寶便捷的「一鍵開戶」流程。客戶將錢轉入余額寶，就即時購買增利寶，而客戶如果選擇將資金從余額寶轉出或使用余額寶資產進行購物支付，則相當於贖回增利寶基金份額。所有流程操作即時生效，便捷流暢。將產品流動性進

一步提高到「T+0」的高水平，可隨時用於網上消費或轉出至銀行卡，並且沒有利息損失，其流動性接近銀行活期存款，高於絕大多數投資工具。

（3）電商系產品與其他功能兼顧。從支付用途來看，余額寶相對優勢明顯，由於綁定了支付寶，因而其具備購買商品、轉帳、信用卡還款、支付公用事業費等多種功能。蘇寧零錢寶憑藉蘇寧雲裳平臺同樣可實現一定的支付功能，可用於易購購物、生活繳費、信用卡還款，也可以轉到易付寶余額或銀行卡。匯添富現金寶可實現信用卡還款、同城跨行轉帳免費、手機充值，而其余產品無法直接用於網路購物的支付。

（4）更加低廉的費用成本。貨幣市場基金在證券投資基金中屬於低風險、低收益的品種，主要投資於銀行定期存單、國債等短期貨幣工具，不同貨幣市場基金之間的收益差異幅度較小。由於投資標的有限，貨幣基金如果想提高收益，最直接有效的辦法之一就是降低產品的相關費用成本。但是從 2003 年中國第一只貨幣市場基金成立到 2012 年的十年期間，貨幣基金的管理費和託管費一直保持在 0.33%～0.10%的區間。互聯網基金的經營者在投資者收益和自身利益之間做出了新的平衡，本著以客戶體驗為中心的互聯網精神，降低了產品的費用成本，把更多的收益讓給了投資者。截至 2015 年第三季度末，82 只互聯網對接的 69 只貨幣基金的總規模為 17,015.53 億元。

儘管互聯網基金相比於傳統基金而言優勢明顯，但諸如余額寶這類第三方支付介入基金銷售支付結算業務的互聯網金融創新，不僅其事實風險存在，而且因其資金流量巨大，一旦風險暴露，就極可能會導致系統性風險。其風險主要存在於以下幾個環節：①第三方支付機構本身的信用風險和網路安全風險；②與基金公司（或保險公司）合作推出理財產品的關聯風險；③針對部分第三方支付機構併購基金公司的行為，會造成互聯網企業與金融企業之間風險隔離的相對缺失，更易形成潛在系統性風險的堆砌。

因此，如何讓互聯網產品提供的便利性和金融行業所要求的安全性實現有機統一，是中國政府部門監管最根本的著眼點和亟待解決的問題。

9.1.4 境內互聯網基金業務的發展趨勢

9.1.4.1 基金產品多元化發展

由於貨幣市場基金的特性與互聯網支付機構的電商職能高度匹配，互聯網基金選擇了貨幣市場基金作為其發展的起點。但是，貨幣市場基金只

能作為高流動性資產的管理工具,其收益尚無法與投資於權益類金融工具的產品相比擬。未來,互聯網基金如果要為客戶提供更加全面的理財服務,勢必會引進其他類型的證券投資基金,例如股票型、債券型等基金品種,或可能根據客戶需要進行進一步的產品細分與創新。

9.1.4.2 銷售模式多樣化發展

未來互聯網基金可能向兩個主流方向發展,第一個方向就是發展以貨幣市場基金為主的活期理財功能。目前多數互聯網基金使用了通過互聯網支付機構為基金直銷提供支付結算業務這一銷售模式。在這一銷售模式下,對基金公司和基金產品的選擇權集中在支付機構,而不是投資者手中。第二個方向是利用互聯網成本優勢打造互聯網基金超市模式,將盡可能豐富的證券投資基金產品掛在網路上銷售,實現投資者自助購買。在該模式下,電商平臺的工作是流量導入,實際上並未直接參與基金銷售。淘寶網在2013年11月已經對該模式做過嘗試,即由淘寶網作為電商平臺,讓各基金公司在電商平臺上通過入駐經營的模式進行產品銷售。2013年中國證監會已經對通過第三方電子商務平臺銷售基金的模式開始准入工作,截至2015年12月,通過證監會准入備案的獨立基金銷售機構已有40家。

9.1.4.3 目標客戶差異化發展

截至2015年12月,已經上線的互聯網基金主要是針對個人客戶的貨幣市場基金關聯產品,雖然余額寶等產品在互聯網基金的零售市場上取得了巨大的成功,但是個人客戶的互聯網基金市場可能在發展到一定程度時面臨瓶頸。互聯網基金在未來可能將目標客戶轉向更寬闊的領域,例如機構客戶、在開放式電商平臺中註冊經營的小微企業客戶、大型電商的上下游企業客戶等。互聯網基金可以針對不同客戶有針對性地開發差異化的產品與服務。

隨著第三方基金銷售機構相繼獲得基金銷售牌照,第三方基金銷售網站紛紛上線,如支付寶、好買、眾祿、數米和天相投顧等,使客戶實現了一站式購買,為客戶提供了更加便捷的服務。這一舉動實現了互聯網基金在基金業態的跨界創新。以余額寶為例,作為第三方支付機構的支付寶與貨幣基金公司天弘基金合作,使支付寶變為天弘基金的基金產品的直銷平臺,完成了基金的線上銷售。具體來講,天弘基金公司發行和銷售貨幣基金增利寶,並將其嵌入余額寶直銷。支付寶的客戶是基金的購買者,通過支付寶帳戶將備付金轉入或轉出余額寶,實現對增利寶基金的購買和贖回交易。支付寶與天弘基金的合作開創了基金公司跨界電商平臺直銷基金的

模式，也為基金業的互聯網化提供了更為廣闊的發展空間。

9.2 互聯網保險

9.2.1 境外互聯網保險概述

9.2.1.1 美國互聯網保險概況

美國是發展互聯網保險最早的國家，由於在網路技術方面的領先地位和優越的市場經濟環境，美國在20世紀90年代中期就開始出現互聯網保險。目前，美國的互聯網保險業在全球業務量最大、涉及範圍最廣、客戶數量最多和技術水平最高，幾乎所有的保險公司都建立了自己的網站，比較有影響力的主要有InsWeb、Insure.com、Quicken、Quickquote、SelectQuote等網站。在網站上為客戶提供全面的保險市場和保險產品信息，並可以針對客戶獨特的需要進行保險方案內容設計，運用信息技術提供人性化產品購買流程。在網路服務內容上，涉及信息諮詢、詢價談判、交易、解決爭議、賠付等；在保險品種上，包括健康、醫療人壽、汽車、財險等。

美國互聯網保險業務主要包括代理模式和網上直銷模式，這兩種模式都是獨立網路公司通過與保險公司進行一定範圍的合作而介入互聯網保險市場。但二者也有一定的區別，代理模式主要是通過和保險公司形成緊密合作關係，實現網路保險交易並獲得規模經濟效益，它的優點在於其龐大的網路輻射能力可以獲得大批潛在客戶。相比之下，網上直銷模式更有助於提升企業的形象效益，能夠幫助保險公司開拓新的營銷渠道和客戶服務方式。1995年2月創立的InsWeb公司是美國互聯網保險代理模式的成功案例。除代理模式和直銷模式這兩種互聯網保險營運主流模式外，美國市場上還出現了純粹進行網上保險銷售的公司，例如eCoverag，這是美國第一家，也是100%通過互聯網向客戶提供從報價到賠償服務的公司。

9.2.1.2 歐洲互聯網保險概況

在歐洲，網路保險發展速度非常迅猛。1996年，全球最大保險集團之一的法國安盛在德國試行網上直銷。1997年義大利KAS保險公司建立了一個網路保險銷售服務系統，在網上提供最新報價、信息諮詢和網上投保服務。英國保險公司的網路保險產品不僅局限於汽車保險，而且包括借助互聯網營銷的意外傷害、健康、家庭財產等一系列個人保險產品。近十幾

年，網路保險在英國發展迅速，個人財產保險總保費中網路營銷的比例，從 2000 年的 29% 增加到 2008 年的 42%，而傳統的保險經紀份額從 42% 下降到 29%。相比於其他尚不成熟的保險市場的互聯網保險業務，英國保險市場的互聯網革新經歷了一個極有代表性的發展路徑。據埃森哲諮詢公司發布的相關報告顯示，2009 年德國約有 26% 的車險業務和 13% 的家庭財險業務是在互聯網上完成的，而在僅僅一年的時間裡，這一份額就分別上漲至 45% 和 33%，可見互聯網保險在德國發展之迅速。德國重視互聯網保險的商業模式創新，率先開發出一種新 P2P 保險模式，具有防止騙賠、節約銷售和管理費用以及方便小額索賠等優勢。

9.2.1.3 亞洲互聯網保險概況

1999 年 7 月，日本的名為 Alacdirect. com 的網路保險公司，是一家完全通過互聯網推銷保險業務的保險公司，主要服務於 40 歲以下客戶。1999 年 9 月，日本索尼損害保險公司開通電話及網路銷售汽車保險業務，到 2000 年 6 月 19 日通過因特網簽訂的合同數累計突破 1 萬件。在多種因素的綜合作用下，2008 年出現了一些以互聯網為主要銷售渠道的人壽保險公司。2008 年 5 月，Life Net 保險同印度國家銀行安盛人壽保險（現在的 Nextia 人壽保險）合作，開始銷售日本的第一份在線人壽保險產品。自此，在線人壽保險公司的市場份額在日本人壽保險市場中穩步增長。

在韓國，通過互聯網銷售保險的經營模式仍處於成長初期。各家保險公司對網銷興趣正濃：韓華人壽、LINA 人壽（韓國信諾）、KDB 人壽（2012 年 11 月）、現代人壽（2012 年 12 月）、新韓人壽（2013 年 4 月）、教保人壽（2013 年 10 月）均開始推廣網銷業務。在韓國，網銷的基本流程非常簡單，即網站標題或廣告引流—在線報價—核保—承保完成。

在中國香港保險業中，保柏公司是最早利用互聯網推動保險銷售的，其次是保誠公司和藍十字公司。在臺灣，互聯網保險的發展趨勢日益強勁。依據臺灣「金融監督管理委員會」規定，在壽險產品中，旅遊平安險、傷害險、傳統型定期壽險、傳統型年金險等均可採用網路投保。但依規定，民眾必須有電子憑證才可以在網路上投保。隨著智能手機的日益普及，保險行業積極推出雲端服務。臺灣的壽險公司正考慮開展數字化投保，例如手機投保等。

9.2.1.4 境外互聯網保險的一般模式：B2C 模式、B2B 模式

（1）B2C 模式

互聯網保險 B2C 模式大致可分為保險公司網站、第三方保險超市網站

及互聯網金融超市三種形式。

保險公司網站是一種典型的 B2C 電子商務模式。保險公司開設的網站旨在宣傳公司產品，提供聯繫方式，拓展公司銷售渠道。按照是否從事銷售活動，可以進一步將網站細分為兩類：宣傳公司產品型、網上銷售產品型。宣傳公司產品型可以宣傳公司及產品，方便客戶聯繫，樹立公司及產品形象，提高知名度，但只能算是「保險電子化」。網上銷售產品型不僅在於選擇合適的互聯網保險產品，充分利用網路渠道的優勢，還在於開發專門適用於互聯網的保險產品。比如，美國林肯金融集團建立了一個名為 eAnnuity.com 的網站，提供名為 eAnnuity 的專業互聯網年金產品。

第三方保險超市為保險人和客戶提供了一個交易場所。眾多保險人和客戶在這個超市中相互接觸，使保險人發現合適的客戶，使投保人找到自己需要的險種。其可以細分為三類：連接保險公司型、連接代理人型、第三者管理型。連接保險公司型提供網上詢價功能，將客戶與保險公司相連接，保險公司每收到一個連接都要向該網站支付一定費用，但不發生真正的網上銷售，比如美國的 InsWeb 網站。連接代理人型與連接保險公司型相似，這類網站也不發生真正的網上銷售，不同的是其將顧客與代理人連接，比如美國的 NetQuote 網站。第三者管理型運用其數據庫來確定消費者的最佳交易，他們是註冊代理人，而其電話代表並不是代理人，幾乎不提供諮詢建議，比如美國的 Insure.com。第三方保險超市網站的數量在全球迅速增加，並積極擴張服務範圍。但由於市場容量有限，而且許多產品可比性差、供應商議價能力較強等因素，這類網站面臨激烈的市場競爭，生存者必須在市場營銷和品牌戰略等方面下大力氣。

互聯網金融超市模式也為客戶提供了一個交易場所。互聯網金融超市與保險公司網站的關係猶如傳統超市與專賣店的關係。

（2）B2B 模式

B2B 模式大致可分為互聯網風險市場和互聯網風險拍賣兩種形式。互聯網風險市場使不同國家和地區間的商業夥伴能夠不受地域、國別限制，共同分擔風險，尤其是地震、洪水、泥石流、風暴等巨災風險。如 Global Risk Mark Place 和提供巨災風險交易的 CATEX 都是採用這種模式，Global RiskMark Place 提供全球性的風險交換服務，CATEX 則把巨災風險的交易搬至虛擬網路。互聯網風險拍賣就是大型公司或其他社會機構通過互聯網把自身的風險「拍賣」給保險公司。集團式購買比較適合這種方式，比如，汽車協會可以為其成員挑選一種最便宜的保障。這種模式雖然剛剛開

始，但由於他關注了投保人的需求，因此具有強大的生命力。

9.2.1.5　境外互聯網保險業務特點

首先，境外互聯網保險是獨立網路公司，通過與保險公司進行合作而介入互聯網保險市場，網路公司只提供一個網路平臺，而不具體參與實質性的保險運作流程。其次，境外互聯網保險在網上售賣的險種幾乎涵蓋所有的線下險種，包括健康、醫療人壽、汽車、財險等各大主流險種。再次，境外互聯網技術發展較快，互聯網保險安全防護技術完善，採用多重防火牆技術，在每個環節都可以很好地保護投資人信息。再次，境外互聯網保險充分發揮了互聯網的便利性，從投保到理賠均可通過網路完成，業務流程短，方便快捷。最后，境外對互聯網保險監管措施完備，有嚴格的准入機制以及保險產品審核制度，可以將互聯網保險的風險控制在一定範圍內，很好地保護了投資人的利益。

9.2.2　境內互聯網保險概述

9.2.2.1　定義

2015年7月25日中國保監會關於印發《互聯網保險業務監管暫行辦法》（以下簡稱《辦法》）的通知。該《辦法》對行業術語給予官方定義：互聯網保險業務——指保險機構依託互聯網和移動通信等技術，通過自營網路平臺、第三方網路平臺等訂立保險合同、提供保險服務的業務（見圖9-4）。

數據的搜集和分析：同其他互聯網子行業一樣，數據對於互聯網保險具有重要的價值。對消費者行為數據、消費數據等互聯網數據加以收集，並運用保險精算技術，可以開發出更具需求針對性的保險產品。

保險產品個性化設計和精準營銷：產品銷量是影響保險公司盈利多少的關鍵。在這個環節中，互聯網保險的優勢是非常明顯的，基於互聯網技術的精準營銷已經運用得十分成熟，通過互聯網搜索引擎進行定向推廣已經被Google、百度等搜索引擎廣泛使用。

提供專業的保險需求分析：互聯網保險公司只需通過網頁上提供的保險需求評估工具對投保人的消費能力、風險偏好等信息進行評估，確定符合客戶需求的保險。這種網上評估方式能有效地減少客戶選擇困難，既專業又易於被客戶接受。

提供保險產品購買服務：在客戶確定自己需要的保險產品之後，下一步就是進行網上購買。這要求互聯網保險做好網上購買對接服務，提供網

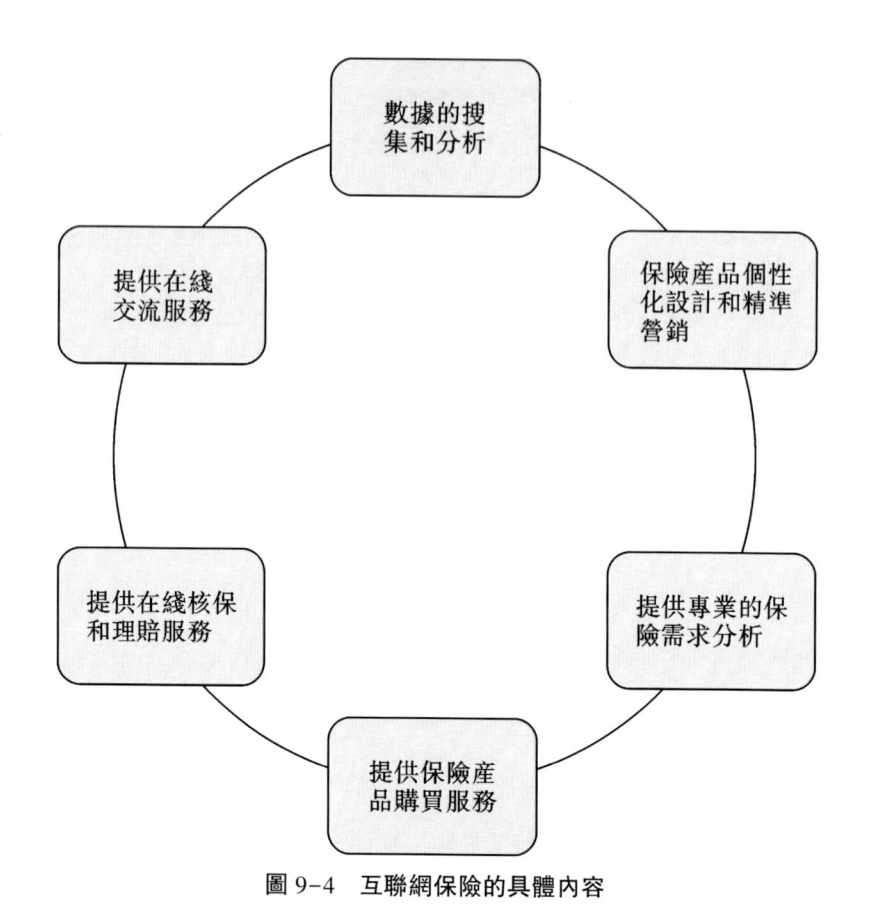

```
        數據的搜
        集和分析
              
  提供在綫              保險產品個性
  交流服務              化設計和精準
                       營銷

  提供在綫核保          提供專業的保
  和理賠服務            險需求分析

        提供保險產
        品購買服務
```

圖 9-4　互聯網保險的具體內容

上購買入口，開發網上購買網站和移動客戶端。

提供在線核保與理賠服務：通過推出在線核保與理賠的作業流程、爭議解決辦法、理賠所需單證和出險聯繫電話、地址信息等透明化流程，客戶可以方便地辦理理賠服務。

提供在線交流服務：提供在線交流，進行售前諮詢和評估以及售後保障和理賠服務，有效化解客戶購買產品的疑慮。

9.2.2.2　發展歷程

2014 年以來，互聯網保險產品層出不窮，而中國的互聯網保險基本可以分為以下四個階段（見圖 9-5）：

萌芽期（1997—2007 年）：1997 年年底，中國第一個面向保險市場和保險公司內部信息化管理需求的專業中文網站——互聯網保險公司信息網誕生。2000 下半年，太保、平安和泰康人壽也相繼開通了自己的保險網

9 基於互聯網的基金與保險

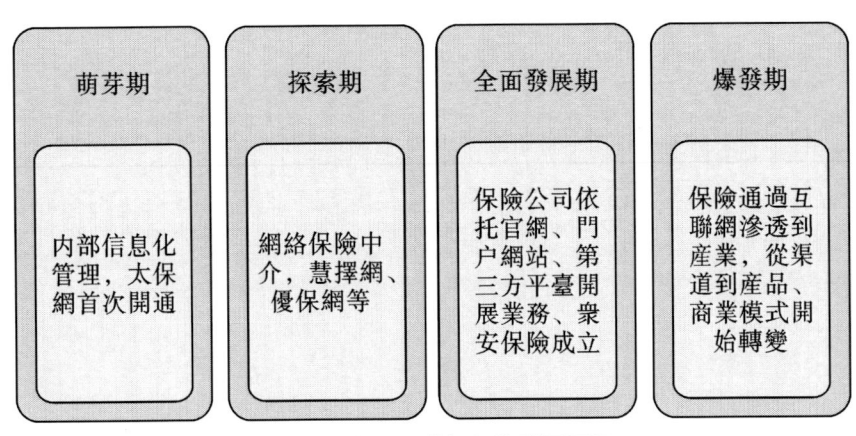

```
┌─────────┐ ┌─────────┐ ┌─────────┐ ┌─────────┐
│  萌芽期  │ │  探索期  │ │ 全面發展期│ │  爆發期  │
│         │ │         │ │         │ │         │
│ 內部信息化│ │ 網絡保險中│ │保險公司依│ │保險通過互│
│ 管理，太保│ │ 介，慧擇網、│ │托官網、門│ │聯網滲透到│
│ 網首次開通│ │ 優保網等 │ │戶網站、第│ │產業，從渠│
│         │ │         │ │三方平臺開│ │道到產品、│
│         │ │         │ │展業務、眾│ │商業模式開│
│         │ │         │ │安保險成立│ │始轉變   │
└─────────┘ └─────────┘ └─────────┘ └─────────┘
```

圖 9-5　中國互聯網保險發展歷程

站。隨后，各類保險信息網站不斷湧現。然而，鑒於當時互聯網和電子商務整體市場環境尚不成熟，加之受第一次互聯網泡沫破裂的影響，受眾和市場主體對互聯網保險的認識不足，這一階段互聯網保險市場未能實現大規模發展，僅能在有限的範圍內起到企業門戶的資訊作用。

探索期（2008—2011年）：阿里巴巴等電子商務平臺的興起開啓了中國互聯網的新一輪發展熱潮。伴隨著新的市場發展趨勢，互聯網保險開始出現市場細分。一批定位於保險仲介和保險信息服務的保險網站開始湧現，有些網站借助風險投資快速脫穎而出。在這個階段，互聯網保險公司的電子商務保費規模依然較小，其戰略價值還沒有得到完全體現，因此在渠道資源配置方面仍然處於邊緣地帶，在政策層面也缺少產業政策的扶持。

全面發展期（2012—2013年）：進入全面發展期后，保險企業通過不斷摸索發展出多種互聯網業務管理模式，官方網站、保險超市、門戶網站、離線商務平臺、第三方電子商務平臺等多種互聯網保險模式紛紛出現。其中，在被稱為互聯網金融元年的2013年，保險行業也獲得跨越式發展，以萬能險為代表的理財型保險引爆第三方電子商務平臺市場，引領互聯網保險全面發展的潮流。

爆發期（2014年至今）：歷經十幾年的不斷累積，電子商務正潛移默化地深刻改造傳統行業，保險行業也不可避免。電子商務、互聯網支付等相關行業的高速發展為保險行業的電商化夯實了技術、產業及用戶基礎，「互聯網+」保險時代已經到來。截至2015年6月底，已有四家互聯網保

237

險公司獲得互聯網保險牌照，互聯網保險牌照有望逐步放開。互聯網保險能否完全替代傳統保險尚需觀察，但不可否認的是互聯網保險行業孕育著巨大的潛力。根據艾瑞諮詢公司預計，2016年中國保險電子商務市場在線保費收入規模將達到590.5億元，滲透率達到2.6%。未來，在移動展業的淨土上互聯網保險行業將揭開新的發展篇章，它將圍繞移動終端開展全方位的保險業務，包括產品銷售、保費支付、移動營銷及客戶維護服務等一系列業務活動。

(1) 眾樂寶

2013年12月5日，眾安在線的首款保險產品「眾樂寶——保證金計劃」正式在淘寶網上線。這款產品的銷售服務對象是淘寶網平臺中加入消費者保護協議的賣家，它的目的是保障賣家的履約能力，幫助賣家在減輕負擔的同時確保給予買家良好的購物服務的保障。在理賠和追賠形式上，眾樂寶採取「先行墊付、事後追賠」的方式，即如果買賣雙方一旦發生維權糾紛時，需要賣家的店鋪對買家賠付，這時「眾樂寶」會先行墊付賠付款，之後再向賣家追回這筆款項。這種方式可以縮短買家的維權過程，同時提高賣家資金的使用效率。

2015年3月28日，「眾樂寶」憑藉其幫助了數百萬的淘寶中小賣家解決了資金占用問題的突出表現，並且它的操作中嵌入了場景、簡單便捷等優點，獲得了由「中金在線財經排行榜」頒發的「最具創新性保險產品大獎」。截至2015年一季度末，「眾樂寶」累計服務的中小賣家數量已經超過160萬，眾安在線旗下的保證金系列已經累計幫助賣家釋放資金規模超過了270億元。

「眾樂寶」是針對目前電子商務領域存在的問題而開發的一款互聯網保險產品，在產品的定價、理賠和責任範圍等方面都做了全方位的創新，它的優點在於鼓勵小微企業創業，針對互聯網即時和便捷等。這款產品在性質上和境內的信用保險有些類似，屬於網路保證金保險。「眾樂寶」的一個創新之處就在於它將保險的應用場景搬到了互聯網上，並根據網路交易的特點重新設計了保費、風險控制等方面。另外，「眾樂寶」的成功推出也為網路交易活動提供了整套可以借鑑的風控體系。在對數據的事前管控之後，可以有效地識別高風險賣家，並將以往有過不佳信用記錄的買家排除在投保範圍之外，有效地幫助買賣雙方進行更好的識別。

另外，「眾樂寶」的成功上線可以看成是境內金融企業首次介入了互聯網商業信用領域。而它更加重要的意義在於其是首款完全根據互聯網商

業信用而開發出來的保險產品，這將推動中國商業信用保證體系的建設和完善。

（2）參聚險

於 2014 年 3 月 17 日上線試營運的參聚險，是由眾安保險聯合阿里巴巴旗下的聚劃算平臺，專門為聚劃算的賣家量身打造的用來替代繳納的保證金而推出的一款互聯網保險產品。它的銷售對象是符合條件的聚劃算商家，包括賣家履約保證責任險和聚劃算平臺責任險。一般參加聚劃算的賣家會被要求繳納 10 萬～50 萬元不等的保證金，這些保證金在團購活動結束后的 15～30 天內是被凍結並且無法使用的。而賣家如果選擇了這款保險產品，就無須再按以往的要求方式而凍結大額的聚劃算保證金，只需要繳納相對低的保費，便可獲得針對聚劃算平臺和消費者服務保障資格，並能享受眾安在線提供的先行賠付服務。參聚險的退出是為了幫助賣家能夠把資金投入到更好的生產過程和技術改進中去。

參聚險是眾安保險在收集了賣家需求信息和阿里平臺方面的相關數據之後，在「眾樂寶」的基礎上進行優化，並針對聚劃算的賣家資金擠占阿里資金這個突出的問題而量身打造的。在面向客戶群方面，「參聚險」比「眾樂寶」更加聚焦，它更貼近聚劃算商家的需求和要解決的問題，即根據第一代產品（眾樂寶）的結果開發成為第二代產品（參聚險）。

參聚險代表了眾安在線保險產品開發的新思路，即通過大數據進行互聯網保險產品迭代。以往大多數保險產品都只是依據客戶的需求來制訂，而參聚險開發的整體思路主要是首先瞭解使用該渠道的用戶情況，之後根據上述情況開發出第一代產品，將產品投放到網上渠道營運之後，再收集產品的相關數據，之後再開發出第二代產品參聚險，之後再將參聚險投放到線上營運，以此往復，即保險公司通過對新開發產品的信息和數據進行搜集，在對客戶的需求有了更深入瞭解的基礎上，再對第一代產品進行優化升級並開發出更貼近客戶需求的產品（見圖 9-6）。

（3）貼條險

貼條險是由 OK 車險手機 APP 發布的一項車險創新服務。用戶通過下載 OK 車險手機 APP，首次可以以 1 元的價格買入為期一年的貼條險，在一年內如果車輛被貼條，用戶可以通過 OK 車險 APP 的服務欄目中進入到「違章代辦」服務，選擇車輛貼條違章類型並選擇在線支付後，系統自動會減去最高 100 元的罰金費用。貼條險用過一次即失效，用戶可以選擇再次購買，但購買價格會根據用戶以往的賠付情況而上調。

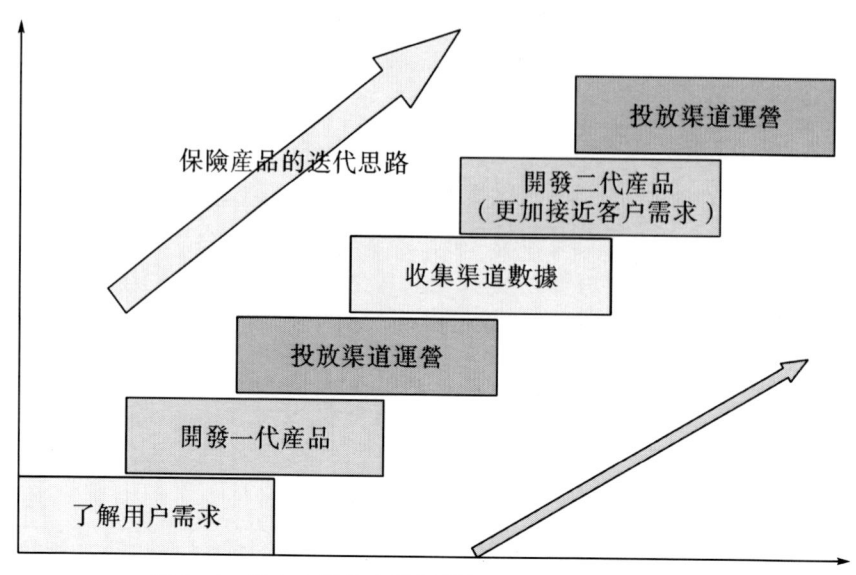

圖 9-6　眾安在線的參聚險開闢了保險產品的新思路

在貼條險問世之初，有關人士就曾指出貼條險突破了傳統車險的模式，是首個「脫媒」的互聯網創新服務，是來自用戶並且最終服務用戶的 B2C 創新，而且貼條險在上架前開發人員稱已經售出上萬份，可見在問世之初，貼條險這種創新產品吸引了一定的消費者，但在推出後，圍繞它所產生的爭議始終不斷。

在貼條險推出 10 天之後，保監會首次發布了關於防範貼條險的風險提示，提醒廣大消費者注意風險防範，並指出貼條險的銷售平臺存在問題，它不隸屬於任何保險公司，而且它針對違章停車行為進行賠償，這樣做影響了社會公共秩序和良好風俗，同時也不符合保險的基本原理，因此有關機構和人員存在非法經營保險業務的嫌疑，並且保監會會做進一步調查。

針對保監會的這一風險提示，OK 車險平臺給出了相應解釋，稱貼條險並不是一款保險產品，它最初定位於一種類保險的服務，加入「險」字是為了方便用戶更好地理解這項服務，並且該款產品的產生並不是為了鼓勵違章，在實際操作中被貼條的車主不會實際拿到補貼，和用戶的服務條款中的內容是一般民事約定，不屬於保險經營的範疇。對於針對違法行為提供補償這一觀點，OK 車險平臺認為在保險行業內也存在著對違法行為提供賠償的例子。雖然給出了上述解釋，最后該平臺仍表示會關注保監會給出的風險提示，並配合相關部門進行調查，隨后將貼條險下架。

9 基於互聯網的基金與保險

在首次發布了風險提示后，保監會在相隔 10 天之后再次在官方網站消費者保護模塊上發布了「關注和防範貼條險風險」的內容。這次保監會再次強調並指出：貼條險並非保險，僅僅是利用保險的外衣進行商業宣傳，並且他的經營主體是一家網路科技公司，不具備經營保險業務的資質，同時也是一種不良的服務形式和營銷方式，與保險的精神不符合，而且實際上存在信息洩露風險。

貼條險因保監會的兩次風險提示而下架，這也說明了互聯網保險產品的創新要遵循一定的原則，不能做一些違背保險精神的盲目創新。貼條險存在著一定的創新之處，而從諸多爭議中也不難看出，它可能更傾向於推廣手機應用軟件。正由於它的概念模糊，很容易對消費者產生誤導。雖然車主體驗到的感覺是保險，但貼條險實際上並不能定義為嚴格意義上的保險。正常來說保險應由保險公司推出，所有合規的保險產品必須經保監會審批和備案，並且售賣平臺也需要經過保監會的許可，而沒有保險公司參與到貼條險的產生和運作中去，購買貼條險的用戶和 OK 車險之間是一種類保險的服務，並不是法律意義上的保險關係。

另外，保險的本質不應該隨著保險形式的變化而改變，保險的本質永遠都應該是保障社會群體可能發生的風險並降低損失，是指通過合理計算風險分擔金，向因該風險事故的發生而受到損失的用戶提供保險保障的一種行為，主要側重的是保障的功能，而並非為社會上的違法行為提供保障。保險保障的是意外發生的風險，從這可以看出貼條險與保險的精神相背離。

9.2.2.3 商業模式

（1）保險公司官方網站模式。官方網站模式營運特點：銷售成本低廉，手續簡單，流程極快，可以幫助保險公司獲得價格優勢。網站的客戶不受線下銷售渠道限制，可以有效拓寬投保群體，發揮大樣本客戶群來降低風險的作用。銷售手續簡單，線上出售的產品高度標準化，但賠付和評估依然在線下，而且投保人在賠付過程中承擔全部舉證責任，保證了保險公司在快速擴張銷售的同時控制賠付風險。因為線上銷售並不要求獲得投保人的詳細信息，因此建立官方網站要求保險公司具備成熟的線上銷售線下理賠模式系統和科學的保險產品設計，以及完善的內部風控以此來避免缺乏投保人評估步驟帶來的風險（見圖 9-7）。

241

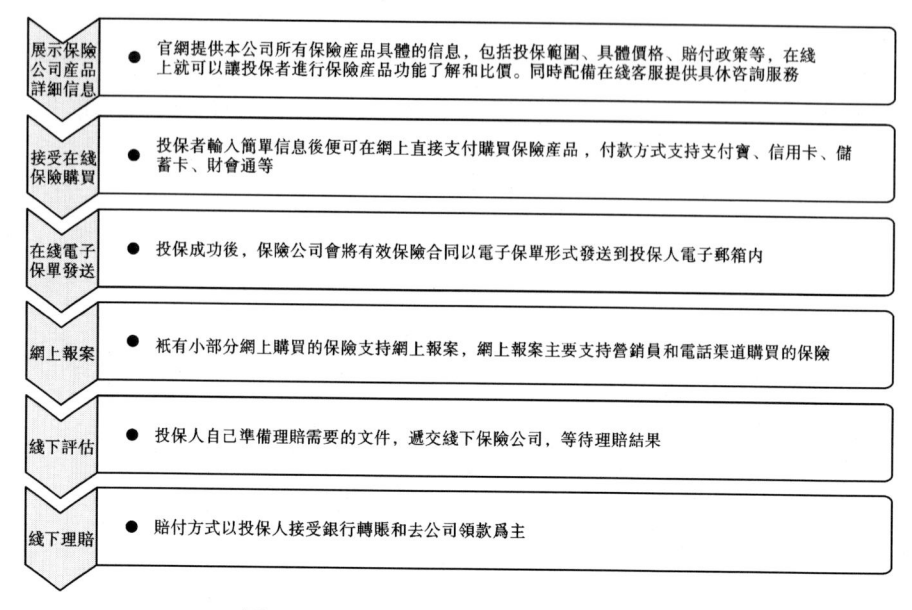

流程階段	說明
展示保險公司產品詳細信息	官網提供本公司所有保險產品具體的信息，包括投保範圍、具體價格、賠付政策等，在綫上就可以讓投保者進行保險產品功能了解和比價。同時配備在綫客服提供具休咨詢服務
接受在綫保險購買	投保者輸入簡單信息後便可在網上直接支付購買保險產品，付款方式支持支付寶、信用卡、儲蓄卡、財會通等
在綫電子保單發送	投保成功後，保險公司會將有效保險合同以電子保單形式發送到投保人電子郵箱內
網上報案	祇有小部分網上購買的保險支持網上報案，網上報案主要支持營銷員和電話渠道購買的保險
綫下評估	投保人自己準備理賠需要的文件，遞交綫下保險公司，等待理賠結果
綫下理賠	賠付方式以投保人接受銀行轉賬和去公司領款爲主

圖 9-7　保險公司官方網站模式業務流程

（2）第三方電子商務平臺模式。第三方電子商務平臺，是指獨立於商品或服務交易雙方，使用互聯網服務平臺，依照一定的規範，為交易雙方提供服務的電子商務企業或網站。通常來說，第三方電子商務平臺具有相對獨立、網路化程度較高和流程專業等特點。從金融監管角度看，第三方電子商務平臺模式存在著諸多漏洞，電子商務平臺保險資質的缺失是風險的主要來源之一。

（3）網路兼業代理模式。保監會下發的《保險代理、經紀公司互聯網保險業務監管辦法（試行）》文件規定，只有獲得經紀牌照或全國性保險代理牌照的仲介機構才可以從事互聯網保險業務。大量垂直類的專業網站由於不具備上述監管要求，便以技術服務形式使用兼業代理的資質與保險公司開展合作業務。網路兼業代理模式，以其門檻低、程序簡單、對經營主體規模要求不高等特點而受到普遍歡迎，逐漸成為目前互聯網保險公司仲介行業最主要的業務模式之一。以上海譽好為例，該公司提供第三方在線平臺，提供航班延誤險與手機延保服務（在線平臺並無銷售產品功能，只具有保險介紹、導流和電話理賠功能）。上海譽好與幾十家大型保險公司合作，成為線上理賠代理，出險后上海譽好直接理賠投保人，但公司自身並不具有保險資質。這種第三方模式在互聯網創新型小額保險產品服務

領域及垂直保險服務領域能取得先發優勢。譬好橫跨十幾家保險公司，代理上百種小額保險的理賠業務能夠打破保險公司之間的壁壘，精確判斷需求趨勢和完成導流。從金融監管角度看，第三方電子商務平臺模式存在著諸多漏洞，電子商務平臺保險資質的缺失、理賠方式的非標準化和風險管控的難度是該模式發展的三個主要瓶頸。

（4）專業仲介代理模式。保監會在 2012 年 2 月正式公布第一批包括中民保險網等 19 家企業在內的獲得網上保險銷售資格的網站，互聯網保險公司仲介網銷的大門就此打開，此后保險仲介業務規模得到高速發展。專業的仲介代理除了對資本金、網路系統安全性等多方面提出要求外，還須申請網銷保險執照，較網路兼業代理模式更加安全可靠。專業仲介代理網站做大做強之後能吸引龐大客流和現金流，利用保險風險數據、算法模型以及基於大數據的分析進一步加強自身的產品和價格優勢，並進一步獲得與合作保險公司深入合作的機會（包括壓低成本、截留保費現金和導流收益）。上千種保險的線上銷售和線上理賠需要專業的互聯網保險代理有科學的保險產品選擇，以及完善的內部風控以此來避免缺乏複雜的風險評估步驟帶來的風險。如何進一步涉足評估更為複雜的傳統險、健康險、分紅險、家財險、責任險的銷售，如何利用境內發達的電商在競爭激烈的環境中保持長期穩定的客流是專業仲介代理模式面臨的主要挑戰。保險業界也期待看到專業仲介代理模式下能否出現保險界的「攜程」。

（5）專業互聯網保險公司模式。專業互聯網保險公司的經營業務主體之間存在較大差別，根據經營主體的不同可以將專業互聯網保險公司大致分為三種：產壽結合的綜合性金融互聯網平臺、專注財險或壽險的互聯網營銷平臺和純互聯網的「眾安」模式。專業互聯網保險公司的優勢體現在：①在數據的收集、歸攏、分析上有先天優勢，使得個性化的保險服務成為可能；②可利用大數據手段分析消費者行為，挖掘新的需求，開發新的保險產品；③引入信用評價機制作為承保標準的參照之一，可有效解決道德風險的問題。

9.2.4 境內互聯網保險業務的發展趨勢

9.2.4.1 面臨的問題

（1）缺乏有效監管

從 2012 年至今，中國互聯網保險處於全面發展的階段，各保險公司借助官網、保險超市門戶網站、離線商務平臺、第三方電子商務平臺等多

種方式開展互聯網保險業務。2011—2014年，境內經營互聯網保險業務的公司從28家上升到85家，年均增長達45%；保費規模從32億元增長到859億元，年均增長率高達199%；2014年，互聯網渠道保費規模比2011年提升了26倍，占保險業總保費收入的比例由2013年的1.7%增長到近4%，對保險業保費增長的貢獻率達到18.9%，比2013年提高了8.2個百分點。面對發展迅速的互聯網保險，法律法規和監管機制並沒有完全跟上其發展的步伐。互聯網保險行業的准入、運作、退出機制是市場機制發揮的重要基礎和前提，而相應法律法規和監管機制對於互聯網保險市場機制發揮的環節起到把關的重要作用。所以在近幾年的互聯網保險發展和變革中，一系列市場問題已凸顯出來。

(2) 信息安全堪憂

隨著大數據時代的到來，數據公開與共享成為大數據時代的趨勢。但數據公開伴隨著來自法律、倫理、道德等方面的爭議，制約了互聯網保險的發展。大數據公開是一把雙刃劍，一方面數據公開，不僅為依託網路經營風險的互聯網保險提供了更便捷準確的數據來源，促進了互聯網保險的發展，也將為整個社會創造價值。另一方面，數據公開可能造成用戶隱私的洩露、人權的侵害，這是在大數據時代發展互聯網保險不容忽視的問題。互聯網的開放性特徵，使得某些商業機構利用不正當手段對保險網路數據資料進行篡改或破壞變得更加容易。在中國信息安全技術不成熟、各保險企業對信息安全投入差異較大的情況下，互聯網保險客戶信息安全存在嚴重的威脅。

(3) 經營模式多種多樣，缺乏成熟體系

互聯網技術與電子商務的發展，使互聯網保險的經營模式逐漸多樣化，但是每一種模式都不夠完善，都存在著一些亟待解決的問題。自主經營的官方網站模式存在宣傳推廣難、產品體系不完善、運行維護難度大等問題。專業仲介代理模式存在產品缺乏創新、銷售規模受限制的缺點。第三方電子商務平臺模式面臨監管缺失、資金流轉漏洞、銷售資質欠缺等方面的問題。網路兼業代理模式包含缺乏監管要求、市場秩序混亂、營運效率低下的問題。專業互聯網保險公司模式在境外發展成熟，已經成為主導模式，而境內市場才剛興起，這種商業模式較前四種更能加強與客戶的深入溝通，所以顧客的滿意度和認可度很高。其中最為典型的類型便是純互聯網模式，雖然專業互聯網模式越來越受到保險企業和保險監管部門的重視，在全社會也引起了廣泛的關注，遺憾的是中國專業純互聯網模式只有

剛成立的「眾安在線」，其保費規模還很小，營運模式還在探索中，與境外的發展水平還有很大的差距。

9.2.4.2 優勢

（1）以客戶為中心。與傳統保險相比，互聯網保險強調「以客戶為中心」，根據客戶需求設計出真正讓客戶滿意的產品和服務，最大限度滿足不同客戶的個性化、多元化需求。保險產品將日益多元化、細分化，且不易受成本限制、銷售渠道限制、規模限制等。保險公司之前不願做、不願賣的產品，互聯網保險都能以低廉的成本找到相應的客戶。

（2）成本低。與傳統的保險銷售模式相比，互聯網保險購買方式便捷、效率高、價格低。而互聯網銷售保險，能省去很大一筆佣金支出，可大大降低公司的經營成本。具體表現在保險費率的下調，從而讓客戶受益。同時節省買賣雙方聯繫、洽談的時間，簡化了交易手續，提高效率。

（3）減少保險銷售誤導。互聯網銷售的保險產品清楚地列出保險責任、除外責任、保險費率等內容，投保人可以「貨比三家」自主選擇適合自己的保險產品，並詳細查看保險條款，改變了僅靠業務員介紹條款的傳統銷售渠道，有利於引導客戶理性投保，大大減少了保險銷售誤導客戶的問題的發生。

（4）提高客戶服務水平。互聯網具有開放性、交互性的特點，客戶可以輕鬆查詢保險公司在網上提供公司和產品的詳細介紹，且能進行在線諮詢，這就加快了信息傳遞速度，提高了客戶對保險公司的滿意度。同時，保險公司的直接網上監控使其提供的服務更加規範化、統一化和標準化，提高了服務質量和服務水平，保險公司的良好形象也得以樹立。

（5）互聯網保險增添了新的銷售機會。傳統保險銷售模式由於受人力、財力等限制只能與部分客戶接觸，而互聯網保險具有超越時間和空間限制可隨時隨地為全國各地的人群提供 24 小時服務的特點，使得那些沒有被保險代理人聯繫到的客戶以及不喜歡被陌生人打擾的人群可通過互聯網得到服務。因此，互聯網保險營銷使更多的人成為保險新客戶，大大增加了銷售機會。

9.2.4.3 發展前景

（1）移動互聯網保險是新的發展趨勢。當前手機和平板等移動互聯設備日益普及，作為個人數據入口的移動互聯網代表了互聯網發展的核心趨勢。根據中國互聯網信息技術中心發布的數據，2014 年年底，中國手機網民數量達到 5.57 億，較 2013 年年底增加 5,672 萬人，並且有進一步擴大

的趨勢。通過手機一鍵關注建立起日常聯繫，可以隨時隨地接收到新的保險信息和產品。「求關愛」「救生圈」「搖錢樹」這些以交互性、趣味性為創新的險種在給予手機端客戶良好體驗的同時，也為保險公司擴大了影響力。未來，以移動端推送的保險產品必然成為保險銷售新的增長點。

（2）按需定制，全產業鏈模式主導。互聯網保險的發展浪潮，在改變保險領域銷售渠道、競爭環境的同時，也逐漸顛覆著傳統保險的商業模式。互聯網保險必須依照互聯網的規則與習慣，以用戶至上的理念，改變保險現有的產品、營運與服務。大數據的應用使得保險產品和服務的個性化及私人定制成為可能，這將有助於解決保險產品和服務的同質化問題。互聯網時代講求與客戶的互動，增加客戶的黏性，提升客戶的體驗感，並滿足其需求，從而增加后續業務的可持續性。但是就目前而言，保險公司的網路互動還停留在售前階段，客戶只能被動地選擇產品。未來保險公司可以通過創新場景應用、帶有趣味性的問題設計或小游戲等手段瞭解客戶的需求，從而設計針對細分人群的創新產品。未來，互聯網保險將會從「大公司開荒、第三方平臺澆水、電商助力」這種簡單模式向「按需定制、全產業鏈」的方向發展。

（3）門檻降低，保險產品趨於碎片化。余額寶降低了貨幣基金投資的門檻，同樣的，互聯網保險領域也出現了很多「1分錢」保險，涉及交通意外險、廚房意外險、旅遊險等多個險種，涵蓋生命人壽、陽光保險、信泰人壽、中美聯合大都會人壽、國華人壽、太平洋人壽等多家保險企業。碎片化已成為互聯網保險新品的主旋律，主要體現在：價格低廉、保障時間縮短、保障範圍收窄、條款簡單、標準化。此類保險是對保險市場的進一步細分，比如由人身意外險細分出「鞭炮險」，由產品責任險細分出「奶粉召回保險」，由重大疾病險細分出「防癌險」等。這些保險產品即使短期不會盈利，但是培育了市場，累積了客戶資料，有助於二次營銷。

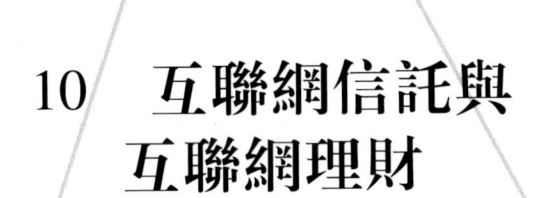

10　互聯網信託與互聯網理財

10.1 互聯網信託

10.1.1 概述

傳統意義上的信託指的是委託人基於對受託人的信任，將手中的財產交由受託人，受託人依照委託人的意願並以委託人的意願對其進行管理的行為。信託不僅是一種法律行為和財產管理制度，更是一種金融制度。在現實生活中，信託一般涉及三方面的人群：委託人、受託人和受益人。其中委託人涵蓋了大部分的信託投資人；受託人主要指各信託投資公司；受益人則是指由委託人通過契約和遺囑的方式確定下的信託財產的受益人，既可以是委託人自身也可以是其他人。

信託發源悠久，最初起源於英國，在中國改革開放時期萌生，以解決銀行信用不足、社會資金閒置過多、外資引進困難和投資渠道單一等一系列問題。發展至今，信託業對中國經濟助力起到了推動作用，信託作為中國現代金融體系的重要組成部分，截至 2015 年第二季度末，全國信託公司管理總資產達到 15.86 萬億元，僅次於銀行業，信託同銀行、保險、證券一道被稱為中國的「金融四大支柱」。在銀行、保險、證券等紛紛「觸網」的潮流下，信託業也在積極需求同「互聯網+」相結合。

10.1.1.1 理財產品概述

本章涉及的信託和上章涉及的保險、基金其實都屬於理財產品的一種，下面對理財產品做一個系統的闡述，並就其在各金融機構間的分佈進行一個簡單的概括。

理財產品，或稱為理財業務，大部分由商業銀行和有正規金融機構（包括保險公司、證券公司等）自行設計並發行，將募集到的資金根據產品合同約定投入相關金融市場及購買相關金融產品，獲取投資收益后，根據合同約定分配給投資人的一類金融產品。按照投資渠道來劃分，理財產品一般通過商業銀行或非銀行金融機構購買。傳統渠道包括：銀行、保險公司、證券公司、期貨公司、基金公司。新興渠道包括：第三方理財機構、綜合理財服務機構。理財產品根據幣種分類主要是人民幣理財產品、外幣理財產品以及雙幣理財產品。根據收益方式分類主要是保證收益理財產品和非保證收益理財產品。主流的劃分主要基於收益方式的不同，可分為債券型、信託型、掛勾型及 QDII 型。

（1）債券型

債券型產品投資於貨幣市場中，投資的產品一般為央行票據與企業短期融資券。因為個人無法直接投資央行票據與企業短期融資券，這類人民幣理財產品實際上為客戶提供了分享貨幣市場投資收益的機會。

（2）信託型

信託型產品投資於由商業銀行或其他信用等級較高的金融機構擔保或回購的信託產品，也有投資於商業銀行優良信貸資產受益權信託的產品。

（3）掛勾型

其產品最終收益率與相關市場或產品的表現掛勾，如與匯率掛勾、與利率掛勾、與國際黃金價格掛勾、與國際原油價格掛勾、與道·瓊斯指數及與港股掛勾等。

（4）QDII 型

所謂 QDII，即合格的境內投資機構代客境外理財，是指取得代客境外理財業務資格的商業銀行。QDII 型人民幣理財產品，簡單說，即是客戶將手中的人民幣資金委託給合格商業銀行，由合格商業銀行將人民幣資金兌換成美元，直接在境外投資，到期後將美元收益及本金結匯成人民幣後分配給客戶的理財產品。

（5）電子現貨

新型的投資理財產品

隨著國家一系列財經政策的逐步實施到位，為投資理財市場開闢了更為廣闊的發展空間，個人投資理財可謂熱點眾多，歸納起來主要在以下方面：

（1）儲蓄

儲蓄或者說存款，是深受普通居民家庭歡迎的投資行為，也是人們最常使用的一種投資方式。儲蓄與其他投資理財產品的方式比較，具有安全可靠（受憲法保護）、手續方便（儲蓄業務的網點遍布全國）、形式靈活、還具有繼承性。儲蓄是銀行通過信用形式，動員和吸收居民的節餘貨幣資金的一種業務。銀行吸收儲蓄存款以後，再把這些錢以各種方式投入到社會生產過程，並取得利潤。作為使用儲蓄資金的代價，銀行必須付給儲戶利息。因而，對儲戶來說，參與儲蓄不僅支援了國家建設，也使自己節餘的貨幣資金得以增值或保值，成為一種家庭投資行為。

（2）炒金

自從中國銀行在上海推出專門針對個人投資者的「黃金寶」業務之

后，炒金一直是個人理財市場的熱點，備受投資者們的關注和青睞。特別是近兩年，國際黃金價格持續上漲。可以預見，隨著國內黃金投資領域的逐步開放，未來黃金需求的增長潛力是巨大的。特別是在2004年以後，國內黃金飾品的標價方式將逐漸由價費合一改為價費分離，黃金飾品5%的消費稅也有望取消，這些都將大大地推動黃金投資量的提升，炒金業務也必將成為個人理財領域的一大亮點，真正步入投資理財的黃金時期。

（3）基金

自1997年首批封閉式基金成功發行至今，基金一直備受國內個人投資者的推崇，截至2012年，基金已經明顯超過存款，成為投資理財眾多看點中的重中之重。據有關資料顯示，如今國內基金淨值已在2,000億元以上。據調查，2013年，許多投資者們依然十分看好基金的收益穩定、風險較小等優勢和特點，希望能夠通過基金的投資以獲得理想的收益。

（4）證券

有專家分析，今后資金供求形勢相對樂觀，這對於資金推動型的中國股市無疑是打了一劑強心針。再加上中國證監會對上市公司的業績計算、融資額等提出了更加嚴格的要求，加強了對股市的調控，這將給投資者帶來營利的機會。但不管怎麼樣，股市的最大特點就是不確定性，機會與風險是並存的。因此，投資者應繼續保持謹慎態度，看準時機再進行投資。利息稅的徵收範圍雖然也包括個人股票帳戶利息，但對股票轉讓所得，國家將繼續實行暫免徵收個人所得稅的政策，因此，利息徵稅后，謹慎介入股市，亦是一條有效的理財途徑。

（5）國債

目前國債市場品種眾多，廣大投資者有很多的選擇。對國債發行方式也進行了新的嘗試和改革，進一步提高了國債發行的市場化水平，以盡量減少非市場化因素的干擾。另外，國債的二級市場也成為今後的發展重點。由此可見，國債的這一系列創新之舉，必將為投資者們帶來更多的投資選擇和更大的獲利空間。

（6）債券

債券市場的火爆令人始料不及。種種跡象表明，企業債券發行有提速的可能，企業可轉換債券、浮息債券、銀行次級債券等都將可能成為人們很好的投資品種。再加上銀監會將次級定期債務計入附屬資本，以增補商業銀行的資本構成，使銀行發債呼之欲出，將為債券市場的再度火爆，起到推波助瀾的作用。

（7）外匯

隨著美元匯率的持續下降，使越來越多的人通過個人外匯買賣，獲得了不菲的收益，也使匯市一度異常火爆。各種外匯理財品種也相繼推出，如商業銀行的匯市通、中國銀行和農業銀行的外匯寶、建設銀行的速匯通等供投資者選擇。2013年以來，中國政府繼續堅持人民幣穩定的原則，採取人民幣與外匯掛鈎以及加大企業的外匯自主權等措施，以促進匯市的健康發展。因此，有關專家分析，匯市上投資獲利的空間將會更大，機會也會更多。

（8）保險

與不溫不火的保險市場相比，收益類險種一經推出，便備受人們追捧。收益類險種一般品種較多，它不僅具備保險最基本的保障功能，而且能夠給投資者帶來不菲的收益，可謂保障與投資雙贏。因此，購買收益類險種有望成為個人的一個新的投資理財熱點。

（9）P2P

「P2P」即利用互聯網網路平臺，對接借貸雙方，能夠服務到銀行很難覆蓋到的個人貸款範圍，主要提供小額信用貸款。

下面討論中國金融機構理財業務的現狀。中國的金融機構包括商業銀行、保險公司、證券公司、信託公司、基金公司等公司。隨著中國經濟持續的高速增長，國民財富的不斷增加，金融機構理財業務進入了快速發展的軌道，以下為各種金融機構理財業務的現狀（見表10-1）：

表10-1　　　　　　　金融機構理財產品發布表

金融機構	理財產品種類（資金投資途徑）	主要優勢、特點
商業銀行	1. 債券及貨幣市場 2. 現金及銀行存款 3. 非標準化債權類資產 4. 權益類資產 5. 金融衍生品 6. 代客境外理財投資QDII 7. 貴金屬 8. 證券 9. 信託 10. 保險	專業的理財人員、完善的風險控制體系、深厚的客戶基礎、金融業務的對接性和方便性、實體網點佈局的廣闊性

表10-1(續)

金融機構	理財產品種類 (資金投資途徑)	主要優勢、特點
保險公司	1. 保險 2. 債券 3. 貨幣市場	大量的專業理財人員，大量的客戶資源，強大的銷售網路，雄厚的技術基礎
證券公司	1. 國債 2. 企業債 3. 流通於市場的A股證券	強大的產品設計能力，費用和期限的匹配適用性較高，專業的風險分析能力
信託公司	1. 證券承銷 2. 信託	理財業務投資組合選擇多，經營範圍廣泛和投資標的廣泛
基金公司	1. 股票型基金 2. 債券型基金 3. 貨幣市場基金	業務規模較大，專業性較強

10.1.1.2 互聯網信託背景

互聯網信託在2015年上半年以前的發展雖然迅猛，但是由於缺乏相關的法律法規，所以它的整個發展軌跡一直都是「打擦邊球」式的摸爬滾打，直到十部委發布互聯網金融的指導意見，互聯網信託才算真正地從幕後走向了臺前，為大眾所認可和接受。

為鼓勵金融創新，促進互聯網金融健康發展，明確監管責任，規範市場秩序，中國人民銀行、工業和信息化部、公安部、財政部、國家工商總局、國務院法制辦、中國銀行業監督管理委員會、中國證券監督管理委員會、中國保險監督管理委員會、國家互聯網信息辦公室十部委於2015年7月18日聯合印發了《關於促進互聯網金融健康發展的指導意見》（銀發〔2015〕221號，以下簡稱《指導意見》）

10.1.1.3 互聯網信託和互聯網消費金融

信託公司、消費金融公司是通過互聯網開展業務的，要嚴格遵循監管規定，加強風險管理，確保交易合法合規，並保守客戶信息。信託公司通過互聯網進行產品銷售及開展其他信託業務的，要遵守合格投資者等監管規定，審慎甄別客戶身分和評估客戶風險承受能力，不能將產品銷售給與風險承受能力不相匹配的客戶。信託公司與消費金融公司要制定完善產品文件簽署制度，保證交易過程合法合規，安全規範。互聯網信託業務、互聯網消費金融業務由銀監會負責監管。

可以看到，雖然指導意見有關互聯網信託的規定偏少，但是這是行業

內首次提出了「互聯網信託」一詞，並且率先從宏觀層面對互聯網信託的合法地位、監管單位、業務邊界等方面給出明確的規定，這對於互聯網信託的發展起到極大的促進作用。同時，指導意見要求監管部門要制定適度寬鬆的監管政策，也為互聯網金融創新留有餘地和空間。

作為一種互聯網金融新業態，原先的互聯網信託發展大抵是處於一種無序無規的狀態，《指導意見》出抬后，伴隨著監管的到位和牌照的下放，互聯網信託的平臺格局將會被打亂重組，國內成熟的金融機構、投資機構、電商企業、互聯網公司等參與投資和開發的概率加大。「正規軍」的入場與原有的互聯網信託性質的平臺將會一同面對市場的挑戰和相互競爭，通過優勝劣汰，將有利於互聯網信託產品的更新換代和行業的長久健康發展。

10.1.1.4 互聯網信託概念

按照《指導意見》精神，互聯網信託是指由委託人依照契約和網站條款的規定，為自己的利益，將自己財產上的權利通過受託人（即互聯網平臺）進行財富管理和資產投資，受益人按規定條件和範圍接受受託人轉給委託人的原有財產以及過程中所產生的收益的理財產品。

10.1.2 互聯網信託特徵

10.1.2.1 模式

（1）信託公司+互聯網

信託公司主導，開闢網上平臺渠道。信託公司將其手中已有的融資端客戶和項目放到網路平臺上進行直接融資，或者允許持有該公司信託產品的投資者將信託的收益權抵押給平臺或第三方機構，以此來進行融資，從而實現信託產品的流轉。這種模式的好處在於整個交易都處在信託公司的監控下，風險易於把控，專業性較強。創新之處在於這種模式並非單純的線下線上銷售的轉換，在於交易的並非只有信託產品本身，還包括了信託產品的衍生品。

另外信託公司可以通過建設線上開放式平臺，借助網路渠道來進行信託產品的銷售，做到線上和線下的同步發行和即時對接。目前包括平安信託、四川信託、陸家嘴信託等信託公司都在嘗試構建網上金融超市。較有成績的是四川信託旗下的錦繡財富和平安銀行於 2015 年 11 月推出的平安財富寶。

(2) 互聯網公司+信託

信託公司目前更多的是依靠互聯網公司來開展互聯網信託業務。在這種模式中，互聯網公司主導，信託公司起到渠道的角色。例如「百發有戲」，作為消費金融業務與電影文化產業相結合所推出一種最新的系列產品，由百度金融中心與中信信託、中影股份、德恆律師事務所合作推出。「百發有戲」包含了消費信託和資金信託兩部分，除了消費權益有效期內客戶已實現的消費權益外，產品到期後，用戶的現金補償將會進入中信信託的消費信託帳戶中，由中信信託進行信託理財，客戶可以通過「百發有戲」的個人頁面查看自己的資金收益，並且可以隨時提現，做到「消費+投資」兩不誤。

這樣的模式中，信託公司只是產品的參與者，不僅客戶、交易過程等都要由互聯網平臺公司來提供，甚至資產、風控等都可以由互聯網公司來負責篩選、推薦，信託公司僅僅就是一個通道（實際上通道業務在傳統信託產品中也是舉足輕重的）。

常見的「消費信託+互聯網」的模式基本上代表著信託行業轉型的一大熱點和最主要的出路。多數消費類信託被認定為單一事務管理類信託，不受集合信託合格投資者的門檻限制。消費信託模式的創新使信託公司更貼近用戶，消費信託產品深度結合互聯網金融概念，通過在線互聯網平臺發售，打造出了具有品牌特色的產品。除了以中信信託為代表的電影消費信託的模式外，平安信託在「綜合金融服務商平臺」搭建中也進行了深入的探索，其為不同類型客戶提供差異化的投融資服務，借助大數據手段和挖掘技術，對客戶和產品進行精細的分級、匹配、撮合，以滿足不同客戶的個性化金融服務需求；萬向信託則利用「互聯網+金融+消費+體育」的模式，引領投資者分享體育足球產業發展的紅利。當前市場上消費信託已涵蓋醫療養生、酒店住宿、旅遊、影視娛樂、珠寶鑽石、手機家電等領域。信託公司推出消費信託計劃是看好未來中國的消費市場，而對於消費者來說，購買消費信託，在完成心儀的消費之餘，還能收到不菲的收益，同樣頗具吸引力。消費信託可以歸類為單一事務管理類信託，其目的是在有保障的前提下獲取高性價比且優質的消費，與傳統的投融資概念集合資金信託完全不同。

(3) 互聯網公司+第三方機構+信託產品

由於互聯網信託的主要投資人群與信託合格投資人的法定要求相距甚遠，目前第三方機構銷售通過互聯網渠道提供信託產品的方式一般是轉讓

其持有的信託受益權份額，或允許其他信託持有人轉讓其持有份額，並非直接購買信託產品。

但該類平臺由於不具備信託公司背景，又沒有經過複雜的產品合規性設計，導致業務具有較大的瑕疵，從而引發了一定的爭議。

綜上所述：信託的本質仍是金融，核心管理是風險，互聯網只是作為一種技術上的提升。對金融而言，最重要的是信用，而對互聯網而言，最重要的是獲取信息。信用的建立過程很長，往往需要幾十年，而信息則不然。所以相比互聯網進軍信用領域，信託擁抱互聯網相對容易。

另外我們應該看到，中國互聯網信託目前尚處於探索階段，未來互聯網與金融將深度融合，互聯網信託具有廣闊的發展前景。

10.1.2.2 特點

（1）自身矛盾性特點：（即互聯網信託與傳統信託的區別）

互聯網信託與傳統信託的不同歸根究柢是源於法規的約束不同。相對於新興的互聯網信託，法律法規對於傳統信託的限制頗多。由於傳統信託在發展的過程中，針對其曾出現過的諸多漏洞和不足，信託法都給予了添補及完善，所以傳統信託在法規制定上，從某種程度而言是比較完備而詳盡的，這對於其自身的發展既是優勢亦是束縛。

信託產品一直以門檻高、受限多等特點而著稱，不只是對信託的投資人資格有著明確的規定，對信託產品的售賣、宣傳和管理等環節也都有明確的規定。

根據中國銀監會《信託公司集合資金信託計劃管理辦法》的規定，可以投資信託產品的合格投資人是指：

①投資一個信託計劃的最低金額不少於100萬元人民幣的自然人、法人或者依法成立的其他組織；

②個人或家庭金融資產總計在其認購時超過100萬元人民幣，且能提供相關財產證明的自然人；

③個人收入在最近三年內每年收入超過20萬元人民幣或者夫妻雙方合計收入在最近三年內每年收入超過30萬元人民幣，且能提供相關收入證明的自然人。

如果信託受益人要轉讓受益權的，受讓人必須也是合格投資者，而且信託受益權進行拆分轉讓的，受讓人不得為自然人。機構所持有的信託受益權，不得向自然人轉讓或拆分轉讓。

綜上所述，對於投資端而言，信託產品並非是一般消費者可以投資的

理財產品。

同時集合信託計劃設立要求：

①單個信託計劃的自然人人數不得超過50人，單筆委託金額在300萬元以上及合格的機構投資者數量不受限制。

②信託期限不得少於一年。

推介規定要求：

①不得進行公開營銷宣傳。

②不得委託非金融機構進行推介。

根據以上法規內容和現實操作的特點，我們嘗試對互聯網信託的自身矛盾性進行分類總結。

①信託和互聯網是矛盾體，信託是私募性質，它只能向特定對象宣傳，而互聯網是面向不特定對象的。

②互聯網產品的特徵是標準化，而信託的一個典型特徵就是非標、定制，它是各類不同的業務類型的集合。

③互聯網的核心精神是去中心化、分權化、開放化、分享化，而信託的核心首先是中心化，信託機構強化自身信譽的過程就是強化自身的中心化和主體化。

④互聯網產品有公開化、透明化的特質，而信託卻十分注重保護客戶隱私。

10.1.2.3 互聯網信託和互聯網理財的區別

信託理財產品作為高端理財產品，收益高、穩定性好，是信託類理財產品的主要特點。信託計劃產品一般是資質優異且收益穩定的基礎設施、優質房地產、上市公司股權質押等信託計劃，大多有第三方大型實力企業為擔保（房地產類還會增設地產、房產做抵押），在安全性上比一般的浮動收益理財產品要高出一頭。與基金產品的區別主要有以下幾點：

①資金門檻較其他理財產品高。信託資金門檻為100萬元。

②信託主體可以分成委託人、受託人和受益人，所以其所有權與利益權相分離。

③信託財產的獨立性。信託一經有效成立，信託財產即從委託人、受託人和受益人的自有財產中分離出來，而成為一獨立運作的財產。

10.1.3 互聯網信託發展

10.1.3.1 發展背景

結合最新的 2015 年第四季度的數據,我們可以發現,在 2015 年年底,信託公司營業收入環比下降,多項行業數據環比下滑。

數據顯示[①],2015 年第三季度末,信託全行業管理的信託資產規模為 15.62 萬億元(平均每家信託公司 2,296.92 億元),較 2014 年第三季度的 12.95 萬億元,年度同比增長 20.62%,信託資產規模同比增幅明顯回落;較 2015 年第二季度的 15.87 萬億元,季度環比下降 1.58%。從季度環比增速看,2015 年前三季度的環比增速分別為:第一季度 3.08%,第二季度 10.13%,第三季度-1.58%,信託資產自 2010 年第一季度首次出現環比負增長。

同時,第三季度固有資產規模達到 4,177.94 億元(平均每家信託公司 61.44 億元),比去年同期水平增加 30.61%,增幅較 2015 年第二季度回落約 5.5 個百分點。

這其中,作為固有資產的主要形式,投資類資產在第三季度末規模達到 2,935.71 億元,同比增加 53.90%,在資產總額中占比 70.27%,較第二季度末規模下降了 0.88 個百分點。與 2015 年第二季度相比,貨幣類資產和貸款類資產的規模都有小幅下降。貸款類資產占比延續了 2015 年年初的走勢,繼續下降。貨幣類資產規模為 545.45 億元,占比 13.06%;貸款類資產規模為 381.79 億元,占比 9.14%。

而信託業各項盈利指標的下滑,讓傳統信託業不得不重新審視行業自身的發展。截至 2015 年第三季度末,信託全行業實現經營收入 822.14 億元,第三季度實現經營收入 278.08 億元,比 2014 年第三季度同比大幅增長 32.54%,比 2015 年第二季度環比下降 11.47%。就同比增速而言,2015 年第二季度經營收入同比增長 42.68%,第三季度增幅下降約 10 個百分點。其中,2015 年前三個季度的信託業務收入達到 466.67 億元,第三季度信託業務收入為 170.17 億元,同比增長 21.62%,占經營收入的比例為 56.76%,信託業務仍為信託行業貢獻了超過一半的收入。信託全行業第三季度實現投資收益 91.98 億元,與第二季度的 124.25 億元相比,環比下降 25.97%。分析人士表示,這可能與 2015 年 6 月份開始的股市震盪、投資收益率下降有關。

---

① 數據來源:彭博數據庫。

截至 2015 年第三季度，信託全行業實現利潤總額 548.71 億元，第三季度實現利潤總額 156.85 億元，較去年同期水平增長 8.37%，增幅較 2015 年第二季度的水平大幅回落 24 個百分點。

從以上的數據可以明顯看出，傳統信託業在現今的大背景下是有回溯減增的趨勢的，這不僅反應出了傳統信託業缺乏創新增長點的處境，也從側面說明傳統信託業尋求與互聯網元素相結合和重新調整自身發展結構的必要性。

10.1.3.2 發展趨勢

結合上述的數據和信託行業表現出來的態勢，可知傳統信託亟須轉型。信託行業經營業績增速放緩，一方面在於信託公司傳統業務模式遭遇其他金融子行業越來越激烈的競爭，尤其是金融同業機構發行的資管產品搶占了信託公司的業務份額；另一方面緣於新增業務規模增速下降，信託業務規模短期內缺乏新的增長點。2015 年第三季度中國 GDP 同比增幅為 6.9%，創下自 2009 年以來的最低增速，工業生產、投資和出口均較為低迷。中國當前處於結構調整的關鍵階段，傳統產業的去產能過剩進程非短期內可以完成，多年累積的結構性矛盾仍需要時間來調整。宏觀經濟不振，實體經濟融資需求下降，經營景氣度持續下滑，優質資產比較難以尋求，加之銀行等金融機構的競爭、風險控制要求趨嚴的影響下，近期信託產品發行量沒有出現顯著提升。此外，資本市場波動也是信託資產負增長的一個影響因素。

由於傳統業務增長乏力，使得信託公司加大創新業務開展力度，其中互聯網信託、家族信託、消費信託、藝術品信託、PPP 項目、海外資產配置等層面的業務和產品創新為信託業轉型和發展注入新的活力與動力。

截至 2015 年年末，信託公司已普遍開設微信公眾號，定期推送理財知識、行業動態、市場趨勢等內容。部分信託公司還進一步深化應用，在符合監管政策的前提下，開通微信預約、微信網簽等功能，以提升服務效率。

手機 APP 模式也是剛剛起步的一種模式，如平安信託財富寶、華鑫信託手機 APP 等。該模式下的信託互聯網平臺信託公司的自主性相對較強，可以根據自身的發展需要進行板塊升級調整；但也存在打造成本偏高、客戶流量不足、營運維護複雜等問題。

第三方互聯網平臺直營店模式功能定位主要是信託產品銷售和流轉，如信託網開設的信託直營店、陸金所致力於天貓旗艦店等。該模式下的平

臺功能相對比較單一併且還存在一定的合規風險。

展望未來，中國經濟短期內難有起色，持續加大政府投資力度仍是穩定國內經濟的主要措施。在政府持續投資和內在經濟增長動力孕育的時間差內，中國經濟將渡過最艱難的結構調整期。而缺少證券投資信託支撐，傳統業務基本平穩的信託業正積極尋找新的增長點，互聯網信託等平臺型、服務類的創新和發展符合信託公司戰略轉型要求。各信託公司的「觸網」雖發展步伐不一，但總體來看，信託行業的互聯網化探索正在起步，未來應該有極強的可塑性和較大的協同發展空間。各信託公司需依託自身的資源優勢，系統化佈局互聯網金融及其他創新性業務，全面提升自身核心競爭力和營運效率，形成差異化市場定位和特色化發展模式，積極培育全行業新的增長動力。

在宏觀經濟增速換擋、資管行業競爭加劇、利率市場化改革深入、風險防控壓力上升等多重因素共同影響下，國內信託業正從高速發展期向轉型突破期過渡，尋找新的增長點、培育增長新動力迫在眉睫。未來一段時間，信託行業將在持續動盪中實現螺旋式上升，在冷熱交替中不斷求索和蛻變，尋求良好的轉型發展契機。

10.1.4 建議

10.1.4.1 搭建底層技術架構，進行大數據分析

儘管互聯網與信託本是天生矛盾體，但信託的互聯網改造和融合大有空間，核心即是搭建底層技術架構，進行大數據分析。

無論是信託受益權的轉讓還是消費信託O2O流程的細化，包括上述的微信公眾號、手機APP、第三方互聯網平臺直營等信託公司構建網路平臺的途徑，都存在著缺乏整體系統化設計、平臺營運管理效果較差的問題。

當前的信託互聯網平臺在設計系統化設計時主要存在以下問題：

（1）平臺設計過程中並沒有充分考慮客戶的想法和需求。

（2）平臺沒有進行整體概念設計，產品與服務尚未形成一個完整的體系或者展示相對冗雜，品牌效果一般。

（3）移動互聯網平臺和PC之間未能形成較好的互補效應。

（4）后臺支持系統的建設過於緩慢。

信託互聯網平臺的功效的發揮取決於該平臺的營運與管理，體現在平臺上客戶流量的增加以及有效客戶的增加。只有隨著客戶流量達到一定的規模，該互聯網平臺才有可能具有活力。從當前的單個信託公司的客戶數

量來看，基本上都在數萬名客戶的狀態，這對於信託互聯網平臺的營運管理來說是十分不利的，信託公司必須為信託互聯網平臺開拓新的客戶群體。從現在的信託公司自主管理的信託互聯網平臺來看，雖然在平臺推廣方面做出了諸多努力，但是有效客戶流量的增加依舊十分困難。

當前信託公司以及其子公司營運表現較差除了信託產品投資門檻高等客觀原因之外，還與信託公司營運管理失當、技術革新停滯和事務規則不明確有關。借助互聯網的大數據挖掘及雲搜索等技術，鋪設起網路信託平臺的技術基石；將產業及個人的信息輸出端與整個后臺系統的信息輸入端無縫對接，搭建起科學及完備的操作體系和技術回路，這對於互聯網信託的當前發展以及未來的展望至關重要。

10.1.4.2 監管呵護及監管創新

目前看來，互聯網信託在政策助力下已經受到了各大信託公司的青睞。但從長遠看，互聯網信託的穩健發展更需要的是創新監管的悉心呵護，其重心應放在以市場導向為基礎的監管法律規則的完善上面，依法保護「產業+互聯網+信託」的新興信託業態。

所謂的監管呵護，主要是針對信託業監管改革中監管權行使的維度和力度而言的，與具體的監管方法密切聯繫在一起。中國當前的金融監管體制基於機構監管方法，在合規性監管與風險性監管的匹配中，一直注重於發揮合規性監管的作用。從世界範圍來看，機構監管要求將一個金融機構的所有業務作為一個整體進行監督檢查，使監管機構能夠超越某類具體業務而評估整個金融機構的風險和管理，並從整體上考慮採取適當的監管措施解決不同業務領域所出現的問題。從理論上而言，機構監管一般不會留下監管漏洞，也不會導致重複監管。但問題是，該類監管方法可能會形成同類業務因金融機構不同而按不同標準進行監管，結果造成監管差別，產生不公平競爭。

中國這些年來金融理財市場的快速發展已經暴露出機構監管方法的弊端。由於很多金融理財產品採用了信託原理進行設計，因此導致信託業已經不再局限於信託公司的集合，實際上還包括金融市場上所有信託業務的集合。信託業的監管改革一直在呼喚著功能監管的跟進。

功能監管著力於提高監管的有效性，同時形成一致的監管理念，使所有從事信託業務的金融機構獲得平等的競爭地位，從而克服機構監管的弊端。

就互聯網信託而言，傳統的機構監管方法與合規性監管需要讓位於功

能監管方法和風險性監管,強化信託業務的實質特徵,並建立一致的監管理念,使監管法律規則覆蓋互聯網信託的各個領域,保證監管結果的客觀性和公正性。

令人欣喜的是,這些年來中國銀監會在風險性監管方面已經邁出了堅實的步伐,頒布實施了《信託公司淨資本管理辦法》(2010)、《關於信託公司風險管理指導意見》(銀監辦發〔2014〕99號)等規章和規範性文件。對互聯網信託的監管呵護而言,就是要求監管機構不能對互聯網信託平臺的經營自主權妄加干涉,只要其經營活動保持在合法、安全的限度之內,就應該充分尊重其權利,賦予其更大的活動自由。

從機構監管向功能監管轉變,體現的是互聯網信託監管方法上的改革創新,貫穿其中的基本精神應該是監管機構對各種互聯網信託平臺的關懷與呵護,以此促進互聯網信託的自由公平競爭。面對競爭日益加劇且投資者需求日益多樣化的市場形勢,應當給予互聯網信託平臺更大的創新空間。對互聯網信託採取監管呵護,需要堅持牌照管理的底線,強化市場准入監管,在風險性監管中更多地融入個性化關懷,突出窗口指導、信息披露、風險提示以及信託財產獨立性,從而為互聯網信託的業務創新留下足夠的余地和空間,依法保護信託中的委託人、受託人以及受益人的利益,維護好互聯網信託的市場秩序。

10.2 互聯網理財

10.2.1 概述

通過電腦網上或者手機移動網路購買金融市場的理財產品或者對自身的資產進行投資的行為稱之為互聯網理財(主要介紹「寶」「賺」「通」等產品)。互聯網理財與傳統理財的原理相類似,都是人們以閒置資金的增值保值為目的,以購買理財產品或者財富管理為手段,從金融機構或者互聯網金融平臺獲得服務和產品的一種金融消費方式。

傳統理財發展的歷史源遠流長,主要以傳統金融機構為軸心,從簡單的貨幣兌換、個人儲蓄,到複雜的財務優化、財富管理全方位為客戶提供理財服務。但長期以來,傳統理財方式或者說整個金融體系大多是圍繞著企業集團在運轉,對於個人消費和個人理財的掘進和開發從全世界範圍來看也不過是近二十年的事情。在中國,由於保險、銀行理財、證券投資、

個人信貸等產品於20世紀末才開始進入大眾視野，加上金融服務基礎設施薄弱、直接投融資市場不發達和個人收入低下等原因，除儲蓄、個別類型的貸款和證券外，個人理財在中國整個金融服務體系中所占的分量極低。所以對於個人財富管理，無論是對於傳統的金融市場還是新興金融市場，其發展前景是非常巨大的。

隨著中國經濟的快速發展，金融服務行業同步發展，消費者對金融產品和服務的需求日益增大，個人理財開始嘗試以新渠道、新途徑進行升級和創新。尤其是2013年以來，伴隨大量互聯網理財產品的誕生和普及，網路理財引起大眾的強烈關注，形成一股線上投資的熱潮，宣告互聯網金融消費時代的來臨。

互聯網理財背景：

（1）出現背景

表10-2　　　　2013年6月銀行間同業利率拆借數據[①]

公布日期	隔夜利率(%)	1周利率(%)	2周利率(%)	1月利率(%)	3月利率(%)	6月利率(%)	9月利率(%)	12月利率(%)
2013/06/26	5.5530	7.2010	7.1030	8.5450	5.5820	4.2444	4.2933	4.4215
2013/06/25	5.7360	7.6440	6.7730	8.4180	5.6410	4.2551	4.3025	4.4295
2013/06/24	6.4890	7.3110	7.0890	7.3550	5.7240	4.2450	4.2856	4.4210
2013/06/21	8.4920	8.5430	8.5660	9.6980	5.7900	4.2591	4.2844	4.4156
2013/06/20	13.4440	11.0040	7.5940	9.3990	5.8030	4.2425	4.2874	4.4005
2013/06/19	7.6600	8.0750	7.8390	7.6150	5.4080	4.1032	4.2811	4.4000
2013/06/18	5.5960	6.7030	5.7100	7.1780	5.3290	4.1026	4.2610	4.4000
2013/06/17	4.8130	6.6480	5.9440	7.2820	5.3190	4.1000	4.2600	4.4000
2013/06/14	6.9680	6.8110	7.5220	7.2100	5.2900	4.1001	4.2600	4.4000
2013/06/13	6.6910	6.0800	7.0130	6.9620	5.2050	4.1000	4.2600	4.4000
2013/06/09	7.4900	6.6120	7.9500	6.8110	5.1450	4.1000	4.2600	4.4000
2013/06/08	9.5810	7.6030	8.1970	6.6460	5.1080	4.1000	4.2600	4.4000
2013/06/07	8.2940	6.6570	7.7400	6.3415	4.5740	4.1000	4.2600	4.4000
2013/06/06	5.9820	5.1370	5.2420	5.0900	3.8938	4.1000	4.2600	4.4000
2013/06/05	4.6230	4.7390	4.8730	4.5120	3.8838	4.1000	4.2600	4.4000
2013/06/04	4.5170	4.7160	4.8080	4.3805	3.8835	4.1000	4.2600	4.4000
2013/06/03	4.5990	4.6280	4.7980	4.5010	3.8834	4.1000	4.2600	4.4000

2013年，由於外匯占款增加、進出口順差趨勢的擴大預期等經濟波動原因而導致的利率拉高；以及政府為進一步刺激市場而推行的較為寬鬆的貨幣政策，致使市面上出現流動性充盈和短期輕微通貨膨脹預期，進一步抬高了市場的利率，加大了融資成本。在銀行系統中，則突出表現為銀行間同業拆放利率的升高，從表10-2可以看到，在6月20日，銀行間同業拆借利率從7.660,0%迅速飆升到了13.444,0%，除去短期政策及市場短

[①] 資料來源：中國人民銀行官網；上海銀行間同業拆借利率。

線影響,期間整個市場中居高不下的融資成本可見一斑。

(2)發展背景

在2013年中旬,一些新興的理財產品為了盡快占領市場,擴大影響力,便推出了高收益的理財產品,有的甚至不惜貼本進行營銷。然而僅僅兩年時間,網路理財產品的收益就每況愈下。截至2015年8月,網路理財產品的平均收益率只有13%,而兩年前,差不多接近30%。這與網路理財行業的激烈競爭固然不無關係,但是,2013年以來央行的多次降息行為,直接導致網路理財產品的收益同步下滑。除此之外,國家對於網路金融的監管法規和政策越來越嚴格,很多平臺已經傾向於轉做抵押貸款,而不是單純的信用貸款,這就涉及公證等手續,風險控制的成本大幅度提高,自然留給客戶的收益率也會降低。

總體來看,網路理財產品市場在這幾年中日漸理性。一方面,儘管面對收益下滑的趨勢,很多網路理財平臺突出了各種各樣的專項產品和優惠政策,但是這都無法改變一個事實,那就是網路理財的競爭在加劇,收益在下降,網路理財平臺的發展面臨著新的風險。但另一方面,也可以看出網路理財的結構性矛盾突出。很多理財機構推出的理財產品動輒起點數十萬元,這嚴重限制了很多經濟實力有限的消費者的投資行為,也使得網路理財機構錯失了不少有潛力的客戶。一方面是收益的不斷下滑導致的投資資金總量減少,另一方面是廣大的一般階層理財意願難以滿足,二者之間缺少一座橋樑和紐帶,這既是市場發展的客觀需求,也是網路理財機構發展的一次難得的機遇。

10.2.2 特點:互聯網理財與傳統銀行理財比較

(1)「用戶第一,體驗第一」

互聯網理財產品最關鍵的是擁有大量用戶,有大量的「草根」階層擁護。互聯網理財有效優化了消費者體驗,不論是理財產品還是日常消費品,對於消費者的主觀判斷來說最重要的一點就是便捷。在價格等客觀條件相當的條件下,消費者往往會選擇更加便捷的產品進行消費。而互聯網理財相對於傳統理財來說,帶給消費者的生活便捷體驗是多方面的。

(2)空間跨越

互聯網理財充分體現了互聯網帶給人們在空間上的跨越這一特點,不管消費者身處何時何地,都能進行理財投資。相對於傳統理財,互聯網理財無實體操作步驟,投資者省去了往返營業網點的過程,也省去了曾經繁

瑣的簽約確認步驟，為消費者節省了大量精力與時間。

（3）碎片化的理財方式

銀行的理財產品與互聯網理財產品相比門檻較高。一是持有期限受限，短則幾月長則數年。二是規模較大，少則 5 萬元，多則 100 萬元。與之相比，互聯網理財產品如余額寶其本質是 T+0 的貨幣基金產品。既可以當作現金寶使用隨時購買商品，又沒有時間與規模的制約。這樣擁有大量小額閒錢的用戶就會選擇互聯網理財產品。

（4）高收益

互聯網理財產品收益高於銀行活期利息收益的 10 倍，如此高的的差價足以徹底改變目前的金融格局。余額寶背後是天宏基金，理財通背後是華夏基金，零錢寶背後是廣發基金。這些基金的收益基本都在 4%～6% 之間，遠高於 0.35% 的銀行活期利率。但無論這些產品的收益如何高，都改不了它們背後是貨幣基金的事實（見表 10-3）。

10 互聯網信託與互聯網理財

表 10-3　　　　2016.4.5 各互聯網理財產品介紹①

排名	名稱	合作基金	日期	萬份收益	7日年化	近一月	近半年	近一年	今年以來
1	招商銀行聚寶盆	國泰安保聚寶盆貨幣	4月1日	0.6968	4.65%				
2	紫柜錢包	興全添利寶	4月4日	0.762	3.05%	0.26%	1.59%	3.61%	0.80%
3	理財通	易方達易理財	4月4日	0.7397	3.02%	0.24%	1.64%	3.61%	0.80%
4	鄭州銀行日添利	大成添利寶貨幣E	4月1日	0.736	2.92%	0.24%	1.48%	3.24%	0.75%
5	銀聯天天富	光大貨幣	4月1日	0.6403	2.85%	0.22%	1.36%	3.15%	0.63%
6	南京銀行鑫元寶	鑫元貨幣A	4月1日	1.3945	2.84%				
7	蘇寧零錢寶	廣發天天紅	4月4日	0.7276	2.82%	0.24%	1.58%	3.57%	0.78%
8	理財通	廣發天天紅	4月4日	0.7276	2.82%	0.24%	1.58%	3.57%	0.78%
9	中銀活期寶	中銀活期寶	4月4日	0.7241	2.77%	0.25%	1.54%	3.51%	0.77%
10	眾祿現金寶	銀華貨幣A	4月1日	0.7033	2.71%	0.23%	1.42%	3.27%	0.67%
11	蘇寧零錢寶	匯添富現金寶	4月4日	0.6784	2.64%	0.24%	1.48%	3.39%	0.74%
12	網易理財	匯添富現金寶	4月4日	0.6784	2.64%	0.24%	1.48%	3.39%	0.74%
13	民生如意寶	匯添富現金寶	4月4日	0.6784	2.64%	0.24%	1.48%	3.39%	0.74%
14	京東小金庫	鵬華增值寶	4月1日	0.6066	2.61%	0.23%	1.55%	3.54%	0.69%
15	江蘇銀行開鑫盈	諾安聚鑫寶貨幣	4月1日	0.5612	2.60%				
16	工銀現金快線	工銀貨幣	4月1日	0.6893	2.60%	0.24%	1.51%	3.46%	0.70%
17	京東小金庫	嘉實活錢包	4月4日	0.7	2.58%	0.23%	1.62%	3.65%	0.80%
18	招商銀行招錢寶	招商銀行小企業E家	4月4日	0.6979	2.58%			--	
19	理財通	匯添富全額寶	4月4日	0.655	2.54%	0.25%	1.61%	3.64%	0.78%
20	民生如意寶	民生加銀現金寶	4月1日	0.6241	2.54%	0.22%	1.51%	3.38%	0.73%
21	平安銀行平安盈	南方現金增利A	4月4日	0.6816	2.49%	0.21%	1.40%	3.29%	0.70%
22	理財通	華夏財富寶	4月4日	0.6585	2.48%	0.24%	1.57%	3.57%	0.77%
23	餘額寶	天弘增利寶	4月4日	0.6723	2.47%	0.21%	1.36%	3.20%	0.67%
24	儲蓄罐活期	工銀現金貨幣	4月4日	0.664	2.45%	0.24%	1.49%	3.48%	0.77%
25	眾祿現金寶	海富通貨幣A	4月1日	0.6527	2.44%	0.20%	1.40%	3.22%	0.63%
26	平安銀行平安盈	平安大華日增利	4月1日	0.6488	2.43%	0.22%	1.49%	3.39%	0.72%

① 資料來源：南方財富網

10.2.3 互聯網理財對銀行的影響

10.2.3.1 在業務形態方面的影響

商業銀行現有理財業務缺陷凸顯。銀行理財產品存在門檻較高、流動性差的缺陷，很多產品宣傳無風險的固定預期收益率，使銀行面臨「剛性兌付」的風險。新出現的資產管理計劃產品採用「去預期」+「基金化」的模式使收益率上升，透明度提高，但對客戶資金量更加挑剔，尚無法改善用戶體驗和准入門檻高的問題。另外，銀行理財產品月「踩點」理財的現象普遍存在，使理財業務長期被銀行定位成變相「衝存款」、應對存貸比考核的工具。

10.2.3.2 在負債端方面的影響

互聯網理財衝擊了銀行存款業務，迫使商業銀行在資產管理業務上加快轉型步伐。互聯網理財產品保持了銀行活期存款隨時存取的業務特徵，同時又提供幾十倍的收益率，抬高了大眾活期保本的心理收益預期，使得大量銀行存款挪位，大大提升了銀行的利率風險和經營成本。利差縮減、傳統存貸業務利潤下降的趨勢將迫使商業銀行由資產持有向資產管理的經營模式轉型，互聯網理財產品將加速其轉型進程。

10.2.3.3 在渠道方面的影響

互聯網理財打破了銀行傳統銷售渠道優勢，促使商業銀行重視利用互聯網渠道發展理財業務。在互聯網理財的衝擊下，商業銀行更加意識到線上營銷的重要性，在2014年紛紛推出「類寶」產品，以迎合互聯網金融熱潮和完善產品體系，其產品設計與余額寶類似，在后臺對接貨幣基金。而直銷銀行則是商業銀行在互聯網金融領域更具野心的佈局，它不再拘泥於單個「類寶」產品，而是將理財、存款、匯款、繳費等綜合性服務搬移到線上，成為發展資產管理業務的線上載體。

10.2.3.4 在客戶方面的影響

互聯網理財動搖了銀行資產管理業務的大眾客戶基礎。互聯網企業通過互聯網理財迅速將長期被銀行資管業務弱化的龐大用戶群吸引過來，積少成多，形成巨大規模。從年齡構成觀察，70%以上互聯網理財用戶是對互聯網創新應用接受度高的「80后」「90后」，是未來經濟社會的主流人群，因此互聯網金融從銀行搶奪的不僅是客戶數量，更是戰略資源。

10.2.4 互聯網理財發展趨勢及建議

10.2.4.1 消費者理財行為研究

由於存在大量缺乏相關理財經驗、財富規劃、繁忙而忽略理財的消費者，互聯網可以憑藉信息的迅捷推送、清晰明瞭和整個操作的方便快捷來搶占這一市場份額，將整個市場細化，著重對中產階級和有一部分閒錢的客戶群體進行定向拓展，這是互聯網理財現在正在做且將繼續做下去的事情。

消費者最重視的是互聯網理財的方便和收益，對當前互聯網理財的詬病主要集中在理財平臺和理財產品的「雜、亂、差」，對互聯網理財最擔心的問題則是對它的安全性考量。互聯網理財要想在同傳統金融理財的競爭中佔有一席之地，做到長期發展，就必須穩固和繼續擴大現有的優勢，以其為突破點和深入點搶占市場入口，搭建后臺服務體系；就要直視現存的問題，在互聯網思維的基礎上結合嫁接傳統金融領域的建設經驗，以期完善自身和推陳出新。

現今消費者更喜歡 6 月以下的短期投資，而且喜好多平臺多產品分散投資，這也代表了互聯網理財今后的一個發展趨勢，即短線理財和分散投資將成為互聯網理財的主要模式，這對於互聯網理財平臺進一步推出多元特色的短期產品和嘗試跨平臺合作極具借鑑意義和指導意義。

10.2.4.2 新興理財方式研究

「網路理財新趨勢——票據理財」

在過去的一段時間中，隨著央行的連續降息，大部分理財產品和「寶寶」們的收益明顯下滑，P2P 產品也因風險大而飽受詬病。因此，少數投資者開始青睞另類低門檻理財品種——票據理財，其因打著「高收益、零風險」旗號而異軍突起。該類產品 1 元起投，年化收益率動輒 6%~7%，又有銀行承兌匯票作為抵押，基本完勝「寶寶軍團」。有蘇寧、京東、阿里、新浪為首的互聯網巨擘參與，也有一大批理財網站涉足這一領域。

票據理財平臺主要分三類：一類是以阿里招財寶、京東小銀票為代表的互聯網平臺；第二類是銀行系平臺，如平安銀行小票通、民生易貸（e 票通）；第三類是專業票據理財平臺，如金銀貓、票據寶、投儲在線等。

儘管票據理財多以銀行信用支持，但並不表示沒有風險，其高收益多為產品收益加平臺補貼構成，很難持久。繼「寶寶」們大熱之后，現在互聯網理財市場正刮「票據」風。大部分的票據理財平臺都主要是個人對企

業的借貸模式，這些企業會以其持有的銀行承兌匯票作為質押擔保，然后由互聯網平臺發布，最后向個人投資者融資，票據到期之後，以銀行兌付的資金作為還款來源，歸還投資者本息。因為最終資金是從銀行處獲得，在票據為真的情況下，除非銀行倒閉，否則很難出現逾期或壞帳情況。

目前票據理財產品的特點，總的來說就是起點低、收益高、風險低、期限短，恰好迎合了投資者的需求，頗受資金量大且對資產流動性要求較高的投資者歡迎。

10.2.5 政策建議

結合上述數據和當前互聯網理財的特點，主要從繼續鞏固現有成本優勢和操作優勢、解決佈局和完善安全性能幾個方面對互聯網理財提出政策建議。

10.2.5.1 解決安全問題，加強維權（缺乏監管，高風險，金融詐欺）

加強交易安全性可以從多方面入手。首先提高消費者安全意識，不要輕信他人，受人誘惑，要保管好自己的帳戶密碼與帳號信息，謹防上當受騙。其次從線上入手，在技術上保持交易界面的安全性，還要在整個互聯網層面解決互聯網安全問題，營造一個整體安全的互聯網環境。近年來，全國各大城市的手機失竊率居高不下。在線下也需加強與線上互通機制，保證消費者在手機丟失後也能保護個人帳號安全，讓消費者有辦法能迅速凍結丟失帳號並進行密碼重置。

同時，消費者對於互聯網理財的未知風險存在很大的擔心。若想消除消費者的后顧之憂，就要從多方面入手，讓消費者擁有多種有效的維權方式。其中就包括售后維權、工會維權、舉報維權和訴訟維權等。

（1）售后服務維權

消費者通過售后服務進行維權是最簡易有效又直接的方式，所以要格外看重。現有的互聯網理財產品售后頁面少，客服熱線繁忙，在線諮詢回覆緩慢等各種跡象都顯示將大大降低消費者的信任度。要盡快改變售后服務的這種狀態，增設客服通道，保持線路隨時通暢，設身處地替消費者著想，提供更好的服務。

（2）工會維權

建議產品銷售方在發行后，為每一產品成立類工會組織的消費者維權組織，將購買同一產品的消費者集合在一起。不但平日可以互相探討產

10 互聯網信託與互聯網理財

品,在需要維權時也可以共同商討,派出代表進行交涉。

(3) 舉報維權

對於新興起的互聯網理財產品來說,其舉報監督系統不夠完善,更多的消費者往往是投訴無門。對於互聯網理財的監督,一方面要提高新產品發售門檻,另一方面要做好后續的消費者舉報投訴維權。只有在接到投訴后真抓實查,才能讓消費者信賴當前的消費環境。

(4) 訴訟維權

在這個法治的浪潮中,很多消費者相信法律是解決大部分問題的方法。所以要想依法執法,在面對互聯網理財這一新興產業的時候,就要先立法,讓商家和消費者有法可循有法可依。

10.2.5.2 找準優勢,彌補不足

「投資理財」是互聯網金融變革的深水區,互聯網理財想要實現爆發式發展,不能簡單複製銀行代理銷售或P2P貸款等做法,必須找準競爭優勢、補強自身不足,可以總結為「三個發揮、三個找」。

(1) 發揮成本優勢

線下隊伍是銀行提供差異化服務、增值服務的關鍵,但其高成本也限制了服務覆蓋面,互聯網理財在資產量較小客戶的投資理財市場會具有明顯的成本優勢,可以將其定位成重點目標客戶群體。

(2) 發揮基因優勢

差異化的根源是公司的「基因」,即公司最擅長做的事情,一是做起來能夠「輕車熟路」,成本能夠做到最低;二是借用核心能力,在市場競爭中的勝算更高;三是與原業務的定位一致,比較容易被客戶接受。比如,騰訊擅長做社交、阿里擅長做平臺、京東擅長做超市、百度擅長做搜索、東方財富擅長做內容,這些都是銀行不擅長的業務,未來這些平臺的差異化之路也應該依託自身特色優勢,開展社交金融、平臺金融、超市金融、搜索金融、服務金融,推動互聯網金融走出真正的差異化之路。

(3) 發揮監管優勢

創新是網路平臺搶占市場的重要方式,尤其是便捷性和客戶體驗方面具有獨特優勢,並已經以此成功吸引了客戶的「零用錢」。然而,客戶的「投資錢」和「保本錢」所看重的不僅是便捷,更是「安全性」和「收益性」,因此投資理財業務的創新重點不只是在「體驗」而是在「模式」方面。在深入掌握行業規則的基礎上,找到各種金融產品的監管空間或低效環節,利用互聯網手段給予解決,比如最新的證券帳戶在線開戶、P2P貸

款轉讓變現等,利用監管紅利贏得戰略空間,有效吸引目標客戶。

(4)找到限額解決方法

大額支付是發展大額網路理財的重要前提。目前,各大型銀行為應對互聯網競爭,大多調降了快捷支付轉帳限額,最低只有單筆單日5,000元,限制了大額資金流入網路平臺,降低了用戶的使用意願。因此,網路平臺必須迅速開通大額支付通道,結合平臺的業務實力差異大致有三個選擇,一是與現成的大額支付通道合作;二是與銀行合作開展理財資金代收業務;三是申請清算牌照、競爭清算資格,徹底解決支付方面的困擾。

(5)找準商業模式定位

金融產品同質性強、複製成本低,理財平臺的競爭力並不是產品而是商業模式,因此找準商業模式定位十分關鍵。從目前的情況看,網路理財的商業模式主要有以下幾種,各自適合於具有不同「基因」的平臺:一是做代銷,適合掌握相關場景的公司,比如內容場景、購物場景等,打造「金融產品超市」並將購買環節嵌入現有場景;二是做規劃,適合已經具有大量理財客戶基礎的平臺,根據客戶規劃需求,建立理財分類、篩選最優產品、打造子品牌、一鍵配置資產、一鍵轉換產品;三是做差異,適合具有特色的平臺,將金融產品作為解決客戶痛點的手段,如社交平臺推出信用互借或眾籌理財、旅遊平臺推出旅遊線路眾籌參股或眾籌保險等,讓金融真正服務於平臺主營業務。

(6)找到監管紅利

互聯網平臺是創新的試驗田,監管容忍度相對較大,因此享受「先行一步」的優勢。如何找到創新點是享受到監管紅利的關鍵所在。余額寶的「T+0贖回」和「隨時到帳」就是很好的例子。找到創新點有幾種方式,適合於掌握不同資源的平臺,一是內部研發,需要同時具備「三項專業素質」的人才,包括理財市場、產品運作、系統開發,憑藉較高「三項專業素質」,內部研發並落地實施,要求較高的人才儲備和對產品提供方的掌控力;二是合作開發,市場和產品人才是不少平臺的軟肋,由於對理財市場和產品運作缺乏深入瞭解,則需要借助產品合作提供方共同研發並落地,要求平臺與產品合作方有良好的合作關係;三是複製同業,需要瞭解境內外最新動向並從中挑選出適合的創新點,對於「三項專業素質」人才要求不高,但要有較強的市場研判能力。

10.2.5.3 找準定位,細分市場

互聯網理財的初衷與定位就是在提供電子商務服務的空閒進行小額碎

片理財，消費者選擇互聯網理財的原因也在此。目前為止，消費者對於互聯網理財與電子商務的融合感到滿意，但不能因此停止創新，要讓產品的創新成果產生在消費者思想前。隨著人們對便捷要求的提高，可以向不同類型的消費者提供不同類型聯合服務的商品，例如醫療服務、洗車檢車服務、健身服務等，使互聯網理財與電子商務有一個更深層次的融合。

目前，大多數的消費者更傾向於使用手機移動客戶端來對自己的投資產品進行管理。雖然如今的網路發展迅速，無線網路隨處可見，但無線網路的局限性依然導致大部分消費者在使用自己的手機流量來打開各類軟件APP。所以建議產品發售方可以和通信公司進行合作，為手機投資者提供一個無流量走勢監控的便利條件。這樣的成本算不上很高，但可以大大提高消費者的體驗程度，提高消費者對產品的關注度，增強消費者對產品的好感度。

同時，可以針對不同的收入階層提供個性化的定制服務，主要可以分為基層收入、中等收入和高收入三類人群。

（1）基層收入人群

基層收入人群的共同特點是理財規模小、風險承受能力低、理財經驗少、理財週期短，對理財產品的流動性要求很高。這部分人群對本金非常看重，承受損失能力小，屬於絕對的穩健型理財者。針對這類人群在產品設計上應該突出低門檻、高安全性和高流動性。同時，基層收入人群很大一部分無理財經歷，操作簡單的理財產品其特點顯得尤為重要，隨存隨取的余額理財產品、收益穩健的分紅險/萬能險均可作為這類人群的啓蒙互聯網理財產品，為他們普及互聯網理財知識，開啓互聯網理財之路。

（2）中等收入人群

中等收入的人群年齡分佈較廣泛，行業分佈也比較平均，在職場中多屬於中層管理者。他們有一定的風險承受能力，理財需求逐步向多元化發展。在互聯網理財產品購買上，相較於其他收入階層更偏好網路炒股；同時，這部分人群大多已經建立家庭，生活和工作壓力都比較大，雖然有一定理財經驗，但由於平時工作比較忙碌，並沒有太多閒暇時間系統地配置自己的資產，私人理財師對他們來說門檻又過高。因此金融機構可以針對這類投資者主推一站式互聯網理財，發揮智能化配置的技術優勢，在收益穩定的基礎上，以 6~12 個月的中短期理財產品為主體，把資金分配於不同的門檻、週期和收益的理財產品中，滿足這部分家庭的便捷化、多元化、個性化的理財需求。例如，對於網路炒股愛好者，可以適當地配置一

些 P2P 理財和股票型基金產品；針對無理財規劃的投資者，可以在一站式理財服務中加入理財規劃和記帳功能，讓用戶真實地感受到嚴格計劃理財給自己帶來的益處，引導其理性理財習慣的養成。總之，服務這類消費者的最重要方式是利用技術創新幫助他們高效、便捷地制訂理財計劃、實現資金分配，不求最賺、但求穩定和省心的互聯網金融體驗。

（3）高收入人群

高收入人群的理財經驗相對豐富，半數以上理財歷史在 5 年以上，理財規模平均在 100 萬元以上，可以承受高風險投資。這部分用戶多在職場擔任較高職位，行業特徵也比較明顯，金融/商業/法律行業是聚集高淨值人群的重要領域。同時，高淨值人群的投資理財資金占比較高，但參與互聯網理財的比例並不高，說明市面上缺乏面向高收入家庭的成熟的互聯網理財產品。另外，沒時間理財和認為理財不重要是高收入人群不理財的重要原因，這是由於欠缺互聯網理財教育普及。針對這類投資者提出以下產品和推廣建議：

①提高向高收入人群進行互聯網理財普及和教育力度，採用線上線下相結合的方式，引導存量線下客戶向線上遷徙，利用存量客戶的示範效應、社交途徑和生活場景帶動線上增量用戶。

②結合產品創新向高收入人群提供最前沿、最新鮮的互聯網理財產品，引導他們參與產品設計、提供專屬產品，滿足其高層次的定制化需求和自我實現需求。

③提高客服質量，逐步提升理財諮詢和理財師服務，簡化其理財決策，並把他們的資金週轉需求、財富累積和財富傳承的需求與理財產品設計緊密結合。

11　互聯網金融監管

11.1 互聯網金融監管的必要性

互聯網金融的產生對我們的生活所帶來的影響是巨大的,至今,中國互聯網金融也呈現出一片繁榮的景象,在貨幣支付領域,互聯網金融形成了以支付寶、財付通、銀聯支付、百度支付等為主體的第三方支付,給人們提供了便利的支付手段。在貨幣融通領域,當前備受追捧的人人貸和拍拍貸等P2P網貸以及許多眾籌融資也是當前主要的互聯網金融業務類型,為許多有貸款需求的個人或者企業提供了更寬廣的融資渠道。除此以外,還有互聯網貨幣以及像阿里巴巴集團那樣基於大數據的徵信網路貸款類型,這五種類型的金融業務構成了當前中國的互聯網金融。然而在各種互聯網金融業務如雨后春筍般爆發的同時,用戶信息洩露、網路金融詐騙、網貸公司卷款跑路等問題也隨之增加,給民眾以及企業造成了重大的損失,同時也擾亂了中國的金融秩序。總的來說,當前中國互聯網金融在蓬勃發展的同時也隱藏著系列的風險,加強監管促進其健康發展是亟待解決的重大任務。本章主要從風險管控和經濟發展兩個方面分析互聯網金融監管的必要性。

11.1.1 風險管控角度分析

互聯網金融最主要也是最顯著的一個問題便是風險隱患,也可以說控制互聯網金融風險是加強監管的一個直接目的。其所存在的風險隱患,主要包括互聯網安全技術風險、市場風險、信用風險和互聯網企業保障資金風險等。首先,互聯網和移動通信技術作為開展互聯網金融的基礎,技術風險是客觀存在的,例如遭到黑客攻擊以及網路病毒侵害都是經常發生的事情。由於互聯網金融涉及人群面廣泛,如果安全技術風險控制不到位又沒有相應的監管措施,必然會影響網路金融交易的安全性。其次,由於徵信體系尚未完全得到完善,致使互聯網金融企業在毫無資金保障的情況便展開相關業務,擅自將客戶擔保金挪作他用,一旦發生壞帳等情況,公司無法償付客戶的資金,不是跑路便是倒閉,嚴重侵害了廣大投資者的利益。從風險管控角度來看,加強監管是十分必要的。

11.1.2 經濟發展角度分析

互聯網金融作為金融的創新,其發展打破了以往的金融壟斷格局,促

進了資本融通的渠道，尤其是在助力小微企業的發展上更是發揮出了傳統金融所無法替代的優勢，為市場增加了前所未有的活力，使得資源得到進一步的優化配置，在促進中小企業發展的同時也推動了中國社會經濟的發展。另外，互聯網金融使得交易的成本降低，能夠進一步提高市場的運行效率並促進經濟發展。但是我們也看到了互聯網金融所暴露出的問題，一些投資者遭受詐欺蒙受損失，嚴重損害了互聯網金融行業的秩序以及聲譽，為了更好地維護金融市場秩序促進中國社會經濟發展，加強互聯網金融監管也是十分必要的，同時，這也是可以保障各方利益、維護金融市場穩定和促進中國社會經濟發展的必要措施。

11.2 第三方支付的監管

11.2.1 國外對於第三方支付的監管

從世界範圍來看，中國的電子商務發展時間較晚，歐美國家已經發展了數十年，其市場的成熟度要遠高於中國。另外有關第三方網上支付的法律監管，美國、歐盟以及亞洲的發達國家都走在了我們的前面。因此，我們有必要對國外的監管實踐進行詳細的考察。

11.2.1.1 美國

美國電子商務市場是全球最大的電子商務市場，其最早產生了第三方網上支付。但是，在第三方網上支付誕生之初，美國相關法律機構並沒有對其進行限制和監管，而隨著第三方網上支付市場的擴大，使用網上支付的用戶增多，美國於 20 世紀 90 年代才開始逐步制定相關法律法規，規範和完善第三方網上支付的法律監管。

（1）第三方網上支付平臺的法律定位

在對第三方支付平臺的法律定位上，美國並沒有將第三方網上支付平臺定義為銀行或者其他類型的存款機構。美國聯邦存款保險公司（Federal Deposit Insurance Corporation）將積存於第三方網上支付平臺上的沉澱資金定義為負債，而不是美國聯邦銀行法中定義的銀行存款。也正因為如此，美國認定第三方網上支付平臺不屬於從事銀行業務的金融機構。

（2）第三方網上支付平臺從事業務的監管

第三方網上支付從事的網上支付業務，在美國，被認為是一種貨幣轉移業務（Money Transmitters）。貨幣轉移業務被視為是貨幣服務業務

(Money Service Business)的一種類型。這類業務被視為傳統的貨幣服務的延伸。美國亞利桑那州的立法中闡明,貨幣轉移是指「銷售或發行支付工具,為貨幣轉移目的接受貨幣或轉移貨幣,將一種支付工具或貨幣轉化為另一種形式的支付工具或貨幣,或者替債務人接受貨幣以備償付債務人的帳單或為將來償付之用。」美國聯邦法律與其他各州法律對貨幣轉移業務的規定基本上與此相似。第三方網上支付機構如果要從事貨幣轉移業務,則必須要取得專項業務經營許可。美國各州法律對申請經營許可執照的程序和資質作了相應規定。相對而言,美國聯邦的立法,主要從貨幣服務業務的監管角度進行必要的立法;但在美國各個州的層面,立法主要是針對貨幣轉移業務進行相應的監管立法。

(3)第三方網上支付監管的立法

美國對第三方網上支付的法律監管,並沒有單獨的、統一的立法,而是通過對現有法律規定的具體應用和相關法律的增補完善,來達到監管的目的。涉及第三方網上支付的美國法律具體有:

美國的《統一商法典》第4A編和《國際貸記劃撥示範法》,兩者通過各種規則設計,完善了電子資金劃撥的相關規定。

在電子貨幣方面,美國1978年制定通過了《電子資金轉移法案》,對電子貨幣進行監管。這部法案明確了電子資金轉移服務中消費者的基本權利和義務,並指出了電子支付手段的主要風險在於非法授權、詐欺、操作失誤等。隨後,美國又制定了《電子資金轉移法案》E條例,進一步規定了使用電子資金轉移服務的消費者和金融機構的權利、義務和責任。1998年,美國又頒布了E條例的補充條款,該條款強調了使用電子貨幣必須要有充分的信息披露,並且根據電子貨幣的用途及特徵,區分了不同種類採取不同的監管手段。

有關第三方網上支付平臺中沉澱資金的監管,美國主要通過《美國聯邦存款保險法》進行監管。美國聯邦存款保險公司通過提供存款延伸保險實現對第三方網上支付沉澱資金的監管。《美國聯邦存款保險法》要求第三方網上支付平臺把沉澱資金存放在美國聯邦存款保險公司在銀行的無息帳戶中,每個用戶帳戶的保險上限為10萬美元。這種做法實際上是將用戶資金產生的利息用來繳納保險費,解決了第三方網上支付平臺和用戶之間的利息分配問題。並且,當該第三方支付平臺資金出現問題時,保險金可以用來降低用戶的損失。美國聯邦存款保險公司明確了第三方網上支付平臺只是用戶資金的代理人,無權將用戶資金挪作他用,更不能用於公

破產時的清償債務。在非法金融活動的監管上，美國在「9‧11」事件後頒布的《愛國者法案》規定，第三方網上支付平臺作為貨幣服務企業，需要在美國財政部的金融犯罪執行網路註冊，接受聯邦和州兩級的反洗錢監管，及時匯報可疑交易，保存所有交易記錄。

11.2.1.2 歐盟

相對於美國，歐盟電子商務市場的發展要晚一些，歐盟最早的第三方網上支付平臺也是來自於美國。由於歐盟的一體化，歐盟的法律規定走向了統一。有關第三方網上支付的相關法律規定，歐盟制定了統一的法律，進行統一的監管。

（1）第三方網上支付平臺的法律定位

關於第三方網上支付平臺的法律定位，歐盟採取了與美國不同的做法。歐盟規定第三方網上支付的業務只能是商業銀行貨幣或電子貨幣，這意味著第三方網上支付公司必須取得銀行業執照或電子貨幣公司的執照才可以開展業務。實際上，這樣的規定表明，歐盟將第三方網上支付平臺歸入經營銀行業務和電子貨幣業務的金融機構中進行監管。

（2）第三方網上支付平臺從事業務的監管

從歐盟對第三方網上支付平臺的法律定位我們可以看出，歐盟的規定其實是把第三方網上支付行為等同於銀行業務的性質。包括第三方網上支付平臺從事的支付清算以及吸收沉澱資金等行為，歐盟都納入到金融監管的範疇。在立法和實踐操作中，歐盟通過對商業銀行貨幣和電子貨幣的控制來實現對第三方網上支付平臺的業務監管。

（3）第三方網上支付監管的立法

歐盟關於第三方網上支付監管的立法主要有：1999 年 12 月歐盟通過的《電子簽名共同框架指引》，這項指引共 15 條 4 個附錄。主要內容包括了電子簽名的定義、電子簽名在歐盟內部的通用、市場准入、法律效力、數據保護等。這項指引的頒布為歐盟網上電子支付奠定了基礎。2000 年頒布了兩個有關電子貨幣的指引，分別是《關於電子貨幣機構業務開辦、經營與審慎監管的 2000/46/EC 指令》和《修改〈關於信用機構業務開辦與經營的 2000/12/EC 指令〉的 2000/28/EC 指令》。

《關於電子貨幣機構業務開辦、經營與審慎監管的 2000/46/EC 指令》由序言和 13 個條款組成。其主要內容包括電子貨幣的可回贖性規定、電子貨幣機構業務開辦的初始資本金及自有資金標準。該指令重點規範了電子貨幣機構的開展經營。它的頒布為電子貨幣機構在歐盟市場內自由設立和

自由服務清除了不必要的法律障礙。有鑒於電子貨幣機構及其業務正處於發展的初期，《2000/46/EC 指令》對其監管引進了審慎監管原則。這樣既保障了歐盟金融系統的穩定和發展，又不會限制電子貨幣業務的創新。

《2000/28/EC 指令》則由序言和 4 個條款構成，其核心是對《關於信用機構業務開辦與經營的 2000/12/EC 指令》（以下簡稱《2000/12/EC 指令》）的有關內容進行修訂。《2000/12/EC 指令》中的「信用機構」的定義被重新修訂，電子貨幣機構也被包括其中；並且增加了可贖回性要求適用於發行電子貨幣的傳統信用機構的條款。歐盟在對第三方網上支付平臺沉澱資金的監管上，要求第三方網上支付平臺在歐盟中央銀行開設專門的帳戶存儲資金，並把電子貨幣的發行權限定在傳統的信用機構和新型的受監管的電子貨幣機構。在對非法金融活動的監管上，歐盟與美國的做法相同，也規定限制第三方網上支付平臺將用戶的資金用於投資，並監控通過第三方網上支付平臺進行洗錢的行為。

11.2.2　國內對於第三方支付的監管

電子商務在中國的發展時間要晚於歐美國家，第三方網上支付平臺也是最近十年才興起的產物，也正因為如此，中國對電子商務和電子支付的立法，一直處於探索階段。對於第三方網上支付，由於沒有成熟的經驗可以借鑑，遲遲沒有進行全面的介入監管。進入 21 世紀，隨著第三方網上支付市場的擴大以及電子貨幣、網路銀行的出現，中國逐步認識到對電子商務以及電子支付立法的重要性，開始完善有關電子商務以及電子支付的相關法律法規。但是，總體來說，中國的電子商務與電子支付立法，仍處於起步的階段。

目前，中國並沒有制定規制第三方網上支付的法律法規。事實上，在中國已經頒布的法律法規中，涉及電子支付的主要有《電子簽名法》和中國人民銀行發布的《電子支付指引（第一號）》。《電子簽名法》是進行電子商務和電子支付的基礎類立法。中國人民銀行 2005 年發布的《電子支付指引（第一號）》是中國迄今為止，涉及電子支付與網上支付最多的一部法律文件。《電子支付指引（第一號）》共計 49 條，其主要內容包括了電子支付的界定、電子支付業務的開展、電子支付的安全控制和差錯處理等。但這個指引並不適用於第三方網上支付，其規定：「境內銀行業金融機構開展電子支付業務，適用本指引。」

由於中國第三方網上支付平臺的法律定位暫時沒有明確，所以其不適

用這部指引。在這部指引中，中國明確了網上支付屬於電子支付的一種，對非銀行機構開展網上支付的條件及管理，則沒有任何涉及。在 2005 年，中國人民銀行發布了《支付清算組織管理辦法（徵求意見稿）》，在這個管理辦法中，中國首次對第三方網上支付進行了全方位的制度設計與風險管理，因為其只是徵求意見稿，並不具有法律效力，因此並不能對現有的第三方網上支付起到法律上的規製作用。《支付清算組織管理辦法（徵求意見稿）》從 2005 年公布以後，幾經易稿，但由於多方面的原因，時至今日，仍沒有頒布實行。雖然《支付清算組織管理辦法（徵求意見稿）》還沒有頒布實行，但是其一定程度上反應了中國對第三方網上支付的立法態度和立法構思，對未來中國第三方網上支付的法律規制有著重要的指引意義。在這裡，本書對《支付清算組織管理辦法（徵求意見稿）》的重要內容做一簡要的分析：

《支付清算組織管理辦法（徵求意見稿）》（以下簡稱《管理辦法》）共 7 章 57 條，其主要內容涉及以下幾個方面：

（1）關於第三方網上支付平臺法律定位的問題

《管理辦法》明確了第三方網上支付平臺支付清算組織的法律定位，並區分了企業法人支付清算組織與非企業法人支付清算組織。管理辦法設置了申請從事支付清算業務的條件，並規定了支付清算業務的市場准入標準及外資比例。相較於歐美國家，中國對第三方網上支付的法律定位更為明確一些。

（2）關於第三方網上支付法律監管的問題

《管理辦法》規定，中國人民銀行是監管支付清算組織的法定主體，有權對支付清算組織進行現場檢查和非現場檢查。《管理辦法》還對開展支付清算業務的風險控制做了明確規定，支付清算組織要設立支付清算風險保證金，並不得從事高風險投資。這些規定，對規範第三方網上支付將起到重要作用。

（3）關於第三方網上支付平臺的退出機制

《管理辦法》明確，當支付清算組織不能正常運轉時，中國人民銀行可自行或指定機構對其進行接管。支付清算組織的解散，要經過中國人民銀行的批准，並要提前申請。總體來說，《管理辦法》基本上完成了對第三方網上支付的初步規範和控制，並且制定了相應的法則。

2010 年 6 月，中國人民銀行制定了《非金融機構支付服務管理辦法》（以下簡稱《辦法》）。《辦法》旨在通過規範資金支付市場秩序，切實維

護社會公眾的合法權益。《辦法》明確非金融機構支付服務是指非金融機構在收付款人之間作為仲介機構提供的貨幣資金轉移服務，包括網路支付、預付卡的發行與受理以及銀行卡收單等，主要有：①網路支付業務。《辦法》所稱網路支付是指非金融機構依託公共網路或專用網路在收付款人之間轉移貨幣資金的行為，包括貨幣匯兌、互聯網支付、移動電話支付、固定電話支付、數字電視支付等。②預付卡發行與受理業務。《辦法》所稱預付卡是指以營利為目的發行的、在發行機構之外購買商品或服務的預付價值，包括採取磁條、芯片等技術以卡片、密碼等形式發行的預付卡。③銀行卡收單業務。《辦法》所稱銀行卡收單是指通過銷售點（POS）終端等為銀行卡特約商戶代收貨幣資金的行為。④中國人民銀行根據支付服務市場的發展趨勢等確定的其他支付業務。

另外《辦法》指出只要符合規定，相關機構都可以取得支付業務許可證。《辦法》旨在通過嚴格的資質條件要求，遴選具備良好資信水平、較強盈利能力和一定從業經驗的非金融機構進入支付服務市場，在中國人民銀行的監督管理下規範從事支付業務，切實維護社會公眾的合法權益。未經中國人民銀行批准，任何非金融機構和個人不得從事或變相從事支付業務。

11.3 眾籌的監管

11.3.1 國外對於眾籌的監管

11.3.1.1 美國

自 2009 年以來，以 Kickstarter 為代表的眾籌平臺在全球範圍內迅速發展。眾籌通過互聯網有效匹配了資金供給與需求，為初創企業提供了一種全新且低成本的融資方式，是傳統風險投資的一種重要補充。但與眾籌這種新興互聯網金融業態高速發展不相匹配的是對其監管的缺失，這不利於其健康發展及對可能發生的風險的規避。為進一步規範眾籌的發展，美國證券交易委員會（SEC）在 JOBS 法案基礎上於 2013 年 10 月發布了一項針對眾籌的監管新規提案，以英國、法國為代表的歐洲國家也在探索建立政府對眾籌監管立法的相關方法。

眾籌新規內容：

針對眾籌蓬勃發展的態勢以及發展中存在的問題，2012 年美國國會通

過了《初創期企業推動法案》（簡稱「JOBS 法案」），正式將眾籌融資合法化。然而，JOBS 法案只有第一部分關於快速成長企業（Emerging Growth Companies，簡稱 EGC）的相關規定在簽署時正式生效，其余部分仍需要 SEC 進一步完善細則后才正式生效。因此，2013 年 10 月，美國證券交易委員會（SEC）根據 JOBS 法案 Title Ⅲ 正式發布了針對眾籌的新規提案。SEC 眾籌新規提案的出抬旨在用新的規則和形式來進一步完善證券法和證券交易法的相關條款，在允許投資創新與保護投資者之間達到一個平衡。

（1）允許股權眾籌

JOBS 法案 Title Ⅲ 明確了創業公司和創業家未來只要滿足一定豁免註冊的條件，就可以通過互聯網向公眾進行股權融資。SEC 眾籌新規提案則進一步提出了這些條件的修正建議，以便為發行人融資和投資者投資提供更為適用的限制條件。具體內容為：①發行人在 12 個月內募集資金總額不超過 100 萬美元的限制條件專指在 4（a）（6）豁免條款下獲得的股權融資總額，不包括發行人通過其他途徑獲得的融資，但需要包括發行人前 12 個月內根據 4（a）（6）條款獲得的股權融資金額；另外，發行人不能同時使用其他豁免條款。②前 12 個月內收入和淨資產都不足 10 萬美元（取其大值）的投資人所投金額不得超過 2,000 美元或其年收入的 5%，前 12 個月內收入或淨資產超過 10 萬美元（取其大值）的投資人可以用其收入的 10%用於此類投資，上限 10 萬美元，該投資限制適用所有投資者。③交易由在 SEC 註冊的經紀人或資金門戶充當仲介，仲介數量限於一個，交易通過互聯網和類似的對公眾開放的電子媒體進行。

（2）對發行人的要求

對於發行人的監管，提案要求發行人：①需要在 SEC 備案，並向 SEC、投資者和仲介機構披露包括發行人、管理人員和董事一般性信息、商業情況描述、所得款用途、發行目標總額和期限、發行價格、所有權和資本結構、證券發行數量、證券投票權以及證券轉讓限制等信息。發行人還需披露額外的財務信息，提案對不同融資總額給予了不同的披露要求，對於融資額超過 10 萬~50 萬美元之間的發行人的財務報表還需要交由一個第三方的會計師審查，而那些融資超過 50 萬美元的必須交由一個獨立審計審查。此外，完成一輪眾籌融資的發行人至少一年必須向 SEC 和投資者、仲介機構提交關於企業運行和財務情況的年度報告。②不允許通過廣告來宣傳發行。與在 JOBS 法案通過后經修訂的 D 條款 506 規則（Regulation D Rule 506）對於向認可投資者（Accredited Investor）私募資

金制定的規定不同，眾籌融資不允許做廣告，除非只對合適的經紀交易商或者資金門戶的直接投資者做廣告。不過，提案Ⅱ.B.4條款提議發行人可以公開宣傳符合4（a）（6）條款的發行條件，只要公告有能夠找到發行人和發行證券信息的仲介平臺的地址信息。③不能補償促銷者。提案規定，發行人不能直接或間接補償任何通過經紀商或資金門戶提供的交流渠道進行促銷的人員，除非發行人確保了促銷者在與投資者溝通時都披露了從發行人處獲得的補償收據。提案還提議即使是仲介機構之外的交流渠道，發行人也不能直接或間接地補償促銷者，除非是在提案Ⅱ.B.4條限制要求下進行促銷。

（3）對仲介機構的要求

為保護投資者，新規提案要求眾籌交易必須通過仲介機構進行，但仲介機構必須遵守如下要求：

1）註冊要求。參與眾籌的仲介機構必須在SEC註冊為經紀人或資金門戶，並加入美國金融業監管局（Financial Industry Regulatory Authority, FINRA）或其他全國性證券組織成為會員。FINRA與自律性協會（Self-regulatory Organization, SRO）一樣需要會員提交並公開披露交易法要求的所有信息，而且能有助於更好地監管仲介機構。禁止仲介機構及其董事、高管或合夥人與發行者有財務利益關係。

2）減少詐欺風險要求。必須採取措施減少交易相關的詐欺風險，包括根據SEC條例獲得發行者管理人員、董事以及持股超過20%的大股東的背景信息和證券監管歷史信息。

3）開戶與投資者教育要求。必須給參與眾籌的投資者開設帳戶，並提供包括證券和相關交易信息在內的投資者教育材料。

4）與交易相關的要求。提案要求仲介機構在交易過程中要公開披露發行人信息、確定投資者資格、為投資者和發行人提供交流渠道、遵守眾籌基金維持和轉讓規定，並為給出投資承諾的投資者確認交易信息。

5）發行完成、取消和確認的要求。提案提議投資者或發行人在最後期限之前可無條件取消出資承諾或結束發行。一旦與發行相關的材料或信息發生變動，仲介機構必須給投資者發送變動通知，通知其重新確認投資。若發行人取消發行，則要告知投資者相關信息和資金退款方式，並勸阻投資者對這個發行項目的投資。

6）第三方支付的要求。禁止仲介機構對任何為其提供投資者或潛在投資者個人身分信息的人給予補償。

(4) 對資金門戶的額外要求

除對仲介機構的一般規定，眾籌新規還增加了對資金門戶的額外要求。

1）註冊要求。JOBS 法案規定，參與眾籌的資金門戶必須在 SEC 註冊為經紀人或交易商。提案對於具體的註冊形式和內容做了進一步說明，提議為資金門戶建立一個簡化的註冊程序。提案還提議作為註冊的條件，資金門戶在註冊期間需要留備一定保證金以防止投資者遭受來自資金門戶可能帶來的損失。

2）特定活動的安全港。提案提議，對資金門戶從事交易法 3（a）(80) 特定限制條款相關活動提供非排他性的、有條件的安全港，並分別對資金門戶可以獲得從事這些限制活動的安全港條件進行了闡述。

3）合規要求。提案對資金門戶還提出了合規監管條例，要求資金門戶需要就其相關業務實施書面政策和程序、遵守聯邦法規第十章第 31 條確定的反洗錢規定、採取措施保護投資者信息隱私、接受 SEC 及其入會的行業組織的檢查，並進行信息記錄。

此外，眾籌新規還重點對其他特定情況進行了規定，包括偏離與眾籌監管、轉售限制、向聯邦政府提供信息、12（g）條款豁免、法定責任範圍和資格取消條款。

JOBS 法案出抬前，美國股權眾籌主要在私募發行框架下進行，股權眾籌平臺如果提供了金融服務，則根據金融服務類別，或註冊為經紀/交易商，或註冊為投資顧問，接受 SEC 以及 FINRA 的監管。2012 年 JOBS 法案出抬，在第三章創設了「眾籌公開發行豁免」這一新型發行註冊豁免——規定符合條件的眾籌公開發行可以豁免向 SEC 註冊，且允許在考察公司是否屬於公眾公司時，不計算眾籌發行中的投資者；眾籌平臺需要向 SEC 和 FINRA 或註冊為經紀/交易商，或註冊為集資門戶，接受相應的監管。JOBS 法案對眾籌的監管，突破了以強制註冊和信息披露為核心的傳統金融監管思路，通過限制投融資金額的方式，力求達到保護投資者利益和提高融資便利之間的平衡，真正體現了「小額、大眾」的眾籌核心屬性。根據 JOBS 法案規定，與眾籌相關的規定需要 SEC 進一步出抬細則后才正式生效。2013 年 10 月 23 日，SEC 發布了徵求意見稿，但最終規則至今仍未發布。業界普遍認為細則遲遲未出的原因是 SEC 內部在安全和效率之間仍存在爭議。SEC 在諮詢稿中選擇以安全為先，對每個上線項目，平臺都要增加一筆不菲的花費，這些成本屬於固定支出，即使籌資不成功，平臺和發

行企業都要支付這些費用。對眾籌平臺來說，嚴重制約了其業務擴展能力；對企業來說，增加了融資成本。不少美國學者認為，SEC 的規則使發行人和平臺面臨的成本較高，不如 JOBS 法案中私募發行公開營銷的規定有吸引力，因此估計，即使股權眾籌公開發行豁免規則生效，也會有許多發行人和集資門戶網站仍然採用私募方式進行股權眾籌。FINRA 自 JOBS 法案頒布後，也採取了一系列配套措施，並於 2013 年 10 月發布《集資門戶監管規則》（徵求意見稿），明確集資門戶的自律監管規則。

11.3.1.2　英國

2013 年 10 月 24 日，英國金融行為監管局 FCA 首先發布了《關於眾籌平臺和其他相似活動的規範行為徵求意見報告》，詳細介紹了擬對「網路眾籌」的監管辦法。FCA 結合反饋意見，於 2014 年 3 月 6 日，發布了《關於網路眾籌和通過其他方式發行不易變現證券的監管規則》（以下簡稱《眾籌監管規則》），並於 2014 年 4 月 1 日起正式施行。FCA 計劃於 2016 年對其實施情況進行復查評估，並視情況決定是否對其進行修訂。《眾籌監管規則》將借貸眾籌和股權眾籌納入監管範圍，並制定了不同的監管規則。

整體上，英國對股權眾籌的監管，並未新制定針對股權眾籌的公開發行豁免規則，而是更多地適用原有的監管框架。英國的股權眾籌已在《2000 年金融服務與市場法》下，《眾籌監管規則》只是對股權眾籌的監管做了微調，調整的結果，一是放寬投資者准入，在傳統私募投資者之外，新增一類基於投資限額的零售投資者，讓更多的投資者參與股權眾籌；二是強調投資者適當性，確保只有能理解和承擔相應風險的投資者參與股權眾籌。因此，實踐中，英國的股權眾籌在私募發行框架下開展，監管的重點是投資者適當性。

在英國，股票以及其他證券的發行構成金融促銷（Financial Promotion），根據英國相關法律，可以面向零售投資者進行的金融促銷必須滿足以下兩個條件之一：金融促銷由持牌金融機構（經 FCA 許可）進行或批准；金融促銷符合相關豁免規定。股權眾籌必然包含金融促銷。一些有實力、有必要技術和專業的眾籌平臺（例如 Seedrs、Crowdcube）向 FCA 申請成為持牌機構，專門從事股權眾籌業務。但是，金融促銷審批耗時耗力，更多的眾籌平臺和持牌金融機構合作，由該金融機構批准或從事相關金融促銷。通常，眾籌平臺會通過持牌金融機構實現最初的投資者溝通（建立相應聯繫），之後，就特定的投資機會，主要利用私募豁免規則進行

金融促銷：僅面向成熟投資者、高淨值投資者和專業投資者進行。簡而言之，如果平臺的業務活動不涉及受監管行為就無須持牌，但如從事受監管行為，則要麼自己持牌，要麼與持牌金融機構合作。英國的股權眾籌僅能面向六類投資者進行宣傳：①專業投資者；②被歸類為公司融資聯繫人或 VC 聯繫人的零售客戶；③被 FCA 授權機構認證或者自己申請為成熟投資者的零售客戶；④被 FCA 授權機構認證為高淨值投資者的零售客戶，即年收入超過 10 萬英鎊或淨資產超過 25 萬英鎊（不含常住房產、養老保險金）的投資者；⑤受限制零售客戶，即投資未上市股票或債券的限額是個人可投資金融資產（扣除主要住所、養老金和保險）的 10％；⑥從受監管機構或個人處接受投資建議或者投資管理服務的零售客戶。平臺負有確保投資者適當性的義務，在投資者進行投資之前，評估其是否擁有必要的知識或經驗從而能理解投資所蘊含的風險。FCA 為創造一個平衡監管成本及利益的均衡框架，沒有限定企業應該如何應對及披露相關風險。FCA 也不建議在現階段提出關於盡職調查最低標準的要求，認為目前應由企業自行把握其商業模式存在的風險並形成應對該等風險的相應機制。此外，英國有專門的眾籌行業協會對行業進行自律監管，各種眾籌平臺自願申請加入，所有會員必須遵守關於資金存管、平臺的信息披露、平臺停運後的處置、平臺人員資質、IT 流程等自律規則。

11.3.2 國內對於眾籌的監管

股權眾籌從 2011 年進入中國，一直遊走在法律邊緣的灰色地帶，國內目前還沒有針對股權眾籌的法律規定，也沒有證券主管部門的明確意見，在法律理論方面也沒有展開相關研究。總體來看在很長一段時間內，中國有關股權眾籌的規定還是一片空白。

2014 年以來，中國逐漸加大了對包括眾籌在內的互聯網金融的監管力度，證監會對股權眾籌行業進行了深入調研，並積極制定眾籌融資的監管規則。2014 年 12 月中國證券業協會起草了《私募股權眾籌融資管理辦法（試行）（徵求意見稿）》面向社會徵求對眾籌融資的管理意見。徵求意見稿中明確了股權眾籌為非公開發行的概念，進一步對投資者有了最低收入的限制、對融資者提出了信息披露的要求。

2015 年 7 月 18 日，人民銀行等十部委發布的《關於促進互聯網金融健康發展的指導意見》（以下簡稱《指導意見》）指出，股權眾籌融資主要是指通過互聯網形式進行公開小額股權融資的活動。《指導意見》一方

面從法律上對股權眾籌的法律地位作了明確與認可，將其納入證監會監管框架，另一方面將股權眾籌定位於「公開、小額、大眾」。該意見中指出股權眾籌融資必須在仲介機構平臺進行，股權眾籌融資方應為小微企業，應披露必要信息，投資者應具備風險承受能力，進行小額投資。股權眾籌融資業務由證監會負責監管。

2015年7月30日中國證券業協會發布《場外證券業務備案管理辦法》中明確私募股權眾籌是場外證券業務，開展私募股權眾籌只有證券公司、證券投資基金公司、期貨公司、證券投資諮詢機構、私募基金管理人五類。

2015年8月10日，證券業協會發布《關於調整場外證券業務備案管理辦法個別條款的通知》，將《場外證券業務備案管理辦法》第二條第（十）項「私募股權眾籌」修改為「互聯網非公開股權融資」。這一修訂，標誌著監管思路上的整體銜接正式完成。之前的眾多概念塵埃落定，兩種最終確定的業務形式水落石出：股權眾籌和互聯網非公開股權融資。在監管思路上，具有「公開、小額、大眾」特徵的股權眾籌業務，將採取對機構和業務的雙重準備，採取了嚴格的准入制；對互聯網非公開股權融資業務，採取了相對寬鬆的事后備案制，對於機構和業務，均要求事后備案。在接受備案的主體方面，前述五類機構均為傳統的證券行業的從業機構，這也標誌著，互聯網非公開股權融資業務的規範監管，將先從證券行業的「正規軍」開始，而目前市場上諸多「眾籌」平臺，則大多是科技類、信息服務類的工商企業，無法被納入上述五類主體之中。

雖然股權眾籌的法律地位已得到明確和認可，但具體應該如何操作，比如符合什麼條件的股權眾籌才算是合法的，股權眾籌只能通過哪些渠道進行宣傳推廣，是否要設立第三方託管以確保投資人的資金安全，當項目發展出現哪些情形時候需要強行終止項目以及通過哪些形式進行終止等，目前都還沒有明確的規定。現在股權眾籌的發展，主要還是依靠合同雙方的自我約束，並沒有法律法規對其加以管控。但是，股權眾籌往往涉及的資金量較大，動輒百萬千萬元，且涉及的人數較多，影響範圍較大，如果對此不加以監管控制，則很可能出現投資人的資金得不到妥善利用，投資人權益被侵犯，或者是項目發起人故意利用此渠道進行非法集資、詐騙、洗錢等違法犯罪行為。目前已經有相關案例曝光，如何在股權眾籌過程中使項目發展與投資人預期相一致，解決雙方之間的各種矛盾，已經成為相關監管方迫切需要解決的問題。

11.4 P2P 的監管

11.4.1 國外對於 P2P 的監管

11.4.1.1 美國

Prosper 和 Lending Club 是當前美國最大的兩家 P2P 網貸公司，分別成立於 2005 年、2007 年，是 P2P 網貸在美國傳播的成果，代表世界上 P2P 網貸發展的較高水準。兩家網貸公司的操作流程基本相同，首先用戶需要在平臺上進行註冊，填寫個人資信，借款人則還需要提交借款申請，由平臺進行審核和信用評級。在確定貸款利率時，Prosper 會綜合考慮信用評級、貸款期限、經濟環境和同業競爭環境等幾方面。這一流程與國內 P2P 網貸公司的操作流程差別不大，但由於美國已經建立了較為成熟的信用體系，僅通過查詢個人社保號碼就可以查詢到其全部信用記錄，因而對於借款人的信用審核可靠性更高，能更好地防範借款人的信用風險。然後網貸公司還需對投資者進行審核，雖然相對寬鬆一些，但投資者仍需提供收入和資產證明，並且兩家網貸公司都各自設置了投資者的投資上限，Prosper 為 500 萬美金，Lending Club 為個人淨資產的 10%，這一舉措能夠保證參與交易的投資者為合格投資者，降低交易風險，同時也在一定程度上防範了投資者利用平臺進行洗錢的風險。完成以上流程，借款人才能在平臺上發布借款信息，供投資者選擇。成熟的信用體系和相對國內更為嚴格的投資者審查機制使得美國 P2P 網貸的信用風險、洗錢風險、借款人違約風險得到了一定程度的遏制，但同時也增加了 P2P 網貸平臺的營運成本。關於貸款的發放，國內的 P2P 網貸一般是在借款協議達成后，由貸款人通過以平臺名義在第三方機構上設立的中間帳戶直接向借款人進行付款。這樣就容易形成資金池，增加了資金被挪用、平臺跑路的風險，也引起了許多關於平臺合法性的質疑。Prosper 和 Lending Club 則是由外部第三方的銀行 WebBank 來進行貸款審核、發放，WebBank 在發放貸款后，將貸款所有權轉賣給平臺，再由平臺以收益權憑證的方式賣給貸款人。WebBank 在整個過程中的作用就是分銷貸款，而這是 P2P 網貸平臺因沒有相關牌照所不能做的業務。引入分銷銀行來發放貸款，有利於防範平臺自身的合法性風險，也有利於發揮傳統金融仲介機構在貸款審核方面的優勢，實現多頭監管，保障交易安全。

（1）監管主體

2008年11月，美國證券交易委員會（以下簡稱證交會）依據SEC V. W. J. Howey Co案和Reves v. Ernst &Young案認定Prosper網貸公司出售的收益權憑證的性質為證券，Prosper網貸公司未經註冊擅自發行證券的行為構成了美國1993年《證券法》中規定的「出售未經註冊的證券產品」的情形，責令其暫停營業，提交有效的註冊申請。此時距離2005年Prosper成立已經過去了三年，受此命令的影響，Prosper網貸公司和Lending Club網貸公司分別於2009年和2008年在證券交易委員會進行了註冊。至此，美國的P2P網貸業務正式被納入了證交會的監管範圍。

美國1933年《證券法》第2（a）（1）條和1934年《證券交易法》第3（a）（10）條雖然都分別對法律意義上的「證券」進行了註解，但都較為寬泛，並未直接將P2P網貸形式納入其範圍，但美國是判例法國家，SEC V. W. J. Howey Co案和Reves v. Ernst &Young案使得證交會確立了「投資合同」標準。該標準主要包括以下幾點：①以金錢進行投資；②期望獲利；③投資於一家普通企業；④僅依靠第三方努力使自己獲利。依據該標準證交會認為，在Prosper網貸公司發放收益權憑證的過程中，貸款人與借款人並未直接交易，貸款人僅依靠第三方網貸公司取得收益，因而發放收益權憑證的行為屬於投資行為，收益權憑證為證券，屬於證交會監管範圍。證交會的監管規範了美國的P2P網貸市場，也在一定程度上提高了平臺的營運成本，使得一些中小網貸平臺退出了P2P網貸市場。

在證交會之外，美國還有一些聯邦或地方的監管部門也對P2P網貸實施監管，例如州的證券監管部門，聯邦存款保險公司、公平交易委員會，這些監管部門對於P2P網貸的監管較為分散，主要針對各自職能領域進行監管，這就形成了美國P2P網貸多頭監管格局。

2010年7月美國出抬的《多德—弗蘭克法案》第989條規定，美國政府問責辦公室可以通過聯邦證券交易委員會和州金融消費者保護局對網貸行業實施監管。該法案將P2P網貸納入金融消費者保護局的監管範圍，賦予金融消費者保護局廣泛的立法、執法權力，以加強對網貸行業的監管。相對一些零散的監管機構，金融消費者保護局更具綜合性和權威性，這樣有利於P2P網貸行業監管權力的集中，強化監管。除此之外，法案還賦予美國審計總署對信貸服務仲介進行調查研究並作出決策的權利。至此，美國形成了證券交易委員會和金融消費者保護局兩大主要機構共同對網貸行業進行監管的局面，並輔助一些零散的監管機構對網貸行業進行監管，共

同維持P2P網貸行業的健康發展。

(2) 監管方式

證交會對P2P網貸的監管權來自於通過判例將其界定為證券理財產品，這就使得證交會對P2P網貸的監管是一種證券形式的監管。具體而言，證交會規定網貸平臺必須進行註冊登記，定期上報，並要求履行嚴苛的信息披露義務。依據《多德—弗蘭克法案》，金融消費者保護局在網貸行業獲得了廣泛的立法和執法權，金融消費者保護局有權不顧其他監管部門的反對，推進網貸領域立法；也可以自主豁免原來受監管的網貸市場主體；對於P2P網貸中的不公平、詐欺等行為，金融消費者保護局可以進行民事訴訟、召開聽證會、作出行政裁決等。相對於證交會，金融消費者保護局對於P2P網貸的監管方式更加靈活、多樣。

(3) 監管內容

證券交易委員會和金融消費者保護局雖然都對P2P網貸市場享有監督權，但在具體的監管方向上，兩大機構各有側重。證交會對於網貸行業的監管兼具保護消費者合法利益、維護市場秩序、加強信息披露等職責，而金融消費者保護局則強調從消費者保護的角度進行監管，指向性更強。

從上文中可知，證交會對P2P網貸的監管既有事前監管——進行註冊登記，也有事中監管——提交報告，履行信息披露義務。在證交會的監管之下，P2P網貸平臺被看成是證券發行人，必須在成立之初在證交會進行註冊登記，其登記內容十分廣泛，包括平臺的業務模式、財產狀況等。在P2P網貸平臺完成註冊登記，正式成立營運後還需要每天至少向證交會提交一次報告，上報每天的貸款情況。除此之外，證交會還要求平臺持續不斷地以合法方式履行披露義務。披露信息包括平臺年報、季報以及借款人的詳細信息。證交會的嚴格註冊登記要求提高了P2P網貸市場的准入，有利於防範平臺跑路的風險，維護市場安全，但過於嚴格的登記制度也增加了平臺的營運成本，不利於市場的充分競爭。而頻繁的信息披露不僅提高了行業門檻，也抑制了行業創新，更可能引發用戶個人信息洩露的風險。相對於證交會，金融消費者保護局對P2P網貸監管的內容更加具有針對性，一切不利於消費者權益保護的行為都屬於其監管範圍。

綜上可知，美國的P2P網貸是一種建立在其現有信用機制之下的金融創新形式，對於解決個人消費貸款、商業貸款具有積極意義。對於P2P網貸，政府採取的是一種嚴格監管制度，既有證券交易委員會基於判例法，將P2P網貸視為證券發行，要求平臺進行註冊登記，並履行嚴格的上報和

信息披露義務，又有金融消費者保護局從保護消費者的角度對 P2P 網貸行業進行全面監管，同時還有一些零散機構對 P2P 網貸的某一方面進行監管，形成了一個完整而嚴密的監管體系，保障了 P2P 網貸行業的健康、有序發展。但我們也要認識到，過於嚴苛的監管體系一定程度上阻礙了國外 P2P 網貸平臺進入美國市場，妨礙了市場競爭，過高的監管成本也加大了平臺營運的壓力，阻礙了平臺的業務創新，不利於 P2P 網貸市場的發展。

11.4.1.2 英國

Zopa 是英國最具代表性的 P2P 網貸公司。借款人要通過 Zopa 進行 P2P 網貸，首先要在 Zopa 上進行註冊，由 Zopa 進行審核，並根據國內幾家信用機構的信用記錄為借款人進行信用評級，劃分貸款市場，將合適的貸款人與借款人進行撮合，達成借款協議。最終借款利率主要受借款人設定的借款利率、期限以及借款人被劃分的貸款市場影響。在整個網貸過程中，Zopa 的責任包括借貸雙方交易中所有與借款有關的事務，完成借款文件、執行借款人的信用認證、雇傭代理機構為貸款人追討欠帳等。在壞帳出現時，Zopa 甚至需要動用自身資金填補貸款人壞帳。除此之外，Zopa 為了降低投資者的風險，還會將投資者的資金分散借貸給眾多借款人。目前國內許多 P2P 網貸公司的運行模式與 Zopa 的運行模式十分接近，都採取了一系列措施分散風險，保護投資者的資金安全。

（1）監管主體

英國作為 P2P 網貸的發源國，其 P2P 網貸監管體系相對成熟，監管主體既有政府設立的專門監管機構——金融行為監管局，還包括行業自律協會——P2P 金融協會。

2010 年以前，儘管英國的 P2P 網貸行業正在興起，但並沒有設立專門的 P2P 網貸監管機構，也沒有專門針對 P2P 網貸進行立法。2010 年以後，英國實施金融監管體制改革，賦予英格蘭銀行維護金融穩定、實施審慎金融監管的權力。英格蘭銀行下設金融政策委員會、審慎監管局、金融行為監管局分別負責宏觀監管、審慎監管、一般監管。而 P2P 網貸作為一種金融創新形式，其規模還正在形成中，尚未達到需要審慎監管的地步，因而劃歸金融行為監管局監管。

同時，P2P 網貸在英國出現之初，作為一種新事物，政府雖然允許其繼續經營，卻沒有及時出抬相應的法律法規對其實施監管，許多不具備基本營運資質的 P2P 網貸公司也開始經營 P2P 網貸業務，吸引眾多公眾參與，導致 P2P 網貸市場秩序混亂，阻礙了 P2P 網貸行業的發展。因而，一

些大型旳 P2P 網貸平臺出於自身安危考慮開始積極推動 P2P 網貸行業協會的成立，以制定統一的行業規則，規範 P2P 網貸市場。2011 年 8 月 15 日，P2P 金融協會應運而生，是英國 P2P 網貸行業的自律協會。該協會在政府監管之外，積極制定行業規則，規範成員自身行為，維護 P2P 網貸行業秩序，是英國 P2P 網貸監管的重要內容。

（2）監管方式

英國金融行為監管局 2014 年 3 月出抬《關於互聯網眾籌及通過其他媒介發行不易變現證券的監管辦法》（以下簡稱《監管辦法》）是全球第一部針對 P2P 網貸監管的法律。該辦法主要是從促進 P2P 網貸市場的健康繁榮發展和保護金融消費者的角度，對 P2P 網貸平臺進行監管。除此之外，金融行為監管局還要求平臺定期提交報告，對平臺營運進行全程監管。

P2P 金融協會是實施 P2P 網貸監管的自律協會，一方面加強成員間的聯繫，實現成員間信息共享，出抬自律規則，規範行業秩序；另一方面，也積極推動金融行為監管局進行專門立法。相對於金融行為監管局，P2P 金融協會的監管方式更加自由，要求成員具有較強的自律性，是政府監管之外的有益補充。

（3）監管內容

金融行為監管局對於 P2P 網貸的監管內容主要體現在其頒布的《監管辦法》中，該《監管辦法》規定了網貸平臺的最低營運資本，要求平臺對客戶資金進行盡職調查，並存儲於第三方銀行，要求平臺履行定期報告義務，報告內容涵蓋了平臺自身的財務情況、客戶資金情況、貸款信息等，除此之外，金融行為監管局還要求平臺對新產品進行詳細解釋，對平臺借貸風險、擔保情況、實際收益率等履行披露義務。最後，金融行為監管局還對平臺的投訴管理、破產退出機制以及消費者撤銷權提出了要求。根據該監管辦法，金融行為監管局對於 P2P 網貸的監管貫穿於網貸的各個環節、各個方面。

P2P 金融協會作為自律協會，其約束力只限於協會成員。為了更好地約束協會成員的經營行為，P2P 金融協會制定了《P2P 金融協會營運原則》，該原則要求網貸公司的董事成員中必須至少有一位是法律規定的認可代理人，網貸公司必須建立完善的信用風險管理體制，同時還對網貸公司的營運資本、平臺建設、信息披露等提出了最低要求。相對於金融行為監管局出抬的《監管辦法》，P2P 金融協會制定的《P2P 金融協會營運原則》規定得更加細緻，也對成員提出了更高的要求，反應了 P2P 網貸行業

健康發展的要求。

綜上可知，英國作為 P2P 網貸發展較為成熟的國家，已經形成了較為完善的信用體系、行業自律體系，其專門機構監管與行業協會自律相結合的 P2P 網貸監管模式，既有利於從整體上把握行業發展脈絡，維持行業秩序，維護金融安全；又能從個體上對 P2P 網貸公司提出更高的要求，靈活地進行各種行業規則的制定，更好地保護投資者利益，二者相互影響，共同推動英國整個 P2P 網貸行業的穩健發展。

11.4.2 國內對於 P2P 網路借貸的監管

目前中國對 P2P 網路借貸還沒有明確的監管法律法規。2015 年 7 月 18 日人民銀行等十部門發布的《指導意見》中指出網路借貸包括個體網路借貸（即 P2P 網路借貸）和網路小額貸款。個體網路借貸是指個體和個體之間通過互聯網平臺實現的直接借貸。在個體網路借貸平臺上發生的直接借貸行為屬於民間借貸範疇，受合同法、民法通則等法律法規以及最高人民法院相關司法解釋規範。個體網路借貸要堅持平臺功能，為投資方和融資方提供信息交互、撮合、資信評估等仲介服務。個體網路借貸機構要明確信息仲介性質，主要為借貸雙方的直接借貸提供信息服務，不得提供增信服務，不得非法集資。網路小額貸款是指互聯網企業通過其控制的小額貸款公司，利用互聯網向客戶提供的小額貸款。網路小額貸款應遵守現有的對小額貸款公司的監管規定，發揮網路貸款優勢，努力降低客戶融資成本。網路借貸業務由銀監會負責監管。

2015 年 12 月 28 日，國務院法制辦公布《網路借貸信息仲介機構業務活動管理暫行辦法（徵求意見稿）》（以下簡稱《辦法》），對中國 P2P 網路借貸提供了綱領性的指導，內容主要有：

（1）《辦法》界定了網貸內涵，明確了適用範圍及網貸活動基本原則，重申了從業機構作為信息仲介的法律地位。網貸機構以互聯網為主要渠道，為出借人和借款人提供信息搜集、信息公布、資信評估、信息交互、借貸撮合等服務，具有高效便捷、貼近客戶需求、成本低等特點，在完善金融體系，彌補小微企業融資缺口、滿足民間資本投資需求，促進普惠金融發展等方面可以發揮積極作用。《辦法》規定，從事網貸業務，應當遵循依法、誠信、自願、公平的原則，對出借人及相關當事人的合法權益，以及合法的網貸業務和創新活動予以支持和保護。

（2）《辦法》明確了網貸監管體制機制及各相關主體責任，促進各方

依法履職，加強溝通、協作，形成監管合力，增強監管效力。按照《指導意見》提出的「依法監管、適度監管、分類監管、協同監管、創新監管」的原則及中央和地方金融監管職責分工的有關規定，《辦法》明確了銀監會作為中央金融監管部門負責對網貸業務活動進行制度監管，制定統一的業務規則和監管規則，督促指導地方政府的金融監管工作，加強風險監測和提示，推進行業基礎設施建設，指導網貸協會等。同時《辦法》還明確了工業和信息化部、公安部、國家互聯網信息辦公室等相關業務主管部門的監管職責以及相關主體的法律責任。地方金融監管部門負責轄區內網貸機構的具體監管職能，包括備案管理、規範引導、風險防範和處置工作等。

（3）《辦法》規定，所有網貸機構均應在領取營業執照後向註冊地金融監管部門備案登記，備案不設置條件，不構成對網貸機構經營能力、合規程度、資信狀況的認可和評價。同時，地方金融監管部門對備案後的網貸機構進行分類管理，並充分信息披露。

（4）《辦法》明確了網貸業務規則和風險管理要求，堅持底線思維，加強事中、事後行為監管。根據《指導意見》提出的「鼓勵創新、防範風險、趨利避害、健康發展」總體要求，《辦法》以負面清單形式劃定了業務邊界，明確提出不得吸收公眾存款、不得歸集資金設立資金池、不得自身為出借人提供任何形式的擔保等十二項禁止性行為，對打著網貸旗號從事非法集資等違法違規行為的企業，要堅決實施市場退出，按照相關法律和工作機制予以打擊和取締，淨化市場環境，保護投資人等合法權益。同時，《辦法》對業務管理和風險控制提出了具體要求，實行客戶資金由銀行業金融機構第三方存管制度及控制信貸集中度風險等，防範平臺道德風險，保障客戶資金安全，嚴守風險底線。

（5）《辦法》注重加強消費者權益保護，明確對出借人進行風險揭示及糾紛解決途徑等要求。《辦法》設置了借款人和出借人的義務、合格出借人條件，明確對出借人風險承受能力進行評估和實行分級管理，通過風險揭示等措施保障出借人知情權和決策權，保障客戶信息採集、處理及使用的合法性和安全性。同時《辦法》還明確了糾紛、投訴和舉報等解決渠道和途徑，確保及時、有效地解決糾紛、投訴和舉報等，保護消費者合法權益。

（6）《辦法》強化信息披露監管，發揮市場自律作用，創造透明、公開、公平的網貸經營環境。《辦法》規定網貸機構應履行的信息披露責任，

充分披露借款人和融資項目的有關信息，並即時和定期披露網貸平臺有關經營管理信息，對信息披露情況等進行審計和公布，保證披露的信息真實、準確、完整、及時。同時《辦法》堅持以市場自律為主，行政監管為輔的思路，明確了行業自律組織、資金存管機構、審計等第三方機構的有關職責和義務，充分發揮網貸市場主體自治、行業自律和社會監督的作用（見圖 11-1）。

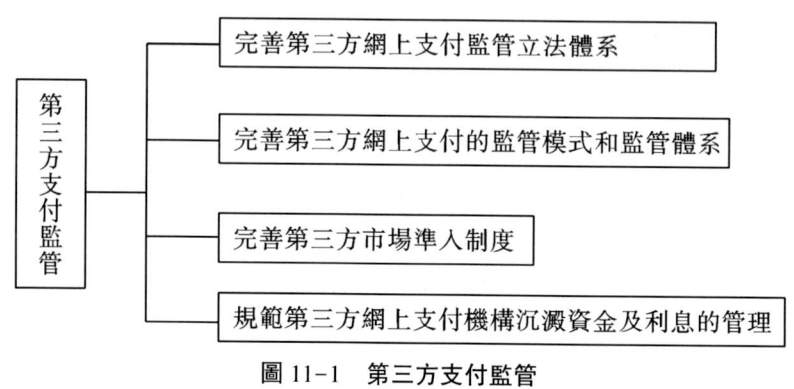

```
                  ┌─ 完善第三方網上支付監管立法體系
                  │
第三方            ├─ 完善第三方網上支付的監管模式和監管體系
支付              │
監管              ├─ 完善第三方市場準入制度
                  │
                  └─ 規範第三方網上支付機構沉澱資金及利息的管理
```

圖 11-1　第三方支付監管

11.5　監管模型和監管策略

11.5.1　第三方網上支付監管建議

11.5.1.1　完善第三方網上支付監管立法體系

在中國現有法規制度的基礎上，中國應該借鑒歐美國家的有益經驗，從而完善針對第三方網上支付的法律體系。①應該借鑒國際的先進立法經驗，出抬相應的法律制度，可以把對其監管的層次提高到更高的水平，制定一部單行法規，加以全面系統地進行約束和監督第三方網上支付的運作。②盡快出抬與現有法規相配套的實施細則，不僅要有法可依，還要所依之法能夠被執法者操作，即對其監管的措施不能太抽象，應具有一定的可操作性，利於執法。除以上兩點之外，值得注意的是，在推進國家層面立法的同時，也應該根據在地方上的發展水平的差異，應當考慮完善地方立法，這樣上至國家下至地方，形成一個統一整體、相輔相成。

國家應該加強對消費者的合法權益進行保護的立法，同時，建議制定針對第三方網上支付消費者權益保護的政策法規，進一步細化現有法規中

有關消費者權益保護的規定；為了避免消費者網上支付帳戶信息被盜，除了提升自身的網路安全的水平外，還要從外部獲得最后的保障，即建立支付業務的保險制度，從根本上解決存在的風險，保障消費者財產不受損失。此外，可以成立聯合執法部門，確立對第三方支付營運、風險等方面的信息共享、溝通和監管協調機制，並且成立專門的消費者保護機構，負責處理投訴，解決金融消費糾紛。另外，還應對加強支付服務協議的監管，筆者認為應當在第三方網上支付服務協議中引入公證預先審查機制，以保護消費者的合法權益。此外，還應該加強對電子支付有關知識的宣傳教育。

11.5.1.2 完善第三方網上支付的監管模式和監管體系
（1）明確第三方網上支付的監管體系

在中國支付服務市場中要實現對第三方網上支付的有效監管，首先要強化執法的能力、提高監管水平，彌補第三方網上支付監管體系中出現的漏洞，形成明確的監管體系。還要吸收和借鑑西方發達國家對第三方網上支付機構成熟的監管實踐經驗，堅持多部門聯合，共同協作的模式，並結合中國經濟社會制度的具體情況以及當前較成熟的監管組織體系，形成人民銀行主導監管、商業銀行輔助監管、行業協會自律監管、社會輿論補充監管的協同監管體系。同時，加強對整個行業的監督管理，制定相應的操作規範、風險處理辦法，構建完善的信用管理體系，使每一類監管主體都承擔相應的監管責任。同時，從規範第三方支付行為出發，第三方支付機構需要監管部門針對相關業務管理制定統一標準來實施有效的監管。

應從以下幾方面完善中國第三方網上支付平臺監管體系：①突出中國人民銀行的法定監管地位，充分發揮人民銀行主導監管作用，實現不同支付業務模式的第三方網上支付機構的監管，有效提高監管的管理效果。②發揮商業銀行的協作監督作用，對監管體系進行有益的補充。如引入備付金存管銀行和備付金合作銀行，不僅能夠保障用戶帳戶資金的安全，更重要的是能夠實現對第三方網上支付機構客戶備付金更為全面的監督和管理，從而促進網上支付交易活動中資金更好、更安全的流轉。③加強行業自律，制定相應的行業自律規範，從而對第三方網上支付行業進行全面的監督和管理。同時應加強社會輿論監督的作用，如監管機構可以向公眾公布市場准入主體資格的資信情況，並且要求網上支付機構定期公布財政狀況，以便隨時接受社會輿論的監督，從而形成對第三方網上支付進行監管的社會監督機制，以保障監管的公開、公平、公正，使對支付機構的監管

更加透明化，有利於進一步強化社會公眾的監督意識。

（2）明確第三方網上支付機構的監管主體

明確中國第三方網上支付機構的監管主體是對其實施有效監管的重要前提。中國目前實行的是「一行三會」的分業監管體制，即由人民銀行、銀監會、證監會和保監會對網上支付機構體系進行共同監管。但目前關於第三方網上支付機構的各個組成部分並沒有明確的監管主體，不利於及時監控風險的發生和對風險進行防範。根據第三方網上支付業務的性質來確定第三方支付機構的監管主體，其中人民銀行主要負責制定第三方網上支付的規則以及管理支付牌照的發放；保監會負責第三方網上支付機構合作推出的保險產品准入的監管；國家發改委主要負責有關網上支付服務定價的監管；證監會負責第三方網上支付機構合作推出的互聯網基金銷售的監管。

11.5.1.3 完善第三方市場准入制度

（1）明確指導原則——利益平衡原則

利益平衡原則不僅是調整第三方支付市場准入制度的指導原則，而且也是調整社會經濟關係的重要原則。在第三方支付市場准入制度中，不僅需要仔細考慮消費者的權利保護、第三方網上支付企業的利益保護以及監管機構的權威維護的問題，同時還需要考慮怎樣實現各方主體之間利益的互相平衡問題以及實現支付行業中不同利益訴求之間的平衡。消費者是第三方網上支付行業發展的重要基石，必須對消費者的權利進行傾斜性保護。在第三方支付市場准入制度中，消費者權利應該得到尊重和平衡，應當提高消費者在第三方支付市場准入制度的話語權；其中，對那些損害消費者利益的第三方支付企業應當禁止其進入市場准入制度中。監管機構是第三方網上支付行業中的重要管理者，對第三方網上支付行業的發展起著重要的作用。然而，監管機構的利益可能會與消費者的利益相衝突，監管機構的過於強勢和消費者的弱勢是利益衝突的集中體現。在做出第三方支付市場准入決定時，需要通過細化準則限制監管機構自由裁量權。同時應當設立獨立的監管機構，完善第三方支付市場准入行政審批許可監督機制，從而使監管機構審批權制度化，達到進一步完善第三方支付市場准入許可監督措施的效果，進而約束監督機構過大的自由裁量權。

（2）借鑑國外第三方網上支付企業資金制度

為了規範第三方網上支付行業的發展，我們國家對第三方網上支付企業市場准入的註冊資本，規定了很高的標準。這樣做的主要目的是為了防禦風險。基於第三方網上支付行業的特點，導致該行業直接擁有消費者大量的貨

幣資金，為了更好地保障消費者的合法利益，支付機構需要持續持有充足的自持資本金。從國外發達國家對有關支付企業自有資金和資本充足金的規定中，我們也可以從中借鑒，加以利用。如美國規定對第三方支付企業自有資金的要求是不低於 25,000 美元的資本淨值；通過和發達國家、經濟組織的比較，再結合中國支付企業的發展現狀。中國可以在以後制定的法律規範中規定，只要保持企業自持資本持續不變，與交易金額保持安全比例，就可以適當降低註冊資本要求。同時為了最大限度地保障消費者資金的安全，隨著交易金額的擴大，企業自持比例也應該作出適當的調整。

(3) 要求第三方網上支付企業准入時提供保證金

為了規範支付機構客戶備付金管理，使支付行業之間形成有序的競爭機制，中國對於第三方網上支付企業自身提供保證金在《支付機構客戶備付金存管辦法》中有明確規定，即每季度將 10%的利息收入計提為風險準備金。提供保證金的真正目的就是當支付行業出現風險時，能夠償還用戶的損失。從長遠來說，有利於增強支付行業抵禦風險和分散風險的能力。然而，此項舉措對使用者並不公平，因為第三方網上支付企業並沒有支出利息，而利息收入直接來自使用者帳戶備付金。中國第三方網上支付企業在進入市場之時，根據消費者交易規模或者資金沉澱數量，由第三方企業提供保證金，建立消費者保障金制度。

11.5.1.4 規範第三方網上支付機構沉澱資金及利息的管理

(1) 建立存款延伸保險制度

關於沉澱資金的處理，美國是將客戶資金存放在銀行的無息帳戶中，這一制度源於美國聯邦存款保險公司（FDIC）提出的「存款延伸保險」制度，其主要目的是為了保障沉澱資金的安全和實現沉澱資金的監管。中國通過採用這種存款保險制度便於明確網上支付機構沉澱資金和它所產生的孳息的所有權歸屬主體，同時也能夠防止客戶備付金被他人挪用，從而保證了整個市場交易體系的安全與穩定。中國缺乏對第三方網上支付沉澱資金的有效監管，也無類似 FDIC 的機構，同時法律制度對其規定並不完善。通過借鑒國外存款延伸保險制度，並出抬新的法律制度，要求第三方網上支付機構必須對客戶備付金進行保險。同時明確客戶備付金所生利息僅用於客戶權益保護和非金融機構的風險救助，不得為非金融機構所有。法律制度要求對銀行中的客戶備付金進行保險而這一重任將放在第三方網上支付機構身上，它將是法定的投保人，而受益人將是用戶。把沉澱資金及其孳息所生利息規定為兩個用途：一是客戶權益保護，二是非金融機構的風險救助。總之，上述所說

的沉澱資金及其利息不得歸非金融機構所有。在一定程度上將促進第三方網上支付機構的穩健、持續、健康的發展。

(2) 確立事前協商機制

確立事前協商機制蘊含了私法自治精神，符合市場經濟活動規律。這樣可以使各方當事人的交易活動更加便利，可以減少不必要的成本。有利於構建健康穩定的第三方網上支付交易環境，也有利於解決第三方網上支付沉澱資金及其孳息的分配及歸屬的問題。對於第三方網上支付客戶備付金只能存放在銀行這一規定引發了大量資金閒置和監管制度僵化問題，要解決這些問題，可以對監管的具體內容進行靈活的調整，進而推行事先協商制度。所謂「事前協商機制」，也就是說銀行在第三方支付機構和用戶協商一致的基礎上對客戶備付金的處理問題進行協商，達成合意后，按照商定的用途對沉澱資金進行利用。即在用戶與第三方網上支付機構相互協商的條件下，可以把沉澱資金及其孳息充分利用使之獲得最大利益，也可以用作風險投資。監管機構應當監督協商的整個過程，從而確保客戶備付金的安全。

(3) 用沉澱資金產生的利息為用戶帳戶設立風險基金，人民銀行出抬的《存管辦法》中規定支付機構按季從客戶備付金利息收入中動態計提風險準備金，計提比率最低為 10%。風險準備金的提取在一定程度上保障了客戶的合法權益的同時，但也不可避免地造成資金的浪費。為了保障客戶的合法權益，應規定將用戶的沉澱資金產生的利息放在一個獨立開設的風險基金帳戶中，這種做法主要是借鑑歐盟的風險準備金制度，即利用基金帳戶中的利息來彌補用戶的沉澱資金出現的缺損。這樣不僅能夠有力地保障客戶資金的安全，而且對強化支付機構客戶資金安全保護意識和責任、促進整個支付行業的健康發展、維護金融秩序的穩定等方面具有重要的現實意義。

11.5.2 對中國股權眾籌監管的建議

中國對股權眾籌進行監管應著重抓好以下兩個方面：一是監管合格的籌集人，主要在於保證項目的真實性，防止詐騙；二是控制籌集的平臺，運用互聯網的大數據進行審查，以降低成本保障安全。黨的十八大報告提出，深化金融體制改革，健全促進宏觀經濟穩定、支持實體經濟發展的現代金融體系，加快發展多層次資本市場。中國股權眾籌的監管也必定要在這個總的指導原則下進行，即在股權眾籌中政府應讓市場充分發揮自我調

節機能，政府作為高於市場主體的監管方，應致力於公平規則的制定與落實，尊重市場主體的自由意志選擇，公平保護各方市場主體的合法權益（見圖11-2）。

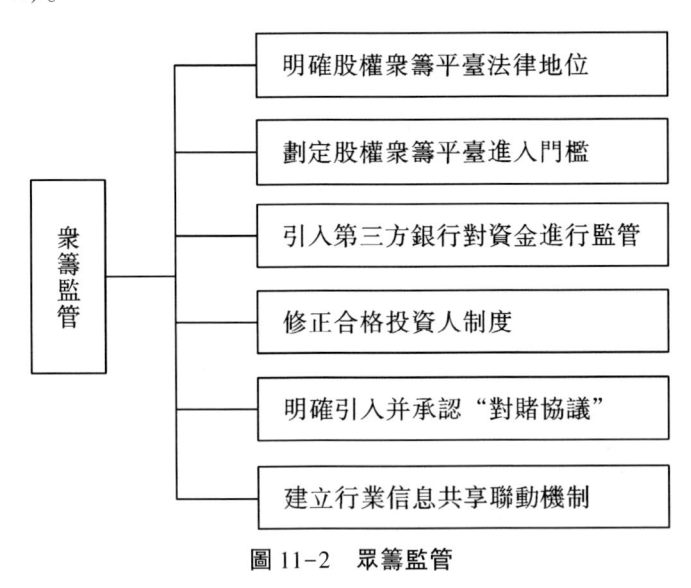

```
                    ┌─ 明確股權眾籌平臺法律地位
                    │
                    ├─ 劃定股權眾籌平臺進入門檻
                    │
           眾籌監管 ─┼─ 引入第三方銀行對資金進行監管
                    │
                    ├─ 修正合格投資人制度
                    │
                    ├─ 明確引入并承認"對賭協議"
                    │
                    └─ 建立行業信息共享聯動機制
```

圖11-2 眾籌監管

11.5.2.1 明確股權眾籌平臺法律地位

股權眾籌平臺是否屬於金融機構？根據《金融機構管理規定》第三條所稱，金融機構是指下列在境內依法定程序設立、經營金融業務的機構：政策性銀行、商業銀行及其分支機構、合作銀行、城市或農村信用合作社、城市或農村信用合作社或聯合社及郵政儲蓄網點；以及經中國人民銀行認定的其他金融業務。從以上條款可知，股權眾籌平臺對是否屬於金融機構的界定除了需要滿足「中國人民銀行認定」之程序性要求之外，更重要的實質性標準乃是「從事金融業務」。由此觀之，股權眾籌平臺是否能成為金融機構，關鍵是對其業務進行劃分。

股權眾籌平臺為需求資金的融資者和有投資願望的投資者提供居間服務，其完全不同於金融機構，金融機構自己融入資金和融出資金，讓自己完全加入到債權債務關係之中並從中獲利。但大多數的股權眾籌平臺僅提供融資需求與投資需求的信息服務，與融投雙方並不形成法律上的債權債務關係。所以股權眾籌平臺的業務不屬於金融業務。現實中還有準金融機構一說，但此概念並沒有法律上的依據，一般來說，準金融機構是為輔助地方經濟發展而沒有納入國家正式監管體制的從事金融業務但沒有特定國

家機關發放的金融許可的機構。我們認為，股權眾籌平臺僅是一個在互聯網上為中小微初創企業與投資者提供信息交換的互聯網信息平臺。與從事融資信息交互的仲介平臺和從事證券融資交易的平臺有本質上的區別，因此股權眾籌平臺應當屬於第三方電子商務服務仲介機構。

11.5.2.2　劃定股權眾籌平臺進入門檻

股權眾籌平臺從某種程度上來說具有相當的專業性，不僅需要複雜的網路運行系統，同時也需要具有資深證券從業人員和專業網路維護人員，並且專業的律師團隊或法律諮詢也是股權眾籌平臺不可或缺的一部分。股權眾籌平臺不僅需要強大的資金支持，同時，高效的管理營運團隊也是股權眾籌平臺實現良好運作所必需的，這就需要監管層劃定股權眾籌平臺應當具備相當數量的專業人員的硬性指標。

市場准入制度在很多領域實施，有效地維護了市場秩序。首先，監管層應當考慮股權眾籌平臺監管是否應當實施市場准入制度。備案制或者許可制對股權眾籌平臺監管具有極大的借鑑意義，對符合要求的平臺進行備案或發放許可證。只有取得備案資格或許可證后才可以進入營運。其次，股權眾籌平臺要對項目發布人做嚴格的盡職調查，從源頭上避免虛假項目融資，最大限度地保護處於信息劣勢的投資者，減少或避免投資者利益受到此類侵害。眾籌平臺應當切實起到過濾網的作用，不允許其以毫不相干的第三方身分自居，逃避其應承擔的責任。總之，必須明確眾籌各個主體的權責義務，眾籌平臺良好的運行機制是保證良性融投資的基礎與前提。

11.5.2.3　引入第三方銀行對資金進行監管

股權眾籌投融資過程均依賴於網路門戶，資金劃撥與流轉也是通過網路銀行或第三方支付實現。在投資者認購目標公司股份以後，其資金實際由平臺掌控，出於利益的驅動，資金將存在被挪用的風險。因此，為保護該筆資金的安全必須引入獨立的第三方監管。筆者認為下列方案可供借鑑：股權眾籌平臺應當在第三方銀行開設兩個資金帳戶，嚴格保證帳戶資金彼此的獨立性。一個是公司自有資金帳戶，專門用於平臺公司日常經營資金流動性管理，具體包括註冊資本金的剩餘部分、提供居間服務收取的費用以及其他公司自有資金；另一個是專門用於管理投資者認投資金帳戶，平臺對該帳戶內投融雙方資金沒有處分權，該帳戶資金由委託銀行進行監管。如果目標公司融資成功，將由線下成立的有限合夥企業同平臺簽署文件作為憑證，將該筆資金轉入目標公司帳戶；如果目標公司融資失敗，那麼應當將該筆資金無條件返還投資人。同時，股權眾籌平臺從收取

的居間服務費用中按照約定比例或金額支付監管費用。

11.5.2.4 修正合格投資人制度

合格投資人制度在世界各國風險投資市場中得到普遍認可，中國《私募投資基金監督管理暫行辦法》規定的合格投資者為投資單個融資項目的最低金額不低於 100 萬元人民幣的單位或個人……金融資產不低於 300 萬元人民幣或最近三年個人年均收入不低於 50 萬元人民幣的個人。筆者認為，基於互聯網環境下的股權眾籌，並不適用合格投資人制度。其理由如下：①股權眾籌大多是中小微初創企業，其單個企業資金融量相對較小。②合格投資人制度具有雙面性，其設置的目的在於保護廣大的社會大眾投資者，但同時也阻礙或限制了具有投資眼光但資金量達不到合格投資人要求的潛在投資者。並且合格投資人制度把廣大的社會大眾排除在股權眾籌融資市場之外，背離了股權眾籌融資的初衷。

11.5.2.5 明確引入並承認「對賭協議」

在股權眾籌投資的過程中，投資方通常面臨對目標企業的信息瞭解不全面的問題。企業發展前景不確定和融投資雙方之間的信息不對稱等，這些因素都會導致投資方不能對企業的業績進行準確判定，對經營業績的評估不能達成一致。因此，基於主觀、客觀各方面的因素，為平衡雙方利益促成早日合作，簽訂一種價值估值額浮動合同很有必要，以未來企業的實際業績來進行調整，這就是對賭協議存在的價值。由此可知，雙方簽訂對賭協議的法律效果是不確定的，在對賭協議的實行中，如果能夠達到約定的條件，對於融資、投資雙方來說都會獲取利益；而如果不能實現約定的條件，不僅融資方會喪失股權或進行補償，投資方的資本利潤利益也會受到損失，因此對於雙方來說是利益或者損失共存的，存在著極大的不確定性。對賭協議作為一種高風險的投資工具，有著其存在的合理必然性。目前，中國大力發展市場經濟，資本市場活躍，對賭協議作為私募股權投資中常用的一種盈利模式，其高利潤可以充分吸引私募股權投資基金進行投資，也可以為融資者提供更快更有力的資金支持。因此，引入對賭協議並承認對賭協議效力對於股權眾籌繁榮發展具有重大的積極意義。

11.5.2.6 建立行業信息共享聯動機制

現代市場經濟是建立在法制基礎上的信用經濟，沒有信用，就沒有秩序，沒有市場經濟的發展，就沒有金融的存在。股權眾籌是中國市場經濟發展到高級階段的產物，其良性健康發展離不開社會健全的信用機制。信用體系建設是一個系統工程，股權眾籌各主體參與眾籌的過程，同時也是

各主體信用累積的過程。股權眾籌在發展過程中既要充分利用現有的信用機制，也要充分分享行業發展過程中累積的信用數據。尤其在股權眾籌領域，要降低因網路的虛擬性給股權眾籌帶來的風險，必須建立行業信息共享機制，必須建立支持新型互聯網金融發展的企業信用和個人信用的信用數據共享平臺，運用互聯網累積的大數據全方位推動信用報告網上查詢、信用評級和信用諮詢服務發展（見圖 11-3）。

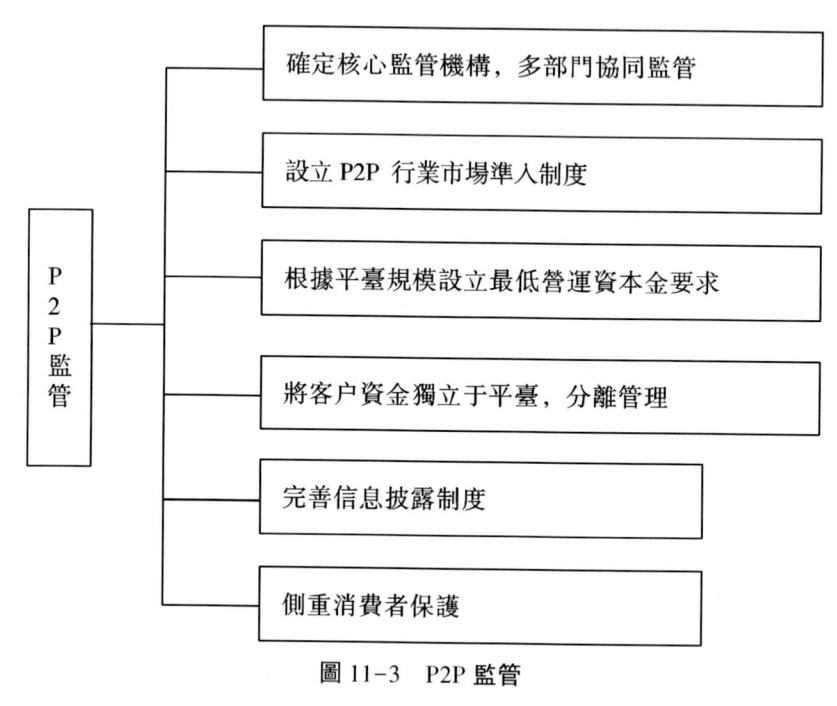

P2P 監管
- 確定核心監管機構，多部門協同監管
- 設立 P2P 行業市場準入制度
- 根據平臺規模設立最低營運資本金要求
- 將客戶資金獨立于平臺，分離管理
- 完善信息披露制度
- 側重消費者保護

圖 11-3　P2P 監管

11.5.3　完善中國 P2P 網路借貸平臺營運機制的策略建議

11.5.3.1　確定核心監管機構，多部門協同監管

目前，P2P 網貸已經被納入監管議程，P2P 將會由銀監會負責接管，銀監會處於監管體系的核心地位，人民銀行、工商行政管理部門、工信部等部門在各自職權範圍內對 P2P 行業進行探索式的監管。各部門對交易過程中的相關行為，履行職責進行監管。P2P 是一個新興的行業，交易方式複雜、多變，非常靈活，銀監會可以考慮設立新的職能部門對其進行專門監管，統一該行業的准入標準，審批備案。同時授予 P2P 行業發展較為先進的經濟區域監管部門一定的管轄權，在不抵觸銀監會規定的基礎上，針

對各自區域 P2P 行業的特點、問題，制定地域性的監管方案，調整管理政策，優化金融結構。

11.5.3.2 設立 P2P 行業市場准入制度

目前，中國 P2P 行業的門檻太低，手續簡單，只需註冊工商營業執照，到工信部申請 ICP 許可證，再申請將經營範圍增加一類「互聯網信息服務」，換領新的營業執照就可以開展網貸業務。新的《公司法》頒布之後，成立公司的要求更低了，簡單註冊公司就能從事類金融業務。由於 P2P 行業的新穎性和特殊性，有別於正規的傳統金融行業，不會受到像金融機構那樣嚴格的監管，這種過低的門檻和民間融資擔保公司不景氣，導致大量沒有金融背景的企業爭相湧入 P2P 行業，造成整個行業良莠不齊、亂象叢生。因此，銀監會應協同工商部門、人民銀行、工信部等部門商議制定行業准入標準。從註冊資本、發起人資質、組織結構、內控制度、技術條件等方面，對 P2P 平臺設置行業准入標準。

11.5.3.3 根據平臺規模設立最低營運資本金要求

設立最低營運資本金是英國監管的一大成果，對中國也具有實踐意義。營運資本影響到公司的短期還債能力和抗風險能力，一旦出現投資人集中兌現債權或拋售債權的緊急情況出現，營運資本金可以抵擋短期的營運風險，是平臺長期發展的重要保障。監管部門應當對平臺的最低營運資本金提出要求，根據平臺的收益和風險情況、營業規模，引用英國的靜態最低營運資本金和動態最低營運資本金兩種計算模式，對於規模越大的平臺提出的最低營運資本金的要求也越高。

11.5.3.4 將客戶資金獨立於平臺，分離管理

借鑑英國監管經驗，客戶資金必須與自營資金分開管理，將客戶資金單獨存放在銀行帳戶。中國可以嘗試 P2P 平臺的客戶資金由第三方機構進行託管，平臺不能直接接觸客戶資金。銀行可以作為第三方機構為借款人和投資人分別建立帳戶，當借款人借款時，由投資人帳戶直接轉帳給借款人帳戶，平臺在整個過程中無法接觸到資金。這樣使交易過程更加透明、高效，也便於監管部門對業務情況進行統計，對交易過程進行監管，控制平臺的資金風險。

11.5.3.5 完善信息披露制度

美國 P2P 行業監管十分重視信息披露，披露程度接近證券行業的規定，但是程序複雜，披露成本過大而且涉嫌侵犯個人隱私。中國也應當對 P2P 行業適用信息披露，但是披露的信息範圍要適當，公司企業貸款的借款人信息

應當披露，因為法人不享有人格權中的隱私權，但是對個人借款人的信息就要慎重披露，應當注意，避免信息外泄，被犯罪分子利用進行非法活動。

11.5.3.6 側重消費者保護

在英、美兩國的金融監管中，消費者保護一直都是最重要的監管目標之一。因為 P2P 行業具有無形性、隱蔽性、專業性和信用性，尤其是 P2P 網貸平臺成立手續簡單，虛假廣告使人眼花繚亂，又通過複雜高深的數據模型迷惑缺乏金融知識的社會公眾，相比於其他有形商品的消費者而言，P2P 的消費者更容易受到侵害。平臺不受具體固定的工作場所的限制，卷款逃跑的可能性極大，消費者往往分佈在全國各地，對平臺的真實情況不可能有明確的認知，維權難度大，所以消費者保護問題更應受到高度重視。應當保護借款人信息、規範平臺廣告宣傳內容、向公眾普及金融投資風險的知識、成立高效便捷的投訴機構和建立消費者維權渠道。

11.6 中國互聯網金融監管的未來趨勢

由前文可知，中國互聯網技術和金融業的結合促進了互聯網金融的創新，產生了很多新型的金融產品和服務方式，比如第三方支付、P2P 網路借貸、股權眾籌、互聯網理財等。互聯網金融的創新主要有兩種模式：一是傳統金融業務的互聯網化，二是互聯網業務金融化。互聯網金融領域的創新為中國金融行業注入了發展的動力。然而，中國在互聯網金融創新的過程中也逐漸暴露出了一些風險問題，影響到了互聯網金融創新體系的運行。主要有：信息安全風險、流動性風險、信用風險、政策法律風險。然而，面對風險，互聯網金融在高速發展的同時，與之相應的監管卻非常滯后，也正是由於缺乏有效的監管，導致了一些局部金融風險事件的發生，比如越來越多的 P2P 跑路事件的發生。

因此，制定有效的監管策略已經迫在眉睫，但同時我們也應該認識到當前中國現有的金融監管體制已經不能適應現在的金融環境。首先，在分業監管條件下，金融監管機構各自為政，相互之間的協調、溝通比較困難，監管效率不高，監管成本增加。隨著金融市場的不斷發展變化，金融監管機構一體化（即統一監管）應比分業監管更為有效。其次，金融機構的混業經營現象已經越來越普遍，甚至成為一種趨勢，尤其是通過併購產生了眾多的金融集團，在這種背景下，建立統一的金融監管機構能夠全面覆蓋各類金融機構，堵住金融監管的漏洞（見圖 11-4）。

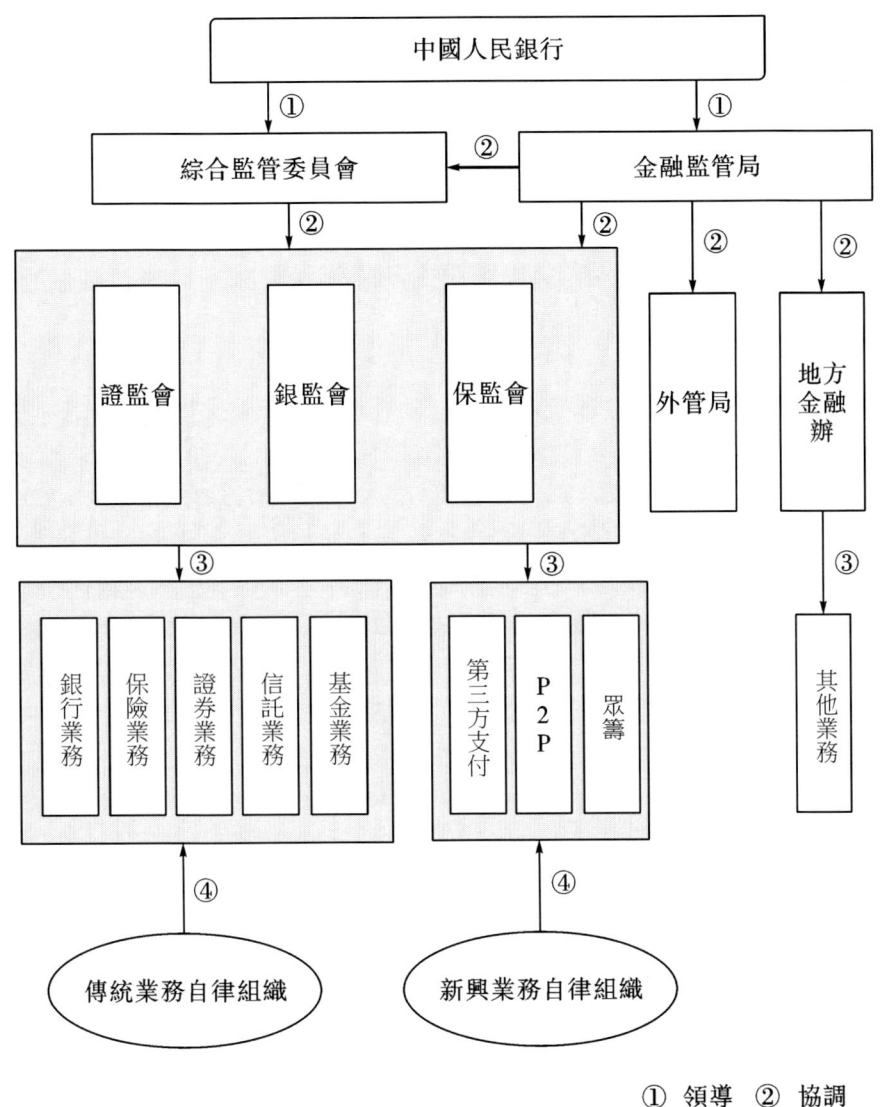

11 互聯網金融監管

圖 11-4 互聯網金融監管框架圖

① 領導 ② 協調
③ 監管 ④ 監督

11.6.1 兩級一輔

11.6.1.1 中央監管：一會一局，一主導一協調

未來監管體制在央行下包括「一會一局，一主導一協調」。一會是建

305

立金融綜合監管委員會，一局是金融管理局。金融綜合監管委員會主要負責監管作用，將原先「一行三會」的機構監管合併到金融綜合監管委員會內，從機構監管向業務型監管轉變。在金融綜合監管委員會內下設多個業務監管部門，主要分為傳統金融業務和新興金融業務兩部分，傳統金融業務分為銀行業務、證券業務、保險業務、信託業務、基金業務監管部門；新興金融業務主要分為 P2P 業務、眾籌業務、第三方支付業務監管部門。央行主導，金融管理局負責協調各個功能監管部門。

11.6.1.2 中央監管為主，地方監管為輔

金融監管體系分為中央監管和地方監管兩個級別，以中央監管為主，以地方監管為輔。地方監管體系在金融監管體系中起著輔助的作用，主要由地方金融辦主導。中央監管囿於監管輻射範圍、監管成本等，地方金融監管機構（如各地金融辦）無疑將承擔這些機構的監管責任；另外，諸多新興的地域性較強的互聯網金融業態容易在地方滋生風險，引致地區性、地方性金融風險，地方金融監管難辭其咎。因此，地方監管機構不應只是充當中央監管政策的傳達者和執行者，而應發揮積極主動性、強化其監管權責。在服從中央監管的大前提下，可大膽先行開展本地互聯網金融的統計監測、反洗錢監管和徵信體系建設等基礎性工作。

11.6.1.3 加強建立非現場監管機制

日常監管以非現場監管為主。互聯網與金融的結合更強化了虛擬屬性，交易對象更難明確，交易時間縮短、交易頻率加大，使現場檢查很難有用武之地。因此非現場技術在互聯網金融監管中必將得到更廣泛的運用。但是非現場監管的長效、規範有賴於監管信息平臺的暢通、監管當局在監管數據處理與評估方面的專業化程度，即互聯網金融的非現場監管需要監管當局制定、修改適合各互聯網金融業態的專門的定期統計報表，並明確規定被監管機構提交的時間、頻次和具體方式，再由監管當局對數據做出準確評估、快速反應。

11.6.2 行業自律

我們在設立政府監管機構實施監管的同時，也要重視自律監管的作用，重點發揮銀行業協會、證券業協會、保險業協會、證券交易所等自律組織的作用。巴塞爾銀行監管委員會（Basel Committee）、國際保險監管協會（IAIS）和國際證券監管委員會（IOSCO）（2001）認為，在監管之下，相關行業可以通過自律組織規範參與者的行為，自律組織管理其成員及行

為的規定必須得到監管認可，必要時，監管者可以直接採取強制措施要求自律組織實施相關規定，並直接對自律組織採取強制措施。

11.6.3 金融機構的內部控制

金融機構的內控是整個金融監管體系不可或缺的一環。金融機構內控要求保證企業資產、財務信息的準確性、真實性、有效性、及時性；保證對人流、物流、資金流、信息流有效地管控；建立起對經營活動有效的監督機制。

11.6.4 社會監督

社會監督以不同方式對金融市場和金融機構直接進行輿論監督，有助於發揮其對金融監管部門的輔助監管作用和強化市場機制的約束作用，還可以對金融監管部門及其官員進行監督，促使金融監管部門及其官員依法行使監管權力，防範腐敗的產生。因此，制定出一個合適有效的監督體制，已經到了刻不容緩的地步。

11.5.2 互聯網金融監管建議

11.5.2.1 加強市場准入監管

金融混業經營必須設立市場准入門檻，這是金融監管的第一步，其具體內容包括金融機構的設立和變更、法人資格審查、業務範圍界定、資本金審驗和股東資格條件等。美國等國家對金融混業的市場准入採取市場化原則，只要達到公司法標準，都可以進行金融混業經營。在中國，金融市場還不十分發達，社會法制環境不夠健全，使得金融混業經營的市場准入門檻必須提高。只有那些符合國家金融發展規劃和市場要求，規模和效益達到一定指標，內部控制制度健全，法人治理結構完善的機構才能夠進入。對於工商業資本進入金融混業經營領域，應當採取審慎的態度。由於沒有法律約束，對這類企業的監管是空白，容易引發系統性金融危機。因此，應當明確限制工商業資本進入金融混業經營領域。對已經存在的企業所控制的銀行、證券、保險等，應分別視股權情況，盡快列入監管範圍。

11.5.2.2 完善常規行業風險監管

分散風險是金融機構的經營原則，也是金融監管的重要內容。常規風險監管的重點是對資本充足率的監管。在金融混業經營中，為了保證存款類金融機構的穩健經營，需要對其資本充足率實施嚴格監管。同時，為了

避免資本重複計算造成的假象，也有必要對金融機構的資本充足率作出規定，原則上應當在合併報表的基礎上進行計算，未並表的子公司的投資應當剔除。風險集中程度的監管也是十分重要的。為了防止金融集團在總體上風險過度集中於某些交易對象、地區、部門或市場，對於集團與集團外部單一交易對象的交易總量應當即時控制，限制此類交易總額不得超過一定比例，超過時必須及時報告。

11.5.2.3 強化業務監管

金融混業經營的業務監管重點是對交叉產品、交叉銷售、混同業務操作的監管。這是風險最難以預料和控制的地方。金融監管機構必須對金融交叉產品具備足夠的判斷力，對新品種、新業務的開辦和危機處理做好充分的論證，才能進行審批，並要及時跟蹤這些交叉業務的經營情況。

11.5.2.4 加強持續性監管

持續性監管的重點是風險資產的比例、信息披露、財務制度的規範和執行。風險資產的比例限制是控制金融機構經營惡化的有效指標，金融控股公司的風險資產應當規定一個合適的比例，其計算方式應有明確規定。信息披露要求及時、準確、完整，充分披露金融控股公司的業務狀況、財務狀況、經營狀況、重大事件、大股東狀況、內部控制情況，以利於監管部門實施有效的監督。

11.5.2.5 加強市場退出監管

市場退出監管是對金融機構的退出、倒閉、接管、破產、合併等進行監管。當金融機構資不抵債或不能償還到期債務時，金融機構就面臨破產危機。為了防止金融機構破產帶來的社會動盪，在金融機構的資產質量達不到監管要求時，監管部門應當授權接管金融機構，幫助其調整經營方向，合理利用資金，健全內控機制，並調整高級管理人員；監管部門還有權限制金融機構分紅，限制部分關聯股東轉讓股權。對於危機金融機構，監管機構還可以協助其辦理臨時央行貸款，進行資金援助。

參考文獻

一、文獻資料

[1] 帥青紅. 銀行卡理論與應用 [M]. 成都：西南財經大學出版社，2013.

[2] 帥青紅，等. 電子支付與結算 [M]. 大連：東北財經大學出版社，2011.

[3] 帥青紅，等. 銀行信息系統管理概論 [M]. 北京：中國金融出版社，2010.

[4] 帥青紅，等. 現代支付系統概論 [M]. 成都：西南財經大學出版社，2010.

[5] 帥青紅，等. 電子金融與支付 [M]. 北京：清華大學出版社，北京交通大學出版社，2010.

[6] 帥青紅，等. 網上支付與安全 [M]. 北京：北京大學出版社，2010.

[7] 帥青紅，等. 網上支付與電子銀行 [M]. 北京：機械工業出版社，2010.

[8] 帥青紅，等. 電子商務：管理視角 [M]. 大連：東北財經大學出版社，2009.

[9] 帥青紅，等. 電子支付與安全 [M]. 成都：西南財經大學出版社，2009.

[10] 帥青紅，等. 網上支付與電子銀行 [M]. 大連：東北財經大學出版社，2009.

[11] 帥青紅，等. 電子商務導論 [M]. 成都：西南財經大學出版社，2008.

[12] 帥青紅，等. 電子支付結算系統 [M]. 成都：西南財經大學出版社，2006.

[13] 帥青紅，等. 基於SET協議的電子支付系統及其應用研究 [M]. 成都：電子科技大學出版社，2005.

［14］帥青紅，等. 金融電子化概論［M］. 成都：西南財經大學出版社，2005.

［15］帥青紅，等. 電子商務概論［M］. 北京：高等教育出版社，2005.

［16］2015年支付體系運行總體情況［R］. 中國人民銀行，2016.

［17］2015年全國眾籌行業年報［R］. 盈燦諮詢，2016.

［18］2016股權眾籌報告［R］. 中國電子商務研究中心，2016.

［19］2015年中國股權眾籌發展報告［R］. 上海交通大學互聯網金融研究所，2016.

［20］謝平，鄒傳偉，劉海二. 互聯網金融的基礎理論［J］. 金融研究，2015.

［21］付強. 互聯網金融的發展與展望［J］. 銀行家，2015（3）.

［22］劉思平. 網商與微眾［J］. 金融博覽，2015（8）.

［23］王信淳. 純網路銀行及其監管問題研究［J］. 海南金融，2015（7）.

［24］唐方方. 中國互聯網個人徵信機構差異分析與合作模式探討［J］. 金融讀書會，2015（9）.

［25］張文博，宋國軍. 美國個人徵信市場化運作特點、監管措施及對中國的啟示［J］. 華北金融，2015（5）.

［26］劉玉龍. 個人徵信業蓄勢待發［J］. 大調查，2015（8）.

［27］張晨曲. 人民幣跨境支付清算系統「倒計時」［N］. 新金融觀察，2015-03-23.

［28］2015—2020年中國預付卡市場市場營運態勢與市場專項調研報告［R］. 智研諮詢集團，2015.

［29］王謙，戢增豔. 網路貨幣產生及應對策略研究［J］. 經濟學家，2015（9）.

［30］劉軼，趙宣，羅春蓉. P2P網路借貸研究：一個文獻綜述［J］. 金融理論與實踐，2015（6）.

［31］張夢晶. 中國P2P網路借貸平臺的營運模式研究［D］. 合肥：安徽財經大學，2015.

［32］梁振杰. 中國P2P小額網路信貸運作模式研究［D］. 廣州：暨南大學，2015.

［33］2015年中國互聯網基金行業研究報告［R］. 艾瑞諮詢，2015.

［34］閆夢曉. 互聯網保險產品創新的案例［D］. 廣州：暨南大學，2015.

［35］曹磊，錢海利.「互聯網+信託」：鐘情背後的無奈［J］. 中國電子商務研究中心，2015.

［36］王雄. 互聯網信託首次被正身「私募+互聯網」基因融合［R］. 信澤金商學院，2015.

［37］席月民. 互聯網信託呼喚功能性監管呵護［EB/OL］. 經濟參考報，2015-11-04.

［38］陶偉杰. 如何通過互聯網信託撬動未來［EB/OL］. 懶財網，2015.

［39］許彥生. 互聯網信託分析及投資建議［EB/OL］. 未央網，2015.

［40］劉澤先. 信託「牽手」互聯網存跨界融資障礙［N］. 北京商報，2015-09-28.

［41］鄧瑛.「互聯網+」能否開啟信託奇襲之旅［EB/OL］. 金融界網，2015.

［42］伍子健. 網路第三方支付平臺責任風險研究［J］. 法制博覽，2015（5）.

［43］王馳. P2P網路借貸法律制度研究［D］. 北京：北方工業大學，2015.

［44］陳志武. 互聯網金融到底有多新［J］. 新金融，2014（4）.

［45］姜欣欣. 中國金融的深度變革與互聯網金融［N］. 金融時報，2014-02-24.

［46］王濱. 互聯網金融的發展及商業銀行的應對［J］. 銀行家，2014（4）.

［47］陳列松. 互聯網背景下商業銀行競爭策略研究［J］. 對外經貿，2014（10）.

［48］褚蓬瑜，郭田勇. 互聯網金融與商業銀行演進研究［J］. 宏觀經濟研究，2014（5）.

［49］吳曉求. 互聯網金融的邏輯［J］. 小康財智，2014（3）.

［50］謝平. 互聯網金融的現實與未來［J］. 新金融，2014（8）.

［51］謝平，鄒傳偉，劉海二. 互聯網金融監管的必要性與核心原則［J］. 國際金融研究，2014（8）.

［52］陳一稀. 美國純網路銀行的興衰對中國的借鑑［J］. 互聯網金

311

融，2014（1）.

［53］祁明，肖林. 虛擬貨幣：運行機制、交易體系與治理策略［J］. 中國工業經濟，2014（4）.

［54］雷艦. 中國P2P網貸行業發展現狀、問題及監管對策［J］. 國際金融，2014（8）.

［55］郭衛東，李穎. 網路借貸平臺P2P模式探索［J］. 中國流通經濟，2014（6）.

［56］葉湘榕. P2P借貸的模式風險與監管研究［J］. 金融監管研究，2014（3）.

［57］羅明雄，唐穎，劉勇. 互聯網金融［M］. 北京：中國財政經濟出版社，2014.

［58］證監會. 私募投資基金監督管理暫行辦法［Z］. 證監會令（2014）105號.

［59］國務院. 關於進一步促進資本市場健康發展的若干意見［Z］. 國發（2014）17號.

［60］朱健剛. 中國公益慈善發展報告［M］. 北京：北京大學出版社，2014.

［61］盛佳，等. 互聯網金融第三浪：眾籌崛起［M］. 北京：中國鐵道出版社，2014.

［62］柏亮. 眾籌服務行業白皮書（2014）［M］. 北京：中國經濟出版社，2014.

［63］魏來，鄭清. 玩轉眾籌［M］. 北京：機械工業出版社，2014.

［64］謝平，等. 互聯網金融手冊［M］. 北京：中國人民大學出版社，2014.

［65］王秀麗，郭鯤. 微行大益——社會化媒體時代的公益變革與實踐［M］. 北京：北京大學出版社，2014.

［66］中國人民銀行金融穩定分析小組. 中國金融穩定報告［M］. 北京：中國金融出版社，2014.

［67］劉俊棋. 眾籌融資的國際經驗與中國實踐研究［J］. 湖南財政經濟學院學報，2014（3）.

［68］來繼澤. 中國互聯網金融發展研究——以阿里巴巴集團為例［D］. 長春：吉林大學，2014.

［69］蔡恩童. 第三方支付對中國銀行業風險管理的影響［D］. 長春：

吉林大學，2014.

[70] 國家工商總局全國小型微型企業發展報告課題組. 全國小微企業發展報告［R］. 國家工商局，2014.

[71] 李紅坤，劉富強，翟大恒. 國內外互聯網保險發展比較及其對中國的啟示［J］. 金融發展研究，2014.

[72] 陳寶衛. 互聯網基金發展現狀_影響及監管對策——以余額寶為例［J］. 金融發展研究，2014（5）.

[73] 張斌. 第三方支付機構沉澱資金性質及其孳息歸屬的分析研究［J］. 法治與社會，2014（9）.

[74] 龔映清，藍海平. 美國SEC眾籌新規及其監管啟示［J］. 證券市場導報，2014（9）.

[75] 嚴明英. P2P網路借貸平臺法律規制研究［D］. 北京：北京交通大學，2014.

[76] 李晗. 消費金融公司的國際經驗與啟示［J］. 銀行家，2013（1）.

[77] 朱晉川. 互聯網金融的產生背景、現狀分析與趨勢研究［J］. 農村金融研究，2013（10）.

[78] 譚天文，陸楠. 互聯網金融模式與傳統金融模式的對比分析［J］. 中國市場，2013（46）.

[79] 葉冰. 互聯網金融時代，商業銀行怎麼做［J］. 銀行家，2013（3）.

[80] 邱峰. 互聯網金融衝擊與商業銀行應對［J］. 金融會計，2013（1）.

[81] 謝爾曼，黃旭. 商業銀行再造互聯網金融［J］. 中國金融，2013（24）.

[82] 四川銀監局課題組. 互聯網金融對商業銀行傳統業務的影響研究［J］. 西南金融，2013（12）.

[83] 田曦，宋瑋，等. 交戰互聯網金融［J］. 時代金融刊訊，2013（1）.

[84] 陶婭娜. 互聯網金融發展研究［J］. 金融發展評論，2013（1）.

[85] 張鬱松. 互聯網金融時代的挑戰［J］. 中國外資月刊，2013（12）.

[86] 曹少雄. 商業銀行建設互聯網金融服務體系的思索與探討［J］.

農村金融研究，2013（5）.

［87］梁璋，沈凡. 國有商業銀行如何應對互聯網金融帶來的挑戰［J］. 新金融，2013（7）.

［88］李博，董亮. 互聯網金融的模式與發展［J］. 中國金融，2013（10）.

［89］楊群華. 中國互聯網金融的特殊風險及防範研究［J］. 金融科技時代，2013（7）.

［90］謝清河. 中國互聯網金融發展問題研究［J］. 經濟研究參考，2013（49）.

［91］林楠. 商業銀行銀行卡收單業務發展研究［D］. 廈門：廈門大學，2013.

［92］吳從法，趙宏偉. 非金融支付機構銀行卡收單業務的亂象與治理［J］. 金融會計，2013（7）.

［93］王勛. 單用途預付卡在中國的發展現狀及其管理辦法探究［J］. 黑河學刊，2013（5）.

［94］施玉梅. 中國商業預付卡規範性發展研究［J］. 消費經濟，2013.

［95］施玉梅. 預付式消費盈利模式探析［J］. 學術交流，2013（2）.

［96］王朋月，李鈞. 美國P2P借貸平臺發展：歷史、現狀與展望［J］. 金融監管研究，2013（7）.

［97］孔非凡，江玲. 中國P2P小額信貸模式存在的風險及對策建議［J］. 西部經濟管理論壇，2013（1）.

［98］高佳敏. P2P網路借貸模式研究［D］. 成都：西南財經大學，2013.

［99］薛群群. 國內外P2P小額信貸企業營運模式研究及實例分析［D］. 北京：中央民族大學，2013.

［100］魏可新. 大眾參與眾籌行為影響因素的實證研究［D］. 杭州：浙江財經大學，2013.

［101］馬永保. 第三方支付行業市場准入：現實依據、問題透視及改進路徑［J］. 現代經濟探討，2013（12）.

［102］胡吉祥，吳穎萌. 眾籌融資的發展及監管［J］. 證券市場導報，2013（6）.

［103］黃健青，辛喬利. 「眾籌」——新型網路融資模式的概念、特

點及啟示［J］．國際金融，2013（9）．

［104］袁康．互聯網時代公眾小額集資的構造與監管——以美國JOBS法案為借鑑［J］．證券市場導報，2013（6）．

［105］謝平，鄒傳偉．互聯網金融模式研究［J］．金融研究，2012（12）．

［106］巴曙松，諶鵬．互動與融合：互聯網金融時代的競爭新格局［J］．中國農村金融，2012（24）．

［107］巴曙松，楊彪．第三方支付國際監管研究及借鑑［J］．財政研究，2012（4）．

［108］中國人民銀行．中國人民銀行關於切實做好銀行卡刷卡手續費標準調整實施工作的通知［Z］．銀發（2012）263號．

［109］劉娟．小額跨境外貿電子商務的興起與發展問題探討——后金融危機時代的電子商務及物流服務創新［J］．對外經貿實務，2012（2）．

［110］張穎，王思迪．商業預付卡運行及監管機制研究［J］．商業研究，2012（4）．

［111］2011年中國預付卡市場研究報告［R］．艾瑞諮詢，2012．

［112］鈕明．「草根」金融P2P信貸模式探究［J］．金融理論與實踐，2012（2）．

［113］朱健剛．公益藍皮書：中國公益發展報告（2011）［M］．北京：社會科學文獻出版社，2012．

［114］王振耀，高華俊．2011中國公益事業年度發展報告——走向現代慈善［M］．北京：北京師範大學出版社，2012．

［115］張臻．社會化媒體環境下中國公益傳播新形態研究［D］．廣州：暨南大學，2012．

［116］謝靈心，孫啓明．網路貨幣的本質及其監管［J］．北京郵電大學學報，2011（1）．

［117］莫易嫻．P2P網路借貸國內外理論與實踐研究文獻綜述［J］．金融理論與實踐，2011（12）．

［118］於姍姍．第三方支付監管法律問題研究［D］．上海：華東政法大學，2011．

［119］Changjun Jiang, Zhijun Ding, Junli Wang, Chungang Yan. Big data resource service platform for the internet financial industry［J］．Chinese Science Bulletin, 2014.

［120］Mollick, Ethan. The Dynamics of Crowdfunding: An Exploratory Study［J］. Journal of Business Venturing, 2014.

［121］S. Brammer, S. Pavelin. Building a Good Reputation［J］. European Management Journal, 2004.

［122］Jodith Rinearson. Regulation of Electronic Stored Value Payment Products Issued by Non-banks under State「MoneyTransnitter」, Licensing laws, Business Lawyer（ABA）2002.

二、網站資源

［1］中國人民銀行網站(http://www.pbc.gov.cn).

［2］中國銀行業監督管理委員會網站(http://www.cbrc.gov.cn).

［3］中國證券監督管理委員會網站(http://www.csrc.gov.cn).

［4］中國保險監督管理委員會網站(http://www.circ.gov.cn).

［5］中國銀聯網站(http://cn.unionpay.com).

［6］國際清算銀行網站(http://www.bis.org).

［7］美國消費者數據產業協會網(www.cdiaonline.org).

［8］第一財經網(http://www.yicai.com/news).

［9］新浪財經網(http://finance.sina.com.cn).

［10］中商情報網(http://www.askci.com).

［11］搜狐科技網(http://it.sohu.com).

［12］搜狐網(http://mt.sohu.com).

［13］界面新聞網(http://www.jiemian.com).

［14］wind 諮詢(http://www.wind.com.cn).

［15］網貸諮詢(http://www.wdzj.com).

［16］百度百科(http://baike.baidu.com).

［17］移動支付網(http://www.mpaypass.com.cn).

［18］新華網(http://news.xinhuanet.com).

［19］IT之家網(http://www.ithome.com).

［20］中國網——傳媒經濟(http://media.china.com.cn).

［21］華商網(http://www.hsw.cn).

［22］未央網(http://www.weiyangx.com).

［23］和訊網(http://www.hexun.com).

［24］手機金投網(http://m.cngold.org).

國家圖書館出版品預行編目(CIP)資料

宏微觀視角下的互聯網金融模式創新與監管 / 帥青紅 等著. -- 第一版.
-- 臺北市：財經錢線文化出版：崧博發行, 2018.11
　面；　公分
ISBN 978-957-680-239-3(平裝)
1.金融業 2.金融管理 3.金融自動化
561.029　　　107017787

書　名：宏微觀視角下的互聯網金融模式創新與監管
作　者：帥青紅、段靜濤、李成林、胡一鳴　著
發行人：黃振庭
出版者：財經錢線文化事業有限公司
發行者：崧博出版事業有限公司
E-mail：sonbookservice@gmail.com
粉絲頁　　　　　　　網　址：
地　址：台北市中正區延平南路六十一號五樓一室
8F.-815, No.61, Sec. 1, Chongqing S. Rd., Zhongzheng Dist., Taipei City 100, Taiwan (R.O.C.)
電　話：(02)2370-3310　傳　真：(02) 2370-3210
總經銷：紅螞蟻圖書有限公司
地　址：台北市內湖區舊宗路二段 121 巷 19 號
電　話：02-2795-3656　傳真：02-2795-4100　網址：
印　刷：京峯彩色印刷有限公司（京峰數位）

　　本書版權為西南財經大學出版社所有授權崧博出版事業有限公司獨家發行電子書及繁體書繁體版。若有其他相關權利及授權需求請與本公司聯繫。

定價：700元
發行日期：2018 年 11 月第一版
◎ 本書以POD印製發行